여계종

여성을 깨우는
종소리

♦ 이 저서는 2024년 전북대학교 국립대학육성 사업의 지원을 받아 수행되었음.

일러두기

- 이 글에 신해혁명 이전의 중국과 관련하여 표기된 연월일은 구력(舊曆)에 의거한 것이며, 필요한 경우에 한하여 괄호문 안에 서력(西曆), 즉 양력을 병기하였다.
- 역문의 본문 중 괄호문의 작은 글씨는 저자인 김천핵이 설명을 덧붙인 것으로서 협주(夾註)의 성격을 띠고 있다.
- 단행본이나 정기간행물은 겹낫표(『』)를 사용하고, 논문이나 단편 등에는 홑낫표(「」)를 사용했다.
- 이 역서가 신해혁명 이전에 출간되었던 사실을 고려하여 인명과 지명은 한자의 음역에 따라 적되, 신해혁명 이후에 활동한 사람의 이름에 한하여 외래어표기법에 따라 적었다.
- 원문에는 사진이 실려 있지 않으나 본문과 부록에 독자의 가독성을 위해 글의 내용에 알맞은 사진을 골라 실었으며, 독자의 이해를 돕기 위해 주석을 덧붙였다.

여계종

여성을 깨우는
종소리

김천핵 지음 * 김은희 옮김

21세기북스

　　　　　　　　　　　1992년 겨울 박사학위 논문으
로 「1920년대 중국의 여성소설 연구」를 제출한 이래, 역자는 지금까지
줄곧 중국의 여성작가와 여성소설에 대한 연구를 이어오고 있다. 연구
대상은 대체로 1920년대 중국의 여성작가, 이를테면 셰빙신(謝冰心), 루
인(廬隱), 링수화(凌叔華)와 딩링(丁玲) 등에 관한 연구가 압도적으로 많
지만, 1940년대의 메이냥(梅娘)이나 1990년대의 왕안이(王安憶), 대만
의 샤오싸(蕭颯)에 관한 연구도 진행했다. 이렇게 연구를 진행하는 가
운데 청말민초(清末民初)의 여성해방운동에 대해 고찰하기도 하였는
데, 이 시기의 여성해방담론을 살펴볼 때 자주 언급되는 서적이 있었
다. 그것은 김천핵(金天翮)의 『여계종(女界鐘)』이었다.

　그러나 이 서적은 2000년대 초까지 직접 읽을 수 있기는커녕 검색
조차 되지 않았다. 그리하여 연구자들은 이 서적이 일실되었으리라 추
측하였다. 다만 다행스럽게도 교육사학가인 천둥웬(陳東原)이 1937년
에 상무인서관(商務印書館)에서 출간한 『중국부녀 생활사(中國婦女生活
史)』에 이 서적이 언급되어 있었다. 천둥웬의 『중국부녀 생활사』는 중
국 여성의 역사에 관하여 체계적으로 논술한 최초의 서적이라 평가받
는데, 이 책의 제9장 '유신시대의 부녀 생활' 제2절 '신조(新潮)의 배태
기' 중에 '여권을 창도한 여계종(倡導女權的女界鐘)'이란 제명 아래 10여

페이지의 편폭으로『여계종』의 내용을 소개하였던 것이다.

천둥웬은 자신의 저서에서 "혁명당의 팸플릿이 많이 나오는 가운데 여성혁신운동에 관하여 매우 과격한 책이 있었는데, 곧 광서 29년(1903) '애자유자 김일(愛自由者金一)'이 지은『여계종』이다"라고 소개하였다. 이어 그는 "『여계종』은 부녀가 혁명에 종사하도록 고취하는 책으로, 남녀 권리의 평등에 대한 주장은 매우 심오한 견해를 담고 있으며, 여자에게 노예의 지위를 벗어나 독자적인 인간이 되기를 요구하고 있다"라고 평가한 후,『여계종』각 장의 주요 내용을 간추려 정리하였다.『여계종』의 원본을 구할 수 없었던 상황에서 천둥웬의 소개와 평가, 그리고 주요 내용은 연구자에게 가물에 단비와 같은 고마운 존재였다.

그동안 학계에서 일실되었다고 추정되었던『여계종』이 새로이 연구의 관심사로 부상한 것은 1992년 대만에서 개최된 국제학술대회가 계기였다. 그해 1월 대만중앙연구원(中央研究院) 근대사연구소에서 '근세의 가족과 정치 비교역사(近世家族與政治比較歷史, Family Process and Political Process in Modern Chinese History)'를 총주제로 국제학술대회를 개최하였는데, 이 학술대회에서 세인트존스대학교(St. John's University)의 리유닝(李又寧) 교수가『여계종』의 사본을 바탕으로 「『여계종』과 중화 여성의 현대화(『女界鐘』與中華女性的現代化)」라는 논문을 발표하였던 것이다. 이 논문은 김천핵의 1904년 이전까지의 생애와『여계종』의 요지를 기술하고 있는데, 리유닝 교수의『여계종』발견은『여계종』연구는 물론 근대 중국의 여성운동사 연구에 새로운 전기를 마련해주었다.

대만에서 시작된『여계종』에 대한 연구열은 중국 학계에도 전해졌으며, 마침내 2003년 복단대학(復旦大學) 역사학과에서 김천핵의 탄생 130주년을 기념하기 위해 상해도서관에 소장하던 1903년의 대동서국

(大同書局) 간행본을 저본으로 새로운 판본의『여계종』을 상해고적출판사에서 출간하였다. 대만에서도 2012년 문경서국(文景書局)에서 '중화민국 수립에 영향을 끼친 열 권의 서적' 가운데의 하나로『여계종』을 출간하였다. 지금까지의 연구는 대체로 청말 여성해방운동 혹은 여성 담론에 있어서의『여계종』의 지위나 의미를 고찰하는 데에 중점을 두었으며,『여계종』에서 제기한 '국민의 어머니'를 중심으로 남성 지식인들의 이상화된 여성 상상에 주목하기도 하였다. 이들 연구는『여계종』을 20세기 초의 여성해방사조의 맥락에서 '만청 여권주의(女權主義)의 대표작' 혹은 '중국에서 최초로 여권 이론을 다룬 전문서'로 다루고 있다.

이 역서는 1904년에 출간된 재판본을 저본으로 삼았으며, 위에서 언급한 상해고적출판사 간행본과 문경서국 간행본을 참조하였다. 재판본에서 간혹 발견된 오자와 탈자, 특히 인용 부분에서의 오자와 탈자는 인용문에 근거하여 수정하거나 보완하였다. 이 역서에서는 여성해방운동사에 있어서『여계종』의 지위와 가치를 살펴볼 수 있도록 해제를 덧붙임과 동시에,『여계종』과 그 저자의 생애에 대한 이해를 돕기 위해 별도의 부록을 마련하였다. 부록으로는 이 역서에 자주 언급되는 인물의 간략한 생평을 엿볼 수 있도록 인명 주석을 마련하는 한편, 저자 김천핵을 폭넓고 깊게 이해할 수 있도록 그의 생애를 살펴보는 글과 함께 연보를 실었다.

역자는 교육운동에 앞장섰던 혁명적 활동가로서 김천핵의 삶, 특히 저술 활동과 번역 활동을 조사하기 위해 작년 10월 소주시(蘇州市)를 방문하였다. 이번 방문에서 역자는 쑤저우대학(蘇州大學) 중문과 교수로서 김송잠선생연구회(金松岑先生研討會) 회장을 역임한 마야중(馬亞中) 교수의 도움을 크게 받았다. 그의 도움 덕분에 쑤저우대학 도서관에서 김천핵의 역서를 직접 확인할 수 있었으며, 퉁리진(同里鎭)에 소재한 김송잠기념관(金松岑紀念館)을 참관할 수 있었다. 교환교수로서 한국과 중국을 오갔던 그와 역자가 30년 만에 김천핵을 계기로 다시 만난 것은 참으로 기이한 인연이라 할 수밖에 없다. 이 자리를 빌려 그에게 감사 인사를 전한다.

이 역서를 내기까지 많은 분들의 도움을 받았다. 원문을 타이핑하고 어수선한 원고를 깔끔하게 정리해준 전남대학의 이주노 명예교수, 원문의 난해한 부분에 대해 언제라도 도움을 주었던 전남대학의 양회석 명예교수, 그리고 이 책의 학술적 가치를 인정하고 조언과 격려를 아끼지 않았던 학계의 동료들께 감사드린다. 아울러 이 책의 편집을 맡아 수고를 마다하지 않은 21세기북스의 편집부에도 감사의 인사를 드린다. 이 역서가 어느 정도 맵시를 갖추게 된 것은 오로지 이분들의 비판과 도움, 격려의 덕택이다. 그럼에도 불구하고 번역상의 오류가 적지 않을 터, 이는 모두 역자의 천학비재로 말미암은 것이다. 여러분의 아낌없는 질정을 바라며, 이 역서가 중국 여성운동사 연구에 튼실한 밑거름이 되기를 소망한다.

2026년 2월
김은희

사진으로 보는
김천핵과
『여계종』

마흔 살의 김천핵

천방루(天放樓), 김천핵의 서재였다가 동천자치학사의 교사로 사용되었다.
이미 훼손되었으나 1948년에 그를 기념하여 다시 지어졌다.

홍루(紅樓), 동천자치학사의 후신인 동천소학교의 교학루로 1917년에 지어졌다

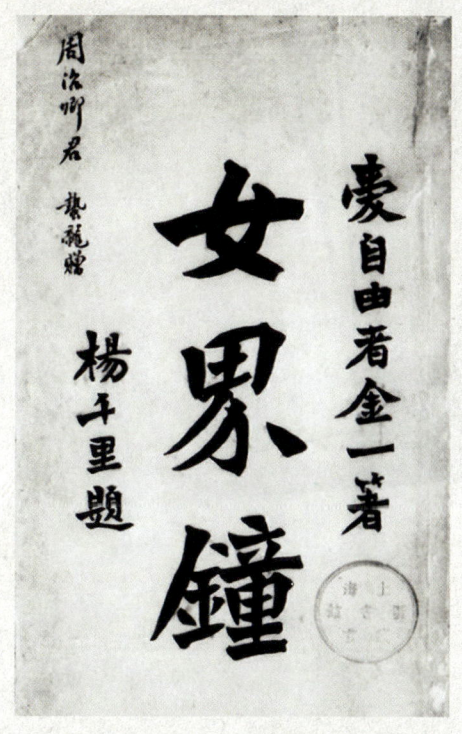

1903년에 출간된
『여계종』 초판의 겉표지

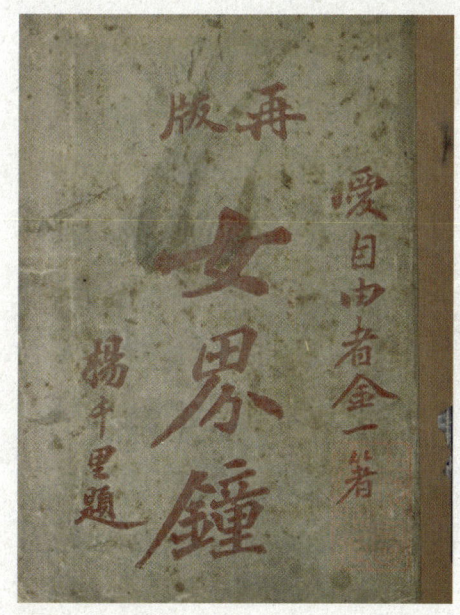

1904년에 출간된
『여계종』 재판의 겉표지

김천핵의 각종 저서들

상해고적출판사본 『여계종』(2003)

문경서국본 『여계종』(2012)

『삼십삼 년낙화몽(三十三年落花夢)』의
겉표지

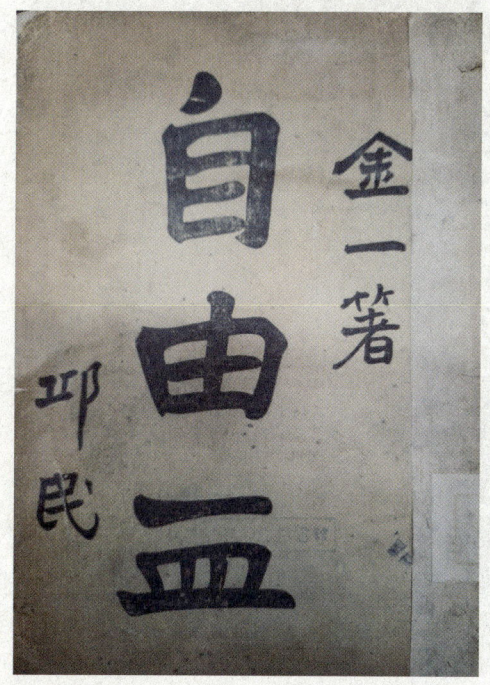

『자유혈(自由血)』의 겉표지
(소주대학 도서관 소장)

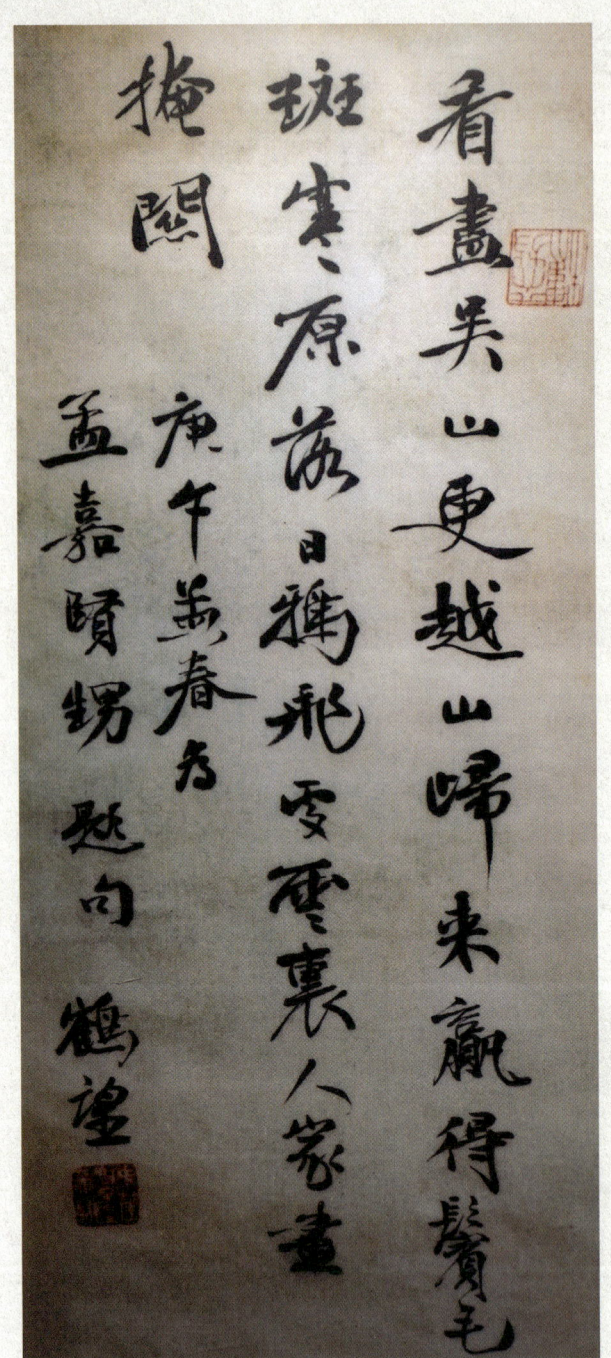

看盡吳山更越山 歸來贏得鬢毛斑
塞原落日鵝飛雲盡裏人家畫
掩關

庚午歲春為
益嘉睍甥題句 鶴望

김천핵의 필적

명화여교(明華女校) 학생들(『여자세계』 제2권 제3기 수록)

광화대학(光華大學) 교수 및 학생들(맨앞줄 중간이 김천핵)

김송잠 선생 고거유지(故居遺址). 1993년 김천핵이 거주하였던 염계방의 옛집이 간장루(干將路)의 건설로 인해 철거되자, 간장루(干將路)와 봉황제(鳳凰街) 교차 지점에 고거유지비를 세웠다.

김송잠기념관을 방문하여 연구자들과 환담. 왼쪽 세 번째가 역자이고, 네 번째가 김송잠학술연구회 회장 마야중(馬亞中) 교수이다.

차
례

후관 임 여사
서문

20세기 권리를 위한 투쟁[1]의 세계에 처하여 만약 학문을 먼저 중시하지 않고 그저 민권과 여권을 거침없이 떠들어댄다면, 이는 옳지 않다. 루이 14세(Louis XIV)와 같은 군주나 메테르니히(Klemens von Metternich) 같은 재상도 오스트리아와 프랑스의 평민을 끝내 속박시키지 못하였는데, 하물며 개나 돼지처럼 천한 족속이 어찌 중화의 후예보다 영원할 것이며, 남자 또한 어찌 여자보다 위세를 떨칠 수 있으랴. 이와 같다면 민권과 여권(女權) 모두 회복되지 않을까 걱정할 필요가 없음은 분명하다. 중국 여권의 쇠함은 오늘날 절정에 이르렀다. 비록 그럴지라도 진실로 권리를 상실한 이는 오직 우리 2억의 여자들뿐이며, 저 남자들은 대체로 참정과 선거, 대의, 청원, 언론, 출판에 있어서 자유권이 모두 완전무결하다. 그렇다면 우리나라는 오늘날 일본과 다름없다고 할 수 있는데, 오늘날 이 권리의 성과는 누구의 것인지 묻고 싶다. 전자의 견해에 따르면 권리는 회복되지 않을까 걱정할 필요가 없는 반면, 후자의 견해에 따르면 우리 온 나라의 백성 가운데 남녀를 막론하고 모두가 노예의 지경에 떨어져 동병상련의 처지에서 스스로 벗어날 수 없다. 이는 무슨 까닭인가? 오직 배우지 않기 때문이다.

태초의 백성들은 생각이 아주 짧고 모자라 배고프면 먹고 목마르면 마시는 것 외에는 거의 바라는 것이 없었다. 그러다가 차츰 권리가 있음을 알게 되고 투쟁이 있음을 알게 되었다. 이제는 뛰어난 자가 이기고 못난 자는 패한다는 것이 일반적인 법칙이 되었다. 남들은 고상하건만 나는 비루하고, 남들은 덕스럽고 슬기롭건만 나는 우매하고 어둡다. 내가 보기에 비록 권리를 주더라도 온종일 제대로 지키지도 못하는데, 하물며 투쟁을 거친 후에 얻어지겠는가? 여자란 국민을 낳고 기르는 어머니이다. 우리 나라 망한 지가 이미 260년인데, 낯부끄럽게도 원수를 섬기고 천연덕스럽게도 괴이하게 여기지 않으니, 이른바 국민이란 자는 어디에 있단 말인가? 나는 우리 나라 여자가 국민을 제대로 길러내지 못함을 마음 아파한다. 북아메리카의 독립에 대해 사람들은 워싱턴(G. Washington)의 존재만을 알고 있을 뿐이나, 저 13개 주의 백성 모두가 독립의 자격을 갖추고 있었으며, 워싱턴은 이들을 대표하여 그 업적을 이룰 수 있었음을 알지 못한다. 오늘날의 매국노로 사람들은 한 명의 여자만을 알고 있을 뿐, 우리 2억의 여자들을 알지 못한다. 만약 사람들 모두가 잔 다르크(Jeanne D'Arc)와 롤랑(Madame Roland)이 될 수 있고 모두가 나라를 팔아먹으려 하지 않는다면, 저 할멈²이 또 무엇을 할 수 있겠는가? 다수의 주인을 제쳐놓고 책망하지 않으면서 오로지 날마다 도적 떼가 나를 지켜주지 않는다고 원망하니, 역시 도적에게 비웃음을 당할 일이 아니겠는가. 그러므로 오늘날 나라가 망한 것은 이민족을 원망할 필요 없이 우리 4억 황제(黃帝)의 자손을 꾸짖어야 할 따름이나, 황제의 자손은 믿고 의지할 수 없으니, 나는 국민을 낳아 제대로 기르지 못한 여자를 꾸짖는다. 그렇지만 느닷없이 이런 이유로 꾸짖는다면 여자는 받아들이지 않을 터이며, 아마도 학문에 종사한 적이 없는지라 임무를 감당하지 못하여도 괴이할 것이 없다.

강소성 출신의 김 군이 『여계종』을 써내어 내게 보여주었다. 내가 이 책을 살펴보니 여자를 위해 변호하느라 많은 힘을 기울였는데, 그가 여자를 대신하여 권리를 부흥시키고자 꾀한 바 역시 무엇보다도 학문을 귀착점으로 삼았다. 김 군은 참으로 중국 여성계의 루소(J. Rousseau)이다! 그렇기는 하지만 권리란 빼앗아 얻는 것이지 거저 주는 것이 아니다. 만약 우리 여자를 위해 변호하고 우리를 대신하여 꾀하는 것이 오직 김 군에게서만 나온다면, 피를 흘리지도 않고 뒤집어엎지도 않은 채 정부가 평온하게 헌법을 제정해주기를 바라는 것과 다를 게 무엇인가? 무릇 김 군의 뜻에 내 어찌 탄복하지 않을 수 있겠는가만, 내가 이 말을 하는 것은 스스로 우리 2억 여자를 채찍질하여 학문의 경쟁으로부터 권리의 투쟁으로 나아가게 만들기 위함이니, 먼저 그 자격을 갖춘 다음에 힘차게 일어나 그것을 빼앗아 얻어야 영원히 지키고 누릴 수 있으리라. 만약 전과 다름없이 유약하고 우매하다면 김 군의 이 책이 하루아침에 세상을 떠들썩하게 만들지라도, 저 남자들이 흔쾌히 이전에 자신들이 차지하고 있던 권리를 모두 꺼내어 하나하나 우리 여자에게 건네주고 되돌려주겠는가. 이는 참으로 내가 바라는 바가 아니며, 김 군의 뜻 역시 아마도 그렇지 않을 것이다!

계묘년[3] 6월,
상해의 『여학보』[4] 회관에서 후관의 임종소[5] 쓰다

황릉방 여사의
서문

　　계묘년 여름, 나는 강가에 외따로 지내고 있었다. 무더위가 하늘에 가득하고 뜨겁고 독한 기운이 해를 가렸다. 저녁에 바람이 솨아 불어오면 그제야 찬찬히 살피고 생각에 잠겼다. 오호라! 사람은 학식을 갖추어야 힘을 갖게 되고, 힘을 가져야 남의 업신여김을 막아낼 수 있으니, 이는 참으로 강권의 학자들이 발견한 보편적 법칙이다. 최근 지식인들이 일컫는 바 생존경쟁론은, 위로 천당에서 아래로 지옥에 이르기까지, 그리고 아주 오래전부터 이후로 만년에 이르기까지 신성하고 강포하든, 우매하고 쇠약하든 위반하거나 달리할 수 없는 것이다. 오늘날 여성계의 모습은 비천하고 비루한 노예이거나 노리개가 되어버렸는데, 갖가지 참혹한 현상이 어찌 남자들의 일거수일투족이 구구히 억눌러 만들어낼 수 있었겠는가? 역시 우리 2억의 동포들이 배운 것도 없고 재주도 없어 스스로 자신의 권리를 포기했기 때문이 아니겠는가. 겁이 나 숨을 죽이고 고개를 숙인 채 여기저기 의지하여 따르고 깊이 갇히고 속박된 지 2000년이 되었다. 설사 노예와 노리개의 처지가 달갑지 않아 큰 목소리로 꾸짖고 일어나 항거할지라도, 온 세상 사람 중에 그를 죽이고 욕하고 배척하고 가두지 않은 이가 없었다. 남자만 그러한 것이 아니라, 여자 역시 그를 괴물로 간주하였다. 사나운 자는 입에서 나오는 대로 헐뜯었으며, 약한 자는 마음속으로 비방하고 멀어져 서로 경계하면서 감히 믿지 않았다. 어찌 허깨비 같은 면모, 갇힌 자의 근성만이 그렇게 만들었겠는가? 오호라! 우리 여자들이여, 스스로를 경시하지 말아야 한다.

무릇 온 세상 사람들의 지식과 학업이 진보하였다. 이 일에는 여러 측면이 있으나 그 요소로 두 가지가 있으니, 하나는 사회이고, 다른 하나는 교육이다. 사회라는 측면에서 본다면 부녀는 남편을 돕는 참모요, 교육이란 측면에서 본다면 부녀는 특히 어린이를 이끄는 스승이다. 이런 까닭에 부녀는 전국의 민지(民智)와 민기(民氣)를 바꿀 수 있다. 우리 또한 구미가 강성해진 까닭을 알고 있는가? 비록 알고 있을지라도 구미의 인류 동등과 남녀평등의 견해, 부녀의 풍속을 바로잡는 모임, 부녀 참정의 의론 및 부녀가 인간 사회에 관계한다는 이론 등이 일단 우리 나라에 옮겨지면, 2000년간 배우기를 그만두었던 여자는 말할 것도 없고 지금 여자에 대해 막대한 권리를 지니고 있는 남자조차도 입이 닳도록 눈물을 흘리면서 말할지라도, 아마 무딘 돌멩이도 고개를 끄덕이게 할 만큼 설득력을 갖춘 자는 100명 가운데 한둘밖에 되지 않으리라고 나는 생각한다. 의론의 수준을 낮추어 너무 고상하지 않게 하고 싶어도 또 시답잖은 말에 가까울까 걱정스럽다면, 차라리 요란한 종소리와 북소리로 잠을 깨워 장엄하고 찬란하게 거창한 모습을 세우는 것이 나을 것이다. 어쩌면 최상의 것을 본받아도 중등 정도밖에 얻지 못하는 법이니.

이튿날 양천리[6]가 편지를 보내와 그의 벗인 김 군이 쓴 『여계종』의 종지와 그 계도의 방침을 보여주었다. 나는 내가 말한 바와 합치되는 점이 있음을 기뻐하여 글을 써서 답장을 보냈는데, 내 글의 번잡한 부분을 삭제하여 서문으로 삼고자 하였다. 오호라! 나 역시 2억 여성계

의 한 구성원이니, 어찌 감히 김 군의 말을 얕보아 과격하다고 여기겠
는가? 이 글을 읽는 세상 사람들 역시 마땅히 내 말의 서글픔을 돌이
켜볼 터이다.

6월 보름,[7]
청강 황균[8]이 진강 북쪽 시가장의 강 모래톱에서 쓰다.

동향의 양 여사
서문

　　　　　　　　　　　사회에 빠져버린 사람은 세계를 알지 못하고, 현재 사회에 빠져버린 사람은 다가올 세계를 알지 못할 뿐만 아니라 지나간 세계도 알지 못한다. 남자가 이러할진대 하물며 여자임에랴? 여자는 사회의 절반을 차지하고 있으니, 권리의 평등이라는 이치로 논한다면 여자 역시 국민의 절반을 차지한다. 국민이란 무엇인가? 국가사상과 정치사상을 지니고 있는 자이다. 슬프도다, 우리 여자는 규방 이외에는 아무 생각이 없도다! 슬프도다, 중국 남자는 부귀공명 외에는 아무 생각이 없도다! 비록 그러하지만 나는 남자는 제쳐두고 여자만을 논하고자 한다. 바야흐로 여자의 권리는 땅에 떨어지고 여자의 학문은 흥성하지 않아, 순종 이외에는 도덕이 없고, 몸치장 이외에는 품성이 없고, 집안일 이외에는 능력이 없고, 바느질과 자수 이외에는 교육이 없고, 부엌일 이외에는 권리가 없는 채, 눈과 귀가 단단히 가려지고 몸과 뼈가 꽁꽁 묶여 있다. 미래의 새로운 국민, 이를테면 롤랑 부인, 스토 부인(H. B. Stowe), 소피아(Sophia Perovskaia), 잔 다르크 등의 인물을 언급하는 것만으로도 괴이하게 여겨지는 것은 물론이거니와, 설사 우리 중국의 과거 인물들, 이를테면 반소(班昭), 사온(謝韞), 목란(木蘭), 풍부인(馮夫人), 양홍옥(梁紅玉), 섭은낭(聶隱娘) 등의 인물들일지라도 머리를 떨구고 말문이 막힌 채 '도저히 미칠 수 없어, 미칠 수 없어'라고 생각할 따름이다. 반면 분발하여 소매를 떨치고서 일어나 그들을 본받으면, 한편으로는 요귀라 여기고 다른 한편으로는 미쳤다고 여겨 무리를 지어 떠들어대는 바람에 사회에 받아들여지지 않는다. 그리하여 당연하게도 남자와 여자 양쪽 모두 암흑세계에 빠져 오늘의 시국이 있게 된 것이다.

동향의 김 군이 『여계종』 약 3만 자를 써서 현재 사회를 공격하고 새로운 중국과 새로운 국민을 제창함으로써, 장차 우리 동포를 일깨워 노예의 함정에서 빠져나오고 평등과 자유의 낙원으로 오르게 한다. 그의 문장은 유려하고 향기로우며 간곡하고 정겨우며, 그의 의론은 심금을 울리어 글자 한 자가 천금의 가치를 갖는다. 우매한 나조차도 이를 읽고 감동을 받았으니, 하물며 세상의 총명하고 재주 많고 지혜로운 수많은 자매들이야 참으로 책을 펼쳐 몇 번이고 거듭 읽노라면 틀림없이 분발하여 소매를 떨치고 일어나서 여러 여걸의 뒤를 쫓는 이들이 있을 터이다. 그런즉 나는 이 책을 중국에서 자유의 종⁹처럼 여겨도 좋으리라 생각하고 스토 부인의 국화라 여겨도 좋으리라고 생각한다. 남편 박안(璞安)¹⁰이 김 군의 의도를 설명하고 서문을 쓰도록 명한지라 자신의 완고하고 식견 없음을 잊고 몇 줄을 써서 보낸다.

계묘년에
인란 양석륜¹¹이 군아여숙¹²에서 쓰다

머리말

후텁지근한 장마는 사람의 숨을 턱턱 막히게 하는데, 연잎을 스쳐오는 바람이 더위를 식혀준다. 높다란 나무들은 적적하기 그지없고, 머나먼 산은 어슴푸레하다. 자유롭지 못한 아시아 동쪽 대륙의 나라에 서서 옹색하기 그지없는 자그마한 방 안에 몸을 움츠린 채, 나의 호흡은 나른하고, 나의 생각은 따분하기만 하다. 나는 유럽 문명의 신선한 공기를 들이마셔서 나의 몸을 보양하고 싶다. 그리하여 유럽의 백인 젊은이를 몽상한다. 지금 이 순간 그는 입에 궐련을 피워물고 손에 지팡이를 짚은 채 아내와 어깨를 나란히 하고 어린 자식의 손을 끌면서 런던과 파리, 워싱턴의 대로 사이에서 고개를 치켜들고 활개를 치고 있다. 얼마나 즐겁고 얼마나 자유로운가! 나는 가볼 수 없는 것이 한스럽다. 나는 그저 간접적으로 그걸 알고 있을 뿐이다. 18세기와 19세기의 두 세기에는 살육의 북을 치고 자유의 종을 울리며 독립의 깃발을 펼쳐 들고 기념의 탑을 세움으로써 통쾌하고 후련하기 그지없는 10여 가지 혁명의 대활극을 벌였다. 이리하여 사람마다 누구나 자유의 권리를 갖게 되고 평등에 이르게 되었으며, 오늘날 유럽에 장엄하고 찬란하며 기세등등하고 아름다운 새 세계가 나타난 것이다.

이렇게 된 까닭을 따져보면, 루소, 볼테르, 헤겔, 존 스튜어트 밀, 혁슬리, 스펜서와 같은 사람들이 가져다준 것이다. 오늘날 하늘과 땅은 움직여 빙빙 돌고 바람과 구름은 일어나 떠다니며, 여러 학자의 학설은 기선에 가득 실려 태평양을 스쳐 지나 동쪽으로 중국에 이르렀다. 우리 중국의 2억 동포 형제들은 암흑세계에 깊이 잠들어 있다가, 이제 한 줄기 햇살이 창문으로 뚫고 들어온 것을 깨닫는다. 그리하여 그들은 눈을 비비고 일어나 쳐다보다가 햇살이 코를 찌르고 뇌에 이르니, 모두들 함께 재채기를 터뜨린다. 일어나 뜨락 안을 거닐어 자유의 나무를 쓰다듬고 문명의 꽃에 물을 주면서 '천부인권'이라느니 '자유를 달라, 그렇지 않으면 차라리 죽음을 달라'느니 '최대 다수의 최대 행복'을 이야기한다.[1] 아마도 날마다 걱정스레 마음에 담아두고 왕성하게 입으로 떠들어댈 것이다.

　그러나 나의 2억의 동포 자매만은 여전히 황제의 생사를 다루거나 먼 친척에게 형벌이 내려졌다는 이야기에, 겨울이면 등잔불 아래 꿈처럼 허황한 이야기에, 봄철이면 옷상자를 곁에 두고 애절한 이야기에 빠져 지낼 뿐, 문명국가의 자유민이 말하는 남녀평등이나 여성의 정치참여 등의 학설에 대해서는 전혀 알지 못한다. 설사 알고 있을지라도 틀림없이 괴이하게 여길 것이다. 그러므로 나는 정중하고 깍듯한 태도로 붓을 휘날려 하늘에 예를 다하고, 부처의 자비심으로 고통의 바다를 건네주며, 칠흑 같은 방안에 등불을 밝혀 노파심에 이치를 설명하고 간곡하게 거듭 말씀을 올리고자 이 『여계종』을 쓴다.

서론

불평등한 지위에 서서 전제(專制)의 승리를 기꺼이 받아들인다면, 반드시 평등을 혐오스러운 물건, 불길한 이름으로 간주하여 죽을힘을 다해 배척하고 본디 지니고 있던 지위를 지키고자 한다. 그러므로 왕권을 제한하자는 견해는 수백만 평민들이 목숨을 내던지고 참혹한 죽음을 무릅씀으로써 쟁취한 것이지, 군주가 기꺼이 내어준 것이 아니다. 오늘날 세상의 남자들 가운데에는 여성에게 전횡을 일삼는 승리를 즐거이 받아들이지 않는 이가 없으니, 노리개로 여기지 않으면 사람을 번식하는 땅으로 여긴다. 그래서 여성의 권리는 비록 존 스튜어트 밀이나 스펜서와 같은 이들이 제창하였지만, 나폴레옹이 선포한 자유민권과 마찬가지로 유럽 여러 군주가 반대하는 공적(公敵)이 되어버렸다. 19세기 유럽에서는 여성들이 벌써 스스로 역량을 발휘함으로써 이미 잃어버린 권리를 찾기 위해 남자들과 싸우기 시작하였다. 비록 문명의 계단은 함께 오르기를 허락하지 않았지만, 여성 권리의 씨앗은 봄바람이 불어오자 싹을 틔워 씨앗의 껍질을 터뜨리기 시작하였다. 아, 우리 중국의 옥과 같은 동포들은 영혼이 나약하고 품성이 고루하다. 나는 깊고 깊은 못 속에서 이들을 구해내어 놓고 높은 하늘 위로 오르게 하고 싶지만, 나의 지혜는 미치지 못하는 바가 있고, 나의 힘 또한 감당하지 못하는 바가 있다. 오호라, 나는 이 때문에 두려워하노라!

나는 오늘 옷깃을 바로하고 단정히 앉아 우리 2억 명의 선량한 여성들에게 고하고 싶지만, 직설적으로 하기에는 충분치 않다. 그래서 나는 우선 몸가짐을 추스를 틈도 없이 목이 터져라 우리 2억의 신실한 남자에게 고한다. 압제의 상황을 직접 맛보고 압제의 고통을 겪은 사람이라면 틀림없이 압제의 정치체제에 분노하고 이를 갈면서 세상에 이러한 악한 현상이 있기를 원치 않을 것이다. 그래서 어느 프랑스인은 "세상의 모든 군주의 피로써 지구를 붉게 물들이기를 원한다"[1]고 말하였다. 오늘날 세계의 군주국가에 뻔뻔스러운 얼굴로 살아가는 자가 얼마나 많은가! 부처께서는 "내가 지옥에 들어가지 않으면 누가 지옥에 들어가겠는가?"라고 말씀하셨다. 오늘날 세계에 손가락을 꼽아 헤아려보면 얼마나 많은 자들이 지옥에 있는가! 널리 중생을 고해(苦海)에서 구해내는 것이 우리의 큰 소원이요, 누구든지 평등하게 대하고 사랑하는 것이 우리의 천직이다. 국민의 권리(民權)와 여성의 권리(女權)는 마치 꽃받침과 씨방이 바짝 붙어 생기는 것과 같이 밀접하여 억누를 수 없다. 나의 이 말은 단지 2억 동포 자매를 위해서만 설명하는 것이 아니라 중국의 4억 평범한 인민을 위해서도 설명하는 것이다. 이렇게 설명해보자. 나라(國)란 하늘과 땅 사이에 반드시 더불어 세우는 것이 있어야 하는데, 이 더불어 세우는 것을 국민이라 일컫는다. 그리고 여자는 국민의 어머니이다.

오늘날 우리 중국에는 '국민'이라는 명칭이 아마 없을 것이며, 이를 대신하는 명사가 바로 '온갖 성(萬姓)'이다. 이것은 우리 나라 국민이 뛰어나지도 않고 기개 넘치지도 않으며, 고작 성씨 사전인 『사성운편(史姓韻編)』[2]에나 자리를 차지하고 있음을 보여준다. 무릇 개인의 품성이란 비록 외부 세계의 풍속이나 상황에 영향과 자극을 받아 변하는 면이 있을지라도 수십 대에 걸쳐 유전되어온 내면세계의 근성에 의해 빚어지고 만들어지는 것이다. 그런데 근성의 유전은 반드시 어머니로부터 아이에게 덧붙여지는데, 음으로 양으로 주고받으며 아이들 받아들

임의 빠르고 늦음이 각각 다를 뿐이다. 그러므로 국민에게는 스승이 없는 듯하지만, 그들이 스승으로 본받는 이는 여자이다.

아아, 나의 동포여, 2000년 동안 영웅적인 사내대장부들은 왕찬(王粲)[3]의 영웅에 관한 기록이나 플루타르코스(Plutarch)[4]의 호걸들 이야기에 들어가기를 바랐겠지만, 간단한 기록조차도 보이지 않는다. 또한 아리따운 여인은 잔 다르크, 롤랑 부인, 베라 자술리치(Vera Ivanovna Zasulich), 소피아 페롭스카야, 스토 부인, 나이팅게일(F. Nightingale) 등에 비할 수 없음은 물론이거니와, 설사 반소(班昭), 방아(龐娥), 제영(緹縈), 목란(木蘭), 풍료(馮嫽) 등일지라도 따라잡을 수 없다. 우리의 글은 빛을 잃어버렸는가? 우리의 역사는 보잘것없는가? 우리의 나라는 끝내 발달하지 못하는가? 우리 황인종은 영영 명성을 날리지 못하는가?! 헛되고 애통하도다! 나라에 참된 사람 없음이여! 나라에 참된 사람 없음이여!

롤랑 부인, 베라 자술리치, 소피아 페롭스카야

19세기의 중국은 일순간에 세계 경쟁의 소용돌이에 떨어져 뒤처졌지만, 20세기의 중국은 단번에 세계 경쟁의 무대로 뛰어올라 우뚝 설 것이니, 이는 당연한 이치이다. 남자가 이러할진대, 여자 역시 어찌 이러하지 않겠는가? 옛날 스파르타 여성들은 전쟁에 나가는 자식에게 용기를 북돋아주면서 이렇게 말하였다. "바라건대 너는 방패를 메고 돌아오너라, 그렇지 않으면 방패에 누워 돌아오너라." 롤랑 부인은 감옥에 있을 때 이렇게 말했다. "우리는 오늘 이미 우리 자신을 구할 수 없다. 비록 그럴지라도 내가 살아 숨을 쉬는 한 끝까지 나라를 구하지 않으면 안 된다." 이 얼마나 장한 말인가! 오늘날 우리 중국의 2억의 동포 가운데에 이런 사람이 있고 이런 말을 하는 사람이 있다면, 나는 값진 금과 고운 비단, 향기로운 꽃으로 경의를 표하고자 한다. 생각건대 새로운 중국, 새로운 인물을 창조해내는 이는 틀림없이 이런 사람이며, 여성계의 혁명군을 늘어세우고 비단에 수놓은 깃발 앞에 붉은 반점의 백마를 타고서 낭랑한 목소리로 외쳐 깊은 규방의 요사한 꿈을 깨우는 이는 틀림없이 이런 사람이리라. 고염무(顧炎武)는 "천하의 흥망은 평범한 남자에게도 책임이 있다"라고 하였는데, 어찌 평범한 남자만 그러하겠는가? 비록 평범한 여자일지라도 더불어 책임을 져야 하리라.

여자의 도덕

'여자는 재주 없는 것이 덕이다.'

이는 상서롭지 못한 불길한 말이다. 이 말은 2억의 남자들이 진시황(秦始皇)의 화신이 되어 백성을 어리석게 하고 학자들을 산 채로 파묻은 그의 수단을 이어받아 세상에 해독을 끼치는 것이다. 대체로 세속에서 이르는 도덕이란 노예나 짐승과의 차이가 실은 겉과 속의 차이이다. 그리하여 입은 경전의 글을 읊으면서도 마음은 봉록과 이익을 따지며, 우러러 하늘의 별자리를 구분하지 못하고 몸을 굽혀 오대주를 알지 못한 채, 오로지 만청 정부의 사타구니 아래에 엎드려 우러러보는 낯빛으로 마치 조상을 떠받들듯이 천제(天帝)라 높이니, 성현(聖賢)도 이보다 더 나을 수 없다고 여기는 듯하다. 만약 그들이 말하는 대로라면 우리 동포들은 부엌데기 할멈과 시골의 하녀를 숭배하지 않을 수 없으며, 남자의 농사일에는 자긍심을, 여자의 집안일에는 핀잔을 주는 것을 금과옥조로 삼지 않을 수 없다. 재주 없음의 의미에 대해서는 깊이 따져볼 틈이 없고, 나는 오직 여자의 도덕 부문에 대해서만 말하고자 한다.

여자의 도덕 부문에 관하여 나는 잠시 윤리와 관계된 것을 논하고자 하는데, 그 개요는 크게 세 가지로 나눌 수 있다.

그 첫 번째는 일개인에 대한 도덕이다. 여자의 일개인에 대한 도덕이란 세속에서 일컫는 바의 여훈(女訓)이 바로 그것이다. 반소(班昭)는 이렇게 말한다. "여자의 덕은 반드시 재주가 탁월할 필요는 없다. 청아하고 음전하며, 절조를 잘 지키고 행함에 부끄러움을 알며 행동거지에 법도가 있으면 된다." 이 말에 대해 내 어찌 그르다고 여기겠는가! 무릇 세계 문명이 진보하자 여자교육 역시 남자를 좇아 달라졌다. 책 읽기와 입학, 친구 사귀기와 여행 다니기 등은 모두 여자가 지식을 넓히고 도덕을 늘리는 수단이다. 도덕과 지식은 하늘이 이 몸에 주어 타고난 것으로 남녀를 가리지 않고 똑같다. 마음의 빛은 부드럽고도 은근하여 굽으면 반듯이 펴지기를 바라지 않는 날이 없으니, 여기에서 펴지지 않으면 반드시 다른 곳에서라도 펴지기 마련이다. 이런 까닭에 책을 읽고 싶어도 읽을 수 없으면, 한가한 정서를 담은 시사(詩詞)나 오락적 즐거움을 탐하는 연극 따위에 빠지게 된다. 학교에 다니고 싶어도 다닐 수 없으면, 제단을 쌓아 기도를 드리고 절과 도관에 뻔질나게 다니면서 돈과 깃발을 보시하는 무리가 많아진다. 친구를 사귀고 싶어도 사귈 수 없으면, 서로 친한 짝이나 형편을 잘 아는 할멈, 저잣거리의 여러 아낙네와 사귐이 깊어진다. 여기저기 여행을 다니고 싶어도 다닐 수 없으면, 극장이나 바깥나들이를 다니고 천축(天竺)이니 보타산(普陀山)이니 부처님께 공양한다는 핑계로 봄나들이를 가는 생각이 피어난다. 여자들은 혹 얽매임에 익숙해지고 무지에 질식되면 부엌과 규방에 갇힌 채 자질구레한 살림살이와 사소한 일로 입씨름을 벌인다. 이러한 모습을 시댁은 장하다면서 뛰어난 절조라 여기고, 친척은 멋지다면서 아름다운 이야기라 여긴다. 오호라! 우리 중국 여자의 품성은 바로 이와 같으니, 이 또한 우리가 흔히 볼 수 있는 일이다. 천하의 일들 가운데 가장 견디기 어려운 일은 비교하여 우열을 가리는 것이다. 오늘날 유럽 여자의 발달을 우리 중국과 비교해보면, 우리 중국인은 부끄러움을 느낄까? 그렇지 않으면 뻔뻔스러운 얼굴로 자신을 변명하면서 귀엣말로 유럽 여성을 비난할까?

두 번째는 남자에 대한 도덕이다. 여자의 남자에 대한 도덕이란 세속에서 일컫는 바의 남편을 돕는 것이 바로 그것이다. 무릇 남녀가 짝을 이루는 것은 세계의 바른 본보기이며, 인간과 자연의 큰 행복이다. 무릇 음양의 조화, 애정의 귀결, 품성의 교환, 학문의 토론, 도덕의 보조 등은 모두 여기에서 비롯된 것이다. 그러므로 문명화된 부부는 집에 있을 때에는 가정관리를 함께 처리하고 집을 나서면 적합한 사람을 구해 맡기며, 길을 달리하여 학문을 도야하고 서로 이끌어 여기저기를 여행한다. 이렇기에 그들은 서로 걸림돌이 되지 않고 서로에 대한 두려움이 없으며 상대에게 버림받을까 착란된 망상을 갖지 않으니 상대에 대한 의존성이 없다. 중국 여자들은 '삼종지도(三從之道)'와 '칠거지악(七去之惡)'[1](이는 공자가 한 말이 아니지만, 그가 이를 설명하였다는 점에서 그의 견식이 뛰어나다고 할 수는 없다)이라는 못된 속담을 익히 들어왔으며, 스스로 이를 굳게 지켜 단 한 걸음도 제멋대로 벗어나려 하지 않았다. 평생 자중하여 언행을 조심하는 외에 달리 희망이 없었다. 신혼 첫날밤에 여자는, 마치 과거 급제자가 대궐을 향해 지극한 공경을 다하여 황제의 은혜에 감사드리듯, 봉직할 곳에 채용되어 평생의 중요한 일을 이루었다고 생각한다. 반면 남자는 원대한 뜻을 품으니, 지난날에는 검을 들고 집문을 나서면 집안일을 돌아볼 염려가 없어야 했다. 그런데 이제 남자가 아내와의 잠자리를 그리워하고 아내는 침실에서 흐느껴 울면서 노래한다면, 나라를 위하는 마음을 소진시키고 영웅의 기개를 꺾어버리는 것이다. 나는 규방의 젊은 아낙의 시를 읽을 때마다 책을 덮고 자주 한숨을 내쉬지 않은 적이 없다. 비록 그렇더라도 이것은 그래도 나은 편이다. 나쁜 경우에는 빈궁으로 인해 서로 원망하고 비난하며, 며느리와 시어머니가 서로 다투고 험담한다. 최악의 경우에는 사

가리발디 부부의
초상화

랑하는 배우자가 아니라 종이 되어버린다. 이러한 갖가지 부부의 좋지
못한 현상과 못된 근성은 내 입으로 차마 말할 수 없고 내 붓으로 차
마 써낼 수 없다. 롤랑 부인과 그의 남편이 서로 도왔던 것이 포악한 아
내의 성난 목소리가 있었기 때문이라는 말은 들은 적이 없으며, 가리
발디(G. M. Garibaldi)와 아니타(Anita Garibaldi)가 서로 위로한 일이 연인들
의 그리워하는 눈물이 있었기 때문이라는 말 또한 들은 적이 없다. 행
복으로 가는 길은 따로 문이 있지 않으며, 오직 사람들이 스스로 만들
뿐이다. 우리 동포는 이 사실을 아는가, 모르는가?

　세 번째는 가정에 대한 도덕이다. 여자의 가정에 대한 도덕이란 세
속에서 일컫는 바의 여자의 규범이 바로 그것이다. 여자의 규범 내용
은 크게 두 가지로 나뉘는데, 하나는 교육 부문이고 다른 하나는 가정

관리 부문이다. 교육 부문은 다시 두 가지 갈래로 나뉘는데, 하나는 태교이다. 태(胎)는 인간의 수정란이 인간으로 변하기 시작하는 근원이다. 그 근원은 300분의 1인치에 지나지 않은 조그마한 알인데, 순식간에 변화하여 며칠이 지나면 물고기류의 형태가 되고, 다시 며칠이 지나면 파충류의 형태가 되고, 6주가 지나면 포유류의 형태가 되고, 다시 8주가 지나면 조그마한 강아지 모양이 되고, 여기에서 변하여 인간이 된다. 그러므로 인간은 만들어진 물품이며, 열등동물에서 고등동물로 변한 것이다. 본성이 선하고 악함은 모두 인간이 스스로 만들어낸 것이니, 그의 어머니가 생각하고 근심하는 것, 찡그리고 웃는 것, 이 모두를 똑 닮은 아이를 임신할 수 있다. 이른바 "봉황은 나면서부터 어질고 의로운 뜻을 지니고 있으며, 호랑이와 이리는 나면서부터 탐욕스럽고 사나운 마음을 지니고 있다. 이 두 가지가 서로 다름은 각각 자신의 어머니로부터 말미암기 때문이다"라는 것이다. 오늘날 서양 사람의 태교 서적은 모두 몸가짐과 음식, 거처와 의복 등 위생과 관련된 일에 주의를 기울인다. 우리 나라의 「내칙(內則)」이나 「월령(月令)」, 『번로(繁露)』, 『논형(論衡)』 등의 여러 책2에서 밝힌 바와 비교해보면 훨씬 상세하지만, 다만 덕성을 어떻게 배태하고 생육할 것인지에 대해서는 언급하지 않는다. 『열녀전(列女傳)』에 따르면, "옛날에 여자가 임신하면, 잘 때는 모로 눕지 않고 앉을 때는 가장자리에 앉지 않으며 서 있을 때는 한 발로 서지 않았다. 눈으로는 나쁜 모습을 보지 않고 귀로는 음란한 소리를 듣지 않았으며 입으로는 부정한 음식을 먹지 않았다. 밤이 되면 소경에게 시를 읊게 하고 정사(政事)를 말하게 하였다"라고 한다. 이것이 태교에 없어서는 안 될 것들이다. 장차 건강하고 순조롭게 자라고 총명하고 빼어나며 공덕(公德)에 열성적이고 도덕과 명예를 중히 여기는 아이를 낳고 싶은가? 그렇다면 반드시 고상함과 순결함을 태교의 기초로 삼아야 할 것이다.

다른 하나는 어머니의 본보기(母儀)이다. 서양인들은 아이를 가르치는 일을 백 가지 영역으로 나누는데, 이 가운데 어머니의 가르침에 속하는 것이 70가지 영역이다. 어린아이의 뇌는 새하얀 종이와 같아서 단사(丹砂)를 바르면 빨개지고 먹을 바르면 까매진다. 마음속에 주견이 없어 박애, 상무, 식민, 항해, 공화와 혁명을 이야기하면 어린아이는 순순히 그것을 받아들이고, 백성에 대한 수탈, 윗사람에의 아첨, 각종 범법행위, 돈과 여색을 밝히는 것을 이야기하면, 이 또한 순순히 받아들인다. 오늘날 우리 중국의 가정교육은 비루하고 멸렬하다. 강보에 싸인 젖먹이 시절부터 학교에 들어가는 청소년 시절에 이르기까지 거듭 타이르고 권하여 욕망의 번뇌를 불러일으키는데, 죄다 과거에 급제하여 봉록을 받는 것이 얼마나 신나는지, 남의 재산을 빼앗아 이익을 따지는 것이 얼마나 멋진지, 음탕한 할멈과 추잡한 하녀가 벌이는 날카로운 입씨름이 얼마나 흥미진진한지, 귀신과 부처, 신선과 여우의 신령스러운 환영이 얼마나 무서운지 등의 이야기이다. 이런 이야기로 오늘날 불가사의한 인격을 만들어냈던 것이다. 이 어리석고 완고하며 못난 아이들이 일단 학교에 들어가면 자신의 스승에게 맡겨질 터인데, 스승된 자가 또한 반드시 현명한 것은 아니다. 오호라! 내가 지금 나폴레옹이나 워싱턴의 어머니의 가르침을[3] 말하는 것이 아니다. 맹자(孟子)와 범방(范滂), 서서(徐庶), 유중영(柳仲郢), 구양수(歐陽修)의 어머니[4]에 대해서는 누구나 다 알고 있는데, 어찌하여 어머니의 행동이 이처럼 타락해버렸는가! 저 성현과 제왕, 영웅과 의협(義俠)이 생겨난 것은 대단한 사람의 역할이 아니라 현명한 어머니의 손에 의해 이루어진 것이다.

가정관리 부문에 대해 살펴보자. 가정관리의 정의에는 넓은 의미와 좁은 의미의 두 가지가 있다. 세속에서 일컫는 바의 가정관리는 번잡하고 중대한데, 이는 사실 좁은 의미의 정의이다. 내가 말하는 바의 가정관리는 분명하고 단순한데, 이는 사실 넓은 의미의 정의이다. 세속에서 일컫는 바의 가정관리는 쌀이나 소금 등의 자질구레한 일까지 크고 작은 일을 모두 직접 처리하는 것이다. 이는 마치 진나라 황제가 천하를 다스린다면서 읽어야 할 문서의 중량을 정해놓고서 정량을 채우지 못하면 쉬지도 못할 만큼 자질구레한 정사(政事)가 너무 많은 것과 같다. 내가 말하는 가정관리는 육아와 위생으로부터 경제·법률·고용·행정에 이르기까지 몇 가지 주요한 요점을 포함하는데, 이는 어렴풋하나마 나라의 축소판과 같다. 뼈대의 줄거리를 들어 올리면 세부의 조목이 저절로 따라오고, 사내종은 농사를 짓고 계집종은 베를 짜듯 누구나 자신의 맡은 일을 잘 처리하는 것, 이것이 바로 이른바 요(堯)와 순(舜)이 아무 일을 하지 않아도 천하가 잘 다스려졌다고 하는 것이다. 자수(刺繡)를 예로 들면, 이 일은 본래 예술의 하나로서, 서양 나라에서는 노래, 체조와 더불어 교과목에 포함시켰다. 그런데 가위와 자를 다루던 여자를 기계가 대신하여 실로 중국의 여자들보다 훨씬 뛰어난 제품을 만들어낸다. 이러하니 어느 누가 그대에게 여기저기서 돈과 곡식을 빌려 열흘에 신발 한 켤레를 만들게 하고 한 달에 저고리 한 가지를 수놓게 하며, 이런 일로 번거롭고 골치 아프게 하고 날마다 힘을 허비하게 만들겠는가? 내가 말한 대로 행한다면, 가정의 행복은 오직 여자만이 만들어낸다. 문을 잠그고 외출하여 여행을 가거나 유학을 떠날 수도 있으며, 집에 머물러 춤을 추거나 손님을 초대할 수도 있고, 책을 펴고 공부할 수도 있다. 재화를 나누지 않고 재화를 생산할 수 있으며[5] 남에게 의지하지 않고 스스로 일어설 수 있다면, 강하지 않은 나라가 없을 것이다.

　개괄하여 말한다면, 3000년 동안 중국의 여자는 늘 개인의 도덕에 주의를 기울였을 뿐 공공의 도덕에 대해서는 들어본 적이 없다고 말할 수 있다. 그들은 '옥처럼 순결하게 정절을 지켜라' 혹은 '삿된 마음을 굳센 성처럼 막아내라'고 말하지만, 남녀평등이나 여자의 공부와 진학, 혼인 자유 등의 여러 견해에 대해서는 개인의 도덕을 망치는 도구로 여긴다. 천하의 커다란 재난은 일찍이 한두 사람이 예상했던 바를 벗어나 전혀 중시하지 않은 뜻밖의 방면에서 오는 법이다. 진시황은 여산(驪山)에 황릉 축조 공사를 일으키고 책을 불태우고 유생을 산 채로 묻었다. 그럼에도 진승(陳勝)과 오광(吳廣), 유방(劉邦), 항우(項羽)가 농사를 짓다가 반란을 일으켰다. 송나라는 당나라의 절도사가 일으킨 재앙을 거울삼고 명나라는 황족들이 흥성하는 것을 꺼렸다. 그럼에도 송나라와 명나라의 종묘사직을 뒤엎어 무너뜨린 것은 명문 귀족의 후손이 아니라 노린내 풍기는 천한 종족이었으며, 그들은 중원을 짓밟고 맹약을 강요하였다. 침범해서는 안 될 신성한 여자의 몸이 그 고상하고 순결한 요소를 보존할 수 없게 만든 자는 누구인가? 저 유럽의 여자들이 참으로 모두 내가 칭송한 바처럼 꼭 그렇지는 않겠지만, 사회가 문명화하고 도덕이 진화하였으며 누구나 명예를 존중하는 마음을 지니고 있다는 것은 내가 확신을 가지고 단언할 수 있다. 오늘날 우리 사회의 도덕은 날로 쇠락하는데, 근본을 바로잡을 생각은 하지 않은 채 평범한 개인의 권리를 박탈하여 이를 방비하려 한다. 이 얼마나 군주의 그릇된 견해와 흡사한가? 어찌 근본으로 되돌아가야 하지 않겠는가!

여자의 도덕이란 무엇인가? 효성스러운 행실과 뛰어난 절조, 현명한 재능, 민첩한 솜씨를 든다. 이 모두는 공공의 덕 아래에 부속되어 있으며, 공공의 덕은 모든 것에 우선한다. 공공의 덕이란 나라 사랑(愛國)과 세상 구원(救世)이다. 무릇 남자는 냉정한 눈을, 여자는 뜨거운 마음을 지녀야 하며, 남자는 강인한 품성을, 여자는 부드러운 마음을 품어야 한다. 나라 사랑과 세상 구원이 여자의 본분이다. 그러므로 제영(緹縈)의 지극한 효행은 조아(曹娥)보다 천 배나 나으며, 목란의 기특한 행동은 북궁의 영아(嬰兒)⁶보다 만 배나 낫다. 동포여! 여자여! 바라건대 밝고 빛나는 눈동자로 온 세상을 두루 살피고, 가냘프고 고운 손으로 조국의 강산을 굳게 붙들라. 여자! 동포여! 바라건대 뛰어난 말재간을 발휘하여 스토 부인의 뒤를 따르고, 지혜의 검을 집어 들어 소피아에 앞서며, 대자대비한 마음을 품고서 나이팅게일을 뒤쫓으라. 치마와 비녀, 머리쓰개가 오늘날 더럽고 부끄러운 이름이 되지 않도록 하고, 옛적의 여장부와 낭자군이 아름다운 명성을 독차지하지 못하도록 하라. 이것이 바로 도덕의 빛이다.

44

여자의 품성

오늘날 중국 여자는 오직 하나 뿐 둘도 없는 품성을 지니고 있다. 사람들의 칭찬과 숭배를 받는 이 품성은 고상함과 상서로움이라는 것이다. 이 품성이야 나도 아끼고 중히 여긴다. 그러나 고상함의 품성은 오늘날 이미 기린과 봉황처럼 볼 수가 없으며, 상서로움의 복리는 흔한 성질이 되었다는 점은 조금도 의심할 여지가 없다. 이런 까닭에 순결한 절개와 고귀한 몸가짐이란 말로 여자를 칭송하느니 차라리 눈부시게 아름답다는 말로 아첨하는 것이 나으며, 출중하게 빼어난 재주를 떠받드느니 차라리 다복·장수하고 자식이 많다는 말을 바치는 편이 낫다. 아침이면 점쟁이를 찾고 저녁이면 액막이의 주문을 외운다. 음력 초하루와 보름날에는 채소만을 먹고 부모님의 양육에 감사드리고, 원소절에는 거울을 품고서 행인의 말을 엿들어 남편의 과거급제 여부의 점을 친다. 다소곳하고 얌전하게 행동하며 서로 돕고 의지하되, 행동거지 하나하나 수많은 금기가 따라붙으니 이루어지는 일이란 하나도 없다. 정신은 흐리멍덩하고 생기는 잃어버린 채 사억 명의 사람들이 장차 비참한 지경에 가까워질 터이니, 명분이야 불길함을 피하고자 함이지만 오히려 길함을 거스르는 결과를 낳고 말았다. 그러므로 오늘날 여자들이 고귀한 품성의 첫째로 삼아야 할 것은 활기차고 기민하며 영준하고 진취적이며 미신을 타파하고 압제를 떨쳐버리는 것이며, 둘째로 삼아야 할 것은 학문이다. 이와 같이 할 수 있다면 절반의 새로운 국민이 이루어지는 것이다.

나는 중국 여자의 학문 수준을 비교하고자 하지만 표본으로 삼을 만한 것이 없다. 그래서 내가 사는 고을의 수준을 표로 나타내보면 다

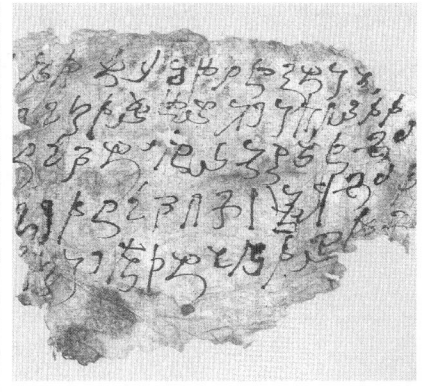

『군신도상(君臣圖像)』 속의 창힐과 카로슈티 문자
(신장박물관 소장)

음과 같다. 글자 모양을 분간할 줄 아는 이는 5/10이고, 글자의 뜻을 알고 사성을 구별할 줄 아는 이는 6/20이며, 대충 문장의 뜻이 통하되 막히는 부분이 약간 있는 이는 10/100이고, 대강의 뜻을 이해하고 고금의 일을 거칠게나마 말할 수 있는 이는 3000명 중의 한 명이다. 문자를 창제한 창힐(蒼頡)[1]과 카로슈티(Kharosthi)[2]의 경지에 이르고 국민을 행복으로 이끌 사상을 지닌 이라면 틀림없이 2억 명 중의 한 명꼴일 터인데, 이렇게 많은 사람을 조사할 방법이 내게는 없다! 어느 누군가는 시에서 "좁고 옹졸한 마음은 꽃 같은 용모에 어울리지 않고, 호화로운 집에는 교양 없는 무식쟁이를 감춰두기 어렵다네."[3]라고 읊었다. 문화적 교양이 없으면 끝장이라는 것이다. 오호라, 다수의 국민들에게는 배외(排外) 사상이 성행하고 여성의 권리가 증오의 대상이 되었다. 그들은 재담이나 우스운 이야기를 미친 듯이 외우고 노예의 근성을 조장하며 항구를 닫고 물류를 끊어버렸다. 그렇기에 그들이 문명을 바라고 친히 실천하는 것은 청풍명월(淸風明月)을 즐기는 쾌락을 넘어서지 못한다. 이런 자들은 좁고 옹졸한 마음을 지니고 있다고 나는 생각한다. 이제 우리 동포들이 집에 들어와서는 서양 사상가의 책을 읽고 집을 나서서는 학자들의 의론을 듣는다면, 탁월한 지혜를 발양하고 정신을 진작시켜 두뇌를 자극하고 위장을 씻어낼 터이니, 턱을 괴고서 눈을 감으면 틀림없이 새로운 세계, 새로운 중국이 꿈속에 떠오르리라는 것을 나는 안다. 융성하여 웅장하고 하늘 높이 빛나며, 아름다운 여인들은 곱고 제철 꽃들은 향기로우며, 화려한 누대는 어여쁘게 꾸민 여인들의 피리 소리로 가득 차 마치 천국에 오르는 듯, 선계(仙界)를 노니는 듯하다. 어찌 흥이 솟지 않겠는가!

그렇기는 하나, 이는 품성의 내면에 관해서만 언급하였을 뿐이다. 품성의 외면에 관해 우리 중국 여자들은 몇 가지 절대적 장애물에 직면하고 있으니 아래에서 살펴보기로 하자.

전족의 해악

슬프도다! 하늘이 내린 형벌이로다! 하늘이 내린 형벌이라면 그렇다 치더라도, 사람이 만든 형벌이라면 도대체 왜 만들었단 말인가? 여자는 불행히도 이 세상에 태어나 아이를 낳아 기르는 커다란 어려움에서 벗어날 수 없고 온갖 고생과 수고가 남자에 비해 극심한데, 게다가 잔인하게도 동여매고 잘라내는 고통을 더하고 있으니, 세상의 남자들은 인정이 없단 말인가! 아프리카 부녀의 납작머리 만들기, 서양 여자의 허리를 졸라매는 코르셋 등은 사뭇 다르기는 하지만, 우리 중국의 전족만큼 그 폐해가 심각하지는 않다. 갓이야 찢어질 수 있어도 신발은 벗어던질 수 없고, 두개골은 똑같이 둥글어도 발가락은 똑같이 네모지지 않으며, 각각 하늘을 이고 땅을 밟는 것이라 일컫는다. 그러나 지름이 한 치에 불과한 이 물건은 단단히 묶이고 동여매인 채 땅에 곧바로 댈 수도 없다. 우리 중국의 군주와 백성의 불평등, 남자와 여자의 불평등은 뜬금없는 말이라면서 믿지 않겠지만, 만약 장형(杖刑)과 전족이라면 더욱 분명할 것이다. 이리저리 몸을 뒤척이면서 큰 소리로 울부짖고 죽고 싶어도 죽을 수 없으며, 피와 살이 썩어 냄새를 풍기고 손과 발이 망가진다. 나는 이처럼 좋지 못한 선례를 만든 자를 고문하고 싶지만, 깊고 깊은 지옥에서 이변(李昪)[4]을 일으켜 세워 힘줄을 뽑아내 사당에 내거는 형벌[5]로 처단하지 못함이 한스럽다.

나는 마치 제2의 나폴레옹인 양 장헌충[6]의 호쾌함을 숭배한다. 저 테무친[7]과 누르하치[8]가 무슨 선행을 베풀었기에 자손 대대로 중국의 왕이 되었겠는가? 그저 전족하지 않은 천연의 발(天足) 덕분이니, 이것이 하느님의 도우심을 받아 제왕의 자리를 수백 년 넘게 늘려왔던 것이다. 그럼에도 무자비한 폭군이야 차치물론하지만, 우리 여자는 무엇 때문에 이토록 스스로 목숨을 끊고 자신을 해칠까? 그게 멋지다고 여겨서일까? 외양이 마른 데다 삐뚤어지고 내용이 썩어 있으니 전혀 고상해 보이지 않는다. 게다가 몸은 꽃이나 새가 아니고 또한 보석이나 장신구도 아닌데, 무엇 때문에 일부러 부자연스럽게 꾸밈으로써 스스로를 노리개와 마찬가지로 만든단 말인가! 옛 습속이라 여겨서일까? 일본인들은 눈썹을 밀어버리고 이를 검게 물들이는 것을 개혁하고 있다. 문신과 코 뚫기 등 야만적 습속은 이제 이미 사라졌다. 그런데도 어찌하여 우아하고 품격 있는 여인의 발은 흐늘흐늘 비틀어지고 마비

되어 무감각해져 천연의 바탕을 여전히 간직하고 있는 하녀들만 못하는가?

예로부터 민족의 멸종과 국가의 쇠망은 스스로 불러들인 것이지 남이 해낼 수 있는 일이 아니다. 오늘날 우리 중국의 아편 흡연과 전족, 남녀의 분리는 금수의 길로 달려가게 하여 정신과 영혼의 상실을 재촉하고 조상에 대한 제사를 단절시키고 있다. 생각해보라, 나의 동포여! 압제에서 벗어나려면 제일 먼저 이러한 속박을 없애버려야 한다. 몸과 마음이 천연 그대로 완전하면 민족이 강해지고, 민족이 강해지면 나라가 흥성해진다. 30년 후에는 이 전족의 못된 현상과 나쁜 풍속이 더 이상 전해지지 않고 겨우 기녀와 광대의 일부에게만 남아 있다가 끝내 사라져 없어지기를 나는 기대한다. 사라져야 할 재앙을 피하고 싶다면, 먼저 발을 풀어주는 데서 시작하지 않으면 안 된다.

장식의 폐해

중국 여자의 의복과 장신구를 찢고 없애버려야 마땅하다고 느닷없이 내가 말한다면, 이는 인지상정에 어긋나리라! 유럽 여자들이 허리를 잘룩하게 동여매고 젖가슴을 볼록하게 돋우며 머리에 꽃가지를 어지럽게 꽂은 모습을 보면, 그게 위생에 무슨 도움이 되며 문명의 장식에 뭐가 어울리는지 나는 모르겠다. 최근 몇 년 사이에 중국 여자들의 옷 너비와 길이가 적당해졌는데, 하루아침에 갑자기 서양의 의복을 따르는 것에 나는 찬성하지 않는다. 가장자리에 수를 놓은 옷깃, 어깨까지 늘어뜨린 구슬 목걸이, 갖가지 모양으로 파고 새긴 장신구들, 꽃처럼 단장한 옷차림 등은 비록 개인 경제에 관련된 것이지만 마음과 시간의 에너지를 쓸모없는 데에 허비하는 것이다. 머리 장식과 팔찌, 비취, 산호, 마노, 황금 구슬 등의 경우, 기이하기 그지없는 솜씨가 나날이 발전한지라, 여자들은 이들을 제기(祭器)나 보물처럼 진귀하고 소중히 여긴다. 그리하여 처지가 옹색해지면 골동품으로 여기고 넉넉해지면 두루 모아들이는데, 아끼는 물건에 정신이 팔려 이상과 포부를 잃어버리고 자질구레한 일에 아까운 힘을 허비하게 될 터이다. 그러니 어찌 경서(經書) 및 사기(史記)와 같은 책을 읽고 천하의 일을 논할 틈이 있겠는가?

더욱 심각한 것이 있으니 화장품인 연지(臙脂)와 백분(白粉)이 그것이다. 사람의 얼굴빛은 하늘로부터 받으며, 곱고 추함은 부모로부터 타고난 것이니 억지로 할 수 없는 것이다. 태어나면서부터 아름다운 여자의 경우, 송옥(宋玉)이 말하는 대로 분을 바르면 너무 희어지고 연지를 바르면 너무 붉어진다.[9] 붉은색과 흰색이 타고난 아름다움을 망친다는 것이다. 그런데 태어나면서부터 추한 여자의 경우에는 서양에서 말하는 피부 그림(skin painting) 솜씨나 중국에서 일컫는 가면의 도구가 없는 한 추한 모습을 감출 길이 없다. 게다가 납과 수은의 성질은 혈관을 쉽게 손상시켜, 일단 바르기만 하면 누렇게 시들어버린다. 크롬웰이 화가에게 "나의 참모습을 잃지 않게 하라"라고 한 말을 듣지 못하였는가?[10] 나의 동포 여러분, 스스로에게 물어보라, 무엇을 위해 참모습을 잃어버리는가? 또한 이백(李白)의 시 "가을 맑은 물에서 나온 연꽃, 꾸밈없이 자연스럽네"[11]와 탕현조(湯顯祖)의 곡 "평생토록 있는 그대로의 자연스러움을 좋아하였다네"[12]라는 말을 들어보지 못하였는가? 나의 동포여, 자중자애하여 자연스러움을 천부인권과 똑같이 진귀하게 여기기를 바란다.

그런데 이보다 더욱 심각한 것이 있으니, 귀를 뚫는 것과 머리카락을 정수리까지 올려 휘감아 매는 얹은머리가 그것이다. 귀를 뚫는 것은 전족에 비해 폐해가 중하지 않지만, 지름 한 치의 살갗에 작고 가는 구멍을 뚫어 무겁게 늘어뜨리고 흔들거린다면 역시 고통스러운 때가 있을 터이다. 게다가 귀를 뚫는 형벌은 군대에서의 징벌이며, 이는 가락지 및 팔찌와 더불어 야만 시대에 남자들이 여자를 굴복시켰다는 일대 확증이요 일대 표지이다. 그런데도 오히려 명예롭게 여기는가? 바람에 나부끼는 아름다운 머리카락을 여자들은 아름다움을 돋보이게 하는 수단으로 여기지만, 머리카락이 헝클어지고 복장이 단정하지 않으면 집안 식구라 할지라도 추하게 여길 것이다. 그러나 나는 여자들의 가냘프고 나태하며 타락한 못된 근성은 모두 전족과 얹은머리로부터 비롯된 것이라고 생각한다. 나른한 봄잠에서 채 깨기도 전에 갑작스럽게 일찍 일어나 세수와 양치질도 하지 않은 채 그저 겹겹이 동여매고 세밀하게 다듬느라 수십 분의 긴 시간을 허비한다. 그런 다음 거울을 마주하여 차분하고 여유 있게 남을 부려 머리를 파도가 이어지고 구름이 쌓인 모양으로 꾸미게 하는데, 바람이 불어도 흐트러지지 않고 비녀의 빛과 귀밑머리 그림자가 밝고 환하게 사람을 비출 지경이다. 이렇게 하느라 대략 두세 시간을 들이고 나서야 모든 수고가 끝이 나는데, 한나절의 시간이 훌쩍 지나가버린다. 이런 까닭에 오늘날 여자가 공부하러 학교에 다닌다면, 차라리 잠시나마 북쪽 오랑캐의 변발을 좇아 간결하고 민첩한 방법을 취하는 수밖에 없다.

오늘날의 사회와 관습에서 일컫는 신성불가침의 것들 중에서, 만약 수많은 조상의 신령이 그 안에 깃든 것이 있다면 그건 바로 변발이 아닐까? 부모가 물려준 몸이라는 점은 동일하여도 아름답게 보이기 위해 귀와 발을 자르는 것에는 조금도 개의치 않는다. 그런가 하면 아주 작은 터럭이라도 꼼꼼하게 돌보다가 몸에서 떨어져 나가면 상자에 담아 고이 간직하고, '담비가 모자라면 개 꼬리로 잇는다'[13]고 하여 비싼 값을 아끼지 않고 남에게 구입하기도 한다. 오늘날 곳곳의 큰 뜻을 품은 남자들은 지식이 진화하고 있으며, 위생을 위해 머리카락을 자르고 있다. 나는 여자의 진화 역시 머리카락을 자르는 단발(斷髮)로부터 시작해야 한다고 생각한다. 이는 내가 남을 놀라게 하기를 좋아해서 하는 말이 아니다. 지혜의 검과 온유한 마음씨로 하루아침에 머리카락을 잘라낸다면 자유는 죽지 않고 번뇌는 사라질 터이다. 혹 비구니로 오해받을 수도 있겠지만, 측천무후(則天武后)처럼 행하지 않는다면 끝내 악덕을 남길 일은 없을 것이다.[14] 15세기에 자유민임을 드러내는 표지는 단발과 같은 것이었는데, 그렇다고 내가 단발을 가지고 평범한 여자를 꾸짖는 것은 결코 아니다. 세상에 특출한 재간과 능력을 갖추어 속세에 내려온 선녀가 있다면, 그들은 단발을 옳다고 여기리라!

미신의 폐해

미신은 어떻게 생겨나는가? 미신은 인간의 감정과 희망에서 생겨난다. 그런데 여자란 감정과 희망이 생겨나는 곳이다. 야만 시대의 여자는 영혼이 남자보다 훨씬 약했기 때문에 남자에게 의지하는 것이 뿌리 깊은 습성이 되었다. 그들이 붙잡을 수 있는 감정과 희망은 남자의 몸에 맡겨 도움을 받았으며, 붙잡을 수 없는 감정과 희망은 신의 손에 맡겨 도움을 받았다. 미신은 원시시대부터 시작되었다. 어린아이는 성인만큼 미신에 빠져 있지 않고, 성인은 늙은이만큼 미신에 빠져 있지 않다. 그들의 영혼에 날마다 나름의 규칙이 있다면, 미신은 날마다 지키면 지킬수록 더욱 단단해진다. 하지만 미신에 규칙이 없다면, 거꾸로 영혼에 물을지라도 어안이 벙벙한 채 스스로 풀지 못한다. 무릇 석가모니를 따르는 이들은 석가모니를 변호하고 도가를 따르는 이들은 도가를 변호하며, 점술을 따르는 이들은 점술을 변호하고 예수를 따르는 이들은 예수를 변호한다. 그런데 이제는 석가모니와 관세음보살, 태상노군, 문왕, 귀곡[15]을 함께 아울러 이야기하고, 관우(關羽)와 악비(岳飛), 오통(五通)과 칠살(七煞)[16]을 한데 합쳐 제사를 지내며, 예수의 말씀을 듣고서 미워하고 십자가를 보고서 등에 땀이 흥건한 채 땅바닥에 엎드린다. 해와 달은 오라비와 누이동생이고, 천둥과 번개는 남편과 아내이다. 조그마한 뱀을 보고 절을 올리면서 "이는 나의 조상님이시다!"라고 말한다. 말하는 자는 얼굴빛을 엄숙히 하고, 듣는 자는 낯을 바꾼다. 오리의 뇌에는 진회(秦檜)의 영혼이 깃들어 있고[17] 올빼미는 염라대왕의 사위[18]라고 이야기하면 이 말을 곧이듣는다. 그러나 전기와 증기기관의 발명과 깨달음을 이야기하면 의심의 눈초리로 쳐다본다. 다시 화학의 68가지 원소는 신이 만들어낸 것이고 인쇄술은 악마가 창조해낸 것이라고 이야기하면, 손뼉을 치고 쾌재를 부르면서 "그렇고 말고! 암, 그렇고 말고!"라고 외친다. 오호라, 우리 백성의 지혜가 이러하니 내가 무슨 말을 하겠는가!

미신이란 것은 불길한 것이며, 중과 무당, 풍수가, 점성술사라는 자들은 불길한 사람들이다. 나는 결혼이 길할지 여부를 왜 절에 가서 제비를 뽑아 점치는지, 이사하는 것이 길할지 여부를 왜 풍수가에게 쫓아가 갈 곳을 점치는지 도무지 이해할 수가 없다. 또한 비단 포대기로 감싼 금쪽 같은 자식을 요사스러운 중에게 양자로 주어 인연을 맺거나, 재산을 불려 늘릴 때마다 구름을 보고 운세를 점치면서 미리 술과 음식을 마련하여 베풀어준 은덕에 절하기도 한다. 강인하고 꿋꿋한 사람조차도 무당을 보면 몸을 굽혀 절하고, 인색하기 그지없는 구두쇠도 스님 왔다는 소리에 아낌없이 시주를 한다. 대체로 늙은이들은 정신이 노쇠해지고 숨 쉴 때 잔기침이 많아지면 생명이 꺼져간다는 느낌과 윤회 이후의 희망으로 가득 차게 된다. 그래서 그들은 향을 피우고 부처의 이름을 외우면서 내세에서의 복을 구하는데, 이때 단순하게 생각해보면 부처가 가장 적당하다.

젊은이들은 쌓인 경험이 차츰 많아지면서 과거와 미래에 대해 갖가지 계획을 세우는데, 이것저것 접촉함에 따라 갈등이 생겨 날마다 자신의 감정 및 희망과 싸움을 벌인다. 그리하여 머리가 복잡하고 어지러운 데다가 대응이 빈번하고 복잡해짐에 따라 미신의 방도가 곳곳마다 빈틈없이 파고든다. 어린아이는 풍부한 감정과 무한한 희망을 지니고 있어서 마치 봄물이 솟아나고 화려한 꽃이 활짝 피어나는 것과 같으나, 종교에 관한 사고가 본래 미숙한 데다 인종적 특성이 유전되고 기존의 법도가 후세에 전수됨에 따라 믿지 않을 수 없게 만드는 분위기에 휩쓸린다. 이리하여 자신에게 절실한 문제가 발생하면 운명을 탓하게 된다. 이런 까닭에 세속에서 일컫는 바의 운명이 어려서부터 늙어서까지 이 육신에 이어져 있으며, 하늘과 땅 사이에서 피하여 숨을 곳이 없다. 중국 여자의 미신은 다방면에 걸쳐 있으니, 두 마디 말로 이를 총괄하면 다음과 같다. 즉 점쟁이가 운명을 논하는 것을 날줄로 삼고, 불교에서 복과 이익을 이야기하는 것을 씨줄로 삼는다. 이 밖의 곁가

지들은 모두 이 두 가지를 모방하거나 끼워 맞춰 행해지는 것이다.

　여자에게는 나라를 사랑하고 세상을 구원할 마음이 없다고 생각하는가? 나는 '비와 바람이 순조롭고 나라와 백성이 편안하기를 비나이다'라는 몇 글자의 문구가 평범한 집의 문설주 사이에 높이 매달려 있는 것을 본다. 무릇 국민의 행복이 오직 우리의 힘으로 만들어내는 것임은 의심할 여지가 없다. 그러나 비와 바람이란 것은 기후에 따라 변하는 것이지, 권력의 손길이 미칠 수 있는 것이 아니다. 위의 몇 글자의 문구는 일식과 월식에 절을 하고 물난리와 가뭄에 기도를 올리며 무지개를 두려워하는 것과 견주어 그 우매함의 정도가 크게 다르지 않다. 나는 여자의 미신을 깨뜨리고자 한 즉, 여자들이 올바른 도로 돌아가 자신의 재능을 좇아서 나라 사랑과 세상 구원의 마음을 실천에 옮기게 하고자 한다. 날마다 콜럼버스와 마젤란[19]을 읊조리는 것보다는 그들의 행위를 직접 실천하는 것이 더 낫고, 날마다 공자와 예수를 찬양하는 것보다는 그들의 행위를 직접 실천하는 것이 더 나으며, 날마다 관세음보살과 마조[20]를 외우는 것보다 그들의 행위를 직접 실천하는 것이 더 낫다. 이들이 행했던 것처럼 버드나무 가지를 들고 감로수를 드넓은 세상에 뿌리고,[21] 머리카락을 늘어뜨리고 검을 손에 쥔 채 바다를 돌아다니면서 지혜의 안목으로 중생의 고뇌를 살피라. 선한 여인들이여, 선한 여인들이여, 정성을 다할지 말지, 나의 견해를 믿을지 말지는 나의 이 말을 듣고 결정하라.

　인간 사회의 발달을 가로막는 적, 그것을 맹목적으로 믿을 것인가? 하나의 인간 사회를 발달시키기 위해서는 갖가지 함정과 장애에 맞서 모두 깨뜨려야 한다. 그런데 이 미신의 뿌리가 끈끈하게 동여매고 있다면 어느 한 가지 일도 해낼 수 없고 한 걸음도 뗄 수가 없으니, 다시

300년이 흐른다 해도 중국은 오늘날과 다름없을 것이다. 17세기 유럽에서는 과학이 발달한 이후 국민의 정신이 굳건해지고 의지가 강해진 결과, 18세기에 혁명이 일어났다. 오늘날 우리 중국은 운명을 마냥 기다릴 수 없다. 나는 극단적인 수단으로써 황산과 화약을 이용하여 겹겹이 씻어내고 켜켜이 부수며, 예리한 칼로 헝클어진 삼실을 베어내고 망치로 쇠사슬을 끊어내기를 원한다. 내가 그대를 위하여 한 주먹에 황학루를 박살 낼 터이니, 그대 역시 나를 위해 한 발질에 앵무주를 뒤집어엎으라.[22] 이 얼마나 통쾌한가! 통쾌하지 않은가! 미신이 사라진 이후에야 압제가 사라지고, 압제가 사라진 이후에야 문명국과 자유민이 중국에 나타날 것이다. 선량하고 신실한 남자와 여자가 이처럼 놀라운 결과를 거둘 것이다.

구속의 폐해

중국 여자의 품성은 고루한 편이다. 얼굴빛은 낯을 가리고 어색해하며, 말씨는 서툴고 어눌하다. 마치 어린아이처럼 남을 만나면 놀라 달아난다. 그 까닭을 헤아려보면 구속 때문이다. 무릇 어리석고 무지한 군주는 세상 물정을 몰라 사리를 분별하지 못하는지라, 흉년이 들어 백성이 기근에 시달린다는 소식을 들으면 "왜 고기죽을 먹지 않는가?"라고 말한다.[23] 프랑스 황실의 공주가 했던 말 역시 이와 똑같다.[24] 이는 높은 지위에서 사치스럽게 지낸 탓이다. 중국 여자는 제왕과 같은 존엄을 지니고 있지만 포로와 다름없이 비천하며, 신분과 지위의 높고 낮음에 따라 정해진 법도가 있는지라 얼굴을 바라볼 수 없는 곳에 늘 거처한다. 나아가 권리의 제약을 받는지라 부엌에서 몇십 걸음만 벗어나면 도무지 소식을 알 수 없고, 문을 나서 반리만 가면 어디가 어딘지를 분별하지 못하며, 세상의 일상사에 대해 이야기하면 대체로 어둡기 그지없다. 이는 여자가 태어나면서부터 어리석기 때문이 아니다. 화려한 규방과 누각 깊숙한 곳에 쓸쓸히 갇힌 채 안쪽의 말은 바깥으로 나가지 못하고 바깥 이야기는 안으로 들어오지 못하는 바람에, 의심스럽고 어렴풋한 일은 분명하게 밝혀야 함에도 지식이 단절된 경우가 대부분이다.

중국과 외국은 단절된 이후에 교역이 이루어졌으며, 군주와 백성은 단절된 이후에 혁명이 일어났다. 지식을 강제로 가두고자 하였더라도 마르틴 루터(Martin Luther)의 문서,[25] 코슈트(L. Kossuth)의 신문,[26] 러시아 청년의 금서가 끝까지 단절되는 일은 일어나지 않았을 것이다. 중국 여성계의 단절에 대해 논하는 이들은 이것이 여자의 도덕품성과 관련되어 있다고 여긴다. 그렇지만 그들은 도덕품성이 뛰어났던 복녀(伏女)나 반소(班昭)와 같은 여자가 경전을 강론하고 역사서를 읽으며 지식을 서로 나누고 교제하는 것을 조금도 부끄러워하지 않았으며, 이들의 행위가 조금도 해를 끼치지 않았다는 것을 알지 못한다. 위부인(衛夫人)은 왕희지(王羲之)의 스승이 되어 서예를 전수하였으며, 해박한 지식을 지닌 사도온(謝道韞)은 푸른 비단으로 가림막을 쳐서 손님의 논리에 말문이 막힌 시동생을 궁지에서 벗어나게 해주었는데,[27] 이들의 행위에 대해 이전의 역사서는 아름다운 덕행으로 인용하고 있다. 겹겹의 대문에 깊이 갇힌 채 한 걸음도 문지방을 넘지 못하다가도 연정을 고백하는 노래 한 곡에 빠져 야반도주하기도 하였다.[28] 이러한 탁문군(卓文君)의 스캔들은 여자의 못난 결함의 일부를 대표하지만, 단절된 처지에

코슈트와 그가 발행한 『페스티 힐랍(*Pesti Hirlap*)』

놓여 있던 그녀에게 도움이 되었을까? 예로부터 이처럼 도덕적이지 않고 품격을 저버린 일은 어찌하여 여자만이 못된 평판을 짊어져야 하는가? 추호는 수레에서 내려 치근거리는 바람에 꽃봉오리 같던 아내를 여의었는데,[29] 아내에게 그렇게 대했다면 하물며 남의 아내에게는 어떠했겠는가? 우리 남자 역시 구속형에 처하고 아시아 대륙의 동쪽과 서쪽으로 따로 배치하여 완전히 단절시켜야 마땅하다. 아울러 내가 보기에 세속 여자가 겪는 속박은 학문과 세상사를 논하고 스승을 모시고 단정히 서로 만나는 것을 가로막을 뿐, 사원에서 어깨를 나란히 맞대고 극장에서 섞여 앉아 희희덕거려도 귀머거리인 양 벙어리인 양 말이 없다. 어느 누가 보아도 이상하게 여기지 않으니, 그렇다면 이건 또 무엇이란 말인가? 문명화한 법으로 사람을 대하지 않으면 사람은 문명 바깥으로 자신을 내던져버릴 것이다. 오늘날 세계는 새로워지고 야만의 풍습이 씻은 듯이 흩어져 '아버지께서 나의 태어난 때를 헤아리시니', 이는 곧 20세기 여성의 권리를 일컫는 것이다. 평등을 누리는 삶은 천금의 가치를 지니고 있다. 시원스럽고 반짝이는 눈매에 상쾌함이 묻어나오고 당당하면서도 차분한 말투는 가슴을 울리며, 반듯하면서도 치켜올린 눈썹에 마치 용이 살아 숨 쉬는 듯한 표정을 짓는 이는 누구인가? 바로 새로운 중국 여자이다!

　지금까지 설명한 네 가지는 외면의 장애물이다. 장애물이 제거된 이후에야 중국 여자의 품성은 결함 없이 완전해질 것이다. 그렇더라도 사회의 낡은 관습은 정체와 퇴보를 가져옴으로써 사람들을 자유롭지 못하게 만들고 암흑세계에 빠뜨린다. 만약 두드러지게 다른 자가 있다면 떼 지어 모여서 그를 비난한다. 이로 인해 낡은 기풍에 속박된 자는 최악이고, 낡은 기풍에서 뛰쳐나오는 자는 그다음이며, 낡은 기풍에서 뛰쳐나와 새로운 기풍으로 개조할 수 있는 자는 최상이다. 낡은 기풍에서 뛰쳐나와 새로운 기풍으로 개조하려면 유럽과 미국으로 유학하는 것보다 더 좋은 방법은 없다. 학업을 마치고 귀국하면 정당과 국회, 의료계, 변호사, 신문기자 등, 우리 동포들은 무엇이든 선택할 수 있을 것이다. 일본의 여성계는 연약하고 순종적이어서 배울 바가 없다. 나는 일본의 여성 권리의 역사를 펼쳐보고 그 보잘것없음에 절망하지 않을 수 없었다. 일본의 풍속에 따르면, 남자를 보면 무릎을 꿇고 손님을 보면 무릎을 꿇으며, 집에 들어가서 남자와 장난치며 놀고 같은 욕탕에서 남자와 함께 목욕한다고 들었다. 우리 중국의 하층사회에서도 차마 행하지 않는 일인데, 일본 여성계의 대부분은 이러하다. 일본으로 유학하는 이가 있다면 오직 학문과 기술에만 전념하여야 하며, 일본 여성계의 악습이 귀국길에 따라 들어와 남을 오염시키는 일이 없도록 해야 한다.

여자의 능력

✳

여자는 능력을 지니고 있는가?
이는 유럽의 심리학자와 철학자들 10여 명이 토론하고 연구하여 얻어
낸 문제이다. 한 사람의 능력이 얼마나 신장될 수 있는가는 타고난 재
능과 그것의 구조에 달려 있지만, 교육이 실로 도움을 줄 수 있다. 그러
나 잘못된 교육은 타고난 재능과 구조가 이미 이루어놓은 것마저 망
가뜨리고서 타고난 재능 탓으로 돌리는데, 이는 논리에 닿지 않는 말
이다. 오늘날 어린 남자아이와 여자아이는 품성이 혹 다를 수 있지만,
능력의 정도는 거의 차이가 없다. 이는 그들이 야만적인 교육을 받지
않았다는 분명한 증거이다. 오늘날 야만적인 교육을 받은 남자는 늙도
록 제대로 된 인격을 갖추지 못한다. 그들은 요순(堯舜)의 발자취를 따
른다고 하지만 걸(桀)이나 도척(盜跖)과 같은 악랄한 마음[1]을 지니고 있
다. 이들이 만약 문명의 기계를 본다면 놀라고 괴이하게 여겨 달아날
것이다. 그러므로 여자의 능력은 교육을 받았는가의 여부로 판단하지
않으면 안 된다.
　『여계(女誡)』에는 이렇게 기록되어 있다. "옛적에 딸이 태어나면 사
흘째 되는 날 침상 아래에 누이고 실패를 가지고 놀게 하고 딸의 탄
생을 조상께 재계하고 알렸다. 딸을 침상 아래에 누인다는 것은 여자
는 비천하고 연약하며 자신을 낮추어 남을 대해야 함을 밝히는 것이
고, 딸에게 실패를 가지고 놀게 한다는 것은 고된 일을 익히고 부지런
해야 함을 밝히는 것이며, 재계하고 조상께 알린다는 것은 제사를 이
어받아 모셔야 함을 밝히는 것이다." 이 얼마나 이치에 맞지 않는 설명
인가! 제사라는 것은 중국 조상들의 가르침으로서 매우 신성하고 고

62

상한데도, 비천하고 연약한 아랫것인 여자에게 제사를 모시게 한다. 그렇다면 왜 죄수와 환관은 선대의 군왕이나 아버지에게 술을 따르도록 부르지 않는가? 세상사 가운데에서 가장 역겹고 야만적인 것으로는 옛사람의 상투적인 말을 대단한 가르침으로 떠받들고 또 자신의 마음에 맞는 얕은 식견에 근거하여 세상의 모든 것을 말살하는 것보다 더 심한 것이 없다. 명나라 태조는 "내가 만약 여자의 소생이 아니라면 여자를 남김없이 모두 죽여버렸을 것이다"라고 말했다.[2] 이슬람교도들은 "여자에게는 영혼이 없다"라고 말한다. 이러한 말이 짐승의 소리와 다를 바가 무엇인지 난 알지 못한다. 이러한 말이 딸을 물에 빠뜨려 죽이는 풍습을 길러내고 딸을 키우면 손해 본다는 속담을 만들어냈으니, 세상에는 여자가 발을 딛고 설 자리가 없는 것이다. 나의 동포 여러분, 여자 여러분, 이 오명을 받아들여 영원히 참고 지내기를 원하는가? 원치 않는다면 틀림없이 이 수치를 씻어낼 길이 있을 것이다.

능력은 지혜의 열매이며, 지혜는 두뇌의 꽃이다. 생리학에 근거하여 두뇌의 힘의 우열을 측정함으로써 인종의 귀하고 천함, 높고 낮음을 판단하는데, 이것은 유럽의 지극히 정밀한 학설이다. 오늘날 여자 신체의 크기는 남자에 미치지 못하지만, 두뇌 역량의 수준은 전혀 차이가 없을뿐더러 여자가 더 우월한 경우도 있다. 이러한 사실은 세계적으로 인정받고 있다. 또한 뇌의 크기는 신체의 길이 및 체중에 따라 대체로 비례한다. 그러므로 고래의 뇌는 신체의 1/3300이고 코끼리는 1/500, 개는 1/250, 새는 1/27, 아메리카주 원숭이는 1/28 ∼ 1/13이며, 인간의 뇌는 1/45 ∼ 1/46이다. 새와 원숭이는 인간에 미치지 못하는데, 이는 신체 구조에 결여된 것이 많기 때문이지만 감각 능력만큼은 민첩하다. 그렇다면 여자의 작고 약한 체구는 바로 그들의 능력이 발달할 수 있다는 증거이다. 여자를 온실의 화초처럼 연약하게만 길러놓고서 쓸모없으니 마구 뽑아버려도 된다고 말해서는 안 된다. 이제 커우차이와 카이더라이 두 사람[3]이 측정한 유럽인 남녀 두뇌 크기의 범위에 관하여 그 측정 결과를 늘어놓으면 아래와 같다.

남자 $\begin{cases} 353 \\ 335 \end{cases}$ 여자 $\begin{cases} 352 \\ 341 \end{cases}$

일본인 남녀의 두뇌 크기의 범위를 페이루[4]의 측정값에 근거하여 위의 두 사람의 견해와 함께 늘어놓으면 아래와 같다.[5]

남자 $\begin{cases} 338 \\ 336 \\ 344 \end{cases}$ 여자 $\begin{cases} 352 \\ 353 \\ 372 \end{cases}$

위의 수치로부터 여자가 선천적으로 남자보다 우월하게 만들어졌음을 엿볼 수 있다. 문명화한 유럽의 남자들은 사고가 축적되어 두뇌가 확장된 후에 여자와 맞설 수 있게 되었다. 장래에 여자교육이 발달하면 여자의 두뇌 용량 또한 틀림없이 늘어날 것인데, 이는 의심할 여지가 없다. 20세기 말에 태어난 행운아로는 여자를 으뜸으로 꼽을 것이다. 나는 동포를 사랑하고 자녀들을 칭송하나니,[6] 이들은 장차 평등과 자유의 이념을 실현할 것이로다! 이는 이상이 아니라 능력에 달려있으니, 능력이란 지혜의 열매요, 생각의 물결이다. 새로운 세계를 열어젖히고 온 우주를 근본적으로 개혁하며 권리를 회복하고 기풍을 새롭게 변화시키고자 한다면, 세상의 모든 부모들로 하여금 남자아이보다 여자아이의 출생을 더욱 귀중하게 여기도록 만들어야 한다. 이는 비범한 개인에게 맡겨진 것이 아니라, 우리 여자가 스스로 힘써야 하는 일이다.

여자의 뛰어난 능력은 문학과 예술에 치우쳐 있다고 하는데, 이는 물론 옳은 말이다. 내가 살펴본 바 유럽에서는 근세에 접어들어 재능 있는 여자들이 잇달아 나타났다. 서머빌(Mary Somerville), 허셜(Caroline Herschel), 존린(Rosina Maria Zornlin)의 학문과 재능은 전 세계에 많은 도움을 주었으며, 그들이 빛나는 명성을 드날렸음은 말할 나위가 없다. 베일리(Joanna Baillie)의 희곡, 오스틴(Jane Austen)과 브레메르(Fredrika Bremer), 고어(Catherine Gore), 뒤드방 여사(Madame Dudevant)의 소설, 헤먼스(Felicia Hemans)와 랜던(Letitia Landon), 타이(Mary Tighe), 브라우닝

(왼쪽부터 시계 반대 방향으로) 오스틴과 헤먼스, 브라우닝

(Elizabeth Barrett Browning)의 시가, 그리고 어느 공주가 전해준 그림(「중대한 질문(The Momentous Question)」[7]) 역시 모두 남자의 작품들보다 나으며 일가를 이루기에 손색이 없다. 이들은 참으로 글재주가 있고 학식이 풍부한 여자들이다. 그런데 스탈 부인(Madame de Staël)의 철학, 마티노 양(Miss Martineau)의 경제학, 롤랑 부인의 정치는 세련된 재능과 빛나는 학식으로써 정계와 학계에 명성을 떨쳐 남자들로부터 숭배를 받았으니, 이 또한 무엇 때문이겠는가? 당시 여자는 고등교육을 받아서는 안 된다고 여겨져 학문이 발달하지 않았기에 사상과 재능이 모두 발달하지 않았음에도 불구하고 출중하게 뛰어난 자가 이처럼 많았으니, 오늘날 여성교육의 바람이 거세게 불어온다면 뜨락 가득 무르익은 아름다움이 아마 헤아릴 수 없을 것이다.

교육 부재라는 오명으로 세계에 이름을 떨친 이들로는 중국 여자가 그 하나이다. 그러나 옛 역사서와 여성의 문집에 실려 있는 내용을 살펴보면, 경전과 역사서 방면에는 복 씨(伏氏)의 딸[8]과 같은 이들이 있고, 문학 방면에는 반첩여(班婕妤)와 좌분(左芬), 사도온(謝道韞), 포령휘(鮑令暉)와 같은 무리가 있으며, 서예 방면에는 위항(衛恒)과 위삭(衛鑠)[9], 오채란(吳彩鸞) 등이 있고, 그림 방면에는 설원(薛媛)과 관부인(管夫人) 등이 있으며, 음악 방면에는 한아(韓娥)와 곽리(霍里)의 처[10], 채염(蔡琰), 노녀(盧女) 등이 있고, 예술 방면에는 소약란(蘇若蘭)과 설령운(薛靈芸) 등이 있다. 향긋한 풀이 뿌리 없이도, 달콤한 샘물이 근원 없이도 밝고 수려하며 출중하게 절로 빼어난 향기를 이루어내니, 진실로 기이하기 짝이 없다. 여기에서 더 나아가 세상을 구원한 이로 제영(緹縈)이 있고 나라를 사랑한 이로 목란(木蘭)이 있다. 또한 의협에 있어서

『백미신영도전(百美新咏圖傳)』에 실린 반첩여, 위삭과 목란

는 섭앵(聶嫈)과 방아(龐娥)가 있고, 검술에 있어서는 월녀(越女)와 홍선(紅線)이 있으며, 용기와 담력에 있어서는 동팔나(童八娜)와 이파매(李波妹)가 있고, 전략에 있어서는 우모(虞母)와 순관(荀灌), 양부인(梁夫人), 사리질(沙里質), 진량옥(秦良玉)이 있다. 아울러 풍료(馮嫽)는 국제정세에 능통하여 사신의 임무를 수행하였으며, 조위후(趙威后)는 사신과의 대화를 통해 민권의 의미를 밝혔다.[11] 이들의 이러한 능력은 하늘이 부여한 것이지, 인간이 할 수 있는 것이 아니다. 그럼에도 불구하고 하늘이 부여한 것은 때로 하늘이 인색한 경우도 있는지라, 사람의 능력을 일으켜 진작시키는 것이 더 낫고 어렵지 않을 것이다. 또한 왕과 제후, 장수, 재상이라는 것이 애초에 계급이 따로 있었던 것이 아니라, 그저 우리가 좋아하여 스스로 선택했을 따름이니, 하물며 보잘것없는 학문과 사상, 기술에 있어서랴! 우리 동포도 이렇게 할 수 있을까? 이렇게 하지 않는다면, 어렵사리 피어난 우담발라가 한순간에 시들어버리는 것과 같으니, 이슬람교에서 말하는 '여자에게는 영혼이 없다'는 견해가 생각건대 직접 경험한 것이라면 나는 비난하기는커녕 준칙으로 떠받들 것이다.

오늘날 세상에는 또 다른 허튼소리가 있는데, 많은 이들이 준칙인 양 받드는 바람에 '재주 없음이 덕'이라는 말만큼이나 명성을 날리고 있다. '미인은 요절하는 일이 많다'는 의미의 '미인박명(美人薄命)'이라는 말이 그것이다. 이를 풀어 설명하면, 뛰어난 재주와 고운 용모는 조물주가 시샘하는 것이어서, 만약 이 두 가지를 갖추고 있다면 틀림없이 타고난 수명을 빼앗아갈 것이라는 뜻이다. 그런데도 세상 여자들이 왜 이른바 재능은 회피하면서 이른바 용모에 더욱 매달리는지 나는 도무지 알 길이 없다. 무릇 아름다운 여인은 인성을 훼손시키는 도끼라고 일컫고, 누구든 감동시키는 서글픈 노래는 영혼을 쓸쓸하게 만드는 약이라고 하였다. 무언가에 빠져 흠뻑 젖어 지내는 것, 그리고 쉬지 않고 새기는 것, 이것은 불로장생을 꿈꾸는 양생가(養生家)[12]의 금기인데, 만족스럽고 즐거운 날의 뒤에는 쓸쓸함과 처량함이 숨겨져 있기 때문이다. 나에게는 누그러뜨릴 방책도, 관상을 보는 재주도 없다. 그러나 도리에 근거하여 일의 옳고 그름을 판단하여 오로지 조금도 머뭇거리지 않고 단호히 물리칠 수 있으니, 이 또한 나에게는 명백해 보인다.

오늘날 중국 사회에서 여자의 능력이 자연스럽고 이상적으로 계발될 수 있는 분야는 곧 교육이다. 오호라! 우리의 지난날 중국의 야만적인 교육은 갖가지 무도함과 부패로 얼룩졌다. 내가 이것을 생각하면 마음이 아프고, 이것을 말하면 머리카락이 쭈뼛 서며, 이것을 보면 이가 갈리고 눈초리가 찢어진다. 시골의 못돼먹은 유학자들은 강의를 하면서 마치 자신이 신의 보좌에라도 앉은 양 무제한의 법적 권한을 서슴없이 행사하여 나무라고 종아리를 치며, 심한 경우에는 노역을 강요하는 벌을 주고 쇠고랑을 차는 형을 내리기도 하였다. 장난치고 웃으면서 학교에 갔던 아이가 흐느껴 울면서 집에 돌아오는데, 부모들은 나무라고 으르는 한편 달래고 다독이면서 내 아이가 오늘 흘린 피눈물을 내일의 부귀공명과 장원급제의 대가라고 여긴다. 하지만 격식에 맞추어 학생들이 눈을 감은 채 외우느라 목청을 길게 내뽑는 걸 보면 마치 거지가 먹을 걸 달라 부르짖고 사악한 중이 횡설수설 불경을 읊는 것만 같다.

그러므로 오늘날 교육을 개혁하고자 할지라도 개혁 방법도 없고 개혁을 감당할 사람도 없다. 만약 감당할 만한 사람이 있다면 바로 여자이다. 여자에게 교육을 맡기는 데에는 몇 가지 이점이 있다. 첫째, 여자의 성격은 어린아이와 더 친근하다. 둘째, 남을 이끄는 데에 능하다. 셋째, 제멋대로 채찍질하거나 때리지 않으며 함께 즐거이 어울린다. 넷째, 세심한지라 거칠거나 서툴지 않다. 다섯째, 과거에 합격하여 관직을 얻으려는 터무니없는 망상이나 못된 기질이 없다. 여섯째, 수준이 높지 않고 초급에 해당하는 기하학이나 물리학 등의 교과를 가르치기에 적합하다. 이 여섯 가지 이점에 근거하여, 나는 오늘의 중국에 서둘러 여자사범학교를 설립해야 한다고 생각한다. 사범학교에서 교육을 마치면 전국의 교육에 투입하여, 열 살 미만의 어린아이들은 남녀를 가리지 않고 남자의 손에 맡겨지지 않도록 해야 한다. 일본의 유치원을 살펴보건대, 보모를 맡은 여자들은 영민하고 꼼꼼하여 여러 아이들의 요구를 들어주는 데 조금도 난처한 기색이 없다. 그들의 능력 역시 놀라울 지경이다. 만약 내게 권한이 주어진다면 제일 먼저 학계의 폭군들을 내쫓고 공화정치를 수립하여 여자를 지도자로 삼을 것이다. 이것이 내가 여성의 권리를 제창하는 가장 중요하고도 가장 절실한 희망이다. 다만 나의 동포 역시 이럴 의향이 있는지 없는지를 알지 못할 따름이다.

여자가 세계에 가장 크게 미치는 잠재력은 사람의 마음을 감동시키는 마력이다. 마력이란 고요함과 미묘함의 내심으로써 자신도 의식하지 못하는 사이에 남을 끌어들이고, 고상한 사상으로써 형언할 수 없는 숭배를 불러일으키는 것이다. 바라볼 수는 있으나 다가갈 수 없고, 가까이할 수 있으면서도 존경할 만한 것이다. 마력이란 자석임과 동시에 다이아몬드이다. 마력으로 사람을 끌어들이는 것으로는 연설만 한 것이 없다. 그러나 수백 명의 남자가 수많은 군중 앞에서 목이 쉬도록 말하는 것보다 여자 한 명이 사회를 향해 던지는 맑은소리가 더 낫다. 여자의 소곤거리는 섬세한 말과 풍부하고도 빛나는 표정은 사람의 마음속에 쉽게 파고들어 감동시킬 뿐만 아니라 부끄러움을 느껴 떨쳐 일어나게 만든다. 무릇 변법(變法)이란 아래로부터 시작된다고 하는데, 여자는 특히 사람들 가운데 아래에 있는 존재가 아닐까? 이러한 여자의 특성은 특히 노동자와 더불어 서로 친근하고 아끼는 우의를 띠고 있다. 이러한 이치로 인해 러시아 학생들의 브나로드운동[13](To go among the people. 마군무馬君武[14]는 '가서 인민과 함께하라'고 번역함)의 상당 부분은 여자들이 주도하였던 것이다. 서구의 자유의 씨앗을 드넓은 들판에 뿌리자 여자의 섬세하고도 정성스러운 이야기를 듣기 위해 남녀노소가 빙 둘러 경청하였다. 여자들이 원인과 결과를 설명하거나 꾸짖어 깨우치자, 그들의 마음속 깊이 스며들어 감동의 눈물이 흘러내렸다. 이러한 능력은 아마 남자들이 도저히 따를 수 없을 것이다. 세상을 변화시킬 수 있는 잠재력을 지니고 있는데도 그 역량을 피워내지 않는 것은 여성의 재능을 낭비하는 것이다. 여자가 자신의 재능을 제대로 활용하고자 한다면, 반드시 이 두 가지, 즉 교육과 연설에 주의를 기울여야 한다!

어린아이들은 능력을 가지고 있다. 외황(外黃)의 어린 소년이 항우를 굴복시킨 일[15]이 이러한 예이다. 세상에 다시 없을 만큼 걸출한 나폴레옹조차도 일곱 살짜리 어린 소녀의 손에 굴복한 적이 있다.[16] 그러므로 능력이 발휘되면 불가사의한 효과가 뒤따르는 경우가 있는데, 이는 우연이 아니다. 할멈이 대나무 피리를 불자 강족은 눈물을 흘렸으며,[17] 기량(杞梁)의 처가 통곡하자 장성이 무너졌다.[18] 비와 바람을 놀라게 하고 귀신을 울게 만드는 것 역시 여자의 능력에 의한 것이다. 서양 속담에 "여자는 약하나 어머니는 강하다"라는 말이 있다. 이 말은 보호하고 지키는 여자의 능력을 가리킨다. 어찌 단지 개인의 어머니뿐이겠는가? 여자는 국민을 낳아 기르기에 국민이 재난을 당하는 일 없이 서로 보살피며 살아가기를 기원한다. 그런데도 호랑이와 이리가 자식들을 잡아먹고 홍수와 불길이 자식들을 집어삼키며 다른 땅의 무리들이 모여들어 자식들을 욕보이고 재산과 목숨을 빼앗고 해쳐도 그저 앉아서 멀거니 지켜보고만 있다. 여자에게 슬픔이 없을 수 있겠는가! 격분이 없을 수 있겠는가!

옛날 중국에는 손무자(孫武子)라는 기인이 있었는데, 오나라 궁녀들을 전투를 수행할 수 있도록 훈련시켰다.[19] 궁녀들이 어찌 정말로 위험을 무릅쓰고 용감히 진격하는 능력을 갖추었겠는가? 그러나 리쿠르고스(Lycurgus)가 스파르타의 여자들을 훈련시킨 일은 이보다 훨씬 기이하다.[20] 그렇더라도 나는 크게 기대하지는 않는다. 스포츠와 운동은 여자가 마땅히 해야 할 일이다. 스포츠와 운동은 신체의 발달과 건강에 도움을 주기 때문이다. 서양철학의 격언 중에는 "번영하고 싶다면 신체가 건전해야 한다"라는 말이 있다. 루소(J. Rousseau)는 "신체가 약하면 정신 역시 약하다"라고 말하였다. 세계는 생존경쟁과 자연선택의 현장에 처해 있다. 우월한 인종이 선택되는 것만이 아니라, 대체로 체격이 건장한 사람이 반드시 최후의 승리를 얻기 마련이다. 오늘날 중국인은 대체로 우월한 지위를 상실한 채 병원의 거대한 표본이 되었다. 세상에서 일컫는 바 '남자 열에 아홉은 치질을 앓고 여자 열에 아홉은 대하증을 앓는다'는 말은 결코 거짓이 아니다.

그러나 헤아릴 수도 없고 이상야릇하기 그지없는, 그리하여 겉보기에는 괜찮아 보이지만 고치기 어려운 질병은 특히 여자들에게 많다. 이

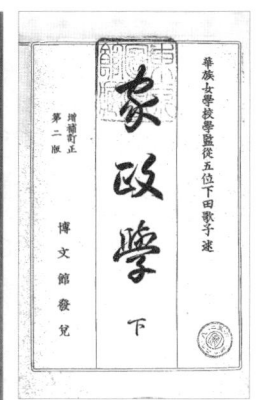

시모다 우타코와 그의 저서 『가정학』

러한 질병은 전족에서 비롯되었지만, 집안에 갇혀 지내며 나태하고 산만한 비정상적인 일상생활 역시 질병의 책임을 일부 져야 한다. 스포츠를 할 수 있었다면 어찌 이런 일이 있겠는가! 일본의 시모다 우타코(下田歌子)[21]는 유럽의 여자교육 실태를 시찰하는 중[22]에 작성한 일기에 이렇게 적었다. "유럽 여자들의 스포츠활동은 유연한 방법도 있고 진지한 방법도 있는데, 우선 세 가지로 나눌 수 있다. 첫째는 순수한 일종의 체조(gymnastic)로서 남자의 군사훈련과 흡사한 것. 둘째는 손을 맞잡고 춤추는 것. 손을 맞잡고 춤추는 것. 셋째는 놀이에 속한 것. 스코틀랜드의 한 여학교에서 체조를 할 때 입는 복장은 남자보다 더 좋았다. 여학생들의 스포츠활동의 수준은 남학생보다 더 높은 듯하였다. 내가 교장에게 여학생이 이처럼 하는 것이 위생상 지장이 있는지의 여부를 물어보았더니, 그녀는 이렇게 대답했다. '이것이 바로 스코틀랜드의 특색입니다. 여자의 신체가 강건하고 정신이 활기찬 덕분에 스코틀랜드가 대영제국에서 으뜸이 될 수 있었지요.'" 시모다 씨는 또 이렇게 말했다. "이 나라 여자들은 스포츠를 매우 중시하여, 체조 과목의 성적이 뒤떨어진 학생을 거의 도덕교육에서 흠이 있는 학생과 마찬가지로 간주하고, 심지어 이 때문에 동년배로부터 따돌림을 받기도 한다." 오호라! 스포츠와 운동이 얼마나 중요한지를 알 수 있다(여기까지 쓰다 보니 우연히 한 가지 일이 떠올랐다. 예전에 어느 중국인이 테니스를 치는 외국인 여자를 보고 그녀의 마부에게 슬며시 물었다. "이 여자는 테니스를 치면서 돈을 얼마나 받기에 날마다 이렇게 열심히 치는가?" 나는 나도 모르게 피식 웃음이 터져 나왔다).

오늘날 중국 여자들은 서둘러 먼저 운동 방법을 모색해야 한다. 운동을 하고서야 신체가 강해지고, 신체가 강해져서야 정신이 유쾌해져, 일을 처리하고도 여유가 있게 된다. 저 약탕기와 온갖 처방전을 끼고 살면서 늘 수심에 잠긴 채 병이 그치지 않는 사람은 가정의 살림살이를 제대로 해내지 못하다가, 깊은 사색에 잠기거나 육체적인 노동을 하고 나면 번민에 휩싸여 몸져누워 사흘 만에 병이 나고 다시 이레 만에 목숨이 위태로워진다. 중국 사상가 공자진(龔自珍)[23]의 시에 '옥체의 장수 비결을 애써 찾았노라(勉求玉體長生訣)'라는 구절이 있고, 또 다른 시에는 '젊고 아름다웠던 시절에 지었던 님 원망하는 글은 다 없애 버렸네(刪盡蛾眉惜誓文)'라는 구절이 있다. 이 두 시구는 은연중에 서로 짝을 짓고 있는 듯하다. 나는 이 시구들을 동포들께 하나의 대구로 드리려고 하는 바, 역시 나의 의도를 알 수 있을 것이다.

요컨대 능력이란 양지(良知)를 따라오는 것이며, 양지란 천부적인 것으로 누구나 똑같이 지니고 있다. 신체의 구조가 똑같으니 두뇌의 체계 역시 똑같으며, 두뇌의 체계가 똑같으니 모든 지능과 재능 역시 차이가 없는데, 다만 높고 낮음의 차이가 있을 뿐이다. 포악한 독재자가 판치는 세상에서 어리석고 못나고 천하고 악하다는 명사는 모두 인민의 특허받은 전유물인 듯하다. 반면 제일 꼭대기에 앉은 자는 아무리 무지하고 우둔할지라도 천성이 훌륭하고 지혜가 뛰어나다는 아첨을 듣는다. 우리 정부가 온갖 일에 뛰어나다는 말을 들으면 내 마음속은 며칠간 메스꺼워지지 않은 적이 없다. 우리 백성이 어리석고 못나고 천하고 악하다는 이름을 달가워하지 않는다면, 무엇 때문에 한사코 이 이름을 여자에게 주려고 하는가? 당신을 못나고 어리석다고 떠들어대면, 여자들이 당신에게 눈길이라도 주겠는가?

여자의 능력은 얼마나 될까? 이건 말로 다 설명할 수가 없으니, 내게 이미 있는 것에 근거하여 그것을 확장해 보자. 만약 내 역량의 선분을 늘려보면 갖가지 모양의 도형이 나의 의지에 따라 형성될 것이다. 세상의 흥망성쇠가 날로 빨라짐에 따라 인재의 수요 역시 날로 빨라지고 있다. 때가 왔도다! 나의 여성 동포여, 치마를 걷어올린 채 말을 타고서 20세기의 무대로 올라갈 수 있는 때가 이르렀다. 피리 소리와 북소리가 울려 퍼지고 깃발이 번쩍 휘날리면, 오대주 사람들이 틀림없이 눈여겨 살펴보고 손뼉을 치면서 탄식하며, 또 머리를 숙이고서 공경하는 태도로 '중국에 인재가 없다고 말하지 말라!'고 말할 것이다. '황화(黃禍)'라는 말이 장차 증험될 터이니, 아뿔싸, 그저 '여자들이 이러할진대, 남자들을 어떻게 상대할 수 있으랴!'라는 생각이 절로 들 것이다.

여자교육의
방법

＊

　　　　　　　　　　　　　　한 나라에 들어가 그 나라 국민의 인격을 살펴보면 교육의 실태를 알 수 있다. 영국인은 이렇게 말한다. "다른 나라의 학교는 수많은 박사와 학사를 배출할 수 있지만, 영국의 학교는 오직 스스로를 높이고 스스로 일어서는 사람을 길러낼 뿐이다." 이 말은 나를 슬프게 한다! 자존자립(自尊自立)의 인격이 영국인의 삶이 되게 하는 것, 이것이 영국을 독특하게 만들었다. 영국인은 참으로 하늘이 길러낸 총아이다! 중국은 물론 어느 나라이든 영국을 떠받들고 복종하는 수밖에 없으니, 하늘이 시키는 대로 영국의 통치를 직접 받는 노예가 되거나 간접적으로 노예의 노예가 되어야 한다. 남에 의해 사직(社稷)이 멸망하고 민족은 사라질 것이며, 흐르는 강물과 광활한 산야에 풀은 시들고 해는 기울 것이다. 광활하고 아름다운 아시아 대륙에서 우리는 동물처럼 이곳을 울타리 삼아 외양간이라 하고, 이곳에 거주하여 동산이라 여길 것이다. 이럴진대 무엇을 하려고 교육에 힘써야 한단 말인가? 아, 아니, 그렇지 않다!

　　그렇다면 중국의 교육 실태는 어떠한가? 내 감히 거리낌 없이 말한다면 중국인은 모두 노예이다. 오호라! 노예 별자리의 운행이 우리 중국 민족을 비춘 지가 3000여 년이 되었고, 노예 뿌리의 나무가 우리 동아시아 대륙에 번창한 지 역시 3000여 년이 되었음을 이제 나는 알았다. 고대의 온갖 경전과 역사서는 죄다 종의 글이고, 제자백가의 문장은 노비계약서이다. 이 밖에 이른바 모범적인 스승과 본보기로서의 여자, 명신(名臣)과 열녀는 소영사(蕭潁士)와 정현(鄭玄) 같은 뛰어난 선비나 학자의 재능 있는 하인이나 하녀와 조금도 다름이 없다.[1] 그들은 재물의 노예이고 의식주의 노예이며, 진기한 노리갯감의 노예이고 사회의 갖가지 풍습의 노예이며, 과거에 합격하여 높은 관직에 올라 부자가 되고 군왕에게 작위와 칙령을 받는 것의 노예이다. 또한 그들은 군주의 노예이고 재상의 노예이며, 성현과 영웅호걸, 큰 인물로는 문왕(文王)과 주공(周公), 공자(孔子),² 이보다 작은 인물로는 장재(張載)와 정호(程顥), 정이(程頤), 주희(朱熹),³ 그리고 기타 야만 시대의 '점귀부(點鬼簿)'⁴에 나오는 인물들의 노예이다. 이들 노예 집단은 매우 다양하지만, 관건은 모두 자존과 자립을 가르치지 않는 교육에서 비롯된다는 점이다. 이렇게 말하고 보니, 중국에 희망이 없음을 더욱 확신하게 된다!

여자는 노예의 노예이며, 노예의 교육이란 말조차도 들어볼 수가 없다. 그러나 일반적으로 스스로를 노(奴)라고 일컫는데, 이는 불문법(不文法)의 노예이다. 지금 다른 일을 언급할 겨를이 없으니, 여자에 대해 이야기해보자. "여자를 겹겹의 압제 아래에 놓아두고 노예근성을 깊이 길러낸다면, 온 국민은 노예가 될 뿐이다. 대체로 여성의 권리가 흥성하지 않는 나라는 망국에 아주 가까워질 것이다." 아, 이것은 누가 한 말인가! 자존자립의 인격을 지니고 있는 18세기의 영국 여성 포셋(Millicent Garrett Fawcett)⁵이 한 말이다. 18세기 영국 여자의 노예근성은 중국보다 약하지 않았는데, 포셋 여사 덕분에 오늘날이 있게 되었던 것이다. 포셋 여사는 여성계의 밝은 별이고 노예계의 구세주가 아닐까? 오호라! 나는 오늘 중국 여자를 노예 세계에서 구해내고 노예해방령을 선언하고자 하는 뜨거운 마음과 굳은 의지로 가득 차 있다. 오늘 나의 몸이 남자임을 받아들인다면 개리슨(William Lloyd Garrison)이 되기를 원하고, 내일 내 몸이 여자로 바뀐다면 스토 부인(Harriet Beecher Stowe)이 되겠노라 맹세하며, 모레 나의 몸이 제왕으로 받들어진다면

(좌) 포셋 (우) 스토 부인

링컨(Abraham Lincoln)을 나의 스승으로 받들 것이다. 노예를 구하는 방법은 무엇일까? 그것은 오직 교육뿐이다.

　"만물은 함께 자라나되 서로 해치지 않는다"라고 하고, 또 "편안하게 살면서도 교육이 없다면 금수에 가까울 것이다"[6]라고 한다. 오호 슬프도다, 교육을 받지 못한 백성은 금수(禽獸)나 만물과 무엇이 다를쏜가! 오호 슬프도다, 교육을 받지 못한 중국 여자는 이 세상에 태어나서 고통은 남보다 먼저 받으나 보상은 가장 나중에 받는도다! 만약 그들이 속히 노예 세계에서 벗어나지 않는다면, 참으로 영원히 되돌이킬 수 없을 것이다. 무릇 사람이 자존하지 않고 자립하지 않은 이후에야 노예 교육에 이르게 될 것이다. 스스로 노예가 되고자 하지 않은 이후에야 자존자립의 교육이 마련될 터이니, 이는 확실하기 그지없다. 교육이란 국민을 만들어내는 기계이다. 여자와 남자는 각각 국민의 절반씩을 차지하고 있으니, 교육은 남녀 모두에게 골고루 행해져야 마땅하다.

스즈키 덴간과 그의 저서 『활청년(活靑年)』의 겉표지

나는 반신불수의 불공평한 교육에 의해 병폐를 입지 않은 나라를 들어본 적이 없다. 신체 역시 그러하다. 몸의 왼쪽이 성치 않으면 오른쪽 역시 이에 따라 망가지기 마련이다. 교육이란 또한 정신의 창고이다. 정신이 결여된 교육은 사람에게 곡식을 먹지 못하게 한 채 참새와 쥐를 뒤섞어 쌓아두고 양식이라 여기는 것과 다름이 없다. 오호라! 우리 교육계는 황폐한 상태에 놓여 있도다.

최근 일본의 스즈키 덴간(鈴木天眼)이 지은 『활청년(活靑年)』[7]을 읽었다. 책의 첫 페이지를 펼치면 남자와 여자의 특성을 설명하고 있는데, 너무나 터무니없고 열악하여 여성계에 대한 중범죄자로 보아도 충분하기에 그의 기술 일부를 여기에 싣는다.

남자는 양에 속하고 여자는 음에 속한다. 남자는 뼈(骨), 본체(體), 무(武), 질(質), 곧음(直), 강함(剛), 끊음(斷), 기(氣), 벼리(綱), 웅장함(莊)을 숭상한다.

반면 여자는 살(肉), 실용(用), 문(文), 빔(虛), 굽음(曲), 부드러움(柔), 간략함(略), 재주(才), 조목(目), 아름다움(美)을 숭상한다. 하나는 능동적이고 다른 하나는 수동적이며, 하나는 자발적이고 다른 하나는 의존적이다. 그래서 사람이 삼라만상의 위에 우뚝 서서 하늘의 문빗장을 열어젖히고 하늘의 뜻을 돌파하며 홀로 일어나 행하여 사물의 기초를 정하고 규모를 세우는 것은 남자의 책임이다. 반면 기존의 조직 내에서 조용히 규율을 지키고 기준을 따르며 본체로부터 운용하여 큰 쓰임에 형통하는 것은 여자의 본분이다. 바다 너머의 물결을 타고서 만리 밖에서 외로이 위대한 업적을 세워 영원토록 명성을 드리우는 것이 남자의 의무이며, 문지방 안쪽의 일을 조정하는 것은 남자가 할 일이 아니다. 여기저기 배회하면서 중재하고 하나의 국면에 정을 기울이며 수줍어 쭈볏거리고 불쌍하게 여기며 한 사람에게 덕을 베푸는 것은 여자의 책임이다. 따라서 훌륭한 재상은 반드시 장군의 재질을 갖추지 않으면 안 되지만, 뛰어난 장수는 반드시 재상의 재질을 갖출 필요가 없다. 무릇 장수의 직무는 남자가 온 힘을 다해야 할 본연의 임무이다(여자와 어린아이는 다루기 어렵다고 공자는 말씀하셨는데,[8] 틀림없이 구체적인 근거가 있을 것이다. 그러나 필자는 직접 겪지도 않고서 이 말을 했으니 그 죄가 결코 적지 않다).[9]

이 글은 남녀의 대비가 견강부회하고 갖가지 부합되지 않는 점이 있어서 논리에 맞지 않음은 물론이거니와, 여성의 권리를 멸시하고 있는 점 역시 국민의 절반에 해당하는 여자에게 죄를 짓고 있다고 할 수 있다. 그럼에도 불구하고 이 말은 일본 여자교육과 특성을 잘 보여주고 있으니, 국정을 살피는 사람은 마땅히 주의를 기울여야 할 것이다. 그런데 남자에 대해 한 말은 옳다. 우리 중국인 가운데 스즈키 덴간의 뒤를 따르는 자라면 스즈키가 말하는 바의 죽은 청년인데, 어찌하여 그들 먼저 스스로 살아나지 않는 걸까?

유럽의 여자교육은 놀라울 지경이다! 과학은 그토록 심오하고 사상은 그토록 발달하였으며, 인격은 그토록 존귀하다! 장황하게 늘어놓을 틈이 없으나, 두 가지를 예로 들어볼 터이니 그 나머지는 미루어 짐작할 수 있을 것이다. 네덜란드는 18세기에 스페인으로부터 벗어나 독립한 유럽의 나라이다. 평범한 여자의 경우 여섯 살이면 학교에 들어가지 않은 아이가 없고, 열다섯 살이면 고등교육을 마치지 않은 아이가 없다. 이 나라의 일반 사회에서는 영국, 프랑스, 독일 등의 언어 문자를 구사하지 못하는 여자를 교육을 받지 못한 사람으로 여긴다. 오늘날 중국인 가운데 남자로서 어느 나라의 언어 문자에나 능통한 자가 몇 명이나 될지 스스로 생각해보라. 어느 일본인이 수년 전에 독일에 유학하여 민가에 숙소를 잡았다. 집주인 할머니는 틈이 날 때마다 그와 이야기를 나누었는데, 독일과 일본의 해안선 길이와 비율을 마치 손금 보듯 환히 꿰뚫고 있었다는 것이다. 오늘날 중국의 스승이자 대학자로서 자기 나라의 해안선 길이를 알고 있는 자가 몇 명이나 될지 다시 한번 스스로 생각해보라. 내가 이 이야기를 하는 것은 스승이나 대학자가 하지 못하는 것을 여자에게 억지로 떠넘겨 손실을 입히려는 것이 아니라, 신생 국민과 오래된 국민의 수준 또한 차이가 별로 없다는 것이다. 『여중화(女中華)』는 광동 출신이 지은 책인데,[10] 이 책에서는 다음과 같이 말하고 있다. "오늘날 중화의 남자들은 남자임에도 여자인 양 행동하고, 중화의 여자들은 남자들을 부끄럽다 여겨 남자처럼 행동하지 않는도다! 나는 알고 있나니, 앞으로의 중화는 남자의 중화가 아니라 여자의 중화일 터, 중화에서 2억 명의 여자 외에 누구를 의

지하겠는가? 나는 남자를 사랑하지만, 중화를 새로이 만들어낼 자격을 갖춘 여자를 더욱 사랑하노라!" 여자가 중화를 새로이 건설할 자격을 갖추고자 한다면, 교육 이외에는 다른 방법이 없다.

어머니의 도리, 여자의 도덕규범과 여자 행실의 본보기, 이 세 가지는 고유하고도 규범적인 옷차림과 머리 장식뿐만 아니라 남의 스승이 될만한 자격을 포함하고 있다. 그래서 오늘날 여자사범학교를 설립하는 것이 참으로 가장 중요하다. 스무 살 이상 서른 살 이하의 여자로서 근면 성실의 의지와 우수 총명한 자질을 지니고 3년 만에 졸업한 자는 이에 걸맞은 직책을 부여할 것을 법으로 정한다. 이들 가운데 유럽에 유학하기를 원하는 자는 한데 모아 유학 비용을 지원하여 파견한다. 이제 먼저 3년의 교과과정을 살펴보면 아래와 같다.

1학년	2학년	3학년
문법	국어	국어·역사·지리
초급 역사	중등 중국 역사·지리	윤리학
초급 지리	초급 외국 역사·지리	심리학
수학 및 부기	기하학	물리화학 및 생물학
초급 물리화학	윤리학	철학 개론
영어	심리학	경제학 개론
음악	중등 물리화학	법률학 개론
체육	영어	측량 제도
	미술	영어
	음악	예술학
	체육	음악
		체육

독자 여러분은 제 말이 의심스러운가? 그렇지 않다면 가정관리가 교과과정에 들어가 있지 않은 것은 무엇 때문인가? 가정관리학은 단순하고도 명료하여 말로 가르치거나 손시늉을 통해 사흘이 채 걸리지 않고도 마칠 수 있다. 우리 중국의 가족주의는 2000년 전에 이미 크게 발달했다. 이를테면 내가 숭배해왔던 구세주이자 여걸인 제영(緹縈)과 방아(龐娥), 목란(木蘭) 등의 행위는 진정 나라를 사랑하고 세상을 구원하려는 열성이나 고귀한 생각에서 비롯된 것이 아니라, 가족의 자극과 강요에 의한 것이었다. 솔직히 말한다면 그들은 어쩔 수 없어서 이 길로 갔던 것이다. 여러 사람을 언급할 필요 없이, 후한 시대 초기의 여국민(女國民)으로 해곡(海曲)의 여모(呂母)[11]를 들어보자. 그녀는 패거리를 규합하여 죽음을 두려워하지 않고 싸웠는데, 수백 만금의 가산을 쏟아붓고 술을 빚어 칼과 검을 사고 복장을 마련하여 젊은이에게 주었는바, 이는 러시아의 허무주의자[12]의 기풍과 매우 흡사하다. 그러나 그녀의 의도를 따져보면 낭야의 태수를 죽여 아들의 원수를 갚기 위해 함께 바다의 섬으로 들어갔을 뿐, 그 이상은 아니었다. 게다가 하물며 칠실(漆室)에 사는 소녀도 슬피 울면서 백성과 나라를 걱정하였는데,[13] 그녀가 가슴 아파한 것은 채소밭이 망쳐질까 하는 걱정에서 비롯된 것이 아니었던가! 어찌 딱하지 않은가! 그러므로 나는 차라리 경제와 법률, 철학으로써 여자의 이상을 인도하고, 물리화학과 측량 제도로써 이상을 실행케 하고자 한다. 윤리학이란 사실 가정관리를 포함한다. 역사와 지리, 수학은 공통의 필수과목이며, 심리학은 교육에 활용되는 교과과정이다. 무릇 교육은 특히 여자에게 알맞은 천직이다! 이제 다시 밝히거니와, 학업을 이수한 후의 쓰임은 다음과 같다.

1. 초등학교 교사

2. 유치원 보모

3. 학교 관리

4. 구미(歐美) 유학

여자가 학업을 이수한 후의 쓰임이 어찌 여기에만 그치겠는가! 여자는 감정이 풍부하고 사고가 풍성하다. 여자는 치밀하고 섬세하며 미묘한 마음에는 뛰어나지만, 인내하고 강인하며 모험하는 역량에 있어서는 뒤처진다. 다시 밝히거니와 여자가 하여야 할 일은 다음과 같다.

1. 여성교육협회

2. 여성토론회

3. 산업실험협회

4. 예술학회

5. 여성체육협회

6. 여학생연합회

7. 예비의정회

오늘날 중국 여성의 권리와 교육의 발달에 있어서 가장 극복하기 어려운 장애물의 하나는 남녀의 교제를 허용하느냐 마느냐의 문제이다. 위에서 기술한 바의 협회는 여자의 단순한 배움 추구와 관련된 것에 지나지 않지만, 남녀를 안과 밖으로 격리하는 규율의 경우는 고루한 선비들이 금기로 내걸고 있는 것이다. 이제 나는 이렇게 단언할 수 있다. 중국의 남자가 오늘날의 노예나 짐승처럼 우둔하여 지식이 없다면, 설사 교유할 자격을 지니고 있을지라도 더욱 엄격하고 높은 규율을 세우고 예교(禮敎)에 의거하여 그들을 꾸짖을 것이라고. 만약 그렇지 않고 새로운 도덕과 문명의 사상을 지니고서 여자와 서로 나누기를 진실로 바란다면, 나는 감히 내 목숨을 바쳐서라도 남녀 교제의 무해함을 보증한다.

저 고루한 선비들은 진실로 도덕이 도대체 무엇인지 알지 못한다. 그들의 가슴속에는 줄곧 '사람을 번식하는 노리갯감'이라는 글자가 가로 놓여 있을 뿐이며, 도덕을 독차지하여 이익을 챙기고자 한다. 무릇 남녀 사이에는 육체와 정신이 똑같고 지식이 똑같으니, 차분하게 도를 논하고 격앙되어 손뼉을 치면서, 5000년의 시간과 1만 리의 공간 속에서의 '기이한 문장을 함께 감상하고 의심스러운 점은 더불어 분석하는 것'이 바로 벗 사귐의 이점(利點)이다. 몸가짐을 단정히 하고 예로써 스스로를 지키니, 무엇을 꺼리고 무엇을 의심하겠으며, 또 어찌 남녀가 은근히 사랑을 나누어 부도덕하고 불명예스러운 일이 일어나겠는가? 무릇 도덕과 명예를 기르고 지키는 것 역시 교육을 통해 주의를 기울일 수 있을 뿐이다.

그렇지만 위에서는 일시적인 남녀 간의 사귐에 대해 설명했을 뿐이다. 상시적인 남녀공학의 경우 동서양 교육가의 견해는 찬반 역시 매우 다르다. 남녀공학에 찬성하는 견해는 다음과 같다.

"남녀가 한데 섞여 적절한 교육을 받으면 남학생은 여학생에게 감화를 받아 온화한 기풍이 생겨나고, 여학생은 남자로부터 자극을 받아 독립적인 사고가 생겨날 것이다. 대체로 남학생은 심오하고 난해한 학문을 좋아하는 반면, 여학생은 평범하고 손쉬운 기술을 선호한다. 남녀 학생을 섞지 않으면 한쪽으로 치우치는 폐단이 생겨날 것이다. 남녀공학을 법으로 채택하지 않으면 안 된다."

이에 반해 남녀공학에 반대하는 견해는 다음과 같다.

"여자의 성질과 습관, 사회생활은 본디 남자와 다르므로 교육 방법 역시 남자와 달라야 한다. 그렇지 않으면 품성을 해칠 뿐만 아니라 건강에도 폐해가 있을 것이다(이는 운동과 힘쓰기 등을 가리키는 것이리라 여겨진다). 일본의 현행 법령에 따르면, 초등학교 저학년에서는 같은 학년의 여학생 숫자가 한 학급을 구성할 만큼 많으면 해당 학년의 남녀 학생을 각각 다른 학급에 배정한다(1학년과 2학년은 이 규정을 적용하지 않는다). 반면 초등학교 고학년의 경우에는 여학생의 숫자가 한 학급을 구성할 만큼 많으면 마땅히 남녀 학급으로 나누어 배정한다. 이렇게 하는 것은 남녀공학의 장점과 단점을 감안하였기 때문이다."

일본의 야마타카 이쿠노죠(山高幾之丞)[14]는 다음과 같이 자신의 견해를 밝혔다.

"초등학교 저학년에서는 남녀가 한데 섞여 수업을 받아도 전혀 해로움이 발견되지 않는다. 그러나 초등학교 고학년으로 올라가면 차츰 특이한 점이 드러난다. 남학생과 여학생의 숫자가 현격하게 차이가 나면 한데 합쳐 가르칠 수밖에 없지만, 장점과 단점이 반반이므로 피치 못할 경우에는 여학생을 모아 따로 학급을 편성한다. 이 경우 훈육 면에서는 혼합 교육보다 훨씬 낫지만, 여학생 상호 간에 좋지 못한 정감을 발생시켜 공동의 훈련을 수행하는 데에 지장을 준다. 이것은 여자 교육에 있어서 더욱 주의를 기울여야 할 점이다."[15]

비록 그러하지만, 나는 공학 문제에 대해 한마디로 설명할 수 있다. 무릇 남녀공학의 실시 여부는 초등학교 고학년 졸업을 한도로 판단하자는 것이다. 남녀 학생이 공학할 때의 감정은 흔히 비할 수 있는 바가 아닌 데다가 덕성 또한 충분히 자라지 않은 터라, 남녀공학은 학문에 있어서 때로 장애가 될 수 있으니 참으로 똑똑히 분별하지 않으면 안 된다.

여기까지 이야기했는데, 교육 방법에 대해 나의 견해를 모두 밝혔는가? 그렇더라도 우리 동포 여러분께 한마디 더 말씀드리고자 한다. 이 교육의 중점은 어디에 있을까? 관중(管仲)과 월나라 왕 구천(句踐)은 인구를 늘리는 데에 급급하여 기생집을 세우고 간통을 방임하였던지

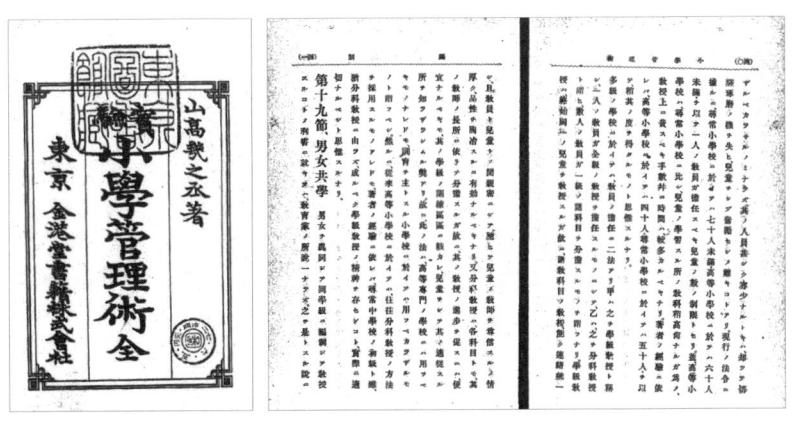

야마타카 이쿠노조의 저서 『실험 소학관리술』의 겉표지와 인용 부분

라, 제나라와 월나라에는 음란한 기풍이 거셌다.[16] 위(魏)나라 무왕(武王)은 절조를 중시한 한나라 말기의 풍조를 싫어하여 예절 따위에 얽매이지 않으면서도 부끄러움을 모르는 인사들을 끌어들였던지라,[17] 그 기풍이 동진(東晉) 시대까지 흘러 북방의 여러 오랑캐들이 중원을 어지럽혔다. 명(明)나라 태조는 평민들을 일으켜 천하를 오래도록 유지하고자 팔고(八股)로써 선비의 기세를 약화시켰던지라, 나라가 망하여도 구할 길이 없어져 백성들은 이민족의 치하에서 지금 거의 숨이 끊어질 지경이 되었다. 사이고 다카모리(西鄕隆盛)는 외세에 빌붙는 메이지유신 정부의 정책을 마땅찮게 여겨 가고시마(鹿兒島)에 글방을 열어 학생들에게 기개를 가르쳤는데,[18] 그 덕분에 몇 년이 되지 않아 1만 5000명의 강인한 청년들이 그의 함성을 따라 혁명을 일으키고 함께 목숨을 바쳤다. 독일 황제 빌헬름 1세는 프랑스에 원수를 갚기 위해 몇 개 주 지역의 민간인을 징집하여 군사교육을 강화하였던 덕분에, 마침내 오스트리아와 프랑스를 꺾고 넘어뜨렸으며 지금 독일의 육군은 세계 최강이 되었다.[19] 그러므로 교육은 사회와 늘 뒤섞여 떼어놓을 수 없는지라 훗날이 되어서야 성과가 나타난다. 교육이란 제2의 사회라고 할 수 있다. 이제 내가 여자를 교육하고자 하는 방법은 다음과 같다.

1. 고상·순결하고 타고난 재능을 온전히 발휘하는 사람이 되도록 가르친다.
2. 억압에서 벗어나 자기의 뜻대로 할 수 있는 사람이 되도록 가르친다.
3. 사상이 발달하고 남성성을 지닌 사람이 되도록 가르친다.
4. 기풍을 개조하고 여성계의 선각자가 되도록 가르친다.
5. 건강한 몸으로 튼튼한 아이를 낳아 기르는 사람이 되도록 가르친다.

6. 도덕의식이 순수하고 국민의 본보기가 되도록 가르친다.

7. 공중도덕에 열성적이고 중생을 동정하는 사람이 되도록 가르친다.

8. 굳세고 진보적이며 혁명을 제창하는 사람이 되도록 가르친다.

　이러한 희망을 품기는 하지만, 우리 여자가 과연 실천에 옮길 수 있을까? 여자가 반드시 실천에 옮길 수 있으리라 나는 확신한다. 소수의 사람이 뜻을 세우더라도 바람에 초목이 쓰러지듯 다수가 따를 터이니, 이 또한 보통의 여자 누구에게나 공통된 성품이다. 요체는 남보다 먼저 깨닫는 것이다! 먼저 깨닫는 것! 나는 간절히 바란다. 저 멀리 고야산(邈姑射山)에 신인(神人)이 살고 있다[20]는 말을 듣는 사람은 틀림없이 허황되다고 여길 것이다. 허황된 말이 아니라고 여겨 소매를 걷어붙이고 그를 좇아가, 우리 중국 여자가 노예로 전락해버렸노라고 말해보라. 그는 역시 허황되다고 말할 것이다.

여자의 권리

18세기와 19세기의 세계가 군주제에 맞선 혁명의 시대였다면,[1] 20세기의 세계는 여권 혁명의 시대이다. 슬프도다! 오늘날 여자의 몸은 혁명의 소용돌이 속에 내던져져, 손에는 날카로운 칼이 쥐어지고 몸에는 군복이 입혀졌으며, 홍수에 발이 젖고 총알과 포탄이 머리 위에 쏟아지고 있는데도 중국 여자들은 알지 못하는가? 피하려야 피할 수 없으니 용감하게 나아가 싸우는 수밖에 없다. 전쟁의 먹구름이 몰려오고 전투의 북소리가 울리며 싸움의 깃발이 휘날린다. 위대한 두 가지 혁명이 한꺼번에 중국에 들어오고 있다. 중국 여자들이여, 그대들은 이것을 알지 못하는가? 나는 알고 있으니, 어찌 외치지 않을 수 있겠는가!

프랑스혁명의 경우, 소수의 여자만이 여기에 투신하였다. 그들은 군주제에 맞선 혁명에 뛰어들었을 뿐, 여권 혁명을 위해 일어선 것은 아니었다. 러시아혁명의 경우, 다수의 여자가 혁명에 투신하였다. 그들 역시 군주제에 맞선 혁명에 뛰어들었을 뿐, 여권 혁명을 위해 떨쳐 일어선 것은 아니었다. 그들이 어찌 혁명을 놀이나 훈련을 위해 필요하다고 여겼겠는가? 피가 빗물처럼 땅에 쏟아지고 피비린내가 휘몰아쳤으며, 살육의 공포가 뒤덮어 어두컴컴하니 하늘의 해가 보이지 않았으리라. 단두대, 시베리아의 유형. 지금 이야기를 꺼내기만 해도 얼굴이 창백해지고 오금이 저리는데, 그들 역시 어찌 이런 것을 즐거움으로 여겼겠는가? 그들이 이런 것을 개의치 않았던 것은 틀림없이 훨씬 원대한 목적이 있었을 것이다. 그 목적이 무엇일까? 바로 권리이다.

나라가 멸망하기 전에 권리를 먼저 빼앗기게 되고, 민족이 노예가 되는 징조로 권리를 빼앗기게 된다. 사람으로서 자신의 모든 권리를 빼앗길 수 있다면, 노예 및 짐승과 다를 바가 없다. 그래서 로마법에서 노예를 짐승과 똑같이 간주했던 것은 결코 지나친 일이 아니다. 영국이 인도를 멸망시켰을 때 먼저 7만 파운드의 동인도회사를 이용하여 인도의 권리를 빼앗았으며, 인도인이 저항하지 않자 단번에 멸망시켜 버렸다. 영국과 프랑스는 이집트를 폐허로 만들 때 먼저 1조 달러로 수에즈운하를 대신 개통하여 그 권리를 낚아챘으며, 이집트인이 저항하지 않자 단숨에 폐허로 만들어버렸다. 영국이 미국을 괴롭힐 때 먼저 설탕과 차의 인지(印紙)로써 13개 주를 가혹하게 대하여 그들의 권리를 침해하자, 13개 주가 맞서 싸워 아메리카민주공화국이 세계에 나타나게 되었다.

그렇지만 이것은 유형의 권리이다. 무형의 권리도 있다. 이를테면 아일랜드는 영국에 속해 있는데, 빅토리아 여왕의 즉위 69주년을 맞아 해가 지지 않는 나라인 그레이트브리튼왕국(Kingdom of Great Britain)의 경사를 온 세상 사람들이 축하하였다. 그런데 아일랜드인만은 검은색 깃발로 거리를 뒤덮어 나라 잃은 슬픔을 나타냈으며, 영국인들은 이에 대해 아무 말도 하지 못했다. 헝가리는 오스트리아에 속해 있는데, 오스트리아인은 때때로 헝가리의 금인칙서(Golden Bull)[2]를 짓밟아버리려고 하였다. 그러나 여러 나라의 군주들이 감히 쳐다보지 못할 만큼 기세등등하던 메테르니히(Metternich)조차도 여러 차례의 시도에도 불구하고 끝내 대대로 전해 내려온 이른바 '무기를 들어 정부에 저항하는' 헝가리인의 권리를 빼앗을 수 없었다. 프랑스에서 1848년 세 번째 혁명의 목소리가 일어나자 민중의 적 메테르니히는 간신히 영국으로 도망쳤다가 그곳에서 죽었다.[3]

중화의 자손들과 귀족들이 만주족에 속하게 되자, 만주족은 조서 한 장으로 머리카락을 자르라는 법령을 내렸다. 그리하여 중화의 자손들은 정수리를 뾰족하게 하고 꼬리를 늘어뜨리는 변발을 하면서도 조금도 추하다는 생각을 하지 않은 채 평온하였다. 이로부터 그들은 대대로 만주족의 노예가 되었으며, 서양인들로 하여금 중국에 들어와 간접적인 수단을 동원하여 만주족을 노예의 노예인 한족과 짝이 되도록 만들었다. 그러므로 스스로 자신의 권리를 포기하는 것은 곧 무형의 자살이다. 오호라! 우리 중국인이 세상을 비관하여 삶의 의지를 잃어버린 지 이미 오래되었다.

권리란 즐거움을 가져다준다. 때로 즐거움을 얻을 수 없는 경우에는 즐거움을 얻기 위해 어쩔 수 없이 고통을 무릅쓴다. 국가 간의 국권뿐만이 아니라, 개인 간의 사법(私法)은 더욱 중요하다. 재산과 혼인으로부터 주거와 의복, 음식에 이르기까지 모두 권리가 이와 밀접히 맞닿아 있다. 그러므로 권리란 제2의 생명을 지키는 것이라 할 수 있다. 법률이 보호하지 못하는 것은 나 스스로 보호하고, 산술적으로 설명할 수 없는 것은 나 스스로 설명한다. 만약 나의 권리를 조금이라도 침범하려 한다면 반드시 내 온몸을 던져 싸워야 한다. 따라서 권리란 고통에서 비롯되는 것이며, 고통의 즐거움이라고 말하여도 좋을 것이다. 무릇 천하의 어떤 물건이든 남에게 줄 수 있으랴만, 하물며 가장 친근하고 가장 아끼고 가장 고귀한 권리임에랴! 이런 생각이 들면 우리 국민이 지금껏 여전히 혁명을 행하지 않았다니, 참으로 불쌍하기 그지없다!

오늘날 중국에서 자행되는 민권 침해와 유린에 대해 내가 서도(恕道)[4]의 입장에서 이야기한다는 것은 잘 알려진 사실이라고 생각한다.

여성 권리의 침해와 유린은 절반은 야만 시대로부터 전해져온 성현의 가르침에서 비롯되고, 절반은 세상의 전제군주가 제정한 법률에 의한 것이지만, 성현과 군주에게 간청하여 얻어지는 것이 아니다. 잃어버린 권리를 되찾기 위해 스스로 수완을 발휘함과 아울러 죽을힘을 다해 싸워야 하며, 그래도 되찾지 못한다면 차라리 평화를 희생하여 폭력으로 나아가야 할 것이다. 미국의 노예제 폐지를 보라. 남북의 깃발 아래 수백만 명의 장교와 병사의 죽음으로도 이루어지지 않았다가, 마침내 링컨 대통령이 피를 흘린 뒤에야 노예제 폐지는 성공을 거두었다. 이 밖에 소작인과 논밭, 직업, 종교인들의 갖가지 자유의 역사를 들추어 읽어보라. 그것들이 잔혹한 전투와 끔찍한 고역을 수반한 시도였음을 알 수 있을 것이다. 오늘날 여자가 이 권리를 회복하고 유지하며 지켜가고자 한다면, 그 방법은 무엇일까?

권리는 무엇 때문에 쟁취하는가? 사람에게 권리가 있는 것은 마치 하늘과 땅에 공기가 있는 것과 같다. 내가 만약 목숨을 끊고 더 이상 숨을 쉬지 않는다면, 사람들이 단연코 나에게 예의를 갖추어 몇십 입방미터의 신선한 공기를 남겨서 내가 남긴 기념물로 여겨 영원히 호흡하지 않은 채 간직하지는 않을 것이다. 그러한지라 내가 말하는 바의 '권리 침해'는 바로 타인이 자기 권리의 경계를 넓혀 내 영역 안으로 침범하는 경우에 일어난다. 침범하고 나면 물러나고 싶어도 어려울 수밖에 없는지라, 이것이 오래되면 전제가 되는 것이다. 오호라! 하늘은 높으나 감히 몸을 구부리지 않을 수 없고, 땅은 두터우나 감히 조심조심 걷지 않을 수 없으며, 이것저것 살피고 걱정하다 보면 두려워하지 않을 일이 없다. 권리가 완전히 침해받고 유린되고 나면 남아 있는 것은 이 어리석고 쓸모없는 사람뿐일 것이다. 중국의 여자들이여, 이것을 어떻게 생각하는가?

사람은 족함을 알지 못하기에 괴로워하니, 이쪽 땅을 얻고 나면 저쪽 땅을 노리는 법이다. 권리에 대한 사유가 발달하게 되면, 마치 증기 기관차의 시속이 날로 높아지듯이 제어할 수 없다. 유럽 여성의 권리는 우리 나라 여자에 비하면 수백수천 배이다. 그러나 목적이 달성되자 정치참여에 관한 문제가 또다시 제기되었다. 참정의 평등한 권리를 요구하여 얻지 못하면 우선 강권으로써 실행에 옮긴다. 그래서 20세기는 여권 혁명의 시대라고 말하는 것이다. 평화롭게 권리를 추구하는 것은 귀여운 아이를 낳으면서 분만과 출산의 고통을 피하겠다는 것인데, 이게 가능하겠는가?

이렇게 말하고 보니, 여자의 고상한 영혼이 산산이 부서지는 것만 같다! 나의 말에 혹 깜짝 놀랄지도 모르겠지만, 결코 나 한 사람만의 터무니없는 억지는 아니다. 단적으로 말하자면 권리란 주권을 가리킨다. 주인의 반대는 노예이다. 우리 나라 여자는 스스로를 노예라고 인정하지 않는다. 고대 그리스에는 정의의 신이 있는데, 한 손에 저울을 들어 권리의 무겁고 가벼움을 따지는 의미를 보여주고, 다른 한 손에는 검을 들어 그 권리를 실천하는 의지를 보여준다. 그래서 저울이 없는 칼은 잔악무도한 무력이 되고, 저울만 있고 칼이 없다면 권리는 끝내 아무 효력이 없을 것이다. 칼과 저울은 서로 의지하는지라 어느 한쪽의 소홀함이 없어야만 법률의 참모습이 완전해질 수 있다. 생각건대 우리 중국 여성의 권리는 얻기가 그렇게 어렵지는 않을 것이다. 유럽 여성들의 기대 수준에 훨씬 미치지 않기 때문이다. 그렇지만 적극적으로 실천에 옮기지 않으면 안 된다. 서왕모가 파랑새를 사신으로 보내 소식을 전해주듯, 하루아침에 이 권리가 하늘에서 뚝 떨어져 내리는 일은 없을 것이니, 서둘러 도모해야 할 것이다!

오늘날 여자가 마땅히 회복하여야 할 권리는 다음과 같다.

1. 교육을 받을 권리

배우기를 별로 좋아하지 않는 중국인의 경우 책을 읽고 교육을 받는 것을 권리의 쟁취 중에서 특히 고통스러운 일로 간주하지만, 책을 읽지 않으면 무지하고, 무지하면 일을 제대로 처리할 수 없다. 이른바 '남편을 돕는다'거나 '내조한다'는 것은 모두 헛소리이다. 권리에 대한 사유가 발달하는 것은 독서를 통해 길러지는 것이며, 책 상자 안에 권리가 있는 것이 아니다. 이것이 가장 주요하게 제일 먼저 해야 할 일이다.

2. 벗을 사귈 권리

권리에 대한 사유의 발달은 절반은 가정 내의 성장에 따른 것이고 절반은 가정 밖의 자극에서 비롯된다. 안석(案席)에 엎드린 채 잠이 들거나 하늘을 우러러 한숨을 내쉬며 마치 짝을 잃은 듯 멍한 모습, 이것은 사귀는 벗이 없는 고통을 잘 보여준다. 새들도 벗을 찾기 위해 서로 우짖는데 하물며 사람이 어찌 홀로 갇혀 지낼 수 있겠는가? 더욱이 독서와 학교교육을 도와주는 본보기로서 벗을 사귀는 것은 특히 중요하다!

3. 사업할 권리

여자는 권리가 없으므로 사업을 할 수가 없다. 사업을 할 수 없기에 남에게 의존하여 독립성이 없다. 의존하여 독립성이 없기에 재화를 나눌 뿐 재화를 생산해내지는 못하는지라, 공공과 개인, 그리고 가정 안팎으로 그 피해를 입으니 양면의 실책인 셈이다. 오늘날 유럽 여자들의 사업은 남자의 영역을 빠른 속도로 파고들어 놀랄 정도로 발전하였다. 권리의 침해는 비록 사랑하는 부부 사이일지라도 피할 수 없으니, 하물며 일반적인 남녀의 사업 영역에 있어서랴. 아울러 여자는 남자와 경쟁하는 것을 꺼리지 않으니, 사업 경영은 여자에게 대단히 유리하다.

4. 재산 소유의 권리

중국의 여자들은 재산을 소유할 수 있는 뛰어난 능력을 가지고 있다. 혹 집안 남자의 건강이 좋지 않거나 여자 혼자 사는 경우에 침착하고 거침이 없어서 때로 여자의 특성을 잘 드러내기도 한다. 이런 점에서 재산 소유의 권리가 여자의 권리가 아니라고 말해서는 안 된다. 그러나 여자의 재산 소유의 권리는 법률상으로 공인된 것이 아니며, 우연한 예외적인 사례로서 비록 안주인이 국정을 맡아보는 때가 있었을지라도 정당한 방식이라 할 수는 없다.

5. 출입 자유의 권리

나에게 자유를 주었는가? 나에게 자유를 주지 않았다면 나에게 죽음을 주었는가? 예로부터 타인의 자유를 침해하는 일은 타인의 생명과 재산에 손을 대기에 앞서서, 타인의 일거수일투족에 대해 슬쩍 찔러보는 것으로 시작하는 법이다. 화려한 누각은 구름 속의 궁성처럼 보일지 몰라도 사실 감옥만도 못한 곳이다. 나이팅게일은 정교하게 다듬어진 새장 속에 갇혀 있고, 여자의 정조를 상징하는 감탕나무는 가시덤불에서 자란다. 집을 들고남에 자유로울 수 없다면, 천하에 어찌 다른 자유의 권리가 있겠는가!

6. 혼인 자유의 권리

혼인의 자유는 우리 중국에서 피우지 못한 자유의 꽃이며, 남녀 모두 마찬가지이다. 그러나 남자는 그래도 좋아하여 선택할 수 있는 권리라도 가지고 있지만, 여자는 언어생활에서 억압받고 있을 뿐만 아니라, 성생활에서도 가로막혀 있다. 혼인은 중생의 행복이라 할 수 있음에도, 마치 메추리나 까치의 짝짓기처럼 입에 담지도 못하게 한다. 그리하여 화창한 봄날의 아름다운 감정은 차가운 구름 속에 뒤덮인 채 끝내 아무것도 보이지 않는다. 부부의 도리는 모질게도 권리가 없는 것이란 말인가! 권리가 없어서 천하에 뜻대로 되지 않는 일이 열에 아홉이다.

이상의 여섯 가지 권리는 우리 나라 여자들이 어렵지 않게 얻을 수 있을까? 이러한 권리는 혁명의 고통을 치르지 않고도 입헌(立憲)의 요구에 의해 얻어낼 수 있다. 여자가 진정으로 이러한 갖가지 권리를 갈망한다면 의심할 여지 없이 반드시 얻을 수 있으리라고 나는 생각한다. 만약 얻을 수 없다면 정의의 신의 저울을 가져다 그 경중을 재고 칼로써 뒤를 잇는다면, 비록 사투르누스(Saturnus)가 아들을 날로 집어삼킨다 해도[5] 나는 찬성할 것이다(사투르누스에 관한 일은 『권리경쟁론』[6]을 참조하라).

권리와 법률은 서로 의지하고 보호하며 서로를 안전케 하는 것이다. 법률 없이 권리를 추구할 경우, 중국 여자가 자신의 남편을 조종하는 괴이한 현상이 일어난다. 하동(河東)의 사자,[7] 연지 바른 호랑이가 바로 그것인데,[8] 도대체 누가 사자와 호랑이처럼 불명예스러운 별명을 여자에게 붙였을까? 역시 여자들이 권리를 오인하여 사용하고 또 그 방법을 깨닫지 못했기 때문이 아닌가! 무릇 명예 역시 권리의 하나이다. 명예를 저버린 채 권리만 남아 있는 것, 이것이 바로 우리 중국인의 인격이 오늘날 이 모양에 이른 까닭이다.

권리란 자유와 더불어 생겨나는 것이다. 무릇 자유를 추구하는 자는 집단을 사랑의 대상으로 삼는다. 개인의 자유는 완성되었는데 집단의 자유는 발전하지 못했다는 것을 나는 들어본 적이 없다. 사상의 자유, 언론의 자유, 출판의 자유, 이 세 가지는 개인의 권리인 반면, 집회의 자유는 집단의 권리이다. 집회의 자유의 종지에 대해서는 내가 전에 이미 그 요지를 정리한 바 있는데,[9] 이것이야말로 참으로 우리 동포에게 자유의 쟁취를 촉구하는 격문이라 할 수 있다. 우리 동포는 집회의 의식을 거행할지어다! 나는 문명의 꽃다발을 바치고 독립과 자유, 평등의 삼색 깃발을 펼쳐 우리 중국의 여권이 영원하기를 축원한다.

만약 폭군과 민중의 적들이 압제와 해산의 수단을 사용하려고 한다면, 나는 바이런(영국의 시인, 그리스 독립을 돕기 위해 싸우다가 전사)과 라파예트(프랑스의 공작, 의협을 숭상하여 나이 스물에 미국의 독립전쟁을 듣고서 직접 칼을 들고 가서 도움)처럼 칼을 들고서 동포를 위해 죽을힘을 다해 싸울 것이다.[10] 토끼가 죽으면 여우가 슬퍼하고 자기와 같은 무리가 고통을 겪으면 자신도 가슴 아파하는 법이다. 나 역시 권리를 잃고 억압을 당하는 사람이니, 가까운 벗을 위해 죽음도 마다하지 않겠다.

대의제 선거를 위한 투표의 권리는 내가 꿈속에서도 간절히 원하는 것이다. 나는 우리 동포들이 정치를 논의할 수 있는 권리를 갖게 될 날이 오기를 더욱 간절히 원한다. 그렇지만 이 말은 가난뱅이의 금화타령에 지나지 않는다. 천하의 일이란 실행할 자격이 없을까 봐 특히 우려한다. 노예의 자격을 갖춘 이후에야 노예가 이루어지고, 제왕의 자격을 갖춘 이후에야 제왕이 이루어지며, 입헌의 자격을 갖춘 이후에야 입헌이 이루어지고 혁명의 자격을 갖춘 이후에야 혁명이 이루어지며, 대의정치의 자격을 갖추어야 대의정치 역시 이루어질 수 있다. 자격이란 하루아침에 효과를 보이는 것이 아니라, 미리 갖추어 놓은 것이 있어야 한다. 우리 동포를 뒤돌아보니, 번잡한 머리 장식으로 인해 해마다 많은 돈을 날리고 밤마다 남에게 의지해야 한다. 비바람 속 닭 우는 소리는 애소하는 듯 처량하게 들리고, 금수강산을 바라보니 산산이 부서져 불쌍하기 그지없다. 어찌 차마 천부의 권리를 폭군과 민중의 적들의 손에 희생물로 바치랴! 영웅적인 남녀들은 손을 맞잡아 맹세하고 서로 격려할 따름이다.

사법(私法)의 제정이 공법(公法)에 대해 어찌 지장을 주고 충돌을 일으키겠는가? 국민의 권리가 흥성해진 이후에 군주의 권리가 꽃피우고 국가의 주권이 튼튼해진다는 사실을 제대로 알지 못하기 때문인데, 이런 질문은 정치학과 법학에 관심이 없는 이들이 자주 한다. 또한 우리 국민의 권리에 대한 사유가 발전하는 것이 결국 개인에게만 유익한 일이 아니냐고 따지기도 한다. 국가는 개인들이 쌓여 이루어져 있다. 국가의 주권이 침해를 받는다면, 그것은 나 자신과 직접적인 관계를 맺고 있다. 오늘날 전 세계에서는 풀 한 포기, 돌멩이 하나라도 주인이 있어서 표지를 꽂고 경계를 그어 관할 영역으로 여기고 있다. 다만 우리 국민만은 쓸데없는 일에 마음을 뺏긴 채 훗날 장 씨의 노예가 될지, 아니면 이 씨의 첩이 될지를 알지 못한다. 폭군과 민중의 적들은 매일 밤 우리 국민의 염치를 없애고 뒤흔들어, 권리에 대한 강렬하고 치열한 사유를 날로 차갑게 움츠러들게 하고 날로 옅게 약화시킨다. 그들은 사법을 짓밟고 주권을 빼앗으려 할 뿐 아니라, 국민이 그들의 외침에 맹종하거나 자신의 권리를 남에게 저당잡히거나 양도하기 쉽게 만들려고 한다. 그리하여 우리 국민이 그들을 해독으로 여기지 않게 하려한다.

오늘날 정의의 신은 이미 국민의 꿈속에 들어와 이렇게 말한다. "어떻게 음식을 획득하는가, 땀 흘려 일하지 않으면 안 된다. 어떻게 권리를 획득하는가, 투쟁하지 않으면 안 된다." 그들의 사법은 예링의 말을 본받아 다시 만들어진 것이다. 투쟁하고 땀 흘리는 목적은 무엇보다도 국민의 권리를 회복하는 것이다. 민중의 적들과 싸우고 이민족과 싸울 때 온 병사가 모두 잠잠하더라도 우리 동포의 사기는 조금도 꺾이지 않을 것이고, 사방이 초나라의 노래로 가득할지라도 우리 동포의 기세는 조금도 시들지 않을 것이다. 이 권리를 획득하지 않는다면 4억 남녀 동포들의 뇌, 심장과 목에 흐르는 피로써 이를 사들이더라도 마다하지 않을 것이다. 그렇지 않으면 애첩을 준마와 바꾸거나 궁녀가 허드렛 일꾼의 아내가 될 수도 있을 터인데, 북방 오랑캐에게 어찌 인정을 기대할 수 있으랴! 구차하게 하루하루를 살아가는 것은 나에게 천 년의 치욕이다. 떨어진 꽃잎은 정처 없이 떠도는데, 꽃잎은 하염없이 떨어지고 또 떨어지나니, 이 권리가 천 년의 옛 무덤 속에 깊이 묻혀 영원히 다시는 빛을 보지 못할까 참으로 두렵다. 나는 우리 나라 여자들이 사법의 법정에서 힘들여 싸우고, 우리 나라 국민들이 공법과 국제법의 분야에서 맹렬하게 싸우도록 만들고 싶다. 나의 애타는 마음을 그 누가 알아줄까? 알아주는 이는 오직 가장 존경하고 사랑하는 동포 여자들뿐이니, 유럽 여권의 최초의 혁명의 함성을 조용히 듣고서 떨쳐 일어설지라!

여자의
정치참여

　　　　　　　　　　　　　　　20세기 여성의 권리문제는 정치
참여의 문제이다. 정치참여란 정부의 감독과 정부의 조직이라는 두 가
지 중요한 임무를 짊어진다. 국회가 개설되어 있지 않고 정당이 설립되
어 있지 않으며 선거도 시행되지 않고 정치적 대표도 선출하지 않는
중국에서, 2억 명의 남자들은 바야흐로 정부의 자장가에 혼곤히 젖은
채 장원급제에 눈이 멀어 잠꼬대만 일삼아 깨어날 줄 모르는 터에, 내
가 여자의 정치참여를 제창하는 것은 시기상조이리라. 천천히 걷고서
야 성큼성큼 걸으라고 말하고 성큼성큼 걷고서야 달리라고 말하는 것
이 인지상정이다. 그런데 만약 천천히 걷지도 못하는 터에 날라고 한다
면, 그 빠르기가 위태롭지 않겠는가? 시행하기 쉬운 것을 골라 여자 여
러분에게 제시해볼 텐데, 수준을 낮추어 너무 고상하지 않도록 쉽게
설명하겠다.

　한 나라 국민의 기풍은 그 나라의 정치체제에 따라 변화한다. 대체
로 민권이 흥성한 나라일수록 지식과 학문에 있어서뿐만 아니라 여성
의 권리 역시 더욱 빨리 발전한다. 독일의 여성교육은 프랑스보다 훨
씬 흥성하였으며, 러시아 인민당이 제창한 남녀평등권의 추세는 처음
에는 미국에 뒤지지 않았다. 그러나 프랑스와 미국은 민주공화국이다.
그래서 국민의 지식과 학문은 교육에 의한 양성에 달려 있으며, 그들
이 희망하는 바는 정치체제에 달려 있다. 그러한지라 입헌군주국의 여
성의 권리는 민주공화국보다 발달이 틀림없이 뒤처질 것이다. 만약 프
랑스와 미국의 그윽하고 아름다운 문명의 꽃을 어둡고 처량한 중국에
옮겨심더라도, 꽃은 시절을 느껴 눈물을 흘리다가 시들어 떨어지고 말

터이니, 능력이 없어 그저 미안하고 미안하다고 되뇔 뿐이다. 오늘날 우리 중국의 여자들은 교육의 문제에는 힘을 쏟고 있으나, 정치참여에 대해서는 언급하지 않는다.

중국은 군주전제국가이다. 유럽 여러 나라의 사회에서 나타나는 갖가지 불평등의 난제들이 중국에 집중되어 있으며, 오늘날까지 명쾌히 설명할 수 있는 문제는 하나도 없다. 그러나 백성들은 궁중의 일에 대해 이러쿵저러쿵 이야기해서는 안 되며 오직 귀하신 분들만 그 이익을 독점할 수 있다고 여긴다면, 우리 국민들은 이를 나무랄 것이다. 무릇 남녀평등의 권리에 대해 우리 국민은 이전에 이미 공인하였는데, 어찌하여 남녀가 평등한데도 여자를 업신여겨 한쪽 모퉁이에 놓는가? 게다가 전제의 폐해가 매우 심하므로 앞으로 나아갈 길의 목적과 방법을 노래 가사로 전파하여 부녀와 어린아이가 모두 알 수 있도록 해야 하니, 이것이 이른바 교육의 보급이다. 그러한즉 비록 국회와 정당이 없고 선거와 대의제가 행해지지 않지만, 우리 나라 동포는 이들을 준비하지 않을 수 없다.

여성의 정치참여 문제는 바야흐로 유럽의 각국 정부가 직면하고 있는 곤란의 극치이다. 무릇 권리란 저절로 타고나는 것이라는 점을 정치계는 중요하게 여기지 않는다. 마치 야생으로 자라난 아이는 사회에서 버림받아야 마땅하다는 듯하다. 정부의 관행 역시 차라리 한두 명의 사나운 남자가 권력을 교묘한 수단으로 빼앗아 취하고 적을 도와주어 평화로운 질서를 크게 어지럽힐망정, 여자에게 기꺼이 권력을 주어 일을 정확하게 처리할 생각은 전혀 없다. 정부뿐만 아니라 세계의 가장 유력한 정치철학가 역시 대부분 이러한 견해를 굳건히 거부하고 반대한다. 여성의 권리라는 사안의 경우, 19세기 학문의 권위자인 블룬칠리(Johann Kasper Bluntschli)[1]조차도 이 견해에 반대하였다. 밀(John Stuart Mill)과 스펜서(Herbert Spencer)가 치열함과 고상함으로써 그의 견해를 반박하고 일소하지 않았더라면, 여성계는 오늘날에 이르도록 여전히 어둠 속에 파묻혀 있을 것이다. 문명과 자유의 꽃이 세상에 출현하여 향기를 날리고 고운 빛깔을 펼친 지 이미 오래되었건만 여전히 이를 가로막으려 하니, 미련하고 어리석은 상황은 이처럼 오래도록 세상에 해독을 퍼뜨린다! 나는 이제 여성의 참정권에 반대하는 견해를 다음과 같이 기술하고자 한다.

1. 남자는 가정 바깥의 일을 다스리고, 여자는 가정 안의 일을 다스린다. 하늘은 부녀를 낳아 가사를 관리하게 하였지, 나라의 정권을 잡도록 하지 않았다. 만약 부녀가 나랏일에 간여하여 정치계에서 남자와 맞서서 충돌한다면, 정조의 미덕과 온화함의 자질 등 여자에게 귀한 것들이 이로 말미암아 소홀해질 터이다. 이는 가정의 불행일 뿐만 아니라 국가의 재앙이다.

2. 국가란 자신의 일을 독립적이고 자주적으로 행하는 존재이다. 그러므로 충분한 주권을 갖지 않으면 안 된다. 요컨대 국가란 남성적인 정신을 지니고 있다. 세상에는 여성 통치자를 세워 정치를 맡긴 경우도 있다. 그러나 이는 예외적인 경우라 할 수 있으며, 여성 통치자가 남성 통치자보다 뛰어나다는 말은 들어본 적이 없다. 영국, 오스트리아와 러시아 세 나라에는 여성 통치자가 재위하면서도 국가는 부유하고 군대는 강성했는데, 이는 잘 보필한 현명한 재상의 업적으로 말미암아 그를 믿고 맡겼던 덕분이다.

3. 여자는 천성적으로 다정다감하여 늘 감정에 압도되는 경향이 있다. 만약 그들이 정치적인 일에 간여하게 되면 정당 사이의 알력과 파벌 사이의 분쟁이 일어날 경우, 극도로 격동된 나머지 틀림없이 행정과 입법상의 이해조차 고려하지 않은 채 감정에 따라 행동할 것이다. 오늘날 남자 의원들에게도 이러한 폐단이 있는데, 정말로 여자가 정치에 간여하게 되면 종교가 반드시 기승을 부려 정교합일의 지경에 이르고 국가는 침체에서 벗어나지 못할 것이다.

4. 오늘날 스스로 문명화되었다고 자처하는 세상 사람들 가운데 정의와 도덕을 존중하지 않은 이가 없다. 그렇지만 오직 여성에게 참정권을 주지 않는 것은 편파와 억압에서가 아니라 확실히 변함이 없는 나름의 이치를 지니고 있다. 이런 까닭에 여자에게 시민권이 없음을 유럽 각국은 공인하고 있다.

또한 독일의 대학자 블룬칠리는 자신의 『근대국가론(Lehre vom modernen Staat)』 가운데 국민을 다룬 장에서 시민권을 갖지 못하는 다섯 부류에 대해 이렇게 언급하고 있다.[2]

ㄱ. 여자
ㄴ. 어린이와 병약자
ㄷ. 이교도
ㄹ. 교육받지 않은 자
ㅁ. 노예와 가난한 자

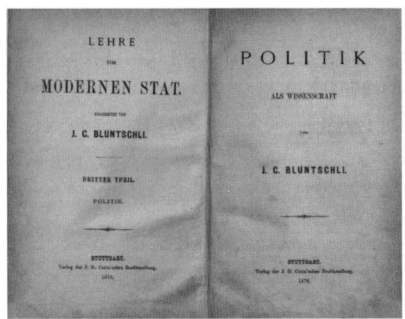

블룬칠리와 그의 저서 『근대국가론』 속표지

　그렇지만 내게는 할 말이 있다. 블룬칠리의 견해는 과거와 현재의 사실에 입각하여 논한 것이다. 무릇 우리의 수단은 미래의 새로운 국민을 만들어낼 수 있음에 달려 있으니, 어찌 깨진 비석과 황량한 궁중을 향해 인격을 요구하며 낡아빠진 진부한 역사로써 법전과 교과서를 편찬할 수 있겠는가? 나는 이를 부끄러워하며 이에 반대한다.

　나는 이제 여성의 권리를 제창하는 이들의 간략한 설명을 종합하고 나 자신의 의견에 따라 판단하여, 앞에서 기술한 견해들을 다음과 같이 반박하고자 한다.

　1. 여자는 어린아이와 동일한 권리를 갖는다고 말하는 이들이 있다. 이것은 무지한 말이다. 여자와 어린아이가 나라의 정부에 의해 잘 다스려진다는 것만 본다면, 형식상으로야 똑같다고 여길 수도 있다. 그러나 다수의 남자 역시 정부에 의해 다스려지고 있다. 게다가 어린아

이는 능력이 완전하지 않고 감정과 희망, 지각, 관념 모두 온전하지 않다. 아이들이 어지러이 악을 쓰고 내던지고 울고 웃고 자고 먹는 모습은 모두 원시시대의 축소판인데, 국가 역시 이들을 다스릴 법률을 언제 가졌던 적이 있었던가? 어린아이를 다스렸던 이는 오직 여자뿐이었다. 만약 원시인이 원시인을 다스린다면 오늘날 세계가 어떻게 야만의 습속에서 벗어날 수 있겠는가? 어린아이들이 날로 진화하여 점차 자라나 참정권을 갖는 것을 그저 지켜볼 뿐, 여자의 몸이기에 영원히 전제의 굴레에서 벗어나지 못한대서야 문명국이라 일컬을 수 있겠는가?

2. 공권(公權)과 사권(私權)의 상이한 제도가 개혁되지 않으면 여성의 권리는 땅에 떨어질 수밖에 없다. 여자의 사적 권리는 비록 남편의 호위병과 같은 처지일지라도 남편의 재산을 관리할 권리를 갖는다. 그런데 공적 권리의 경우 여자에게 세금은 거두면서도 일체의 권리는 짓밟는데, 이는 대가를 치르면서도 단 하루도 보상받지 못하는 셈이다. 공화국 국민에게 흔히 하는 말로 "세금은 인민의 보험금이다" 또는 "세금은 행복을 만들어내는 원료이다"라고 한다. 세금을 내면서도 권리를 요구하지 않은 채 정부의 탐욕에 내맡겨 악랄하게 고혈을 빨리고 나면 이상야릇한 매관매직과 복권 판매가 뒤를 잇는데도 끝내 세금이 어떻게 쓰였는지 따지지 않는다. 오직 중국인만이 이러하며, 유럽에는 이런 나라가 존재하지 않는다. 정치에 참여할 수 없는 여자에게 세금 납부의 책임을 강요하는 것을 내가 몰수라 부르고 도둑 부서라고 일컬어도 좋으리라.

3. 여자는 정치에 참여할 재능이 없으며, 있더라도 남자보다 뛰어나

지 못하다고 여기는 이들이 있다. 나는 온 천하의 남자들이 죄다 학문이 깊고 넓으며 재주가 탁월하고 비범하며 슬기롭고 총명하여 걸출하기 그지없는 선비들인 것을 본 적이 없으며, 또한 온 천하의 여자들이 죄다 편협하고 대범치 못하며 어리석고 비열한 사람들인 것을 본 적이 없다. 여자 중에도 큰 붓을 듬뿍 적셔 재주를 드러낼 만한데도 분연히 재주를 말살해버린 호걸이 어찌 없겠는가? 여자들 역시 때로 눈에 뜨이지 않게 권력을 지닌 채 정치계 내에 얼굴을 슬쩍 드러내기도 하였다. 이를테면 나폴레옹의 아내 조세핀(Josephine)[3]이나 비스마르크의 아내 요한나(Johanna)[4]가 그렇다. 이들은 때로 걸출하고도 강인한 남편을 조종하면서 고문으로서 원만하게 남편을 지지하였으니, 이 역시 여자로서의 우월성을 드러내기에 충분하다. 또한 남녀 각각의 권리는 반드시 하나하나 재능과 지식을 기준으로 헤아려야 하는데, 비록 재주를 측량하는 잣대가 있을지라도 그것이 정확하지 않을 수 있음을 나는 우려한다.

4. 여자는 온화하고 부드럽고 얌전해야 한다고 말하면서도 여자가 감정으로 남자에 영향을 미칠까 봐 우려하는 이들이 있다. 그렇다면 물어보고 싶다. 온화하고 부드럽고 얌전하다는 것은 미덕인가? 아니면 악덕인가? 만약 악덕이라면 어찌하여 가정 바깥의 일은 다스리지 못하게 하면서 가정 안의 일은 다스릴 수 있게 하는가? 게다가 이 정치 참여의 사안은 권리의 문제이지, 심리의 문제가 아니다. 만약 여자에게 감정이 있으니 시민의 권리를 박탈한다고 말한다면, 공적 권리의 보급은 감정을 지니고 있는지의 여부로써 판단해야 할 것이다. 감정이 이처럼 더럽고 사악한 것인가! 남자들도 감정적인 경향에서 벗어나지 못하

기 때문에 정당 사이에 알력이 생긴다고 말하는 이들도 있다. 그렇다면 왜 남자의 권리 역시 함께 빼앗지 않는가? 이렇게만 한다면 독립적이고 원만하고 성숙한 전제정치를 회복할 수 있을 터이다. 요컨대, 오늘날 세계는 비록 공화제에 가까워지기는 하였지만, 여자에 대한 전제의 해독이 낳은 고통은 아직 끝나지 않았다.

5. 여러 나라의 정치사를 뒤적여보면 여자는 오래도록 정치에 참여할 수 없었는데, 우리 나라 여자들은 왜 바라는지 모르겠다고 말하는 이들이 있다. 그런데 대단히 괴이한 점은 모든 일반 여자들에게 정계에 나타나서는 안 된다고 금했는데도, 한두 여자가 정치의 꼭대기에 걸터앉아 여왕이라 일컬어지고 있다는 것이다. 로마 황제 엘라가발루스(Elagabalus)는 자신의 어머니가 원로원에 들어와 의원으로 활동할 수 있게 허락하였는데,[5] 이것이 여자가 정치권력을 갖게 된 전조였다. 이후 여성 통치자가 역사에 자주 등장하는데, 영국·오스트리아·러시아·스페인·포르투갈 등에서 그러하였다. 이들의 정부 구성은 각기 달랐지만, 여왕이라는 칭호를 갖지 않은 나라가 없었다. 최근에 이르기까지 빅토리아 여왕(Queen Victoria)[6]이 명성과 장수를 누리면서 세계 맹주의 으뜸이 되었다. 늙은 할멈이 도대체 어떤 사람이기에 이러한 행복을 누릴까? 세상의 여자들에게 나라 안의 높은 직무에 참여할 수 있는 길이 막혀 있는데도, 그녀만은 일약 왕이 되어 온 여자의 시선을 한 몸에 모으고 있다. 훗날 세계에서 왕좌를 노리는 이는 남자가 아니라 아름답게 치장한 여자일 것이라 나는 믿는다. 만약 폭정의 마녀 캐서린 대제(Catherine the Great)[7]가 오늘날 살아 있다면, 허무주의당의 여성 당원들은 더욱 일찍 분발했을 것이다.

(좌) 빅토리아 여왕 (우) 캐서린 대제

　결론적으로 여자의 정치참여 문제는 오늘날 세계에서 이미 피할 수 없게 되었다. 프랑스의 루이 14세가 왕권신수설(王權神授說)을 주창 했지만, 낡아빠진 옷차림의 영준하고 늠름한 평민인 루소가 하늘에서 내려온 듯 개 쫓는 지팡이로 단번에 그를 물리쳐버렸다. 하늘이 부여 한 것이 아닌 바에야, 여자가 어찌 참여할 수 없단 말인가? 존 스튜어 트 밀, 스펜서, 라블레(프랑스 학자),[8] 베벨(독일 학자),[9] 크레이튼(스위스 학 자)[10] 등은 모두 참으로 여성의 권리에 적극적이었던 사람이었다. 그러 나 이러한 남성들이 없었더라도 여자는 틀림없이 앞으로 나아갔으리 라고 나는 믿는다. 여성계의 세찬 물결이 소용돌이치면서 동쪽으로 밀 려오고 있다. 여자의 몸에는 아름다운 봉황의 날개가 없지만 불현듯 훨훨 날아오를 것이고, 여자의 마음에는 예민한 감응이 있어 만물의 주재자에게 자신의 뜻을 전할 것이다. 여자들이여, 계획을 잘 세우고 스스로를 옹호하여 새로운 국민이 되기를 힘쓰라!

사회주의당의 역사를 읽고서 나는 남녀평등권을 실행하는 이념을 알게 되었다. 나는 그들의 주장을 부러워하고 경모하며 공감을 표한다. 1891년 벨기에의 수도 브뤼셀에서 회의가 개최되었는데,[11] 이 회의에서 선포된 요강은 아래와 같다.

오늘 이 회의에서는 세계의 사회주의당 당원들이 남녀평등권의 세목을 채택해주시기를 요청합니다. 우리 회원들은 여성과 남성이 동등한 시민권 및 참정권을 가지고 있음을 공인하며, 여성에게 동등한 권리를 부여하지 않는 세계 각국의 법률을 폐지하기 위해 온 힘을 다할 것입니다.

이렇게 말하고 보니, 유럽의 여성 참정권의 견해는 이 요강에 갖추어져 있다. 이에 비해 우리 중국 여자는 오늘날 유아기, 맹아기에 처해 있다. 이 말을 하면서도 나는 기분이 좋건만, 아무리 멋들어진 견해일지라도 이해하기 어려운지라 동조하고 가세하는 이는 끝내 많지 않다. 희미한 달빛 아래 쓸쓸히 부는 새벽바람, 술 깬 곳 그 어드메일꼬. 아무래도 거울 속 꽃 그림자, 바다 위 신기루인 양, 국민의 머릿속에 새겨질 따름이리라! 그러함에도 내 어찌 두려워하랴, 내게는 반드시 실행해야 할 바람이 있다.

중국 여자들 역시 중국이 전제군주국임을 알고 있을까? 전제국가에는 여성의 권리가 없으며, 여자들은 보이지 않는 고통에 시달리고 있다. 그러나 20세기에는 전제국가가 없어지리라는 말 또한 싫증이 나도록 들어왔다. 무릇 정치참여란 정부의 감독과 정부의 조직이라는 두

가지 중요한 임무를 짊어지지만, 정부를 감독하고자 하여도 감독할 수 없으면 물러나 요구해도 무방하며, 정부를 조직하고자 하여도 재능이 없으면 앞장서서 파괴해도 괜찮다. 요구하고 소개하는 것이 남자가 마땅히 다해야 할 의무라면, 파괴하고 건설하는 것은 우리 남자와 여자가 함께해야 할 의무이다. 요구한다는 것은 두뇌를 쥐어짜 심사숙고하고 혀를 놀려 남을 설득하며 붓으로써 뜻을 전달하는 것이다. 두뇌가 마르고 혀가 닳고 붓이 모자라게 되면 눈물을 뿌리고, 눈물이 다하면 피가 터져 나오고, 피가 넘쳐흐르면 검으로 돕고, 검이 다하면 포탄과 독가스탄을 가져다줄 것이니, 이것이 곧 파괴라는 일이다. 여자들이여, 놀라지 말라. 이는 우리 동포들의 권리와 자유를 쟁취하기 위한 영험한 주문이다. 18세기 영국의 포셋(Millicent Garrett Fawcett) 여사는 "이 가혹한 처벌을 당한다면 영국인의 절반 이상이 죽을 것이다"라고 말하였다. 또한 그녀는 연설에서 "영국 여성들의 지위는 짐승만도 못하다"라고 말했다. 짐승만도 못하다면, 차라리 도랑에서 목을 매다는 것이 나을 것이다.

중국이 여자가 정치에 참여할 수 있는 나라가 된다면 이상적일 것이다. 이상이란 철학과 소설의 두 부분을 포함하고 있다. 중국의 소설은 부패하였지만 이상은 대단히 높다. 뛰어난 글재주를 지니고 있으면서 궁중의 뜨락에서 치국(治國)의 책략을 논하는 이들이 있음을 보지 않는가? 아름다운 용모를 지니고 있으면서 문무를 겸비한 뛰어난 이들이 있음을 보지 않는가? 홀로 용감하게 피땀을 흘리면서 전쟁터를 누벼 조국의 영예를 드러낸 이들이 있음을 보지 않는가? 평복 차림으로 칼을 품고 궁궐에 들어와 아비나 남편의 원수를 갚는 이들이 있음을 보지 않는가? 이들은 우리 동포들의 머릿속에 익숙하게 생각나는 인물들이다. 그들 역시 사람이고, 나 역시 사람이다. 감독과 조직, 요구와 파괴. 요컨대 20세기의 새로운 중국, 새로운 정부가 여자의 손에 장악되지 않는다면, 나는 죽어서도 눈을 감지 못할 것이며, 우리 동포들 역시 죽어도 눈을 감지 않기를 바라노라!

정치참여를 준비하기 위해서는 반드시 모임이 구성되어야 한다. 내가 이전에 기술한 내용에서는 정치참여와 모임을 따로 떼어놓았다. 이 두 가지를 함께 고려한다면 우리 국민은 반드시 의정회를 공적으로 구성해야 하며, 남녀를 막론하고 모두가 회원이 될 수 있고, 모두가 사무원 및 평의원, 조사원을 선출할 수 있다. 이 의정회에서는 남녀 모두가 회장을 맡을 수 있다. 의정회 회원의 남녀 숫자는 대등하지 않다. 남녀의 숫자를 동일하게 하면, 마치 만주족과 한족의 주객 관계가 지금까지 사라지지 않은 것처럼, 오히려 남녀의 경계를 나누게 된다. 의정회의 내용에는 유럽의 사회주의당과 허무당의 자격이 포함되어 있으며, 혁명을 실행하고 공화를 목적으로 삼는다. 의정회의 정관에 대해서는 내가 훗날 별도로 논의할 예정이므로 여기에서는 언급하지 않겠다.

참으로 기이하다! 중국의 일반 사람들에게는 일종의 특성이 있다. 여성계가 틀림없이 발전하리라 내가 보증할 수 있는 근거는 다름이 아니라 바로 여자의 특성이다. 프랑스의 어느 역사가는 이렇게 말했다. "프랑스 이북의 민족은 대체로 여성 국민 속에 여자의 특성이 섞여 있으며, 그로 인해 여성들은 현저한 지위를 얻게 되었다."[12] 여자의 특성이란 문학의 아름다움, 철학의 깊은 오묘함, 기술의 고상함, 종교의 융합, 태도의 섬세함, 언어의 부드러움, 질병의 음울함, 연애의 집착 등이다. 지난날 우리 나라 국민은 늘 여자의 특성 중에서 좋은 것을 찾아냈는데, 오늘날은 좋지 않은 것을 찾아낸다. 그러나 종합하여 살펴보면,

좋은 것, 좋지 않은 것 모두가 여자의 특성이다. 이것들이 여자의 특성에 스며 있는 깊이를 살펴보고서 여자의 감화력이 얼마나 큰지를 알수 있다면, 훗날 여자가 틀림없이 두드러진 지위에 서게 되리라는 것은의심할 여지가 없다. 여자가 정치에 참여할 수 있을까? 이는 결정할 수있는 일이다. 나는 우리 나라 여자가 의원이 될 수 있기를 빌며, 훗날중국의 해군과 육군, 재무부, 고문, 외무성에 모두 우리 나라 여자들의발자취가 남아 있기를 바란다. 나아가 훗날 중국 여자들이 도덕과 학문, 명예, 자격을 쌓아 대통령 직위를 차지할 수 있기를 바란다. 공로와덕행이 훌륭하게 갖추어지면 여자의 영예 역시 지극할 것이다.

세상은 어떻게 만들어지는가? 사람의 마음에 의해 만들어진다. 국가는 어떻게 형성되는가? 사람의 바람에 의해 형성된다. 마음은 올바른 깨달음을 추구하는 커다란 마음이요, 바람은 모든 사람에게 도움을 줄 수 있는 넓은 바람이다. 그러므로 평등과 공화는 18세기 이전에는 괴물로 간주되었으나, 오늘날에는 신성불가침의 것이 되었다. 누가이렇게 만들었는가? 하늘이 만든 것이 아니다. 나는 여자의 세계를 만들고 싶다. 그렇다면 나의 마음과 바람에 의지해야 할 터, 이른바 법력을 널리 베풀어 중생을 제도하지 못하면 맹세코 부처가 되지 않겠다.『주역』의 곤괘는 길흉화복을 예언하는 책으로서 음(陰)을 억누르는 그릇된 견해를 주창하였다. 그런데 이 책에서 '빛남을 머금고 바르게 할수 있으니 혹 왕의 일을 좇는다(含章可貞, 或從王事)'[13]라고 하였으니, 이는 여자가 정치계에 등장할 징조라고 할 수 있다. 또한 이 책에서 "용이 들에서 싸우는데 그 피가 검고 누르다(龍戰於野, 其血玄黃)"[14]라고 하였으니, 이는 권리와 자유를 쟁취함이 불가피한 추세라는 뜻이다. 그리고 끄트머리에서 "육을 사용함에 바름을 오래도록 지키는 것이 이

롭다(用六, 利永貞)"¹⁵라고 하고, 이를 설명하는 자는 "음유(陰柔)는 굳게 지키지 못하여 양으로 변하며, 이 괘를 만나 육효가 모두 변한다(陰柔不能固守, 變而爲陽, 遇此卦而六爻俱變)"¹⁶라고 하였는데, 이는 여자가 정상에 올라 대통령의 직임을 수행하리라는 것이다.

좋고, 좋도다! 나는 빅토리아 여왕을 미국에 두고 네덜란드의 빌헬미나 여왕(Queen Wilhelmina)¹⁷을 스위스에 세우고 싶다. 이렇게 하는 것이 오히려 『주역』의 뜻에 맞을 것이다. 한 무리의 용이 우두머리도 없이 솟아오르는 날, 그런 날이 우리 중국에 틀림없이 올 것이니, 어느 누가 나의 이 말에 반대하겠는가? 성현들께서 태평성세에도 낯빛을 고치면서 서로 경계하여 3000년 전에 씨앗을 뿌렸으니, 만약 우리 나라 여자들이 오늘 그 열매를 거두게 된다면, 이 어찌 나의 허물이겠는가!

결혼의 진화에
관하여

하늘과 땅이 생겨난 이후에 만물이 있게 되었고, 만물이 생겨난 이후에 남자와 여자가 있게 되었으며, 남자와 여자가 생겨난 이후에 부부가 있게 되었다. 부부의 관계는 사람으로서 지켜야 할 도리의 으뜸이다. 사람으로서 지켜야 할 도리는 어떻게 오래도록 존속되는가? 결혼이 아니며, 결혼은 그 의식(儀式)일 뿐이다. 의식 안에는 정신이 있는데, 이것을 사랑(愛)이라 일컫는다. 신성하도다, 사랑이여! 순결하도다, 사랑이여!

세상에서 사랑의 힘은 얼마나 위대한가! 일체의 모든 하늘과 행성, 지구, 무기물, 유기물이 운행하고 위아래로 흔들리고 태어났다가 사라지는 과정에서, 모여서 구조를 이루고 아이를 배고 낳아 젖을 먹이고 성장하고, 또한 슬픔과 기쁨, 헤어짐과 만남을 겪고 탐욕과 분노와 사랑을 느끼며 시기하고 빼앗고 싸워 죽이고 공포와 두려움을 갖는 것, 이 모두는 누가 이렇게 하도록 만든 것인가? 모두 사랑의 힘이 그렇게 하도록 만들었다. "지구가 비록 멸망할지라도 사랑의 꽃은 여전히 피어난다." 이것은 진정한 사랑의 천사, 플라마리옹(Flammarion)[1]의 말이다. 비록 그러함에도 사랑에는 연역과 귀납이 있는데, 귀납한다면 무엇일까? 그것은 결혼이다.

결혼이란 세상에서 가장 신성하고 순결한 사랑의 힘이 작동되는 초점이다. 사물의 이치로는 이성 간에 서로 끌어당기고 감응하는 힘이 있는 반면, 마음의 이치로는 같은 부류 간에 지극히 간절하고 뜨거운 정이 있다. 사랑의 힘의 본질은 영감(inspiration)이며, 영감은 서로의 열기와 마찰에 의해 변화한다. 유가의 호육(浩育), 부처의 인연은 비록 정교합의 차이가 있지만 모두 사랑의 올바른 뜻을 풀이하고 있다. 사랑을 범주로 정하고 규칙으로 만들면, 결혼이란 명사가 세상에 선을 보이게 되는데, 이것이 문명의 시작이다. 지금까지 결혼의 원리에 대해 설명하였으니, 결혼의 역사에 대해 살펴보자.

결혼은 문명시대에 발명된 것이다. 예컨대 야만의 원시인의 경우는 싸잡아 논할 수 없는 점이 있다. 결혼 이전의 역사를 서술함에 있어서 대체로 크게 세 시대로 나눌 수 있다.

첫째, 약탈의 시대. 원시시대 사람들은 어리석었다! 모든 지식이 아직 나타나지 않았으며, 육체적인 욕망의 느낌은 먹고 마시는 것을 따라 함께 일어났다. 이 시대에는 한 구역만 떨어져 있더라도 부락을 따로 형성하여 서로 싸우거나 빼앗았다. 여자의 경우 가축이나 군수물자와 마찬가지로 귀중한 약탈품이었다. 여자를 빼앗으면 추장이 그 가운데 마음에 드는 여자를 골라 독차지하고, 나머지는 부락의 남자에게 분배했다. 여자를 빼앗기면 다른 부락의 여자를 약탈하여 보상했다. 오늘날 남아 있는 납치혼의 관습은 이 시대의 유풍이라 할 수 있다. 이것이 제1기이다.

둘째, 감독·통제의 시대. 원시시대에 여자의 재능과 용기는 반드시 남자만 못한 것은 아니었으며, 약탈을 당한 후에 치욕을 참지 못해 일어나 맞서 싸우려는 이가 있었다. 그리하여 강권의 수단으로써 이를 억누르지 않으면 안 되었다. 이전 왕조에서의 이른바 악적(樂籍)[2]이나 만주의 법률에서 일컫는 바의 '피갑인(披甲人)에게 보낸 노비'[3]는 일단 꺾이고 짓밟힌 이후 영원토록 다시는 곤경에서 빠져나오지 못하였다.

이것이 제2기이다.

셋째, 공급의 시대. 감독·통제의 주장이 다스리는 사람의 다스리는 법이라면, 공급의 주장은 부리는 사람의 부리는 법이다. 대체로 이 시기에 이르러 여자는 점차 굴복하게 되었으며, 남자 역시 점차 관대해졌다. 이리하여 분업이 발생하였으니, 남편이 가정 바깥에서 전투와 사냥을 하였다면 아내는 가정 안에서 요리와 바느질을 하였다. 일체의 노동이 미치지 않은 곳이 없었으며, 마른 양식이나 갑옷과 투구에 이르기까지 모두 여성이 책임지게 되었다. 오늘날에도 그 잔재가 여전히 사회에 남아 있다. 아프리카인이 일을 하는 소를 처음 보고서 백인 남성의 아내라고 여겼으니, 더 말해 무엇하겠는가. 이것이 제3기이다.

이상의 세 시대는 모두 원시인의 단계이다. 보잘것없는 남자와 여자라는 명분이 차츰 변하고 변하여 지금에 이르러 남편과 아내라는 명사의 단초가 되었으니, 역사란 이처럼 심오하기 그지없다. 이러한 변화는 결혼의 진화와는 사뭇 동떨어져 있다. 나는 이후의 역사를 두 시대로 다시 나누어 살펴보고자 한다.

혈통의 혼합 시대

결혼이란 교분이 좋은 두 성(姓)이 합하여 하나의 조상의 혈통을 전하는 것이다. 그런데 혈통은 때로 뒤섞이기도 하는데, 그 원인은 여러 가지이다. 한마디로 말하면 모두 야만적인 성질에서 비롯된 자업자

득이라 할 수 있다. 그러나 혈통의 혼합이라는 기운은 오늘날까지도 쇠한 적이 없으니, 이에 대해 먼저 설명하지 않을 수 없다.

아내의 매매

야만적인 사람은 본래 자신의 아내를 금, 은이나 가죽, 비단과 동일한 것으로 간주하였으므로 금, 은이나 가죽, 비단이 없어 궁해지면 아내를 대가로 치렀다. 이것은 오늘날 노름을 하다 돈을 잃으면 아내를 저당잡히는 것과 똑같다. 그렇지만 종족의 전승이 갑에서 을로 바뀌게 되는 것은 피할 길이 없다.

다른 여자를 두는 것

일본 남자들에게 집 밖에 다른 여자를 두는 풍속이 있다는 것을 듣고서 나는 깜짝 놀랐다. 집을 떠나 장사를 하거나 타지에 유학을 하느라 오랫동안 객지 생활을 하노라면 외로워서 정부(情婦)를 들인다는 것인데, 이를 듣고 있노라면 구역질이 난다. 흠결이 없는 완벽함이란 있을 수 없으니, 잠시 머물다 가는 인생의 덧없음에 웃음을 짓고 때로는 모자람이 있을지라도 고쳐서 사용해야 할 터이다. 얼마 되지 않은 작은 이익을 위해 자신의 혈통을 어지럽히고도 돌보지 않으니, 이는 게이샤가 하는 짓과 다를 바가 없다. 이것이 과연 무슨 가치가 있단 말인가!

재가한 여자

일부일처제가 시행되기 전에 옛 성왕들은 여자의 재가를 엄격하게 금하지는 않았는데, 이는 이치상 지극히 공평한 일이었다. 유럽의 상류

사회에서는 오늘날까지 재혼녀를 이상하게 여기지 않는다. 그러나 중국에서는 이러한 사람들에 대해 곧장 침을 뱉거나 부류에 끼워주지 않는데, 이 역시 우리의 완전히 고상한 점으로서 세계 어느 나라보다 더 뛰어난 점이라 할 수 있다.

일처다부제

일처다부의 습속은 세상의 최대의 오점이다! 그러나 마음을 가라앉히고 논한다면, 역시 그럴 만한 이치가 있다. 그 이치는 세 가지로 나뉜다.

(1) 유목부족은 이리저리 옮겨 다니며 싸웠는데, 물자를 옮기고 식구를 거느릴 때마다 여러모로 불편하기 그지없었다. 그리하여 어쩔 수 없이 아내를 공유할 생각을 지닌 자는 아마도 시세에 순응하여 임기응변에 뛰어난 재주를 갖추었을 것이다.

(2) 남에게 약탈을 당한 약소한 무리는 서둘러 인구수를 늘리고자 하여도 여자가 소수를 차지하고 있기에 서로 약정하여 아내를 공유하는 풍습이 있게 되었다. 이 역시 폐단과 치우침을 바로잡는 방법이었다.

(3) 여자 중에도 강하고 야심 찬 인물이 전 남편의 위세를 등에 업고 무리를 지휘하면서 방탕한 음욕을 해소하고자 여러 명의 남자를 골라서 마음대로 부렸다. 원시시대에는 여자가 반동을 일으키는 일 역시 늘 있었다.

이들은 모두 일처다부제의 역사이다. 대체로 먀오족(苗族), 야오족

(瑤族), 좡족(壯族), 이족(彝族)⁴ 및 오스트레일리아와 아프리카의 원시 부족 사이에는 이러한 풍습이 틀림없이 여전히 남아 있을 것이다. 그리스의 대학자인 플라톤(Plato)은 아내를 공유하자는 견해를 자주 내세 웠는데,⁵ 이 역시 현자의 과도한 호기심을 보여준다.

일부다처제

원시시대에 남자의 권위는 더할 나위 없이 높았다! 『서경(書經)』에는 두 딸을 시집보낸 기록이,⁶ 그리고 『예기(禮記)』에는 아홉 명의 빈(嬪)을 두었다는 기록이 실려 있는데,⁷ 이러한 그릇된 습속이 전해 내려와 오늘에 이르러서는 여자를 노리갯감으로 여기고 여러 여자를 치장시켜 늘어놓는 것을 대단한 영예로 생각한다. 남자 한 명이 여러 여자를 겸하게 되면 천하의 홀아비들이 많아질 게 뻔하다는 것을 어찌 알지 못하는가! 한 남자가 아내를 여럿 두거나 첩을 여럿 거느리는 것은 자손을 많이 낳기 위한 계책으로서, 가계의 혈통에 다른 피가 섞이는 일은 없다. 그러나 여러 명의 아내가 남편 하나를 공유하는 것을 불명예스러운 일로 여긴다는 것을 알지 못한다면, 불명예스러운 여자가 아니고서야 그 누가 아내를 여럿 둔 남자에게 빌붙으려 하겠는가! 나아가 첩의 경우 본래 노래꾼이나 계집종처럼 바탕이 좋지 않고 품성이 비천하여 간혹 본부인을 본받더라도 끝내는 그녀의 못나고 어리석음이 싫어지기 마련이다. 참으로 우리 중국에서는 결혼을 신성하고 순결한 것으로 보지 않고 기발한 장난쯤으로 여긴다. 입으로야 조상의 가르침을 숭배한다고 떠들지만 혈통에 대해서는 사실상 주의를 기울인 적이 없으니, 여색을 탐하는 돼지 같은 자라는 비난을 받아도 마땅하다. 참으로 이러한 부류에 속한 자가 대다수이다.

이와 같은 이유로 인해 결혼은 교화에 있어서 참으로 얻는 것이 적고 잃은 것은 많다. 아울러 이 이유들 가운데에는 원시시대의 산물이 아니라, 지난 1000년 동안에 조성되었던 것도 있다.

동성 결혼의 시대

동일한 혈통의 남녀가 결혼하면 자녀의 출산이 번성하지 않는데, 춘추시대에도 이러한 일이 있었다. 내가 근세의 유럽 사회를 살펴보니 이러한 습속이 흔히 눈에 띄는데, 중국에서 언제 개혁되었는지는 단언하기는 어렵다. 다만 가토 히로유키(加藤弘之) 박사의 『천칙백화(天則百話)』를 살펴보니 '우리의 990년 전의 선조'라는 제목이 있다.[8] 부모를

가토 히로유키와 『천칙백화』 속표지

2로 간주하는 방법에 따르면, 조부모와 외조부모는 4로 표시된다. 이와 같이 급수를 변화시켜가면 차츰 증가하여 믿을 수 없을 정도의 수치가 된다. 30년을 한 세대로 계산하여 33대를 쌓으면 총 990년이 되는데, 이를 아래와 같은 표로 늘어놓을 수 있다.

부모	2	조부모	4
증조부모	8	고조부모	16
제5대조	32	제6대조	64
제7대조	128	제8대조	256
제9대조	512	제10대조	1,024
이상 300년 동안에 조상이 숫자는 1,024명이어야 한다.			
제11대조	2,048	제12대조	4,096
제13대조	8,192	제14대조	16,384
제15대조	32,768	제16대조	65,536
제17대조	131,072	제18대조	262,144
제19대조	524,288	제20대조	1,048,576
이상 600년 동안에 조상의 숫자는 1,048,576명이어야 한다.			
제21대조	2,097,152	제22대조	4,194,304
제23대조	8,388,608	제24대조	16,777,216
제25대조	33,554,432	제26대조	67,108,864
제27대조	130,317,728[9]	제28대조	268,435,456
제29대조	536,870,912	제30대조	1,073,741,824
이상 900년 동안에 조상의 숫자는 1,073,741,824명이어야 한다.			
제31대조	2,147,483,648	제32대조	4,294,967,296
제33대조	8,589,934,592		
이상 990년 동안에 조상의 숫자는 8,589,934,592명이어야 한다.			

위의 방법을 좇아 살펴보건대, 만약 우리 중국의 모든 사람이 성이 다른 사람과 결혼한다면 어찌 될까? 부모의 성을 1이라 간주하면, 조부모와 외조부모의 성은 2가 된다. 위의 방법에 따라 절반의 수치를 차례대로 계산하여 990년을 쌓으면 나 한 사람을 제외하고 응당 42억 9496만 7296개의 성씨가 있어야 한다. 다시 4억 명의 중국인을 위의 방법대로 계산해나가면 171해 7986조 9184억의 절반이라는 수치를 얻게 되며, 이것이 중국 역사상 성씨의 숫자이다. 번갈아 중복될 수 있어서 내가 말한 수치와 똑같지는 않겠지만, 그렇더라도 아무리 적어도 성씨는 수백 개 이상일 것이다. 그렇다면 우리 중국 민족이 4억 명까지 늘어났던 것은 동성 결혼의 제도를 깨뜨린 이후에 시작된 것이다. 이제 만주족이 산해관(山海關)을 넘어 중국 관내로 들어온 이래 260여 년이 지났는데, 기세가 등등하였음에도 인구의 증가는 겨우 다섯 배에 지나지 않았다. 반면 한족을 되돌아보면 무려 스무 배로 폭증하였다. 나는 이렇게 커다란 차이가 나는 까닭을 알아보려 하였으나 도무지 알 수가 없었는데, 이제야 비로소 만주족의 주둔지가 외진 곳이라 성씨가 다른 배우자감이 많지 않았음을 알았다. 같은 혈통끼리 결합하게 되면 끝내 뒤처지고 약해지며, 때때로 진화에 의해 도태되어 오래지 않아 죄다 사라져버릴 것이다. 동성 결혼의 역사는 그 수명이 이처럼 오래되었던 것이다.

지금까지 지난날 결혼의 역사를 살펴보았는데, 오늘날의 세계를 되돌아보면 어떠한가? 하늘은 맑고 날씨는 따뜻하며, 새 우는 소리 들리고 꽃향기 풍겨온다. 신혼의 부부는 평등이란 명사를 읊조리고, 거문고는 자유의 즐거움을 향유케 한다. 인간 세상과 천상계의 행복이 더

할 나위가 없으니, 결혼은 참으로 진화하였도다! 그렇긴 하지만 이것은 유럽의 진화이지, 우리 중국의 진화가 아니다. 오늘날 우리 중국의 결혼 시대는 어떤 시대인가? 중매의 시대, 점술의 시대, 돈과 권력의 시대라 할 수 있다.

중매의 시대란 무엇인가? 중매란 당시의 사회문제를 해결하는 좋은 방법이었다. 옛날에는 결혼의 악습으로 속을 썩였는데, 중매쟁이를 두어 악습을 제한하고자 하였다. 이른바 "도낏자루를 베려면 어떻게 할꼬? 도끼가 아니면 벨 수 없지. 아내를 얻으려면 어떻게 할꼬? 중매쟁이가 아니면 얻을 수 없지"[10]라는 노래 가사가 바로 그것이다. 중매쟁이는 곧 오늘날의 증인이다. 두 집안의 소식을 이어주는 전달자로서 그들의 재능과 품덕의 높낮이를 비교하여 원망이나 비방이 없도록 한다. 중매쟁이는 사실 사람으로서 지켜야 할 도리를 안배하는 능력을 지니고 있으며, 이러한 점에서 제2의 세상을 만드는 자(造世主)[11]라고 할 수 있다. 그러나 안배가 적절함을 잃고 재능과 품덕에 대한 비교가 아니라 제 한 몸의 돈벌이에 급급하여 사실과 달리 부풀리고 왜곡하게 되면, 중매쟁이가 퍼뜨리는 독이 온 사회를 오염시킨다. 세상에서는 결혼의 부자유를 부모의 전횡 때문이라고 책망하는데, 나는 온갖 말로 부모의 전횡에 대해 하소연하지 않은 적이 없다. 그런데 도대체 누가 중매쟁이에게 결혼에 있어서 귀족만큼의 전횡을 행하도록 만들었는가? 이른바 눈과 귀를 가리고 못된 속임수를 쓰는 자를 중매쟁이로 임명한 사람은 다른 사람이 아니다. 사악한 자를 중매쟁이로 삼았으니, 굴원(屈原)[12]이 장탄식한 까닭이 바로 이것이다.

점술의 시대란 무엇인가? 중매의 권력이 사람에 의해 행사되는 반면, 점술의 권력은 귀신에 의해 행사된다. 귀신이면서 결혼에 대한 권력을 행사하니, 귀신의 힘 또한 강력하다. 무릇 '하늘이 맺어준 인연'이라는 말은 서양인이 구세주에게 은공을 돌리는 말과 흡사하다. 그러나 이 말만으로는 준칙을 삼기에 부족한지라 귀신이 결혼을 주관할 수 있게 하였으니, 하백(河伯)이 아내를 맞고[13] 단주(丹朱) 역시 소왕(昭王)의 아내와 사통할 수 있었던 것이다.[14] 상서롭지 않음이 더할 나위 없이 크다. 나의 사주, 즉 태어난 연월일시는 나의 탄생과 우연히 맞아떨어진 것인데, 나의 별자리는 마갈궁이어서[15] 평생 걱정으로 잠을 이루지 못할 운명을 타고났다. 거북의 등갑과 점대가 영험하다는데, 어찌하여 내게 먼 훗날의 일을 알려주지 않는가? 그들에게 물어보면 틀림없이 상서롭고 복되다고 말하겠지만, 훗날의 일을 살펴보면 늘 좌절과 이별이 많다. 이는 뜻하지 않은 재난이 아니라, 사실은 점술의 행위이다. 좋은 짝은 배필이라고 하고 원망스러운 짝은 원수라고 하는데, 남편과 아내 사이에는 그 옆에 귀신을 두지 말지니라!

돈과 권력의 시대란 무엇인가? 이는 오늘날의 결혼에 있어서 중대한 문제이다. 대체로 세계의 빈국에서는 국민들이 황금을 숭배하는 마음을 지니고 있어서 자신의 옷이 남루하면 남의 비단옷을 부러워하고 자신의 음식이 거칠면 남의 기름진 음식을 시샘한다. 부러워하여 빼앗아 가지려고 해도 빼앗을 수 없으면 자녀의 결혼을 연줄로 삼는다. 그리하여 며느리를 맞을 때 부모는 지참금을 바라며, 딸을 시집보낼 때에는 사위의 재산 장부를 따진다. 그래도 혹 바라는 것을 얻지 못하면 이로 인해 반목하는 경우도 있고 이혼하는 경우도 있다. 만약 바라는 것을 얻는다면 남자가 늙고 마른 버드나무처럼 야위고, 또한 명주장수의 거간꾼 노릇을 할지라도 몸을 한껏 낮춘 채 아무것도 따지지 않는다. 청춘남녀 중에는 고상한 취향을 지니고서 세상의 행복을 추구하여 평생을 그럭저럭 대충 지내기를 원치 않는 사람이 전혀 없는 것은 아니다. 그렇지만 그들의 부모는 틀림없이 호되게 꾸짖을 뿐만 아니라, 심지어 납채 예물에 눈독을 들여 귀한 딸을 내다 팔듯이 결혼시키기도 한다. 이 역시 결혼 시대의 액운이라 할 수 있다. 개인 경쟁의 폐해가 날로 늘어나고, 이에 따라 가정은 날로 다스려지지 않고 사회는 날로 퇴락하며 교육은 날로 쇠퇴하고 도덕은 날로 분열되며 인류는 개량되지 못하였다. 어찌하여 이런 지경에 이르렀을까? 돈과 권력 때문이다.

"내 머리카락이 막 이마를 덮을 적에 꽃 꺾으며 문 앞에서 놀았고, 그대는 대나무 말을 타고 와서 침상을 뱅뱅 돌며 푸른 매실로 장난쳤지. 장간 마을에 함께 살면서 두 꼬마에게는 미움도 시샘도 없었지." 기이하도다! 우리 중국에서 평등한 권리와 자유의 기풍이 이미 1000년 이전에 잉태되었다니! 그런데 오늘날에 이르러 어찌하여 이렇게 타락하였는지 나는 알지 못한다. 내가 위에서 언급한 것은 모두 결혼의 부자유(不自由)가 본질이다. 20세기 전제국가의 국민은 매일 자유 쟁취를 목표로 삼고 있다. 일찍이 사소한 결혼의 자유조차도 쟁취하지 못하면서 아무리 대중에게 혁명을 이야기해보아야 틀림없이 아무것도 이뤄내지 못하리라! 대체로 결혼의 부자유는 속박과 압제에서 비롯되는데, 세력의 측면에서의 속박과 압제는 그래도 벗어날 수 있으나 이상의 측면에서의 속박과 압제는 마치 옴처럼 몸에 딱 달라붙어 떨어지지 않는다. 마음으로야 평등한 권리와 자유의 즐거움을 모르지 않는지라 그것을 추구하고 싶어도 감히 입을 열지 못하는 것은 마치 옴의 가려움을 알면서도 선뜻 남에게 내보여 치료받기를 주저하는 것과 마찬가지이다. 나는 오늘 거리낌 없이 우리 나라 여자들에게 외친다.

'결혼의 자유!'

결혼이란 무엇인가? 인간으로서 지켜야 할 도리의 시작이라 할 수 있다. 윤리의 측면에서 부자간, 형제간, 벗 사이에는 본디 잘 알고 있기에 존경과 사랑의 감정이 생겨난다. 도덕이 서로 합치되고 품성이 서로 일치되며 학문이 서로 대등하고 재능이 필적하며 취미가 서로 어울린 다음에야 감정이 생겨나는 것이다. 하물며 부부의 사귐은 규방 안에서 행복의 씨앗을 뿌림에랴! 이른바 '하늘이 내린 배필'이란 금과 옥을 새기고 쪼는 듯한 꾸밈이 아니라 향기로운 풀에서 우러나오는 향기와 같은 것이다. 물과 젖의 맛은 서로 조화되고 잘 녹아들어 이루어지는 것이다. 오늘날 세속의 풍습에서도 결혼을 귀중하고도 장엄한 일로 간주하고 있다. 하지만 어제는 길 가는 낯선 사람이었는데 오늘은 한 이불을 덮고 자게 되는 것, 이것은 바로 길가는 사람을 하늘의 지위만큼 위엄 있게 우뚝 세워놓고서 그에게 여자의 품격을 존중해주기를 바라면서도 그에게 비천한 짓을 시키는 것임을 어찌 알겠는가? 사위를 얻었는데 요행히 마음에 들거나 혹 딱 들어맞는 때도 있지만, 불행히도 곱고 추함이 각기 다르고 한 명은 어리석은데 다른 한 명은 비범하다면 지옥 같은 삶이 이미 시작된 것이다. 부부 사이의 애정 부족은 채우기 어려운 법이다. 예로부터 파경(破鏡)을 점치거나 이혼하는 이야기가 전해져오는데, 도대체 누가 이렇게 하도록 만들었는가? 결혼의 부자유가 그렇게 만든 것이다. "아름다운 여인은 사타리처럼 못된 권력가의 손아귀에 잡혀 있는데, 의를 위하여 자신의 생명을 내던졌던 고압아 같은 선비는 오늘날 보이지 않네"[16]라는 시가 있고, 또 "무쌍은 죽어서 왕선객에게 시집을 갔으며,[17] 첫째 누이동생은 도망쳐 이약사를 따라 갔네"[18]라고 하였다. 누가 이렇게 하도록 만들었는가? 역시 결혼의 부자유가 그렇게 만든 것이다. 얌전하고 온순하며 어여쁜 자태를 지닌 여인이 벗에게 주어지는 것이 아니라 원수의 손에 들어간다면, 도통 갈피를 잡을 수 없는 세상사 가운데 이보다 더 심한 일이 있을까? 내가 들었던 참으로 기이한 일이도다!

중국인이 말하는 사랑은 유럽인이 말하는 사랑과 다르다. 중국인이 말하는 사랑의 의미는 가벼운 바, 친근하게 여기되 높이지 않음을 뜻한다. 그래서 사랑이 방탕으로 흐르고 저속함에 빠지는 일이 없도록 의식(儀式)을 강구하여 본보기로 내세우는 것이다. 그러나 의식이란 것은 참으로 야만 시대의 관습이다. 몸을 굽히고 절하고 무릎을 꿇고 허리를 감싸안고 입을 맞추는 행위는 모두 원시인 상태의 표지이다. 오직 중국만은 전쟁이 끝난 후의 눈부신 위풍을 영예로 여김에 반해, 유럽인은 정을 나누는 사랑을 행복으로 여긴다. 이것이 양자의 차이점이다. 중국의 결혼에 대해 나는 아무리 이모저모 생각해보아도 뾰족한 해법을 찾지 못한다. 즉 평소에는 전혀 상관없는 사람인지라 눈을 마주 보거나 혹은 평가하고 비웃기도 하면서 전혀 이상하게 여기지 않는다. 그러다가 머잖아 결혼할 사이가 되면 은연중에 남편이 어느 날 얼굴을 마주하여 다가오면 마치 귀신이라도 만난 양 미친 듯이 소리 지르며 뛰어 달아난다. 그리고서 신랑이 신부의 집으로 가서 신부를 직접 맞이하는 날 저녁에, 남자는 동쪽 섬돌에서 세 번 읍(揖)을 행하고 서쪽 섬돌에서 세 번 사양하며, 절하고 무릎 꿇었다가 일어서는데, 마치 끝이 없는 고리처럼 동작이 이어진다. 혼례를 이끄는 주례자의 웅얼거리는 소리는 마치 주문을 외우는 듯한데, 신랑은 홀로 멍하니 서 있고 많은 사람들이 그를 놀려댄다. 한편 여자는 붉은 수건으로 얼굴을 덮은 채 낯을 들어 사람을 보지도 못하고, 병이 든 것도 아닌데 남의 부축을 받고 마땅히 웃어야 할 텐데도 울기만 하며 눈을 꼭 감은 채 방안에 들어앉는다. 이렇게 하여 사흘째 되는 날에 손을 씻고 부엌에 들어가는데, 국과 탕을 끓여내는 중요한 일이 기다리고 있다. 이 모든 일에 대해 나는 설명할 길이 없다.

유럽에서의 결혼은 부모처럼 받들고 친근한 사이일지라도 조금도 간섭할 수 없다. 평소에 배우자를 선택할 때에는 반드시 함께 공부하는 학생들과 서로 사귀는 벗들 중에서 재능과 품성, 덕망, 명석함과 용모 등을 따져 정도에 알맞은 이를 골라 여러 해 잘 알아본 다음 서로의 애정이 합치되면 기꺼운 마음으로 약속하여 반지를 교환한다. 결혼하는 날 저녁에는 함께 회당으로 가는데, 마을 어르신이 증인을 서고 친지들은 기뻐한다. 마차에 함께 오른 신랑 신부는 손을 맞잡고서 집으로 돌아가, 집 앞에서 신랑의 부모님께 인사를 올리고 성대한 무도회를 연다. 이렇듯 얼마나 풍치 있고 멋들어지며 기분 좋은 일인가! 이것이 바로 연리목(連理木)과 공명조(共命鳥)[19]가 서양에는 생기는데 중국에서는 나지 않는 까닭이다. 나는 이 새와 나무를 아시아 대륙에 옮겨와 4000만 평방리를 낙원으로 바꾸고 4억 동포들 모두가 행복을 누리게 하고 싶다. 이렇게 하려면 결혼의 자유로부터 시작하지 않으면 안 된다. "온 천하의 연인들이 모두 가족이 되는 것", 이것이 나의 커다란 바람이다! 나의 동포 역시 기꺼이 몸소 실천할 것이다.

자유와 평등한 권리는 쌍생아인데, 자유가 약간 일찍 태어났다. 그렇기에 자유가 일어난 이후에 평등한 권리가 확립되었으며, 평등한 권리가 확립된 이후에 일부일처제가 시행되었다. 그러므로 군자의 도(道)는 부부에게서 시작된 것이다. 예로부터 금수만도 못한 염치없는 행위는 모두 성현과 제왕들 자신이 만들어낸 것이다. 이른바 "「관저(關雎)」와 「종사(螽斯)」는 투기하지 않는 여자의 덕을 노래하는데,[20] 주공(周公) 부인이 시를 지었다면 응당 이러한 시는 없었을 것이다(사안謝安의 아내 류 씨劉氏 부인에 관한 일은 『투기(妒記)』에 보인다)."[21] 결혼의 교합이 두 사람의 계약에 의해 이루어진 바에야 계약이 유지되는 중에는 제3자가 개입할 여지를 결코 용납해서는 안 된다. 이는 마치 두 나라가 밀약을 맺을 때 다른 나라의 이간질을 받아서는 안 되는 것과 같다. 남편과 아내 사이인데 합종연횡(合縱連橫)의 술책으로 대처해야 되겠는가! 오늘날 산송장 같은 처지에 여러 첩들을 들이는 풍조가 유행하고 있는데, 첩들 간에 총애를 다투고 서로 비웃는다. 남자는 이들의 싸움을 말리느라 처음에는 숨 돌릴 새 없이 분주하지만, 끝내는 이러지도 저러지도 못하는 신세가 되고 만다. 8국 연합군의 요구에 따라 공공의 적을 다투어 찾자 황제는 고슴도치처럼 움츠러들고 쥐새끼마냥 숨어버렸는데,[22] 그의 아내와 첩들 역시 끝내 장차 자신들의 치외법권을 확장하여 이익을 골고루 나누어 갖는 지위에 서려고 할 것이다. 나는 이런 일을 자주 보았다. 신성한 순결함이란 무엇인가? 우리 나라 동포들이 사회주의를 실행하고자 한다면 반드시 일부일처를 기초로 삼아야 한다. 그리하여 남편과 아내가 동무하여 책을 읽고 글을 지으며, 아침이면 공원의 나무에 기대고 저녁이면 자전거 타기를 겨루며, 조국의 앞날을 함께 의논하고 재능 있는 아이를 낳아 기른다. 결혼을 혁명한 결실이 이보다 더 나은 것이 있을까? 서쪽을 바라보노라니 나의 눈이 어지럽고 마음이 도취되는구나. 아름다운 님께서 내게 푸른 옥돌을 선물하였으니 무엇으로 그녀에게 보답할까? 자유와 평등한 권리로 보답하리!

오호라! 강 위의 드넓은 하늘은 꿈과 같고 밝은 달은 옥구슬이 피어나는 듯하다. 무정한 비바람에 봄 가기도 전에 꽃 떨어지는 소리를 듣도다. 우리 동포여, 여자들이여, 나의 말을 듣고 깊이 반성하고 정신 차리라! 나의 말대로 실천한다면 새로운 국민이 되겠지만, 실천하지 않는다면 노예로 지내다가 죽을 것이다. 나의 말은 여기에서 마치지만, 나의 근심과 수고가 어찌될꼬!

결론

김일(金一)은 말하노라.

나의 말은 참으로 아득하도다!

눈을 둘러 중국의 여자 사회를 살펴보니 그들의 현황이 이와 같았으며, 되돌이켜 중국의 남자 사회를 살펴보니 그들의 현황 또한 이와 같았다. 오호라, 내가 하는 말을 그 누가 더불어 들어주리오! 나의 부르짖음에 그 누가 화답하리오! 나의 말은 참으로 까마득하도다! 통속적인 노래는 따라부르는 자가 수천 명이고, 통속적인 가곡은 환호성과 웃음이 떠들썩하다. 하지만 나는 그들에게 비웃음을 받을 것이로다! 왕장(王嬙)과 서시(西施)는 천하의 미인이었지만,[1] 그녀들을 보고 물고기는 깊이 숨고 새는 높이 날며 사슴은 뿔로 들이받았다. 나는 그들에게 들이받힐 것이로다! 여자들이 내가 말한 대로 실천한다면 더욱 사람들에게 들이받힐 것이로다! 비록 그러할지라도 나의 몸은 여러 재난을 겪은 몸이며, 나의 말은 오랜 세월이 지난 후에도 사라지지 않을 말이다. 오늘날 중국 혁명의 뜨거운 불길은 번쩍번쩍 타오르며, 중국을 분할하는 재앙의 물결은 넘실넘실 넘쳐흐른다. 정부의 폭력적인 압제의 바윗덩이리는 무겁게 짓누르고, 국민의 예리하게 벼린 수십만의 검들은 번뜩번뜩 휘날린다. 히말라야의 봉우리 꼭대기에 올라 프랑스의 에펠탑을 바라보니 우뚝 솟아 있고, 태평양을 항해하여 저쪽으로 건너가 미국의 자유의 종소리를 들으니 웅장하게 울린다. 동쪽으로 장백산 꼭대기와 압록강 강변을 엿보니 온갖 요괴들이 괴이하고, 남쪽

별자리가 후두둑 떨어져 내린다. 서쪽으로 교산(橋山)에서 황제(黃帝)의 활과 검을 찾아보고[2] 정호(鼎湖)에서 용의 수염을 찾아보니,[3] 신성한 조상인 황제의 영혼이 슬피 운다. 그리하여 제(齊)나라 환공(桓公)이 9대에 걸친 원한을 푸니 그 잔혹함이 몹시 심하였고,[4] 낙빈왕(駱賓王)이 측천무후를 토벌하는 격문 「토무조격(討武曌檄)」을 쓰니 그 울림이 대단하였다.[5] 오호라! 이러한 재앙을 초래한 자가 여자라면 이 세계를 구할 자 역시 여자이며, 이 나라를 팔아먹는 자가 여자라면 이 나라를 사랑하는 자 역시 여자일 것이다.[6] 우리 여자들이여, 어찌 서둘러 일어서지 않는가!

천둥소리에 하늘과 땅이 뒤집힌다. 신령과 귀신이 울부짖고 산이 뽑히고 나무가 갈라진다. 표범과 호랑이가 마을에 몰려들고 용과 뱀이 뭍에 기어오른다. 의지할 곳 없는 힘없는 사람들은 이리저리 떠밀린 채 부들부들 떨고 있으니, 슬프도다! 혁명의 드라마는 참극이고 망국의 드라마 역시 참극이며, 노예의 드라마는 대참극이다. 북경(北京)과 천진(天津), 여순(旅順)의 드라마는 참극이며,[7] 양주(揚州)의 열흘과 가정의 3대 학살의 드라마는 더 큰 참극이었다.[8] 털가죽을 걸쳐 입는 오랑캐에게 사로잡히고 치즈를 먹는 오랑캐에게 치욕을 당하며, 씨가 다른 이민족의 신하 노릇을 하고 누린내 풍기는 족속의 첩 노릇을 하고 있으니, 슬프도다! 생각건대 채문희(蔡文姬)가 흉노에서 한나라로 돌아오고 왕소군(王昭君)이 흉노로 시집갔던 일들은 여성계의 오점으로서, 오대양의 물을 기울여도 씻어낼 수 없을 것이다. 오호라! "노래를 파는 여인은 망국의 한을 알지 못한 채 강 너머에서 망국의 노래 후정화(後庭花)를 부르는구나." 종에게는 종 나름의 영예가 있고 하녀에게는 하녀 나름의 즐거움이 있을 터, 그 영예와 즐거움은 내가 아는 바가 아니다. 슬프도다! 그럼에도 어서 속히 일어나 자유를 사랑하고 평등한 권리를 존중하며 남녀가 함께 협력함으로써, 새로운 국민의 창조를 출발점으로 삼고 새로운 정부의 조직을 결말로 삼을지라.

　선량한 여자들이여, 제영(緹縈)이 되기를 맹세하고, 목란(木蘭)이 되기를 맹세하고, 섭정(聶政)의 누나 섭앵(聶嫈)과 방아(龐娥)가 되기를 맹세하고, 해곡(海曲)의 여모(呂母)가 되기를 맹세하고, 풍료(馮嫽)가 되기를 맹세하고, 순관(荀灌)과 우모(虞母), 양홍옥(梁紅玉), 진량옥(秦良玉)이 되기를 맹세하고, 월녀(越女)와 홍선(紅線), 섭은낭(聶隱娘)이 되기를 맹세하라. 선량한 여자들이여, 스토 부인(Harriet Beecher Stowe)이 되기를 맹세하고, 나이팅게일(Florence Nightingale)이 되기를 맹세하고, 포셋 부인(Dame Fawcett)과 스탈 부인(Madame de Staël)이 되기를 맹세하고, 아니타(Anita Garibaldi)와 롤랑 부인(Madame Roland), 잔 다르크(Jeanne D'Arc), 베라 자술리치(Vera Ivanovna Zasulich), 소피아(Sophia Perovskaia)가 되기를 맹세하라. 이들은 모두 우리 나라 여자의 스승이자 본보기이다. 선량한 여자들이여, 그대의 눈은 슬기로운 눈이요, 그대의 팔은 재빠른 솜씨를 지닌 팔이요, 그대의 감정은 뜨거운 정이요, 그대의 마음은 가엾이 여기는 마음이요, 그대의 혀는 말솜씨가 뛰어난 혀요, 그대의 몸은 천부인권과 고상함과 신성불가침의 몸이요, 그대의 가치는 천금의 가치요, 그대의 지위는 국민의 어머니의 지위이다. 우리 나라 국민이 이러한 여자를 바란 지 참으로 오래되었도다!

　정위(精衛)라는 새는 언젠가 끝내 바다를 메울 때가 있을 것이고,[9] 미인홍(美人虹)이라 불리는 무지개는 하늘 높이 우뚝 일어날 것이다.[10] 그렇게 된다면 나의 말은 결코 헛소리가 아니다. 중생을 모두 제도하지 못하면 맹세코 성불하지 않겠노라.[11] 여자를 두루 구하는 것이 곧 중국을 구하는 것이다. 선량한 여자들이여, 나는 나의 머리카락, 나의 간과 뇌, 나의 머리와 눈을 내던져 온몸을 여자 앞에 바치기를 원하노라. 내 몸이 비록 변하여 허공 끝까지 가로지르고 오랜 세월 다하여 가을바람 불어와 티끌로 날아오를지라도, 티끌 하나하나에 나의 몸이 스며 있으니 나의 몸속에 새긴 나의 말 마디마디, 나의 말 속에 스민 나의 목소리 올올이 우리 여자 일깨움을 그치지 않으리라. 다시 여러 번 몸이 변하여 오랜 세월 다하고 허공 끝까지 가로질러 봄바람 불어와 기이한 꽃을 토해낼지라도 꽃 송이송이 속에 나의 몸이 스며 있으니, 나의 몸속에 새긴 나의 말 마디마디, 나의 말속에 스민 나의 목소리 올올이 우리 여자 찬미함을 끝내 그치지 않으리라. 여권 만세! 동포 만세!! 중국 또한 만만세!!!

젊었을 적엔 칼을 휘두르고 퉁소를 불었건만,
검의 서슬과 퉁소의 정은 하나같이 사라졌다.
뉘 알았으랴, 배편으로 귀향한 후의 처량함을,[12]
온갖 슬픔과 원망일랑 내일 아침에 맡기노라.
아름다운 산하를 내버려둔 채 피리와 함께 보내는 가을,
인간 세상에는 슬픔 없는 곳이 없구나.
홀연 들려오는 아득히 푸른 바닷물 소리에
홀로 남동쪽 소자후(小子侯)[13]에게 절하노라.

후기

위의 책 『여계종』은 수만 자로 이루어져 있는데, 나의 동지 김 군이 저술한 것이다. 김 군은 교육회에서 돌아온 후[1] 정당의 취약함을 슬퍼하고 여성계의 침체를 마음 아파하여 실의에 빠진 채 따분하게 지내다가, 혀를 대신하여 붓으로써 4주 동안 온 힘을 다한 끝에 원고를 마치고서 나에게 발문을 써달라고 부탁하면서 이렇게 말했다. "봄의 노곤한 졸음에 빠져 의기소침하고 요사스런 꿈에서 채 깨어나지 못한 것이 우리 중국 여성계의 현황입니다. 이 책을 여성계 각성을 위한 새벽종으로 삼으려 하는데, 그렇게 될 수 있을까요?" 또한 이렇게 말했다. "중국의 여자 중에 문예에 능통한 이가 매우 드뭅니다. 그런데 이 책의 내용에 혁명(Revolution) 사상이 포함되어 있는지라, 은근하면서도 맛깔나게 하고 공감을 불러일으키게 하고자, 지나치게 곧이곧대로 하여 여자에게 직설적이지 않도록 하였습니다. 간접적인 힘으로써 돕기를 바라는 거지요!" 나는 책을 받아 끝까지 읽은 후 책을 덮고 사방을 둘러보고서 낙담하여 한숨을 내쉬면서 말했다. "중국 여권(女權)의 맹아가 꺾이고 짓밟힌 지 오래되었구나." 강권은 난폭하기 그지없고 공리는 사라져버렸으며, 그릇된 것이 후세에 전해지고 세상은 캄캄하고 어둡다. 그런데도 천박하고 어리석은 자들이 변변찮은 저술을 통해 또다시 갖가지 불평등의 학설을 고취하면서, 훈고를 준칙으로 삼고 이상을 검으로 삼아 영혼계를 속박하고 억눌러 계획을 좌절시키고 있다. 양을 떠받치고 음을 억눌러야 한다느니,[2] 남편은 아내의 벼리라느니,[3] 삼종지도(三從之道)와 칠거지악(七去之惡)이라느니,[4] 재주 없음이 덕이라느니 하는 말들이 그것이다.

나는 이런 말들을 들을 때마다 화가 머리끝까지 치밀지 않은 적이 없다. 내가 1000년 후에 태어난 바람에, 1000년 전에 못된 말을 꾸미고 좋지 않은 선례를 만들어낸 자를 붙잡아 죽여 오대주에 그의 잘린 머리를 전함으로써 문명에 대한 공적(公敵)의 죄를 멈추도록 만들지 못하는 게 한스럽다. 비록 그럴지라도 우리 나라 여자의 특질에는 사회에서 유독 뛰어난 점이 있다. 중국의 남자는 민족 관념이 박약하고 노예 교육에 젖어 영력(永曆)[5] 이래로 오랑캐에게 중원이 짓밟혀 한족 관리의 위엄이 끝없이 추락했지만, 오직 우리의 신명한 여장군은 여전히 고상한 복식을 간직한 채 남자와 한패가 되지 않았으니, 이른바 '남자는 항복하였으나 여자는 항복하지 않았다'는 속담[6]이 오늘날까지 민간에 전해지고 있다. 생각건대 당시 틀림없이 절세의 영웅적인 여장부가 있었을 터, 지혜롭고 민첩한 재능을 발휘하여 폐허나 다름없이 형체가 사라진 산하를 지탱하고 오랑캐를 굴복시켜 오늘까지 오래도록 기념으로 남아 있다. 이 역시 한족의 공신이건만, 그의 이름이 사라져 드러내지 못함이 아쉬울 따름이다.

최근 의화단운동이 일어나자 8국 연합군은 재빨리 북경에 들어와 민심을 달래는 깃발을 집집마다 높이 매달더니, 퇴각할 때에 이르러서는 덕정(德政)의 팻말을 마을에 수백수천 개나 내거는 추악한 연극을 연출하여 세계의 웃음거리가 되었다. 오직 여자들만이 굴욕을 달가워하지 않았으니, 고운 얼굴을 버리고 가녀린 몸을 내던져 힘껏 싸우다 죽은 이가 이루 헤아릴 수가 없다. 이 역시 우리 여성계가 본디 가지고 있는 정수이며, 이로써 수많은 무명의 여걸을 길러냈다. 남자를 되돌아보니 훨씬 부끄럽기 그지없다. 무릇 뜬구름이 하늘을 가릴지라도 마침내 빛나는 태양을 볼 것이며, 평등한 권리의 대의는 끝까지 무궁할 것이다. 이제 존 스튜어트 밀, 스펜서의 학설이 바야흐로 태평양을 건너 동쪽으로 왔으니, 서방세계의 분위기가 저도 모르는 사이에 여자들에게 스며들 터이다. 그리하여 달콤한 이슬을 움켜 떠서 자유의 싹에 뿌리고 좋은 흙에 의지하여 문명의 나무를 북돋아 기른다면, 여성계 역시 질곡에서 차츰 벗어날 것이다. 서쪽에서 동산(銅山)이 무너지면 낙양(洛陽)의 종(鐘)이 동쪽에서 호응하여 울린다고 했으니,[7] 김 군의 이 종이 때맞추어 울리면 10년이 채 되지 않아 잔 다르크와 롤랑 부인, 소피아, 베라 자술리치 등의 무리가 중국에 잇달아 나타나리라 믿어 의심치 않는다.

김 군의 책은 우리 나라 여성계의 캄캄한 감옥을 비추는 빛줄기가 될 것인가? 여성계의 혁명군을 이끄는 선구자가 될 것인가? 여성계의 폭탄에 부착된 도화선이 될 것인가? 아아! 『여계종』을 읽고 나니, 색실로 수를 놓으려는데 어찌 꼭 안진경(顔眞卿)[8]의 글씨일 필요가 있으랴? 둥글부채에 그림을 그리려는데 어찌 꼭 육유(陸游)[9]의 화상(畫像)일 필요가 있으랴? 1만 권의 책을 쓰고 1만 편의 글을 암송하려는데 어찌 꼭 한유(韓愈)의 「평회서비(平淮西碑)」[10]일 필요가 있으랴? 우리 2억의 동포들 가운데 소매를 걷어붙이고 떨쳐 일어나는 여자가 있을까? 정중하고 경건한 태도로 그렇게 되기를 기원하노라!

계묘년[11] 윤5월,
중국의 젊은이 중의 젊은이 유인권(柳人權)[12] 씀.

148

◆ 미주

후관 임 여사 서문

1 '권리를 위한 투쟁'의 원문은 '權利競爭'인데, 독일의 법학자 예링(Rudolf von Jhering)이 저술한 『*Der Kampf ums Recht*』가 『권리경쟁론』이란 명칭으로 번역된 이후 '권리경쟁'이라는 용어가 널리 사용되었다. 이 역서에서는 원래의 뜻에 알맞게 '권리를 위한 투쟁'이라 번역하였다. 『권리경쟁론』의 번역 상황에 대해서는 '제6절 여자의 권리'의 주석 6)을 참고하라.

2 이 글에서 언급한 '한 명의 여자'와 '할멈'은 당시 정권을 장악하고 있던 자희태후(慈禧太后)를 가리키리라 추정된다.

3 계묘년(癸卯年)은 1903년을 가리킨다.

4 『소보(蘇報)』의 운영자인 진범(陳范)의 딸인 진힐분(陳擷芬)은 1899년 겨울에 상해에서 『여보(女報)』를 창간하였는데, 이 잡지는 4기를 간행한 후 정간되었다. 이후 그녀는 1902년 5월 8일에 이를 복간하여 1903년 10월까지 총 13기를 새로이 간행하였다. 『여보』의 명칭은 1902년 12월에 간행된 제9기까지 사용되었으며, 이듬해 2월에 간행된 제2년 제1기부터는 『여학보(女學報)』로 개칭하였다. 1903년 6월 말에 발생한 '소보안(蘇報案)'에 진범이 연루됨에 따라 진힐분 역시 아버지를 따라 일본으로 망명하였으며, 『여학보』 역시 동경으로 이전하여 최종호를 간행하였다. 이 잡지 외에, 1898년 7월 24일 상해에서 창간되어 중국여학회(中國女學會)에서 순간(旬刊)으로 발행되었던 동명의 『여학보』가 있다. 이 잡지는 중국 최초의 부녀간행물이자 최초의 백화간행물 가운데 하나로서, 강유위(康有爲)의 장녀인 강동미(康同薇), 양계초(梁啓超)의 아내 이단혜(李端惠) 등의 여성이 주필을 담당하였으며, 무술정변(戊戌政變)으로 인해 1899년 3월 6일에 최종호를 간행하고 정간되었다. 이 글에서의 『여학보』는 진힐분이 발행했던 잡지를 가리킨다.

5 임종소(林宗素, 1877-1944)는 복건성 민현(閩縣) 청포(靑圃) 출신으로 원명은 역(易)이다. 1905년에 일본에 건너가 동경여자고등사범학교에 입학한 후 중국동맹회에 가입하였으며, 신해혁명 이후 중국사회당의 주요 성원이자 여자참정동지회(女子參政同志會)의 회장으로 활동하였다. 청말민초 시기에 여성교육운동과 참정운동에 적극적으로 참여하고 이끌었던 언론인이자 여성운동가이다. 그녀는 중국교육회 및 애국학사와 애국여학교의 발기인이자 창립자로 활동했던 林白水(1874-1926, 字는 少泉)의 여동생이며, 1903년 당시 임백수와 함께 상해에 와서 여성교육운동에 참여했다.

황릉방 여사의 서문

6 양천리(楊千里)는 양석륜의 동생인 양천기(楊天驥, 1882-1958)이며, 본명은 양석기(楊錫驥, 후에 天驥로 개명)이고 자는 천리(千里)이다. 1898년에 생원(生員)이 되었으며, 이듬해에 상해 남양공학(南洋公學)에 입학하고 1902년에 우공(優貢, 지방의 생원 중에서 선발되어 국자감에 들어간 자)이 되었다. 1903년에 추용(鄒容)이 쓰고 장병린(章炳麟)이 서문

을 쓴 『혁명군(革命軍)』의 출판을 위해 김송잠(金松岑)과 함께 자금을 마련하였으며, 이른바 '소보안(蘇報案)'으로 추용과 장병린이 체포·수감되자, 이들의 구명 활동을 펼쳤다. 이후 교육계와 언론계에서 진보적이고 혁명적인 활동을 전개하여 신해혁명 후에는 『신보(申報)』의 주필을 역임하였으며, 동맹 회원의 신분으로 국민당에 가입하여 호법국회 참의원을 지내고 1920년에는 북경정부 국무원의 비서를 맡은 이후 정치활동에 적극 참여하였다.

7 6월 보름은 양력으로 1903년 8월 7일에 해당한다.

8 황균(黃鈞)에 대해서는 아직까지 알려진 바가 없다. 다만 그녀가 쓴 서문을 통해 그녀의 자 혹은 호가 릉방(菱舫), 청강(淸江)이며, 서문의 작성지를 '진강 북쪽 시가장의 강모래톱(鎭江北施葭莊之江洲)'이라고 밝힌 점을 미루어 진강과 연고가 있음을 알 수 있을 뿐이다. 서문을 작성했던 임종소(林宗素)와 양석륜(楊錫綸)이 김천핵과 동향인이거나 중국교육회 및 애국학사, 애국여학교의 설립 및 운영에 참여했던 신분임을 감안한다면, 황균 역시 이들과 유사한 경력을 지니고 있으리라 추정된다. 이러한 점에서 황균과 관련하여 거론할 수 있는 인물로는 강소성 상숙(常熟) 출신의, 흔히 '혁명화상(革命和尙)'으로 일컬어지는 황종앙(黃宗仰, 1865-1921)을 들 수 있다. 그는 16세에 청량사(淸凉寺)로 출가하여 20세에 진강의 금산사(金山寺)에서 불경 연구에 매진하였는데, 1892년 유태계 거부인 하든(Silas Aaron Hardoon)이 아내 나가릉(羅迦陵)을 동반하여 금산사에 왔을 때 독실한 불교신자인 그녀와 만나 교유하게 되었다. 그는 이들 부부의 요청을 받아 『홍루몽』의 배경인 대관원(大觀園)을 모방하여 개인원림인 애려원(愛儷園)을 조원하기도 하였다. 그는 1899년 불경 강의를 위해 상해로 온 후 채원배 등의 혁명 지사와 교유하는 가운데, 중국교육회의 발기인이자 회장을 역임하고 나가릉이 애국여학교의 재정을 지원하도록 주선하였으며, 추용의 『혁명군』의 출판 자금을 지원하였다. '소보안(蘇報案)'이 발생한 후 그는 일본으로 도피하였으며, 일본에서 손중산의 혁명 활동을 돕다가 1904년에 귀국하였다. 만약 황균이 황종앙과 친족관계를 맺고 있고, 따라서 그녀의 고향이 상숙이라면, 상해에서 여성교육운동과 관련된 활동을 전개하다가 '소보안' 발생 후에 고향에서 그다지 멀지 않고 황종앙과 연고가 있던 진강으로 물러나 있었던 것이 아닐까?

동향의 양 여사 서문

9 자유의 종(Liberty Bell)은 미국 펜실베이니아주 필라델피아의 독립기념관에 설치되어 있는 종이다. 이 종은 1752년에 런던의 레스터 앤드 팩(Lester and Pack, 훗날 화이트채플 주조소Whitechapel Foundry로 개칭)에서 주문·제작하였는데, 필라델피아에 운반되어 처음으로 타종 시험을 했을 때 금이 가고 말았다. 그래서 현지의 금속 세공사인 존 패스(John Pass)와 존 스토(John Stow)가 그 종을 녹여 다시 주조하였는데, 이 종에는 구약성서 중 레위기 25절 10절의 "그 땅에 있는 모든 주민을 위하여 자유를 공포하라(Proclaim Liberty Throughout All the Land Unto All the Inhabitants thereof)"라는 글귀가 새겨져 있다. 이 종은 초기에는 의회 회기에 의원을 소집하는 용도로 사용되었다. 훗날 1776년 제2차 대륙회의에서 독립을 찬성하는 투표 소식을 전하기 위해 종을 울렸다는 소설이 발표된 이후, 7월 4일 당시 종이 울리지 않았음에도 불구하고 종을 울린 것이 역사적 사실로 받아들여졌다. 이리하여 이 종은 독립과 자유의 상징으로 자리 잡게 되었다.

10   박안(璞安)은 양석륜(楊錫綸)의 남편인 비박안(費璞安, 1879-1969)을 가리킨다. 동리(同里)의 선비 집안인 비 씨 가문과 양 씨 가문은 대대로 교분을 맺어왔는데, 양석륜의 아버지인 양돈이(楊敦頤)는 비박안의 아버지와 자식들의 혼사를 약속하였다. 양돈이는 훗날 아버지를 여읜 비박안을 집으로 데려와 자신의 자식들과 함께 기르고 공부시켰다. 비박안은 1904년에 일본에 유학하여 귀국한 후 남통(南通)과 소주(蘇州) 등지에서 교편을 잡았으며, 신해혁명 이후 오강현(吳江縣) 의장(議長), 강소성 교육청 시학(視學)을 역임하는 등 평생 교육사업에 종사하였다. 양석륜과 비박안은 1900년에 결혼하여 4남 1녀를 두었으며, 이 가운데 막내가 중국의 사회학과 인류학의 토대를 놓았던 페이샤오퉁(費孝通)이다.

11   양석륜(楊錫綸, 1880-1928)은 강소성(江蘇省) 오강현(吳江縣) 동리진(同里鎭) 출신으로, 자는 인란(紉蘭)이다. 어려서 그녀의 부친이 세운 군아여숙(群雅女塾)에 들어가 공부하였으며, 결혼 후 1902년에 상해의 무본여숙(務本女塾) 전수과(專修科)에 입학하였다가 그해 말에 고향으로 돌아온 후 군아여숙에서 교편을 잡았다. 『여계종』의 서문은 바로 이 무렵에 씌어진 글이다. 이후 어려운 가정 형편에도 불구하고 1911년에 오강현 최초의 유치원이라 할 수 있는 몽양원(蒙養院)을 설립하여 운영하였다. 나이 마흔 살 이후 병마로 시달리다가 1928년 초에 마흔여덟 해의 삶을 끝마쳤다.

12   군아여숙(群雅女塾)은 양석륜의 부친인 양돈이(楊敦頤, 1859-1928)가 설립한 여학생 교육을 위한 사숙(私塾)이다. 양돈이는 진강부(鎭江府)에서 관직 생활을 하다가 1894년에 관직을 버리고 고향인 동리(同里)로 돌아왔다. 그는 유가의 저작을 연구하는 한편 집안에 안아학당(安雅學堂)을 개설하여 제자를 길러내는 한편, 동리의 성자우(成字圩)에 여자 어린이를 교육하기 위하여 군아여숙을 설립하였다. 군아여숙은 부친인 양돈이가 설립하였지만, 주요 운영은 그의 장녀인 양석륜이 도맡았다.

머리말

1   천부인권(天賦人權)이란 인간이 태어나면서부터 자연적으로 갖는 천부의 권리를 가리키며, 흔히 자연권(natural rights)이라고도 한다. '자유를 달라, 그렇지 않으면 차라리 죽음을 달라(Give me liberty or give me death)'는 미국의 정치가로서 미국독립혁명의 지도자 중의 한 사람인 패트릭 헨리(Patrick Henry, 1736-1799)가 1775년 3월 23일 버지니아주 리치먼드에 있는 세인트존스 교회(St. John's Church)에서 열린 제2차 버지니아 대회에서 영국 본국과의 개전을 주장하기 위해 행한 연설에서 비롯되었다. '최대 다수의 최대 행복(The greatest good for the greatest number)'은 벤담(Jeremy Bentham, 1748-1832)을 중심으로 하는 19세기 영국 공리주의의 기본 원리로서, 가장 많은 사람에게 가장 큰 행복을 주는 행위가 도덕적 선이라는 주장을 가리킨다.

제1절 ㅣ 서론

1   이 인용문의 출처는 분명치 않지만, 이와 유사한 의미를 지닌 문장으로 "The tree of liberty grows only when watered by the blood of tyrants(자유의 나무는 오직 폭군의 피를 먹고 자란다)"라는 구절이 있다. 이것은 프랑스혁명 당시의 정치가인 베르트랑 바레르(Bertrand Barère, 1755-1841)에게서 비롯된 것이다.

2　『사성운편(史姓韻編)』은 청대(清代)의 포정박(鮑廷博)과 왕휘조(汪輝祖) 등이 모두 64권
으로 편찬한 책이며, 역사적 인물 전기(傳記)의 보조적 성격을 지닌 공구서이다. 이 책
은 24사(二十四史)에 등장하는 여러 인물을 성씨에 따라 모아 기록하고 음운에 의거
하여 편(編)을 나눔과 아울러, 각각의 간략한 생평을 곁들여 서술하고 있다.

3　왕찬(王粲, 177-217)은 후한 말년의 문학가로 자는 중선(仲宣)이며, 산양군(山陽郡) 고평
현(高平縣, 지금의 산동성山東省 미산현微山縣 양성진兩城鎭) 출신이며, 건안칠자(建安七子)
중의 한 사람이다. 그가 저술한『영웅기(英雄記)』는 중국 역사상 최초로 영웅을 전문
적으로 기술한 전기(傳記)이다.

4　플루타르코스(Plutarch, 46-119)는 고대 그리스의 철학자이자 정치가, 문학가이다. 그
의 저서『플루타르코스 영웅전(Lucius Mestrius Plutarchus)』은 카이저, 알렉산더대왕, 폼
페이우스 등의 고대 영웅에 관한 전기이다.

제2절 ┃ 여자의 도덕

1　삼종지도(三從之道)는 여자가 따라야 할 세 가지 규범을 가리키는데, 시집가기 전에
는 아버지를 따르고(未嫁從父), 시집가서는 남편을 따르고(旣嫁從夫), 남편이 죽은 후
에는 아들을 따르는 것(夫死從子) 등이 그것이다. 칠거지악(七去之惡)은 옛날에 아내를
내쫓을 수 있는 이유로 삼았던 일곱 가지 허물을 가리키는데, 자식을 낳지 못하는 것
(無子), 행실이 음탕한 것(淫佚), 시부모를 공경하지 않는 것(不事舅姑), 입버릇이 나쁜
것(口舌), 도둑질하는 것(盜竊), 질투하는 것(妬忌), 나쁜 병이 있는 것(惡疾) 등이 그것
이다.

2　「내칙(內則)」은『예기(禮記)』중의 12번째 편목으로, 집안의 부자(父子) 및 남녀가 지켜
야 할 규범과 준칙에 대해 설명하고 있다. 「월령(月令)」은『예기』중의 6번째 편목으로,
12개월의 차례에 따라 정부의 제례 의식, 직무, 법령, 금령(禁令) 등을 기술하고 있으
며, 오행상생(五行相生)의 체계 속에 귀납하고 있다. 『번로(繁露)』는 전한(前漢)의 동중
서(董仲舒, B.C. 176?-104?)가 저술한『춘추번로(春秋繁露)』를 가리키며, 음양오행(陰陽五
行)과 천인합일(天人合一)의 정치·도덕관을 보여주는 79편의 글을 담고 있다. 『논형(論
衡)』은 후한의 왕충(王充, 27-97)이 저술한 것으로서 총 85편을 담고 있으며, 무신론(無
神論)의 입장에서 세속의 거짓된 이론과 허무맹랑한 미신을 반박하고 있다.

3　나폴레옹의 어머니인 마리아 레티치아(Maria Letizia Ramolino, 1750?-1836)는 카를로
보나파르트(Carlo Buonaparte, 1746-1785)와 결혼하여 13남매를 낳았다. 이 가운데 나폴
레옹은 둘째 아들로 태어났으며, 8남매가 생존하여 어른으로 성장하였다. 레티치아
는 남편을 일찍 여읜 뒤 곤궁한 형편에도 8남매를 훌륭하게 키웠으며, 8남매의 화합
을 위해 각별히 주의를 기울였다. 나폴레옹의 성장과 발전을 위해 그를 지지하면서도
비판적인 입장에서 대립하기도 하였다.

　미국 건국의 아버지이자 초대 대통령을 역임한 조지 워싱턴(George Washington, 1732-
1799)의 어머니는 메리 볼 워싱턴(Mary Ball Washington, 1707?-1789)이다. 그녀는 밤
마다 어린 자식들을 둘러앉힌 채 책을 읽어 주었는데, 주로 고전이나 문학작품에서
뽑아낸 종교적 혹은 도덕적 교훈들이었다고 한다. 워싱턴은 대통령에 취임한 후 "나
의 과거, 현재 그리고 미래, 나의 운명은 모두 어머니에게서 물려받은 것이다"라고 말
했다.

4　맹가(孟軻), 즉 맹자(孟子, B.C. 372?-289?)는 공자(孔子)의 뒤를 이어 유가 사상을 발전시

킨 유학자이다. 그의 어머니의 가르침은 이른바 맹모삼천지교(孟母三遷之敎), 즉 자식의 교육을 위해 세 번이나 집을 옮겼다는 이야기에 잘 나타나 있다.

범방(范滂, 137-169)은 후한(後漢)의 관료이자 명사로서 당시 환관(宦官)의 전횡과 농단을 비판하고 법질서를 확고히 시행하고자 하였으나, 모함에 빠져 옥사하였다. 그의 어머니는 그가 죽음을 앞두고 어머니와 이별할 때 "너는 이응(李膺), 두밀(杜密)과 이름을 나란히 할 수 있는데, 죽는다 한들 무엇이 한스러우랴! 아름다운 명성을 가지면서 장수하기를 바라는 것, 이 두 가지를 어찌 다 누릴 수 있겠느냐?"라고 말하여 아들의 용기를 북돋았다. 그의 어머니의 가르침은 이후 충효(忠孝)와 절의(節義)의 전범으로 널리 전해졌다.

서서(徐庶, 생졸년 미상)는 후한 말 유비(劉備)의 휘하에서 군사(軍師)로 활약하였다. 서서는 어머니가 조조(曹操)의 군에게 사로잡히자 어머니를 구하기 위해 유비를 떠나 조조에게 투항하였는데, 서서의 어머니는 서서를 나무란 뒤 자살하였다. 서서는 이후 조조를 위해 계책을 한 번도 내지 않았다.

유중영(柳仲郢, ?-864)은 당대(唐代)의 관료이다. 그의 어머니 한 씨(韓氏)는 당대의 명신 한고(韓皋)의 딸인데, 아들이 학업에 정진할 수 있도록 웅담환을 조제하여 매일 밤 복용케 하였다고 한다. 이리하여 이른바 류모화환(柳母和丸)이란 고사성어가 전해지게 되었으며, 현명한 어머니의 자녀 교육(賢母敎子)의 전범으로 널리 알려져 있다.

구양수(歐陽修, 1007-1072)는 북송대(北宋代)의 정치가이자 문학가이며, 그의 어머니 정 씨(鄭氏)는 중국의 사대현모(四大賢母) 중의 한 사람으로 손꼽히고 있다. 구양수가 네 살이 되었을 때 아버지가 돌아가셔서 집안 형편이 매우 어려워졌는데, 그의 어머니는 갈대 줄기로 모래땅에 글을 써서 아들에게 글자와 글 읽기를 가르쳤다.

5   이 부분의 원문은 '能生利, 不分利'이다. '生利'와 '分利'라는 용어는 영국인 침례교 선교사인 티머시 리처드(Timothy Richard, 중국명 李提摩太)의 글을 번역·소개함으로써 전해진 것인데, 『만국공보(萬國公報)』 제51차(1893년 4월 발간)에 그의 글이 주철생(鑄鐵生)의 번역에 의해 『生利分利之法一言破萬迷說』이란 제목으로 소개되었다. 대체로 '生利'는 재화를 창조해내는 생산노동을, 그리고 '分利'는 생산에 종사하지 않아 재화를 증가시키지 못하는 활동(소비활동을 포함)을 가리킨다. 양계초는 1897년에 발표한 『변법통의(變法通議)·논여학(論女學)』에서 "2억의 여자들은 모두 재화를 나누기만 할 뿐 재화를 생산해내는 자가 한 명도 없다(女子二萬萬, 全屬分利, 而無一生利者)"라고 지적하였다.

6   북궁(北宮)은 옛적에 왕후가 거처하는 궁이다. 영아(嬰兒)는 제(齊)나라 효녀 영아자(嬰兒子)를 가리킨다.

제3절 │ 여자의 품성

1   창힐(蒼頡 혹은 倉頡)은 한자를 창제하였다고 전해지는 전설 속의 인물이며, 황제(黃帝)의 사관으로서 눈이 네 개에 눈동자가 두 개씩이었다고 전해진다.

2   카로슈티(佉盧蝨咤, Kharosthi)는 고대 인도 신화 속의 선인(仙人)으로 흔히 나귀 입술 선인(驢脣仙人)으로 알려져 있으며, 카로슈티문자를 창조하였다고 전해진다. 카로슈티 문자 혹은 간다라 문자(gāndhārī lipi)는 기원전 5세기부터 3세기 사이에 인도 아(亞)대륙 북서부의 간다라 지역에서 사용된 고대 인도문자이다. 불교 경전인 『대방등대집월장경(大方等大集月藏經)』에 따르면, "佉盧蝨咤, 驢神仙人, 隋言驢脣, 身體端正, 唯脣似

驢, 是故爲驢脣仙人(카로슈티는 나귀 신의 선인이며 수나라 말로는 려순이라 한다. 신체가 단정하였으나 입술이 나귀를 닮았기에 나귀 입술 선인이라 하였다)"라고 기록되어 있다.

3 이 시구는 이어(李漁, 1611-1680)의 극본 『풍쟁오(風箏誤)』의 "倘若是蓬心不稱如花貌, 也教我金屋難藏沒字碑(좁고 옹졸한 마음이 꽃 같은 용모에 어울리지 않는다면, 호화로운 우리 집에는 교양 없는 무식쟁이를 감추어두기 어려운 법)"이라는 구절에서 비롯되었다. 이어는 명말 청초에 활동한 극작가로서 희곡 이론서 『한정우기(閑情偶寄)』와 함께 『내하천(奈何天)』, 『비목어(比目魚)』, 『신중루(蜃中樓)』, 『미인향(美人香)』 등 10여 종의 극본을 창작하였다. 이어의 이 시구는 여자에게 부덕(婦德) 및 미색(美色)과 함께 문재(文才)를 요구했던 당시의 여성관을 보여주는 바, '좁고 옹졸한 마음'과 '교양 없는 무식함'은 각각 부덕과 문재의 결여를 나타내는 것이다.

4 이변(李昪, 889-943)은 남당(南唐)의 개국 황제이다. 전해지는 이야기에 따르면, 전족의 악습은 남당의 마지막 황제인 이욱(李煜, 937-978) 때에 시작된 것으로 알려져 있다.

5 전국(戰國)시대에 초(楚)나라 경양왕(頃襄王) 15년(B.C. 284)에 연(燕)나라가 제(齊)나라의 도성 임치(臨淄)를 공략하자 제나라 민왕(湣王)은 도망하였다. 초나라 장수인 요치(淖齒)는 경양왕의 명을 받들어 군대를 이끌고서 제나라를 구하러 갔다가 민왕에 의해 제나라 승상에 임명된다. 요치는 민왕을 죽이고 연나라와 제나라 땅을 나눠 가지려 하였으나, 제나라 사람 왕손고(王孫賈)에게 죽임을 당하였다. 요치는 민왕을 죽였을 때 그의 힘줄을 뽑아내 동묘(東廟)에 내걸었다.

6 장헌충(張獻忠, 1606-1647)은 명말 청초에 반란을 일으킨 농민기의의 우두머리이다. 그는 한때 이자성(李自成)의 휘하에서 전투를 지휘하다가 이자성과 반목하여 독립적인 세력을 형성하였다. 1644년에 사천(四川)에 대서국(大西國)을 세웠으나, 내부의 반란으로 인해 세력이 약화하였으며 청군과의 교전 중에 사망하였다.

7 테무친은 몽골 제국의 건국자이자 초대 카안(хаан, 可汗)인 징기스 칸(Чингис хаан, 成吉思汗, 1162?-1227)의 본명이다. 그는 몽골의 여러 부족을 정복·통합하여 몽골제국을 수립하고 중국 및 한반도로부터 중앙아시아와 동유럽에 걸친 광활한 영토를 정복하였다. 징기스는 1206년 온 몽골의 칸으로 즉위하면서 받은 존호이다. 중국사에는 원(元)나라 태조(太祖)로 기록되어 있다.

8 누르하치(愛新覺羅 努爾哈赤, 1559-1626)는 중국 변방의 여진족을 통합하여 후금(後金)을 세웠으며, 명나라를 공격하여 요동(遼東) 지역을 장악함으로써 본토 공략의 발판을 마련하였다. 1626년 2월 요하(遼河)를 건너 본토에 들어가는 관문인 영원성(寧遠城)을 공략하는 전투에서 패배하였으며, 이 전투에서 입은 부상으로 1626년 9월에 사망하였다. 중국 본토를 장악하려는 그의 대업은 이후 그의 아들 홍타이지(皇太極)를 거쳐 손자 순치제(順治帝)에 이르러 완성되었다.

9 송옥(宋玉, B.C. 298-222)은 전국시대 초(楚)나라 출신의 사부가(辭賦家)이다. 그의 「등도자호색부(登徒子好色賦)」에 "東家之子, 增之一分則太長, 減之一分則太短, 著粉則太白, 施朱則太赤(신의 동쪽 집 여식은 한 푼을 더하면 너무 키가 크고 한 푼을 줄이면 너무 작으며, 분을 바르면 지나치게 희어지고 연지를 칠하면 너무 붉어집니다)"라는 구절이 있다. '傅粉則太白, 施朱則太赤'라는 구절은 아름다운 여인의 얼굴빛이 매우 좋음을 가리킨다.

10 크롬웰(Oliver Cromwell, 1599-1658)은 잉글랜드의 정치가이자 군인이다. 찰스 1세(Charles I) 당시 왕당파와 의회파 사이에 내전이 일어나자, 그는 의회파의 지도자로서 철기대(鐵騎隊)를 앞세워 청교도혁명을 승리로 이끌었으며 찰스 1세를 처형하였다. 그는 자신의 초상화 화가인 렐리(Lely)에게 이렇게 말했다고 한다. "Mr Lely, I desire you

would use all your skill to paint your picture truly like me, and not flatter me at all; but remark all these roughness, pimples, warts, and everything as you see me. Otherwise, I will never pay a farthing for it(렐리 씨, 당신의 모든 재간을 사용하여 날 돋보이게 하지 말고 내 모습 그대로 그려주시오. 당신 눈에 보이는 대로 나의 거친 피부, 여드름, 사마귀, 그리고 모든 것에 주목해주시오. 그렇지 않으면, 나는 한 푼도 지불하지 않을 것이오.)."

11 이백(李白, 701-762)은 당대(唐代)의 시인으로 흔히 시선(詩仙)이라 일컬어지며, 중국의 대표적인 낭만주의 시인이다. 이 시구는 그의 「경난리후천은류야랑억구유서회증강하위태수량재(經亂離後天恩流夜郎憶舊游書懷贈江夏韋太守良宰)」라는 5언의 자전체 장시(長詩)에서 비롯되었다.

12 탕현조(湯顯祖, 1550-1616)는 명대(明代)의 극작가로서 흔히 동양의 세익스피어(W.Shakespeare)라 일컬어지며, 대표작으로 이른바 사몽기(四夢記), 즉 『자차기(紫釵記)』·『환혼기(還魂記)』·『남가기(南柯記)』·『한단기(邯鄲記)』를 들 수 있다. 위의 구절은 그의 대표작의 하나인 『모란정(牡丹亭)』에 나오는 가사이다.

13 진(晉)의 사마륜(司馬倫)이 제왕으로 있던 당시에는 고관의 관모(冠帽)의 장식물로 담비 꼬리를 사용하였는데, 사마륜의 임관 남용으로 갑자기 관리가 늘어나자 담비 꼬리가 모자라 개 꼬리로 대신하였던 것이다. 이렇게 하여 '초부족, 구미속(貂不足, 狗尾續)'은 앞의 일은 잘 되었으나 뒤가 잘못된 경우를 비유하거나, 보잘것없는 것이 훌륭한 것을 뒤이어서 서로 어울리지 않음을 풍자할 때 사용되고 있다.

14 측천무후(則天武后)의 원명은 무조(武曌)이다. 무조는 열세 살이던 637년에 당 태종(太宗)의 후궁으로 들어가 무미랑(武媚娘)이라는 별칭을 받을 만큼 귀여움을 받았으나, 649년 태종이 사망하자 황실 법도에 따라 비구니가 되어 감업사(感業寺)로 가게 되었다. 이듬해 고종(高宗)은 태종의 제사를 지내기 위해 감업사에 갔다가 비구니가 된 무조를 만나 사랑에 빠지게 되었다.

15 태상노군(太上老君)은 도교의 원시천존(元始天尊)·영보천존(靈寶天尊)과 더불어 삼청(三淸) 존신(尊神)의 하나이며, 노자(老子)의 화신이라 여겨진다. 문왕(文王, B.C. 1152?-1056)은 주(周)나라의 창시자이자 무왕(武王)의 부친이다. 귀곡(鬼谷)은 종횡가(縱橫家)의 창시자인 왕후(王詡)를 가리킨다. 청계(淸溪)의 귀곡에 은거했기에 귀곡선생이라 일컫는다. 그의 사상은 유가와 도가, 병가(兵家), 법가(法家) 사상을 융합한 것이다.

16 관우(關羽, 160-220)는 후한(後漢) 말년의 명장으로서 유비(劉備)의 휘하에서 활약하였으며, 민간에서 충의의 화신으로 떠받들어지고 있다. 악비(岳飛, 1103-1142)는 금(金)에 맞서 싸운 남송(南宋)의 명장으로 활약하였으며, 흔히 구국의 민족 영웅으로 떠받들어지고 있다. 오통(五通) 혹은 오통신(五通神)은 사람들에게 재부를 가져다주는 재신(財神)이다. 칠살(七煞)은 칠살(七殺), 편관(偏官)이라고도 일컬으며, 오행(五行)에 근거하여 음양이 서로 합하되 같은 성질을 지니면서 서로 배척하는 것을 가리킨다.

17 민간 전설에 따르면, 악비(岳飛)가 참수를 당할 때 불안에 떨고 있던 진회(秦檜)는 천둥소리와 닭 울음소리에 놀라 죽었는데, 이때 그의 영혼이 닭 주둥이로 빨려 들어가 닭 대가리의 속살이 되었다고 한다. 또는 진회가 죽은 후 닭 대가리 속으로 빨려 들어가 닭의 머릿골이 되었는데, 닭 대가리 속에 보이는 사람 형상이 바로 진회의 영혼이라고 한다.

18 올빼미는 저승의 새로 널리 알려져왔다. 『시경(詩經)·진풍(陳風)·묘문(墓門)』에는 "墓門有梅, 有鴞萃之(묘 입구에 매화나무 있는데, 올빼미들이 모여 있네)"라는 시구가 있다.

19 콜럼버스(Christopher Columbusm 1450-1506)는 이탈리아 제노바 출신의 탐험가이자 항

해가로서, 1492년에 스페인 황실의 후원을 받아 서회 항로를 개척하러 나섰다가 아메리카 대륙을 탐험하였다. 마젤란(Ferdinand Magellan, 1480-1521)은 포르투갈의 탐험가로서, 1519년에 스페인 황실의 후원을 받아 서회 항로를 개척하기 위해 마젤란해협을 통과한 후 태평양을 횡단하였다. 그는 필리핀에서 사망하였으나 그의 탐험대는 1522년 9월에 세계 최초로 세계 일주를 마치고 스페인에 돌아왔다.

20 마조(媽祖)는 중국의 전설에서 해상 운행의 안녕을 지켜주는 여신이다. 복건성(福建省) 보전(莆田) 미주도(湄洲島)에서 태어난 임묵(林黙, 960-987)은 섬사람들의 길흉화복을 예측하는 신이한 능력을 보여주었으며, 사후에 그녀의 사당을 지어 제사를 지내면서 여신으로 추앙받아 '천상성모(天上聖母)'로 받들어졌다.

21 불교의 고사에 따르면, 옛날 석륵(石勒)의 아들이 병에 걸려 죽으려 할 때 천축(天竺)의 부처 도징(圖澄)이 버드나무 가지를 물에 적셔 뿌렸더니 소생했다. 감로(甘露)는 천하가 태평할 때 하늘에서 내린다고 하는 단 이슬로서, 흔히 하늘에서 내린 은택의 비유로 사용된다. 버드나무 가지로 뿌리는 감로수란 하늘 혹은 신이 내린 기사회생의 은택을 가리킨다.

22 황학루(黃鶴樓)는 호북성(湖北省) 무한시(武漢市)의 장강(長江) 강가에 세워져 있는 유명한 누각이다. 앵무주(鸚鵡洲) 역시 무한시의 장강을 가로질러 생겨난 섬이다. 이 두 곳은 역대의 수많은 문인들의 시문에 자주 읊어졌던 명소이다.

23 '하불식육미(何不食肉糜)'는 진(晉)나라 혜제(惠帝, 259-307)와 관련된 성어이다. 사마염(司馬炎)의 뒤를 이어 제위에 오른 사마충(司馬衷, 혜제)은 중국 역사상 가장 어리석은 제왕으로 알려져 있는데, 『진서(晉書)·혜제기(惠帝紀)』에 따르면, 천하가 흉년이 들어 굶어 죽는 백성이 속출하자 "왜 고기죽을 먹지 않느냐?"라고 물었다고 한다.

24 프랑스의 계몽사상가 장 자크 루소(Jean-Jacques Rousseau, 1712-1778)의 『고백론(Confessions)』에 따르면, "마침내 나는 위대한 공주가 취한 최후의 수단을 기억해냈다. 농민들이 더 이상 먹을 것이 없다는 말을 들었을 때 공주는 '그럼 저들에게 브리오슈를 먹여야지'라고 말했다." 브리오슈는 버터와 계란이 들어간 호사스러운 빵으로 모양이 케이크와 비슷한데, 원래의 문장 'Qu´ils mangent de la brioche!'가 영문으로 'Let them eat cake!'으로 바뀌어 전해졌다. 훗날 루소의 이 대목은 프랑스 루이 16세의 왕비 마리 앙투와네트(Marie Antionette, 1755-1793)가 했던 말로 알려져 있으나, 이는 앙투와네트의 사치와 낭비, 향락을 과장하여 프랑스 황실의 부패와 무능을 풍자하기 위한 의도에서 비롯되었을 가능성이 크다.

25 마르틴 루터(Martin Luther, 1483-1546)는 독일의 신학자이자 종교개혁가이다. 루터가 촉발한 종교개혁은 기독교 신앙의 기본교리를 재정립하는 운동으로 발전하였으며, 이로써 기존의 로마가톨릭과는 다른 새로운 개신교의 신앙 체계가 형성되기 시작하였다. 로마가톨릭의 면죄부 판매에 비판적이었던 그는 1517년에 '95개 논제'라는 문서를 작성하여 비텐베르크대학교 부속 교회당 정문에 게시하였다. 이 문서는 대량으로 인쇄되어 독일은 물론 전 유럽으로 배포되었으며, 1519년 7월 라이프치히에서 열린 성직자 요한 에크와의 논쟁에서 구원받기 위해 교황을 인정해야 할 필요가 없다는 주장을 펼침으로써 1521년 1월 교황 레오 10세에 의해 파문당하였다.

26 러요시 코슈트(Lajos Kossuth, 1802-1894)는 헝가리의 급진적 민족주의 혁명가로서, 1849년에 오스트리아로부터 독립을 선언한 헝가리의 섭정 대통령이 되었다. 그러나 헝가리 혁명이 러시아와 오스트리아 연합군에 의해 진압된 이후 외국으로 피신하였으며, 망명 이후에도 헝가리의 민족주의운동을 위해 영국과 미국 등지에서 계속 활

동하였다. 그는 당시의 절대주의적 왕정에 맞서 의회의 회의록을 설명하는 보고서를 작성하여 전국에 배포하였다가 1837년에 체포되어 3년의 징역형을 선고받았으며, 1840년 사면으로 풀려난 후에는 격주간지『페스티 힐랍(Pesti Hirlap)』의 편집장으로서 민족주의 성향의 글을 지속적으로 발표하였다.

27 사도온(謝道韞, 339?-409?)은 동진 시대의 뛰어난 여 시인이며, 재상 사안(謝安)의 질녀이자 왕희지(王羲之) 아들인 왕응지(王凝之)의 아내이다.『진서(晉書)·열녀전(列女傳)·왕응지처사씨전(王凝之妻謝氏傳)』에 따르면, 왕응지의 동생 왕헌지(王獻之)가 손님과 담론을 전개하다가 논리가 막혀 궁색한 처지에 놓였는데, 사도온이 "乃施青綾步障自蔽, 申獻之前議, 客不屈(이에 푸른 비단으로 가림막을 쳐서 자신을 가리고서 왕헌지의 이전 논의를 펼쳐나가자 손님이 굴복시키지 못하였다)"라고 한다.

28 사마상여(司馬相如, B.C. ?-118)는 경제(景帝) 때에 관리가 되었으나 병으로 면직되어 고향에 돌아오는 길에 촉군(蜀郡) 임공(臨邛)의 부자인 탁왕손(卓王孫)의 초대를 받았다. 이때 탁왕손의 외동딸인 탁문군은 청상과부가 되어 집에 와 있었는데, 탁문군에게 한눈에 반한 사마상여는 봉구황(鳳求凰)이란 곡을 연주하였다. 이후 두 사람은 탁문군 부모의 반대를 무릅쓰고 성도(成都)로 도망쳐 술장사를 시작하였으며, 이를 알게된 탁왕손은 그들의 사랑을 허락하고 많은 재산을 물려주었다.

29 노(魯)나라 사람인 추호(秋胡)는 아내를 맞아들인 지 석 달 만에 외지의 관리로 나갔다가 사직하고 집으로 돌아오고 있었다. 교외에 이르렀을 때 추호는 뽕잎을 따고 있던 여인을 보고 마음에 들어 그녀에게 황금 스무 량(兩)을 주어 꾀었다. 여인은 자신의 남편이 관리로 외지에 있고 자신은 그동안 독수공방하였으나 이런 수치는 처음 겪는다고 그를 꾸짖었다. 부끄러움을 안은 채 집으로 돌아온 추호는 집에 아내가 없는지라 식구들에게 아내가 어디 갔는지 물었다. 식구들은 뽕잎을 따러 갔는데 아직 돌아오지 않았노라고 대답했다. 얼마 후 그의 아내가 돌아왔는데, 알고 보니 그가 희롱했던 바로 그 뽕을 따던 여인이었다. 그의 아내는 자신을 희롱했던 자가 남편임을 알고서 수치심을 이기지 못하여 기수(沂水)에 뛰어들어 죽었다.

제4절 │ 여자의 능력

1 걸(桀)은 하(夏)나라의 마지막 군왕으로, 상(商)나라의 주(紂)와 더불어 잔인무도한 폭군으로 알려져 있다. 도척(盜跖)은 노(魯)나라의 현인인 유하혜(柳下惠)의 아우로 유하척(柳下跖)이라고도 일컫는데, 수천 명의 부하를 거느려 반란을 일으키고 재물을 약탈하였다. 이 두 사람은 흔히 몹시 악한 사람의 대명사로 사용되고 있다.

2 명(明)나라 태조(太祖), 즉 주원장(朱元璋, 1328-1398)은 홍건적에서 두각을 나타내어 각지의 군웅을 굴복시키는 한편 원나라 세력을 몽골로 몰아냈다. 1368년에 한족(漢族)의 명나라를 세우고 연호를 홍무(洪武)라 하였다. 주원장이 했다는 말은『유림외사(儒林外史)』제30회에서 매파가 두신경(杜愼卿)이 부탁한 색싯감을 물색했다는 이야기를 듣고 계위소(戒韋蕭)와 두신경(杜愼卿) 사이에 주고받는 대화에서 나오는데, 다음과 같다. "축하합니다." 계위소가 이렇게 말하자 두신경은 미간에 수심을 지었다. "이것은 내가 대를 이을 아들자식을 보기 위해 하는 것이지 그러지 않고서야 어찌 그런 일을 하겠소?", "재자가인이야 좋은 때를 놓치지 말고 즐겨야지요. 어찌하여 그런 말씀을 하십니까?", "위소, 자네는 아직 나를 모르오. 우리 홍무제께서는 '내가 만약 여자의 소생이 아니라면 온 천하의 여자를 하나도 남기지 않고 죽여버리겠다!'라고

하셨소. 여인은 하나도 온전한 것이 없소. 나는 태어나면서부터 여자와 방 세 칸을 사이에 두고서도 그들의 역겨운 악취를 맡는다오!"

3 　커우차이(克烏才)와 카이더라이(開德來)가 누구의 음역인지 분명치 않다. 다만 인체계측분야와 관련되어 있으면서 이들과 유사한 음역을 지닌 연구자로는 아돌프 케틀레(Adolphe Quetelet, 1796-1874)와 프랜시스 골턴(Francis Galton, 1822-1911) 등을 들 수 있다. 아돌프 케틀레는 통계학 방법론을 인체계측에 적용한 선구자로서 두개골의 해부 및 계측에 관한 통계적 연구를 수행하였다. 그는 단순히 두개골 모양을 연구하는 것을 뛰어넘어 이를 수치화하고 통계적 분포를 분석하고자 하였다. 프랜시스 골턴은 케틀레의 통계적 방법론에 깊은 영향을 받아 이를 유전학과 지능 연구에 적용한 동시대 학자로서, 우생학의 토대를 마련한 영국 빅토리아시대의 과학자이다. 그는 인간의 재능(talent)과 성격(character)을 결정하는 요인과 그 유전적 토대에 관심을 지녔으며, 이를 위해 인체계측학과 심리학을 탐구하고 통계적 절차를 도입함으로써 생체측정학 분야를 개척하였다. 이밖에 케틀레와 동시대의 학자로는 프란츠 요제프 갈(Franz Joseph Gall, 1758-1828), 루이 르네 빌레르메 (Louis René Villermé, 1782-1863) 등을 들 수 있다.

4 　페이루(斐魯)가 누구의 음역인지 분명치 않다.

5 　이들 측정 결과의 수치가 두뇌 혹은 두개골의 길이, 너비, 높이, 용량 등 무엇에 대한 측정값인지 분명치 않으며, 따라서 측정 단위가 무엇인지 알 수 없다.

6 　원문에는 '자녀들을 칭송하다(吾頌吾子女)'로 되어 있으나, 전체적인 맥락과 지금까지 사용된 예로 본다면 '여자를 칭송하다(吾頌吾女子)'로 보는 것이 타당하지 않을까 생각한다.

7 　「중대한 질문(The Momentous Question)」은 영국의 여성 수채화가인 세라 세첼(Sarah Setchel)이 1842년에 그린 그림이다. 이 작품은 사형선고를 앞두고 감옥에 수감된 연인을 방문한 젊은 여성을 그려내고 있다. 1850년에 영국의 판화 제작자인 새뮤얼 벨린(Samuel Bellin, 1799-1893)은 이 그림을 바탕으로 판화를 제작하였다.

8 　복 씨(伏氏)의 딸은 경학가인 복승(伏勝)의 딸 희아(羲娥), 즉 복녀(伏女)를 가리킨다. 그녀는 아버지의 명을 받들어 조착(晁錯)에게 『상서(尙書)』를 전하였다.

9 　위항(衛恒, ?-291)은 서진(西晉)의 서예가로서 자는 거산(巨山)이며, 위삭(衛鑠)의 백부이다. 여성 서예가를 소개하는 전체적인 맥락으로 살펴볼 때, 위항에 대한 언급은 적절치 않다고 보여진다.

10 　곽리(霍里)의 처는 옛 조선의 나루를 관장하는 말단 관리인 곽리자고(霍里子高)의 아내 여옥(麗玉)을 가리킨다. 진(晉)나라 최표(崔豹)의 『고금주(古今注)』의 기록에 따르면, 어느 날 곽리자고는 백발이 성성한 한 노인이 산발을 한 채 술병을 손에 들고 세차게 흐르는 강물 속으로 들어가는 것을 보았는데, 그 노인의 아내가 뒤따라오면서 남편을 만류하였으나 그는 끝내 강물 속에 빠지고 말았다. 노인의 아내는 공후(箜篌)를 뜯으면서 "公無渡河, 公竟渡河! 墮河而死, 當奈公何!(님이여, 강을 건너지 마오, 님은 끝내 강을 건넜네! 강에 빠져 죽었으니, 가신 님을 어찌할꼬!)"라는 노래를 부른 후 남편을 좇아 강에 몸을 던지고 말았다. 곽리자고는 이 일을 그의 아내 여옥에게 들려주었으며, 여옥은 공후를 타며 이 노래를 연주하였다. 이렇게 하여 공무도하가(公無渡河歌) 혹은 공후인가(箜篌引歌)가 세상에 전해지게 되었다. 이 노래는 한나라의 악부(樂府) 『상화가사(相和歌辭)』에 실려 있다.

11 　조위후(趙威后, B.C. 300?-265)는 전국시대 조(趙)나라 혜문왕(惠文王)의 왕후이다. 혜

문왕 사후에 효성왕(孝成王)이 왕위를 계승하였으나 나이가 어렸기에 모후인 조위후가 섭정하였다. 조위후는 민생을 중시하였으므로 백성들의 신망이 두터웠으며, 국가 대사를 처리함에 있어서 탁월한 능력을 보여주었다. 『전국책(戰國策)·제책(齊策) 4』에 따르면, 제나라 왕이 사신을 보내 조위후에게 문안을 드렸는데, 서신을 펼쳐보지도 않은 채 조위후가 사자에게 물었다. "올해 농사는 어떠신가요? 백성들은 편안한가요? 대왕께서는 평안하신가요?" 사자는 못마땅한 표정으로 말했다. "신은 대왕의 명을 받들어 태후께 문안을 여쭈는데, 우리 대왕의 안부보다 농사와 백성의 상황을 먼저 물으시니, 앞뒤가 뒤바뀐 게 아닙니까?" 그러자 조위후가 대답했다. "그렇지 않소. 농사가 없다면 어떻게 백성이 있을 수 있으며, 백성이 없다면 어찌 왕이 있을 수 있겠소? 어찌 근본을 제쳐두고 지엽을 묻는단 말이오?"

12 양생가(養生家)는 기공(氣功)을 행하고 단약(丹藥)을 구워냄으로써 장생을 꾀하기 위해 수도하는 무리를 의미한다.

13 브나로드운동은 19세기 후반에 러시아에서 일어난 농촌계몽운동이다. 브나로드(vnardo)는 '인민 속으로'라는 뜻을 지니고 있으며, 수많은 지식인이 농촌으로 들어가 농민에게 급진적 혁명 사상을 고취하고자 하였다.

14 마군무(馬君武, 1881-1940)는 원명이 도응(道凝)이고 자는 후산(厚山), 호가 군무(君武)이다. 중국인 최초로 독일에서 공학박사 학위를 취득하였으며, 정치가이자 교육운동가로 활동하였다. 1905년에 중국동맹회 창립에 참여하여 동맹회의 장정(章程)을 기초하였으며, 신해혁명 이후에는 「중화민국 임시약법(臨時約法)」과 「임시정부 조직대강(組織大綱)」을 기초하였다. 1920년대에는 교육운동에 전념하여 국립북경공업대학, 중국공학, 국립광서대학 등의 학교에서 총장을 역임하였다.

15 『사기(史記)·항우본기(項羽本紀)』에 따르면, 항우의 군대가 진류(陳留)와 외황(外黃)을 공격하였는데, 외황의 수비가 견고하여 함락하지 못하였다. 며칠이 지나서야 외황은 투항하였지만, 항우는 곧바로 항복하지 않은 외황의 태도에 분노하여 15세 이상의 남자들을 모두 한곳에 모이게 하여 생매장시키고자 하였다. 이때 외황 현령의 문객 가운데 한 사람의 열세 살짜리 아들이 항우에게 나아가 "팽월(彭越)이 강압적으로 외황을 위협하는 바람에 두려워서 짐짓 우선 항복하고 대왕을 기다렸습니다. 그런데 대왕께서 오셔서 또 모두 생매장시키려고 하시니, 백성들에게 어찌 기탁하고자 하는 마음이 생기겠습니까? 여기로부터 동쪽으로 양(梁) 지역의 10여 곳의 성이 모두 두려워서 항복하려고 하지 않을 것입니다"라고 말하였다. 항왕은 그의 말이 그럴듯하다고 여기고서 생매장당할 뻔한 사람들을 사면해주었다.

16 나폴레옹 군대를 이끌던 라졸레(Lajolais) 장군은 국가에 대한 음모 혐의로 사형을 선고받았다. 그의 딸은 생클루(Saint-Cloud)성으로 찾아가 루이 황후(Madame Princess Louis)에게 도와달라고 요청하였으며, 황후의 도움을 받아 나폴레옹을 만날 수 있었다. 그녀는 나폴레옹의 발아래 엎드려 그의 무릎을 붙잡은 채 아버지를 용서해달라고 빌었다. 나폴레옹이 그녀의 아버지가 정의의 심판을 받아야 마땅하다고 말하자, 그녀는 자신이 요청하는 것은 정의가 아니라 자비라고 대답하였다. 나폴레옹이 자비를 받을 만한 일을 했는지 묻자, 그녀는 자비를 받을 만한 일을 했다면 자비를 애원하지 않을 것이라고 대답하였다. 나폴레옹은 소녀의 말에 감동하여 그녀의 아버지를 석방했다고 한다. 이 소녀의 나이는 열네 살이었다고 한다.

17 북위(北魏)의 하간왕(河間王) 원침(元琛)의 하녀 중에 조운(朝雲)이라는 하녀가 있었는데, 그녀는 대피리를 잘 불었다. 원침이 진주자사(秦州刺史)를 지낼 적에 강족(羌族)이

반란을 일으키자 여러 차례 정벌하였으나 평정하지 못하였다. 그래서 그는 조운을 가난한 노파로 변장시켜 대피리를 불면서 밥을 구걸하도록 하였다. 강족은 대피리 소리를 듣자 감동하여 눈물을 흘리면서 분분히 투항하였다. 이로 인해 현지 백성들은 감탄하여 "잘 달리는 말과 용감한 전사도 대피리 부는 할멈만 못하다(快馬健兒, 不如老嫗吹簆)"라고 하였다.

18 전한(前漢)의 유향(劉向, B.C. 77-6)이 펴낸『열녀전(列女傳)·제기량처(齊杞梁妻)』에 따르면, 제(齊)나라의 대부 기량(杞梁)이 거(莒)나라로 출정하였다가 거나라 성 아래에서 전사하였다. 그의 아내가 남편의 시체를 보고 통곡하여 열흘 밤낮으로 울자 성이 무너졌다고 한다.

19 손무(孫武, B.C. 544?-470?)는 춘추시대의 군사가로서 손자(孫子) 혹은 손무자(孫武子)라 높여 부른다. 그는 군사가로서 흔히 병성(兵聖)이라 일컬어지는데, 대표적인 저서로『손자병법(孫子兵法)』을 남겼다. 손무는 오자서(伍子胥)의 추천을 받아 오나라 왕 합려(闔閭)를 알현하고 저술한 병서 13편을 바쳤다. 합려는 병서를 읽어본 후 손무의 통솔 능력을 살펴보기 위해 180명의 궁녀를 선발하여 조련해달라고 맡겼다. 손무는 합려의 총애를 받는 궁녀 두 명을 처형하는 극약처방을 통해 기강이 해이한 궁녀들을 기강이 선 일사불란한 군대로 변모시켰다.

20 리쿠르고스(Lycurgos)는 스파르타의 전설적인 입법자로 알려져 있으나, 생몰 시기는 물론 그의 실존마저도 확실치 않다. 그러나 그는 델포이 신탁에 따라 군사 중심의 스파르타 사회를 만들기 위해 정치, 경제, 사회의 개혁을 망라하는 에우노미아(eunomia)를 확립했다고 알려져 있다. 그는 신체적 건강이나 우생학적 목적에서 건강한 아이를 낳기 위한 스파르타의 여성교육을 중시하였다.

21 시모다 우타코(下田歌子, 1854-1936)는 메이지(明治)로부터 다이쇼(大正) 시대에 이르기까지 활동했던 교육운동가이자 가인(歌人, 호는 향설香雪)이다. 여성교육의 선각자로서 생애를 여성교육의 발전에 바쳤으며, 도쿄에 위치한 실천여자학원(實踐女子學園)을 창립하였다. 대표적인 전문서로는 1893년에 출간된『가정학(家政學)』이 있다.

22 일본 여성교육의 선각자인 시모다 우타코(下田歌子)는 1893년(메이지 26년) 봄, 메이지 일왕의 여섯째 딸인 쓰네노미야(常宮)와 일곱째 딸인 가네노미야(周宮)의 교육 담당이라는 내명(內命)과 함께 유럽의 여자교육의 시찰을 왕실로부터 명받았다. 주된 목적은 영국 왕실의 여자교육에 대한 조사이었지만, 유럽에 유학하지 않으면 경멸받을 수 있는 당시의 풍조를 배려한 조처였다. 시모다 일행은 1893년 9월에 요코하마(橫浜)를 떠나 수에즈운하를 거쳐 10월에 프랑스의 마르세유에 도착했으며, 파리에서 한 달간 체류한 뒤에 영국으로 건너갔다. 영국에 체류하는 동안 시모다는 영국 왕실 여자에 대한 교육 및 그들의 일상생활과 가정교육을 살펴보았으며, 케임브리지대학(University of Cambridge)의 여자 기숙사 및 여자교원양성학교(Cambridge Training College for Women Teachers), 옥스퍼드대학(University of Oxford)의 서머빌칼리지(Somerville College) 등을 시찰하여 여성교육체계를 살폈다. 영국 외에도 이탈리아 로마의 공립학교, 프랑스 파리의 미션스쿨, 독일의 여자 학교를 시찰하고 스위스, 벨기에, 오스트리아 등지도 방문하였다. 유럽 시찰을 마친 시모다는 1895년 7월 영국의 리버풀(Liverpool)항을 떠나 대서양을 건너 캐나다의 몬트리올에 입항하였다가, 나이아가라 폭포를 관광한 후 미국을 횡단하여 8월에 밴쿠버에서 귀국길에 올랐다.

23 공자진(龔自珍, 1792-1841)은 청대(淸代)의 사상가이자 문학가이며, 폐정의 혁신을 주창했던 개량주의의 선구자이다. 자는 백정(伯定)이고 호는 정암(定庵)이다. 외세의 침탈

에 맞서 싸울 것을 주장하여 임칙서(林則徐)의 아편 몰수와 판매 금지를 적극 지지하였다. 그의 시로는 315수를 한데 엮은 『기해잡시(己亥雜詩)』가 유명하다.

제5절 | 여자교육의 방법

1   명말(明末)의 풍몽룡(馮夢龍, 1574-1646)이 엮은 『지낭전집(智囊全集)』에 따르면, 당대(唐代)의 소영사(蕭穎士)는 하인인 두량(杜亮)에게 매우 가혹하게 대하여 늘 학대를 일삼았다. 누군가 두량에게 그를 떠나라고 권하자 그는 "떠나고 싶지 않아서가 아니라 그분의 재능을 아껴서라네"라고 대답했다. 또한 남조(南朝) 송(宋)나라의 유의경(劉義慶, 403-444)이 엮은 『세설신어(世說新語)』에 따르면, 후한(後漢)의 경학가인 정현(鄭玄, 127-200, 자는 강성康成)의 하녀들은 모두 책을 읽을 줄 알았다. 어느 날 정현이 하녀에게 일을 시켰는데, 하는 일이 시원치 않아 마당의 진흙탕 속에 꿇앉으라 벌을 주었다. 잠시 후 다른 하녀가 그 모습을 보고 "무슨 일로 흙탕물 속에 있는가?(胡爲乎泥中?)"라고 묻자, 그 하녀는 억울하다는 듯 "야박한 말로 하소연하였다가 그의 노여움만 샀다네!(薄言往訴, 逢彼之怒!)"라고 대답했다. 하녀들이 주고받은 시구들은 각각 『시경(詩經)·패풍(邶風)』의 「식미(式微)」와 「백주(柏舟)」에 실려 있다.

2   문왕(文王), 주(周)나라 문왕(文王, B.C. 1152?-1056?)은 상(商)나라 말기의 제후로서 주나라의 터전을 마련하였으며, 『주역(周易)』을 지었다. 그는 중국 봉건통치체제의 근간을 수립하였으며, 흔히 제왕의 성인(帝王之聖)으로 일컬어진다. 주공(周公)은 문왕의 넷째 아들이자 무왕(武王)의 동생이며, 상나라 말기와 주나라 초기에 활약한 정치가이자 사상가이다. 그는 주나라 초기의 수차례의 반란을 평정하는 한편, 예악(禮樂)제도를 정비하고 예(禮)를 치국의 근본으로 삼음으로써 유학(儒學)의 토대를 놓았다. 공자(孔子, B.C. 551-479)는 춘추시대에 활약한 사상가이자 정치가, 교육자로서 유가학파의 창시자이다. 이들 세 사람은 모두 성인으로 추앙받는 인물들이다.

3   장재(張載, 1020-1077)는 북송(北宋)의 사상가이자 교육가로서 이학(理學)의 기초를 세웠다. 정호(程顥, 1032-1085)와 정이(程頤, 1033-1107) 형제 역시 북송(北宋)의 사상가이자 교육가이며, 주돈이(周敦頤)에게 배워 낙학(洛學)을 창시하여 이학의 토대를 마련하였다. 주희(朱熹, 1130-1200)는 남송의 사상가이자 정치가, 교육가로서, 주돈이, 정호와 정이의 유학사상을 계승하고 집대성함으로써 이학을 완성시켰다. 이들은 모두 송대 이학의 기초를 마련하고 완성한 사상가들이다.

4   점귀부(點鬼簿)는 원래 죽은 사람의 이름을 적은 장부를 의미하는데, 시문에서 고인의 이름을 남용하거나 전고를 지나치게 많이 사용하는 것을 비꼬는 것을 가리킨다. 당대(唐代)의 장작(張鷟, 660-740)이 지은 『조야첨재(朝野僉載)』에 따르면, 양형(楊炯)은 글을 지을 때 옛사람의 이름을 연용하기를 좋아하였다. 이를테면 '장형(張衡)의 간략한 말, 육기(陸機)의 기록' '반악(潘岳)이 누추했을 터, 중장통(仲長統)이 어찌 알 수 있으리오' 등인데, 이를 점귀부라 일컬었다고 한다.

5   포셋(Millicent Garrett Fawcett, 1847-1929)은 영국의 정치운동가이자 작가이다. 본문의 18세기의 영국 여성은 19세기의 영국 여성으로 바로잡아야 한다.

6   이 구절들은 각각 『예기(禮記)·중용(中庸)』과 『맹자(孟子)·등문공(滕文公) 상』에 실려 있다.

7   스즈키 덴간(鈴木天眼, 1867-1926)은 메이지(明治) 시대의 저널리스트이자 중의원 의원이며, 덴간(天眼)은 호이고 본명은 지카라(力)이다. 1902년 나가사키(長崎)에서 발행된

신문『도요히노데신분(東洋日の出新聞)』을 창간하였는데, 이 신문은 동아시아 문제를 전문적으로 다루는 신문이었다. 1890년에 쓰쿠다 노부오(佃信夫), 기타무라 시산(北村紫山)과 함께 잡지『활세계(活世界)』를 발간하였으며, 국수주의 경향의 기자로서 명성을 날렸다.『활청년(活靑年)』은 1891년 도쿄의 하쿠분도(博文堂)에서 단행본으로 출판되었다.

8 『논어(論語)·양화(陽貨)』에 "唯女子與小人爲難養也, 近之則不孫, 遠之則怨(여자와 어린아이는 다루기 어려운데, 가까이 하면 불손하고 멀리하면 원망한다)"라는 구절이 있다.

9 괄호 안의 기술은 스즈키 덴간의 기술이 아니라, 저자인 김천핵(金天翮)이 덧붙인 것이다.

10 『여중화(女中華)』는 '군채진복(裙釵眞僕)'이라는 필명으로 광동(廣東) 출신의 지사가 중국의 앞날을 걱정하고 여성의 운명을 동정하여 저술한 책이다. 이 책은 1902년『선보(選報)』제31기의 문학소사(文學小史)라는 칼럼에 실린「지녀중화(志女中華)」의 보도를 통해 이 책의 자서 일부를 소개한 이후 대중에게 알려지기 시작했고, 특히 김천핵(金天翮)이『여계종(女界鐘)』에서 이 자서를 다시 소개하면서 '여중화(女中華)'의 담론이 더욱 널리 확산되었다.

11 여모(呂母, ?-18)는 낭야군(琅邪郡) 해곡현(海曲縣, 지금의 산동성山東省 일조시日照市) 출신으로, 전한(前漢) 말 최초로 왕망(王莽)의 통치에 항거하여 농민기의를 일으킨 지도자이다. 그녀는 자신의 외아들 여육(呂育)이 현의 유요(游徼)로 일하다가 사소한 잘못으로 현재(縣宰)에게 살해당하자, 아들의 원수를 갚기 위해 가산을 털어 주점을 열고 무기와 의복을 사들이고 빈민을 구제하였다. 그녀가 14년에 100여 명으로 일으켰던 기의군은 수천 명으로 늘어났으며, 17년 수천 명의 기의군을 일으켜 현성을 점령한 뒤 현재를 살해하였다. 여모가 이끄는 기의군은 1만 명의 규모로 확장되어 관군과 맞섰으며, 18년 그녀가 죽은 뒤 기의군은 적미군(赤眉軍) 등으로 흡수되어 왕망의 통치에 반항하였다.

12 러시아 허무주의(Russian Nihilism)는 1860년대로부터 1910년대에 이르기까지 당시의 혁명적 경향을 일부 공유하면서 러시아에서 광범위한 영향력을 발휘했던 문화운동이다. 이 운동은 기성의 가치와 이상의 해체를 내세우면서 국가와 교회, 가족의 권위를 거부하였으며, 이로부터 전복과 파괴, 무정부 상태, 나아가 테러와 살인의 극단적인 형태로 나아가기도 하였다. 그런데 이 용어는 1881년 러시아 알렉산더 2세의 암살 사건이 동아시아로 전파되는 과정에서 일본 지식인의 오독으로 인해 테러리스트를 허무당(虛無黨, nihilist)으로 소개됨으로써 탄생하였다. 1920년대에 이르러 러시아의 허무주의와 아나키즘운동에 대한 역사적 고찰이 이루어지기 이전에 일본에서는 러시아 허무주의를 아나키즘과 동일한 것으로 간주하였는데, 이러한 오독이 이 저서에도 반영되어 있다고 할 수 있다.

13 칠실(漆室)은 춘추시대 노(魯)나라에 속한 고을이다. 전한(前漢)의 유향(劉向)이 지은 『열녀전(列女傳)·칠실녀(漆室女)』에 따르면, 노나라 목공(穆公) 때에 군왕은 늙고 태자는 어렸는데, 칠실의 어느 소녀가 기둥에 기대어 슬피 울었다. 이웃집 부인이 이것을 보고 그녀에게 "시집을 가지 못해 우는가? 내가 신랑감을 찾아보겠다'라고 말하자, 소녀는 "노나라 군주는 노쇠하고 태자는 나이가 어려 이를 걱정해서 우는 것이다'라고 대답하였다. 이웃집 부인이 "나라 걱정은 대부들이나 하는 것이지 어찌 아녀자가 그런 일에 신경을 쓰는가?'라고 말하자, 소녀는 이렇게 대답하였다. "예전에 어느 손님이 길을 가다가 우리 집에 묵으면서 말을 정원에 묶어두었는데, 그 말이 줄을 풀고 달

아나 우리 집 채소밭을 망쳐놓았습니다. 그래서 우리 집 식구들은 그해에 채소를 먹을 수 없었습니다. 또 이웃집 여인이 외간 남자와 눈이 맞아 도망하자 그 여인의 남편이 제 오빠에게 잡아오라 부탁했는데, 오빠는 홍수를 만나 물에 빠져 죽고 말았습니다. 그래서 저는 평생토록 오빠 없이 살아야 합니다. 내가 듣기로 하수의 물은 주변의 9리의 땅을 기름지게 해주고, 바닷물은 300보의 땅을 흠뻑 적셔준다고 합니다. 지금 우리 노나라 군주는 도리를 알지 못하고 어린 태자는 우매한지라 장차 노나라의 정치는 어리석고 거짓되게 행해질 것입니다. 무릇 노나라에 환란이 닥치면 군신과 부자는 모두 욕됨을 입고 그 화는 일반 서민들에게도 이르게 될 터인데, 부인의 몸인들 어찌 피할 수 있겠습니까?" 이후 칠실(漆室)은 나라와 백성을 걱정하는 것을 가리키는 성어가 되었다.

14 야마타카 이쿠노조(山高幾之丞, 1864-1908)는 도쿄사범학교를 졸업하고 미에현(三重縣) 사범학교 및 군마현(群馬縣) 여자사범학교(현재의 군마대학 교육학부의 전신)의 초대 교장을 역임하였다. 초등학교 교육과 관련된 저서로『실험 소학관리술(實驗 小學管理術)』과『실험 소학교수술(實驗 小學敎授術)』(후지이 하쓰타로藤井初太郎와 공저)을 1894년(메이지 27년) 긴코도(金港堂)에서 출간하였다.『실험 소학관리술』에 수록되어 있다.

15 앞에 기술한 남녀공학에 찬성하는 견해와 반대하는 견해, 그리고 이곳의 인용문은 모두『실험 소학관리술』의 제3장 편제(編制)의 제19절 남녀공학(男女共學)에서 인용한 것이다.

16 춘추시대 제(齊)나라 환공(桓公) 때에 관중(管仲, B.C. 723-645)은 여러 개혁 정책을 실행하는 가운데 관방 기원이라 할 수 있는 여려(女閭)를 700곳이나 설치하였다. 월(越)나라 왕 구천(句踐)은 전투에서 패하자 사기가 떨어진 병사들을 위해 과부들을 산으로 모이게 하여 즐기게 하였다.

17 위(魏)의 무왕(武王), 즉 무제(武帝)는 조조(曹操)를 가리킨다.『통감절요(通鑑節要)』에는 진(晉)나라의 간관(諫官) 부현(傅玄)이 위나라 말기에 선비들의 기풍이 무너졌다 하여 올린 상소의 내용이 다음과 같이 실려 있다. "臣聞先王之御天下, 敎化隆於上, 淸議行於下, 近者魏武好法術, 而天下貴刑名, 魏文慕通達, 而天下賤守節. 其後綱維不攝, 放誕盈朝, 遂使天下無復淸議(신이 듣기에, 선왕이 천하를 다스릴 때에는 위로는 교화가 융성하고 아래로는 공정한 언론이 행해졌는데, 최근에는 위나라 무제가 법술을 좋아하여 천하 사람들이 형명을 귀하게 여기고 위나라 문제가 통달함을 사모하여 천하 사람들이 절개를 지키는 것을 천하게 여기게 되었습니다. 그 뒤로 기강이 제대로 잡히지 않고 방탕한 자들이 조정에 가득하여 마침내 천하에 다시는 공정한 언론이 없게 만들어버렸습니다)."

18 사이고 다카모리(西鄕隆盛, 1828-1877)는 에도(江戶) 시대와 메이지(明治) 시대의 군인이자 정치가로서, 메이지유신(明治維新)을 성공으로 이끌었던 주역이다. 정한론(征韓論)을 주장하였다가 받아들여지지 않자 가고시마(鹿兒島)로 귀향하여 학교를 설립하여 사족(士族)들의 자제들을 교육시켰으며, 이 학교의 재학생은 한때 2만 명에 달했다. 사이고 다카모리 세력과 유신정부 사이에 정치적 갈등이 깊어지자, 이 학교의 학생들은 1877년 2월 사이고 다카모리를 옹립하여 군사를 일으켰다. 사이고 다카모리는 학생들을 이끌고 도쿄로 향하여 진격하다가 구마모토(熊本)에서 정부군과 6개월간 치열한 전투를 벌였다. 이것이 이른바 세이난(西南)전쟁의 시작이며, 이 전쟁은 규슈(九州) 전역으로 번져나갔으나 결국 사이고 다카모리는 패하고 말았다.

19 빌헬름 1세(Wilhelm I, 1797-1888)는 프로이센 왕국의 제7대 국왕이자 독일제국의 초대 황제이다. 재상인 비스마르크(Otto von Bismarck)의 철혈정책을 바탕으로 강력한 군

사력을 양성하여 오스트리아제국을 격파하여 독일 통일을 주도하였으며, 1870년 스페인의 왕위 계승 문제를 둘러싸고 프랑스와 전쟁을 벌여 승리를 거둠으로써 독일의 통일을 완수하고 독일제국을 선포하였다.

20 『장자(莊子)·소요유(逍遙遊)』에 따르면, "藐姑射之山有神人焉. 肌膚若氷雪, 綽約如處子, 不餐五穀, 吸風飮露, 乘雲氣, 御飛龍而遊於四海之外(저 멀리 고야산에는 신인이 살고 있는데, 살갗은 빙설처럼 희고 몸매는 처녀처럼 부드러우며, 곡식은 전혀 먹지 않은 채 바람을 들이키고 이슬을 마시고서 구름 기운을 타고 비룡을 몰아 사해 너머에서 노닌다)"라고 한다.

제6절 ┃ 여자의 권리

1 원문은 '君權革命之時代'이며, 군주의 권한과 권리를 유지·강화하는 혁명으로 오해될 수 있다. 그러나 이 글의 맥락에서는 군주제에 맞선 혁명이라는 의미이므로 민권혁명의 시대(民權革命之時代)로 바로잡아야 한다.

2 금인칙서(Golden Bull)는 헝가리의 안드레이 2세(Andrew II)가 귀족들의 강요에 의해 1222년에 수용하였던 칙령이다. 이 칙서는 국왕이 법에 어긋나는 행위를 하면 국왕에게 불복종할 수 있는 권리, 즉 저항의 권리(jus resistendi)를 담고 있다. 이 칙서는 헝가리 귀족의 권리를 확립하였다고 평가받고 있으며, 영국 최초의 헌장인 마그나 카르타(Magna Carta)에 비견된다.

3 메테르니히가 구축한 빈 체제는 벨기에와 그리스의 독립으로 균열 조짐을 보이기 시작했고, 정치적 억압에 대한 반발은 1848년 프랑스의 2월 혁명으로 폭발했다. 이로 인해 메테르니히는 빈에서 일어난 3월 혁명으로 실각하여 영국으로 망명했다가 1851년에 귀국하여 프란츠 요제프 1세(Franz Joseph I)의 고문을 지내다가 1859년 빈에서 노환으로 사망했다.

4 서도(恕道)란 공자(孔子)가 『논어·위령공(衛靈公)』에서 말하는 '己所不欲, 勿施於人(자기가 원하지 않는 바를 남에게 베풀지 말라)'와 '推己及人(자신을 미루어 남에게 미친다)'는, 즉 관인(寬仁)의 정신을 가리킨다.

5 사투르누스(Saturnus)는 로마신화에 나오는 농경의 신이며, 그리스신화의 크로노스(Krónos)와 동일한 신이다. 크로노스는 아버지 우라노스를 몰아내고 신들의 왕이 되었는데, 자신의 권좌를 지키기 위해 자신의 자식들을 낳자마자 집어삼키는 악행을 저지른다. 훗날 크로노스는 제우스를 중심으로 하는 올림포스 신들의 반란에 패배하여 감금당하였으며, 제우스에게 쫓겨 이탈리아로 도망가 농업기술을 보급함으로써 황금시대를 이룩하였다고 한다.

6 『권리경쟁론』은 독일의 법학자 예링(Rudolf von Jhering)이 저술한 『Der Kampf ums Recht』를 번역한 것이다. 이 논문은 1868년 예링이 비엔나대학에서 행한 강연을 정리한 것으로, 1872년에 책자로 출판되었다. 중국에서는 일본에 유학 중이던 장종상(章宗祥)이 전반부의 두 장을 번역하여 『역서휘편(譯書彙編)』 제1기(1900.12)와 제4기(1901.3)에 소개한 적이 있으며, 장조동(張肇桐)에 의해 완역되어 1902년에 『權利競爭論』이란 이름으로 상해문명편역인서관(上海文明編譯印書館)에서 출판되었다. 이러한 번역 활동에 의해 중국에 처음으로 권리라는 용어가 공식적으로 광범위하게 사용되기에 이르렀다.

7 하동의 사자는 북송(北宋)의 진조(陳慥)의 사납고 시샘 많은 아내 유 씨(柳氏)를 가리킨다. 어느 날 진조가 손님을 청해 연회를 베풀었는데, 그 자리에 노래하는 기생이 끼

어 있었다. 이것을 본 유 씨는 몽둥이로 판자벽을 요란스럽게 두드려 손님들을 기절 초풍하게 만들었다. 손님으로 와 있던 소식(蘇軾)이 진조에게 풍자시 한 수를 지어주었는데, 그 시에 "忽聞河東獅子吼, 柱杖落手心茫然(문득 하동의 사자 울부짖는 소리를 듣고 지팡이가 손에서 떨어지며 정신이 아득해졌네)"라는 시구가 들어있다. 유 씨가 하동 출신이기에 하동의 사자라고 했던 것이며, 이후에 하동사후(河東獅吼)라는 성어가 생겨났다.

8 연지 바른 호랑이는 송대 위씨현(尉氏縣) 현령인 육신언(陸愼言)의 아내 주 씨(朱氏)를 가리킨다. 북송(北宋)의 도곡(陶谷)이 지은 『청이록(淸異錄)』에 따르면, 주 씨는 사납기 짝이 없어 그의 남편이 아내를 호랑이처럼 무서워했다고 한다.

9 요지를 정리한 글이 어떤 글인지 현재까지 수집·정리된 자료에서는 확인하지 못하였다.

10 바이런(George Gordon Byron, 1788-1824)은 영국의 대표적인 낭만주의 시인으로서, 1823년 그리스독립전쟁에 참전하여 오스만제국과 싸우다 전사하였다. 라파예트 (Marquis de Lafayette, 1757-1834)는 프랑스의 군인이자 사상가로서 프랑스혁명을 이끌었으며, 프랑스혁명의 성과로서 유럽 대륙 최초의 인권선언이라 할 수 있는 인간과 시민에 관한 권리선언을 기초하였다. 그는 미국독립전쟁에 지휘관으로 참전하여 요크타운(Yorktown) 전투 등 여러 전투에서 혁혁한 전과를 올렸다.

제7절 ┃ 여자의 정치참여

1 블룬칠리(Johann Kasper Bluntschli, 1808-1881)는 스위스 태생의 독일 법학자이자 정치가이며, 사법, 국제법, 국가학 등의 분야에서 뛰어난 업적을 남겼다. 그는 특히 국가를 인간의 유기체와 비교할 수 있는 도덕적, 정신적 인격으로 간주함으로써 국가학 분야에서 국가유기체설을 주장하였다.

2 『근대국가론(Lehre vom modernen Staat)』은 1875-1876년에 출판되었다. 시민권의 제약에 관한 내용은 제2권(Zweites Buch)의 제22장(Zweiundzwanzigstes Kapitel) 2절 「좁은 의미에서의 국민(Die Staatsbürger im engeren Sinne)」에서 언급되고 있다.

3 조세핀(Joséphine de Bonaparte, 1763-1814)은 나폴레옹 1세의 첫 번째 아내이며, 나폴레옹 1세와 이혼하였던 1810년 1월까지 프랑스의 황후로 재위하였다.

4 요한나(Johanna von Bismarck, 1824-1894)는 독일의 초대 총리인 비스마르크(Otto von Bismarck)의 아내이다. 남편의 재임 기간에 그의 벗이자 충실한 지지자로서 역할을 담당하였다.

5 엘라가발루스(Elagabalus)의 본명은 섹스투스 바리우스 아비투스 바시아누스(Sextus Varius Avitus Bassianus, 204-222)이며, 황제가 된 이후 마르크스 아우렐리우스 안토니우스(Marcus Aurelius Antoninus)라는 이름을 사용하였다. 그는 218년부터 222년까지 재위 기간에 방탕과 성적 문란으로 악명을 떨쳤으며, 로마 역사상 가장 무능한 황제로 평가받기도 한다. 그의 어머니 율리아 소아이미아스 바시아나(Julia Soaemias Bassiana)와 할머니 율리아 마이사(Julia Maesa)는 원로원에 입성한 최초의 여성들이었으며, 원로원으로부터 그의 어머니는 클라리시마(Clarissima)를, 그의 할머니는 '군대와 원로원의 어머니'라는 뜻의 마테르 카스트로룸 에 세나두스(Mater Castrorum et Senatus)라는 칭호를 받았다. 이들은 엘라가발루스의 재위 기간 내내 정치적 영향력을 행사하였다.

6 빅토리아(Alexandrina Victoria, 1819-1901)는 영국의 여왕이며 하노버왕조의 마지막 군

주로서, 1837년부터 사망할 때까지 재위하였다. 그녀의 재위 기간은 무려 63년에 이르렀는데, 이 시기는 대영제국의 최전성기였다고 할 수 있다.

7 캐서린 대제(Catherine the Great, 1729-1796), 즉 예카테리나 2세(Catherine II)는 1762년부터 러시아제국의 황제로 재위하였다. 프로이센 출신의 독일인이었던 그녀는 무능한 남편 표트르 3세(Peter III)를 대신해 섭정을 맡았으며, 1762년 남편 표트르 3세를 축출하고 러시아제국 제8대 차르에 올랐다. 계몽주의 사상의 영향을 크게 받아 계몽전제군주로 평가받는 그녀는 러시아의 문화와 과학에 있어서 르네상스를 이끌었으며, 강력한 지도력으로 러시아를 유럽의 강대국의 하나로 올려놓았다.

8 라블레(Édouard de Laboulaye, 1811-1883)는 프랑스의 법학자이자 정치가이며 노예폐지론자로서, 미국의 독립전쟁 승리 100주년을 기념하여 자유의 여신상 제작을 최초로 제안했던 인물로 널리 알려져 있다. 미국의 헌법을 높게 평가했던 그는 미국의 정치사에 관한 저서인 『*Political History of the United States*』를 출판했으며, 여성을 포함한 일반 대중의 보편적인 정치적 자유를 옹호하였다.

9 베벨(Ferdinand August Bebel, 1840-1913)은 독일의 사회주의운동가이자 정치인으로, 독일 사회민주당(Social Democratic Party)의 창당에 크게 기여하였다. 여성운동에도 관심을 가져 1879년에 『여성과 사회주의(Die Frau und der Sozialismus)』를 출간하여 여성해방운동에 커다란 영향을 주었다.

10 크레이튼은 스위스의 철학자이자 신학자인 세크레탄(Charles Secretan, 1815-1895)의 오기이다. 그는 대학에서 철학 교수로 재직하였으며, 『스위스 평론(Revue Suisse)』을 창간하고 한동안 이 잡지의 편집자로 활동하기도 하였다. 그는 어떤 종교적 교리도 인간과의 관계에서 도덕적 가치를 지니지 않는다면 받아들일 가치가 없다고 확신하였으며, 기독교의 궁극적 토대와 형이상학적 철학의 원리를 조화시키는 합리적이고 철학적인 종교를 구축하는 데 저술의 중심을 두었다.

11 1891년 벨기에 브뤼셀에서 8월 16일부터 22일에 걸쳐 제2 인터내셔널의 두 번째 회의로서 브뤼셀 국제사회주의노동자대회(International Socialist Labor Congress of Brussels)가 개최되었다. 이 대회에는 개최국인 벨기에를 비롯하여 오스트리아, 프랑스, 독일, 영국, 미국, 이탈리아, 네덜란드, 스위스 등 16개국 330여 명의 각국 대표가 참가하였다. 이 대회는 사회주의 정당들이 공동 정책을 수립하고자 하였다는 점에서 매우 중요한 의미를 지니고 있었는데, 드뤼커(Wilhelmina Drucker)를 비롯한 여성 대의원단은 모든 사회주의정당이 양성평등을 최우선 과제로 삼을 것을 촉구하는 결의안을 최초로 제출하였다.

12 이 글에서 일컫는 '여자의 특성'은 여성성(女性性, feminine traits)으로 이해하여도 좋으리라고 본다. 원문에는 '여성(女性)' 혹은 '여자성(女子性)'으로 기술되어 있다.

13 이 인용구는 『주역』의 '곤위지(坤爲地 ⚏⚏)'의 세 번째 효인 '六三'에 대한 설명이며, 그 설명은 "六三, 含章可貞, 或從王事, 無成有終(육삼은 빛남을 머금고 바르게 할 수 있으니 혹 왕의 일을 좇더라도 이룸은 없으나 마침은 있느니라)"라고 기술되어 있다.

14 이 인용구는 『주역』의 '곤위지(坤爲地 ⚏⚏)'의 여섯 번째 효인 '上六'에 대한 설명이다.

15 이 인용구는 『주역』의 '곤위지(坤爲地 ⚏⚏)'의 '用六'에 대한 설명이다.

16 이 인용구는 '用六, 利永貞'에 대한 본의(本義)에 실려 있으며, 인용구가 속해 있는 구문은 다음과 같다. "遇此卦而六爻俱變者, 其占如此辭. 蓋陰柔而不能固守, 變而爲陽, 則能永貞矣(이 괘를 만나고 육효가 모두 변한 자는 그 점이 이 말과 같다. 음유는 굳게 지키지 못하여 양으로 변하면 오래도록 곧을 수 있다)."

17 빌헬미나(Wilhelmina Helena Pauline Maria, 1880-1962)는 1890년부터 네덜란드의 여왕으로 재위하였으며, 건강 악화로 인해 딸인 율리아나(Juliana)에게 왕위를 물려주고 1948년에 퇴위하였다.

제8절 | 결혼의 진화에 관하여

1 플라마리옹(Nicolas Camille Flammarion, 1842-1925)은 프랑스의 천문학자이자 작가이다. 그는 천문학에 관한 대중적인 글쓰기를 시도하여 대중 과학서적 및 공상과학소설을 저술하였다. 그의 공상과학소설 「세계의 마지막 나날(The Last Days of the Earth)」이 양계초(梁啓超)에 의해 번역되어 1902년 『신소설(新小說)』 창간호에 「세계말일기(世界末日記)」라는 제목으로 연재되었다. 1891년에 발표된 이 영문의 단편소설은 태양이 점차 냉각되어 지구가 날로 쇠퇴하는 서기 220만 년을 시공간적 배경으로 하여, 과학은 극도로 발달하였지만 인류의 생식능력은 상실되고, 마지막까지 생존한 남녀가 이집트의 피라미드를 껴안고 함께 죽음을 맞는다는 이야기를 담고 있다. 작가는 이 작품을 장편의 종말 이야기로 확장하여 1894년에 『세계의 종말(La Fin du Monde)』을 출판하였는데, 25세기에 혜성이 지구와 충돌하여 일어난 대재난에서 인류가 요행히 살아남는 줄거리로 개편하였다.

2 악적(樂籍)은 악호(樂戶)의 등록 원부를 가리키는데, 옛적에 관기(官妓)는 악부(樂部)에 속하였기에 악적이라 일컫는다. 죄수나 전쟁포로 등의 아내와 자식, 혹은 그 후손을 악호에 편입시켜 대대로 악부에 종속시켰다.

3 피갑인(披甲人)은 항복한 후에 갑옷을 입고 부족을 통솔하여 전쟁에서 싸운 자를 가리키는데, 일반 병사보다는 지위가 낮고 노예보다는 높았다. 청대에는 조정의 관원 가운데 중죄를 저지른 자는 변경으로 유배를 보내면서 피갑인에게 노비로 주었다.

4 먀오족(苗族), 야오족(瑤族), 좡족(壯族), 이족(彝族)은 주로 중국의 서남부 및 인도차이나반도 북부에 걸쳐 거주하고 있는 소수민족들이다.

5 고대 그리스 철학자 플라톤(B.C. 428-347)은 『국가(The Republic)』 제5권에서 이상 국가 건설을 위해 여자와 자녀를 공유해야 한다고 주장하였다.

6 요(堯)는 순(舜)에게 자신의 두 딸인 아황(娥皇)과 여영(女英)을 시집보냈다. 『상서(尚書)·우서(虞書)·요전(堯典)』에 따르면, "其試哉, 女于時, 觀厥刑于二女. 釐降二女于嬀汭, 嬪于虞('내가 그를 시험해보겠다. 이 사람에게 딸을 시집보내 두 딸에게서 그의 법도를 살펴보겠다'고 하고서 규수의 물굽이에서 두 딸을 내리게 하여 순의 아내가 되게 하였다)"라고 기록되어 있다.

7 『예기(禮記)·곡례하(曲禮下)』에 따르면, "古者天子后立六宮, 三夫人, 九嬪, 二十七世婦, 八十一御妻, 以聽天下之內治(옛날 천자의 후비는 여섯 궁과 세 부인, 아홉 빈, 스물일곱의 세부, 여든하나의 어처를 세워서 천하의 내치를 살폈다)"라고 기록되어 있다. 아홉 빈은 순의(順儀), 순용(順容), 순화(順華), 수의(修儀), 수용(修容), 수화(修華), 충의(充儀), 충용(充容), 충화(充華)이며, 품계는 정이품(正二品)에 속한다.

8 가토 히로유키(加藤弘之, 1836-1916)는 일본의 메이지(明治) 시대의 정치학자이자 교육자이다. 메이지유신 이후 외무대신, 원로원 의원을 지냈으며, 독일학협회학교 교장, 도쿄제국대학 총장을 역임하였다. 그는 초기에 천부인권설을 신봉하는 계몽주의자였으나, 훗날 사회진화론을 받아들임에 따라 민권사상에 대해 비판적 혹은 적대적 태도를 취하였다. 그가 저술한 『천칙백화(天則百話)』는 1899년 5월에 하쿠분칸(博文

館)에서 출판되었는데, 1896년 8월부터 1898년 12월까지 잡지 『태양(太陽)』에 연재하였던 『빈수백화(貧叟百話)』의 제명을 바꾸고 약간의 수정을 거쳐 출판되었다. 『천칙백화』는 '第一, 實學空理の辯'으로부터 '第百, 百話の終結'에 이르기까지 당시 일본 사회에서 관심의 대상이 되었던 사회현상 혹은 사상이나 이론 100가지를 알기 쉽게 설명한 대중 교양서이다. 가토가 사용하는 천칙(天則)이란 '우주에 통하고 고금에 걸쳐 만물의 생멸소장(生滅消長), 집산분합(集散分合), 성쇠영고(盛衰榮枯)를 지배하는 것'인데, 요즘의 용어로 말한다면 물리법칙이나 자연법칙이라 할 수 있다. '우리의 990년 전의 선조'라는 제목은 이 서적의 제13화의 제목이다. 『천칙백화』는 양계초에 의해 제1화, 제13화, 제14화, 제94화가 번역되어 『신민총보(新民叢報)』 제21호(1902년 11월 30일 발간)에 발표되었으며, 1902년에 오건상(吳建常)이 번역하여 같은 제목의 역서로 광지서국(廣智書局)에서 출판되었다. 김천핵은 이들 역서와 역문, 특히 양계초의 역문을 참고하였을 가능성이 높다.

9   이 수치는 134,217,728의 오기이다.

10   "伐柯如之何, 非斧不克; 取妻如之何, 非媒不得" 이 시구는 『시경(詩經)·국풍(國風)·빈풍(豳風)』의 「벌가(伐柯)」라는 시에 포함되어 있다.

11   세상 만물을 창조하는 자로서의 조물주(造物主)에 빗대어, 세상을 만들어가는 자라는 의미에서 조세주(造世主)라는 용어를 사용하였다.

12   굴원(屈原, B.C. 343?-278?)은 전국시대 초(楚)나라의 정치가이자 시인으로, 이름은 평(平)이고 자가 원(原)이다. 초나라 회왕(懷王) 때에 좌도(左徒) 및 삼려대부(三閭大夫)를 지냈으나, 경양왕(頃襄王) 때에 상관대부(上官大夫)의 모함을 받아 추방당하였다가 진(秦)나라 군대에 의해 수도인 영도(郢都)가 함락된 후 멱라수(汨羅水)에 몸을 던져 죽었다고 한다.

13   『사기(史記)·골계열전(滑稽列傳)』 중의 「서문표치업(西門豹治鄴)」에는 업성(鄴城)의 유수(留守)로 부임한 서문표(西門豹)가 강의 신 하백(河伯)에게 여자를 희생물로 바치는 악습을 폐지하여 백성을 구한 이야기가 기술되어 있다. 즉 서문표가 부임하여 고을의 상황을 점검해보니 민심이 흉흉한지라 그 까닭을 알아보니 매년 하백의 신부로 처녀를 바치는 일에 백성들이 고통을 겪고 있었다. 고을의 삼로(三老)와 무당이 하백을 핑계로 전횡을 일삼고 있음을 눈치챈 서문표는 처녀를 하백에게 바치는 행사에 참석하여 하백의 신붓감이 예쁘지 않으니 하백에게 예쁜 처녀를 구해 보내드리겠다고 전하라는 명분으로 무당과 그의 제자들, 그리고 삼로를 차례대로 강물 속에 집어던져 죽였다. 이후로 하백과 관련된 악습이 사라지고 고을이 평온을 되찾아 날로 번성했다.

14   단주(丹朱)는 요(堯)의 맏아들이다. 『사기(史記)·오제본기(五帝本紀)』에 따르면, "堯知子丹朱之不肖, 不足授天下, 於是乃權授舜(요는 아들이 못나고 어리석어 천하를 물려주기에 부족하다는 것을 알고서 순에게 그 자리를 물려주었다)"라고 한다. 『국어(國語)·주어(周語)』에는 "昔昭王娶於房, 曰房后, 實有爽德. 協於丹朱, 丹朱馮身以儀之, 生穆王焉, 是監燭周之子孫而福禍之(옛날 소왕이 방나라에 장가를 드니 이를 방후라 하였다. 실로 방후의 덕에 결함이 있어서 단주와 사통하니, 단주가 방후의 몸을 의탁하고 짝이 되어 목왕을 낳았다)"라고 기록되어 있다.

15   마갈궁(磨蝎宮, Capricorn)은 점성술에 따르면 열 번째 별자리로서, 황도 12궁 가운데 염소자리에 해당된다. 이 별자리에 해당하는 사람은 평생 좌절과 비방, 시련을 많이 겪을 운명을 타고난다고 한다.

16 사타리(沙吒利)는 당대(唐代)의 허요좌(許堯佐)가 지은 『류씨전(柳氏傳)』에 나오는 장수인데, 이 작품에서 남의 아내를 강탈하여 제 것으로 만드는 권력자로 등장한다. 고압아(古押衙)는 당대의 설조(薛調)가 지은 『무쌍전(無雙傳)』에 나오는 의로운 선비인데, 이 소설에서 유래하여 의를 위하여 목숨을 내던지는 의사(義士)의 대명사로 사용되곤 한다.

17 『무쌍전(無雙傳)』에서 왕선객(王仙客)은 외숙부의 딸 무쌍(無雙)과 약혼하였으나, 외숙부의 집안이 난세를 만나 몰락하고 무쌍이 궁녀로 들어가는 바람에 두 사람은 맺어지지 못하였다. 그러나 고압아(古押衙)가 무쌍에게 묘약을 먹여 잠시 죽게 하였다가 되살려내 마침내 두 사람은 부부로 맺어진다.

18 당대(唐代)에 두광정(杜光庭)이 지은 『규염객전(虯髥客傳)』에 따르면, 이정(李靖)이 양소(楊素)를 만나 계책을 진언할 때, 붉은 먼지떨이를 들고 서 있던 기녀는 이정의 훌륭한 면모에 감탄하면서 그를 주목하였다. 기녀는 그날 밤 양소에게서 도망쳐 이정의 여관으로 찾아왔는데, 기녀의 성은 장 씨이고 집안의 첫째라고 하였다. 이정은 기녀를 남장하여 길을 가던 중에 규염객을 만나게 되었는데, 기녀와 통성명을 나눈 규염객은 같은 장 씨라면서 기녀를 '첫째 누이동생'이라 부른다. 이정은 수(隋)나라 말기의 명장으로, 자는 약사(藥師)이고, 후에 위국공(衛國公)으로 봉해져 이위공(李衛公)이라 일컬어졌다.

19 당대(唐代)의 시인 백거이(白居易)는 「장한가(長恨歌)」에서 현종(玄宗)과 양귀비(楊貴妃)의 뜨겁고도 애달픈 사랑을 "在天願作比翼鳥, 在地願爲連理枝(하늘에서는 비익조 되기를 원하고 땅에서는 연리지 되기를 바라노라)"라고 노래하였다. 비익조는 암컷과 수컷이 눈과 날개를 각각 하나씩 지니고 있는지라 짝을 이루지 못하면 날지 못한다. 연리지는 줄기가 다른 나무가 서로 붙어서 한 그루처럼 된 나무를 가리키며, 흔히 연리목(連理木)이라고도 한다. 공명조(共命鳥)는 설산(雪山)에 사는 전설 속의 신조(神鳥)를 가리키는 불교 용어인데, 흔히 명명조(命命鳥)라고도 일컫는다. 이 새는 몸뚱이 하나에 머리가 둘 달린 새로서, 늘 한쪽이 자면 다른 한쪽이 밤새 지켜주었다. 하루는 깨어 있던 머리가 맛있는 열매를 다 먹어버리자, 이 사실을 알게 된 다른 쪽 머리가 분한 마음에 독이 든 열매를 삼켜 끝내 두 머리 모두 목숨을 잃고 말았다. 공명조가 자기만 위하고 남을 위하지 않으면 공멸할 수밖에 없음을 경고한다면, 비익조와 연리지는 서로를 도와 생사고락을 함께한다는 의미에서 사랑이 깊은 부부나 연인을 상징한다.

20 「關雎」와 「螽斯」는 모두 『시경(詩經)·국풍(國風)·주남(周南)』에 실려 있는 시편이다. 옛 사람들은 이들 시편에 대해 각각 '문왕(文王)의 성덕과 후비인 사 씨(姒氏)의 유한(幽閑)하고도 정정(貞靜)한 덕'을 노래하고, "후비(后妃)가 투기하지 않아서 자손들이 흥성하였다"라고 해설하였다.

21 『예문유취(藝文類聚)』 권35에는 『투기(妬記)』를 인용하여 다음과 같이 기록되어 있다. "晉謝安欲娶妾, 夫人不許, 安之姪甥以「關雎」·「螽斯」詩有不忌之德相勸. 夫人問誰撰此詩? 答云周公. 夫人乃曰: "周公是男子, 相爲爾; 若使周姥撰詩, 當無此也"(진나라 사안이 첩을 들이려 하자 부인이 허락하지 않았다. 사안의 조카와 사위가 「관저」와 「종사」의 시편에 투기하지 않은 부덕을 노래한 내용을 들어 첩을 들이라고 권했다. 그러자 사안의 부인이 누가 이 시를 지었느냐고 물었다. 주공(周公)이라 대답하자, 부인은 이렇게 말했다. "주공은 남자이지만 외모가 아름다웠지. 만약 주공의 부인에게 시를 지으라고 했다면 이런 시는 틀림없이 없었을 거야").

22 1899년부터 1901년에 걸쳐 청 정부와 의화단(義和團)은 부청멸양(扶淸滅洋)을 기치로

내걸고 영국, 프랑스, 독일, 오스트리아, 러시아, 이탈리아, 미국, 일본 등의 8개국과 전쟁을 벌였다. 흔히 의화단운동이라고 일컬어지는 이 전쟁에서 청 정부와 의화단은 북경이 함락되면서 패배를 맞았으며, 1901년 신축(辛丑)조약에 의해 종결되었다. 북경이 함락될 위기에 처하였을 때, 서태후(西太后)는 광서제(光緒帝)를 대동하여 서안(西安)으로 피신하였다.

제9절 ┃ 결론

1 왕장(王嬙)은 왕소군(王昭君)을 가리킨다. 왕소군과 서시(西施)는 양귀비(楊貴妃), 초선(貂蟬)과 함께 중국 고대의 4대 미녀로 손꼽힌다. 4대 미녀의 아름다움을 단적으로 보여주는 것으로 "沉魚落雁之容, 閉月羞花之貌(아리따운 용모를 보고 물고기는 헤엄치는 것을 잊어 가라앉고 기러기는 넋을 잃어 떨어지며, 달은 얼굴을 가리고 꽃은 부끄러워한다)"라는 구절이 있다. 여기에서 물고기가 가라앉는 것은 서시의 아름다움을, 기러기가 떨어지는 것은 왕소군의 아름다움을, 달이 얼굴을 가리는 것은 초선의 아름다움을, 그리고 꽃이 부끄러워하는 것은 양귀비의 아름다움을 가리킨다.

2 교산(橋山)은 전설에 따르면 황제(黃帝)가 죽어 묻힌 곳이며, 지금의 섬서성(陝西省) 황릉현(黃陵縣) 북서쪽에 위치해 있다. 『사기(史記)·오제본기(五帝本紀)』에 "黃帝崩, 葬橋山(황제가 세상을 떠나자 교산에 장사지냈다)"라고 기록되어 있다. 전설에 따르면, 황제는 용을 타고서 신선이 되어 날아갔는데, 여러 신하들이 그를 붙들고 함께 하늘로 오르려는 바람에 황제의 활이 떨어지고 황제를 장사 지낸 교산이 무너졌는데, 관이 텅 빈 채 검만 남아 있었다고 한다.

3 정호(鼎湖)는 지금의 하남성(河南省) 형산(荊山) 기슭에 있는 호수이며, 전설에 따르면 황제(黃帝)가 용을 타고 승천한 곳이다.

4 제나라 애공(哀公)은 여색을 탐하여 평판이 매우 좋지 않았다. 이로 인해 기(紀)나라 제후는 주(周)나라 천자 이왕(夷王)에게 천자에게 불경하는 제후들에게 본보기가 되도록 애공을 죽일 것을 강력히 주장하였다. 주나라 이왕은 그의 의견이 일리가 있다고 여겨 모든 제후를 도성으로 불러들인 후 애공을 삶아 죽였다. 제나라 사람들은 애공의 죽음의 탓을 이왕보다는 기나라 제후에게 돌리고 기나라에게 복수의 원한을 갚고자 하였다. 애공이 죽임을 당한 이후 9대째 제후는 양공(襄公)이었는데, 그는 기나라에 복수할 기회를 노렸다. 기나라의 제후는 노(魯)나라 환공(桓公)에게 도움을 요청하였는데, 환공의 아내 문강(文姜)이 제나라 양공의 이복 누이동생이었다. 문강은 환공과 혼인하기 전에 오빠인 양공과 근친상간을 맺고 있었으며, 이 추문이 외부로 퍼져나가지 않도록 양공의 부친인 희공(僖公)은 문강을 서둘러 환공에게 시집보냈던 것이다. 제나라 양공은 기원전 695년에 기나라를 침공하였으며, 노나라 환공의 중재로 제나라와 기나라는 화해를 이루었다. 이듬해 환공과 문강이 제나라에 함께 왔는데, 이때 양공과 문강의 불륜 관계가 재개되었다. 아내인 문강의 불륜 사실을 알게 된 환공이 문강을 나무라자, 남편의 모욕을 견디다 못해 문강은 양공에게 하소연하였다. 누이동생의 하소연을 들은 양공은 환공을 연회에 초대하여 술에 취하게 한 뒤 아들인 팽생(彭生)을 시켜 그를 살해하였다. 노나라의 사자가 환공의 죽음에 대해 설명을 요구하자, 양공은 그의 죽음의 책임을 물어 팽생을 가차 없이 살해하였다. 훗날 양공이 죽은 후 양공의 동생인 소백(小白)이 그의 뒤를 이었는데, 이가 바로 환공(桓公)이다. 9대에 걸친 원한이란 제나라 애공이 기나라 제후의 주장에 의해 주나라 이왕에게

죽임을 당하였던 일을 가리키며, 이 원한을 풀었던 이는 환공이 아니라 양공이다. 양공은 이복 누이동생인 문강과의 불륜으로 인해 매부인 노나라 환공뿐만 아니라 자신의 아들조차도 살해하였다.

5 낙빈왕(駱賓王, 640?-684?)은 초당(初唐)의 시인으로서 왕발(王勃), 양형(楊炯), 노조린(盧照隣)과 더불어 초당사걸(初唐四傑)이라 일컬어진다. 측천무후(則天武后)가 제위에 오른 지 얼마 되지 않은 중종(中宗) 이현(李顯)을 폐위하고 이단(李旦)을 황제로 내세운 뒤 자신이 제위에 오를 준비를 하던 때, 서경업(徐敬業)은 양주(揚州)에서 측천무후를 타도하기 위해 거병하였다. 이때 서경업의 막료로 일하던 낙빈왕은 측천무후를 토벌하기 위한 명분을 천하에 알리는 글로서 「토무조격(討武曌檄)」을 지었다. 흔히 「위서경업토무조격(爲徐敬業討武曌檄)」으로도 일컬어지는 이 글은 측천무후의 죄악을 열거한 후 측천무후를 토벌하기 위해 거병하는 일의 정당성을 논하고 있다.

6 이 글에서 재앙을 초래한 여자는 제나라 양공과 근친상간의 불륜을 저질렀던 문강을 가리키고, 나라를 팔아먹은 여자는 자신의 두 아들을 마음대로 황제의 자리에 올렸다가 폐위시키고 국호를 주(周, 훗날 무주武周라 일컬음)로 바꾸고 자신이 황제가 되었던 측천무후를 가리킨다.

7 북경(北京)과 천진(天津)의 참극은 1900년 의화단운동을 진압하는 과정에서 독일, 프랑스, 영국, 일본, 러시아 등의 8국 연합군이 천진에서 북경에 이르기까지 진격하는 과정에서 민가를 약탈하고 인민을 살상한 참극을 가리킨다. 여순(旅順)의 참극은 1894년 청일전쟁 당시 일본군이 여순을 침략하면서 저지른 학살행위를 가리킨다.

8 양주(揚州)의 열흘은 순치(順治) 2년(1645년) 5월 사가법(史可法)이 이끌었던 양주의 군민이 청군에 패배한 이후 청군이 열흘 동안 양주 성내의 인민을 도살한 역사적 사건을 가리키며, 이 학살의 참극에서 80여만 명의 평민이 목숨을 잃었다고 한다. 가정(嘉定)의 3대 학살은 1645년 청군이 가정을 함락한 후 세 차례에 걸쳐 성내 인민을 학살한 사건을 가리키며, 이 학살의 참극에서 10만 명의 인민이 목숨을 잃었다고 한다.

9 『산해경(山海經)·북산경(北山經)』에 따르면, 중국 북방의 발구산(發鳩山)에 까마귀와 흡사하지만 머리에 무늬가 있고 하얀 부리에 붉은 발톱을 가진 정위(精衛)라는 새가 있는데, 우는 소리를 따서 정위라 부른다고 한다. 이 새는 원래 염제(炎帝)의 딸 여왜(女娃)가 동해에서 놀다가 물에 빠져 죽어 환생한 것인데, 서산(西山)의 나뭇가지와 돌을 입에 물어다 동해를 메우려고 하였다. 이 전설로부터 정위전해(精衛塡海)라는 성어가 생겨났다.

10 후한(後漢)의 유희(劉熙)가 펴낸『석명(釋名)·석천(釋天)』에 "虹, …… 又曰美人虹(무지개는 또한 미인홍이라고도 일컫는다)"라고 기록되어 있다. 또한 남조(南朝) 송 (宋)나라의 유경숙(劉敬叔)이 펴낸『이원(異苑)·미인홍(美人虹)』에 "古者, 有夫妻荒年菜食而死, 俱化成靑絳, 故俗呼美人虹(옛적에 어느 부부가 흉년이 들어 채소만 먹다가 굶어 죽어 함께 푸른 무지개가 되었다. 그래서 세상에서는 무지개를 미인홍이라 일컫는다)"라는 기록이 있다.

11 『지장경(地藏經)』에 따르면, 지장보살(地藏菩薩)은 "衆生未度, 不成佛; 地獄不空, 心願難成(중생을 제도하지 않으면 부처가 되지 않겠다. 지옥이 텅 비지 않으면 쉬이 성불하지 않기를 바라노라)"라고 말하였다.

12 배편으로 귀향하였다는 것은 1903년 윤5월에 일어난 '소보안(蘇報案)'의 여파로 중국교육회(中國敎育會) 및 애국학사(愛國學社)의 활동을 접고서 고향인 동리(同里)로 돌아온 일을 가리킨다.

13 소자후(小子侯)는 춘추시대에 진(晉)나라의 16대 제후로서, 애후(哀侯)의 동생이다. 진

나라 소후(昭侯)는 자신의 숙부의 강성함이 두려워 곡옥(曲沃) 땅을 떼어주고 그를 곡옥백(曲沃伯)이라 불렀다. 이후 곡옥백과 그의 자손들은 진나라 조정과 끊임없이 전쟁을 벌여 세력을 다투었는데, 애후가 곡옥무공(曲沃武公)의 공격에 맞서 싸우다가 죽은 후 애후의 동생 민(緡)이 제후에 올랐다. 이가 바로 소자후이며, 곡옥무공은 소자후를 유인해 죽이고 진나라를 통합하여 제후가 되었다.

후기

1 1903년 김천핵은 채원배(蔡元培)의 요청에 따라 상해로 가서 중국교육회(中國教育會)의 부속기구인 애국학사(愛國學社)에서 일하였다. '교육회에서 돌아왔던 일'은 일반적으로 이해 6월 말에 '소보안(蘇報案)'으로 인해 장태염(章太炎)과 추용(鄒容)이 구금된 이후 이들의 석방을 위한 활동을 전개하다가 상해에서 동리(同里)로 돌아왔던 일을 가리킨다. 그러나 이와 다른 견해도 있다. 즉 1903년 4월 무렵 원래 하나의 지체라 여겨왔던 중국교육회 회원과 애국학사 사원 사이에 애국학사의 지위를 둘러싸고 심각한 내홍이 일어난 끝에 5월 애국학사를 중국교육회에서 독립시키기로 결정하였다. 채원배는 애국학사 사원의 태도에 실망하여 청도(靑島)로 떠나버렸으며, 김천핵 역시 애국학사에 남을 이유가 없어서 5월 하순 동리로 돌아오게 되었다. '교육회에서 돌아왔던 일'은 이 일을 가리킨다고도 볼 수 있는데, '4주 동안에 원고를 마쳤다'는 기술이 정확하다면 저술 기간을 헤아려볼 때 후자의 일로 돌아온 것이라고 보아야 할 것이다.

2 부양억음(扶陽抑陰)은 중의(中醫)의 기본 이론 중의 하나로서, 신체의 양기를 떠받치고 음기를 억눌러 음양이 평형을 이루도록 해야 함을 가리킨다. 이 이론을 남녀 관계에 적용하여 성별에 따른 차별을 정당화하는 의미로 사용하기도 한다.

3 후한(後漢)의 반고(班固)가 지은 『백호통(白虎通)·삼강육기(三綱六紀)』에서 『예위함문가(禮緯含文嘉)』를 인용하여 "君爲臣綱, 父爲子綱, 夫爲妻綱((임금은 신하의 벼리요, 아버지는 자식의 벼리요, 남편은 아내의 벼리이다)"라는 것을 삼강(三綱)으로 제시하고 있다.

4 삼종지도(三從之道)는 『공자가어(孔子家語)』에 나오는 말로서, 여자가 따라야 할 세 가지 도리를 가리킨다. 즉 '幼從父兄, 旣嫁從夫, 夫死從子(어려서는 아버지와 형을 따르고, 시집간 후에는 남편을 따르고, 남편이 죽은 뒤에는 자식을 따른다'는 것이다. 칠거지악(七去之惡) 역시 『공자가어』에 나오는 말이며, 아내를 내쫓는 일곱 가지 사항을 가리킨다. 즉 '不順父母出者, 無子者, 淫僻者, 嫉妒者, 惡疾者, 多口舌者, 竊盜者(부모에게 순종하지 않고 쫓아내는 자, 자식을 낳지 못하는 자, 음란한 자, 질투하는 자, 악질이 있는 자, 구설이 많은 자, 도둑질하는 자)'를 가리킨다.

5 영력(永曆)은 남명(南明) 소종(昭宗) 영력제(永曆帝) 주유랑(朱由榔)의 연호로서, 1647년부터 1662년까지의 시기를 가리킨다. 주유랑은 광동(廣東)의 조경(肇慶)에서 청제하여 연호를 영력이라 정한 후 16년 동안 재위하였으며, 청군과의 전쟁에서 불리해지자 미얀마로 도망하였다. 영력 15년(1661)에 오삼계(吳三桂)가 미얀마에 쳐들어가자 미얀마는 주유랑을 내주지 않을 수 없었다. 영력 16년(1662)에 주유랑은 오삼계에 의해 활시위에 목이 졸려 죽었다.

6 명말청초의 역사적 전환기를 맞아 청조의 통치자는 모든 중국인에게 머리를 변발로 땋고 만주족의 복식에 따르도록 하는 이른바 '체발역복(剃髮易服)'의 정책을 강요하였으며, 특히 여성에게는 전족의 폐습을 금지하는 율령을 선포하였다. 이러한 조치에

중국인 남자들은 모두 순순히 따랐지만, 여자들은 복식과 전족 모두 따르지 않았다. 이리하여 청초에는 '남자는 항복하였으나 여자는 항복하지 않았다(男降女不降)'라는 말이 크게 유행하였다.

7 『세설신어(世說新語)·문학(文學)』에 "銅山西崩, 靈鐘應應(동산 서쪽이 무너지면 영험한 종이 응응 소리를 낸다)"라는 구절이 있고, 『이원(異苑)』에는 "此蜀郡銅山崩, 故鐘鳴應之耳(이는 촉군의 동산이 무너졌기에 종이 소리를 내어 응한 것일 뿐이다)"라는 구절이 있다. 옛 적에 촉군의 동산이 무너지면 낙양의 동종(銅鐘)이 울렸다는 자연계의 공명(共鳴) 현상을 가리키고 있다.

8 안진경(顏眞卿, 709-785)은 당대(唐代)의 서예가이자 정치가로서, 일찍이 평원(平原, 지금의 산동성 평원현) 태수와 이부상서를 역임하고 태자의 태사(太師)를 지냈다. 흔히 안태사(顏太師), 안평원(顏平原), 안노공(顏魯公)이라 일컫는다. 평원태수로 재직 중에 안록산(安祿山)의 난이 일어났을 때, 안록산의 반군에 맞서 싸웠다.

9 육유(陸游, 1125-1210)는 남송(南宋)의 문학가이자 사학자이며, 금(金)나라에 맞서 싸운 애국 시인으로 널리 알려져 있다. 자는 무관(務觀)이고 호는 방옹(放翁)이며, 월주(越州) 산음현(山陰縣, 지금의 절강성浙江省 소흥시紹興市) 출신이다.

10 한유(韓愈, 768-824)는 당대(唐代)의 문학가이자 사상가, 정치가로서, 자는 퇴지(退之)이다. 당송팔대가(唐宋八大家) 중의 한 사람이며, 본적이 창려(昌黎, 지금의 요녕성遼寧省 의현義縣)라고 지치히였였기에 흔히 한창려(韓昌黎), 창려 선생(昌黎先生)이라 일컫는다. 「평회서비(平淮西碑)」는 원화(元和) 12년(817)에 배도(裵度)가 회서(淮西, 지금의 하남성河南城 동남부) 번진(藩鎭)의 우두머리인 오원제(吳元濟)가 일으킨 반란을 평정하였음을 기념하는 비문이며, 원화(元和) 13년(818) 정월 14일에 헌종(憲宗)의 명을 받고서 3월 25일에 지어 올린 글이다.

11 계묘년(癸卯年) 윤5월은 양력으로 1903년 6월 25일부터 7월 23일까지에 해당한다.

12 유인권(柳人權)은 근대 시기 정치가이자 시인인 유아자(柳亞子, 1887-1958)를 가리킨다. 그는 강소성(江蘇省) 소주부(蘇州府) 오강현(吳江縣)에서 출생하였으며, 자는 안여(安如)이다. 루소의 천부인권설을 신봉한 후 이름을 유인권으로 개명하고 자를 아시아의 루소라는 의미에서 아로(亞盧)라 하였다. 혁명적 문학 단체인 남사(南社)를 창립하였으며, 손중산(孫中山) 총통부(總統府)의 비서를 지냈다. 중국 국민당의 중앙감찰위원 등을 역임하였으나, 4·12 정변 이후에는 장개석(蔣介石)에 반대하는 활동을 전개하였다. '중국의 젊은이 중의 젊은이(中國少年之少年)'는 추용(鄒容)이 유아자의 부채에 써준 뒤 유아자가 자신의 별명으로 사용하였다. 이것은 원래 당시 보황파인 양계초(梁啓超)가 〈소년중국설(少年中國說)〉에서 혁신적인 잠재력을 지닌 국가 형상으로 '젊은 중국(少年中國)'을 제기하면서 자신을 '젊은 중국의 젊은이(少年中國之少年)'이라고 자처하였던 것인데, 추용이 이를 뒤집어 급진적 의미로 바꾸었던 것이다.

『여계종』
원문 읽기

侯官¹林女士 序

　　處二十世紀權利競爭之世界, 苟不先歸重於學問, 而徒昌言民權女權, 無當也. 以路易十四世爲之君, 梅特涅爲之相,² 猶不能使澳法平民終受羈軛,³ 況夫犬羊賤族, 詎可以終長於華冑; 蘙脆鬚眉, 又豈足以作威於裙釵.⁴ 若是乎民權女權擧不必憂不復, 較然矣. 中國女權之衰於今爲極, 雖然, 苟喪失權利者僅我二萬萬之女子, 而彼男子者擧凡參政選擧代議請願言論出版各自由權皆完全無缺, 則吾國今日猶不失爲日本, 而試問今此權之果奚屬也? 由前之說, 權旣不必憂不復; 由後之說, 則擧吾全國之民, 無論男女悉墮於奴隸境界, 同病相憐, 不能自拔. 斯何以故? 曰: 是惟無學之故.

　　夫太初之民思慮最短, 舍饑食渴飲外, 幾無所求, 漸次乃知有權利, 漸次乃知有競爭; 而今則優勝劣敗已成公例. 人則高尙而我鄙儸, 人則德慧而我晦盲. 吾見其雖界以權猶且不能自護終日, 況尙待於競爭而後得耶? 女子者, 誕育國民之母. 今吾國之亡旣二百六十年, 靦顏事仇, 恬然不怪,⁵ 所謂國民者安在? 吾痛夫吾國女子之不育矣. 北美之

1　후관(侯官)은 중국의 옛 현의 명칭이며, 지금의 복건성(福建省) 복주시(福州市) 서쪽과 민후현(閩侯縣)의 서북부 지역에 해당하는 지역이다.

2　路易十四世는 프랑스의 절대군주 루이 14세(Louis XIV)의 음역이고, 梅特涅는 오스트리아의 정치가인 메테르니히(Klemens Wenzel Lothar Fürst von Metternich)의 음역이다.

3　기액(羈軛)은 마소의 머리와 목에 씌우거나 얹은 굴레와 멍에를 의미하며, 속박과 구속을 가리킨다.

4　이취수미(蘙脆鬚眉)는 무성하고 멋진 수염과 눈썹을 의미하며 남성을 가리킨다. 군채(裙釵)는 치마와 비녀를 의미하며 여성을 가리킨다.

5　전안사구(靦顏事仇)는 수치를 알지 못한 채 원수를 위해 일함을 의미하고, 염연불괴(恬然不怪)는 태연자약하여 괴이하게 여기지 않음을 의미한다. 전한(前漢)의 정론가이자 문학가인 가의(賈誼)가 지은 「상소진정사(上疏陳政事)·치안책(治安策)」에 "至於俗流失, 世壞敗, 因

176

獨立, 人第知有華盛頓,[6] 而不知彼十三州之民人人皆有獨立之資格, 而華盛頓乃克代表之以成其功. 今之賣國者, 人亦祇知一女子耳, 而不知我二萬萬之女子, 若人人皆能爲貞德羅蘭,[7] 人人皆不肯賣國, 則彼嫗者又何能爲? 舍多數主人而不責, 但日怨群盜之不我衛, 毋亦見笑於盜矣. 故今亡國不必怨異種, 而惟責我四萬萬黃帝之子孫; 黃帝子孫不足恃, 吾責夫不能誕育國民之女子. 雖然, 遽以是責, 則凡爲女子者必不服, 蓋未嘗從事於學, 無怪其不克勝任也.

江蘇金君, 出所著女界鐘以示余, 余觀其書爲女子辯護者甚力, 其所以代謀興復權利者亦首以學爲歸, 金君誠我中國女界之盧騷[8]也! 雖然, 權也者乃奪得也, 非讓與也, 今使爲我女子辯護而代謀者第出於金君, 其與不流血, 不顛覆而希冀政府之平和立憲也何以異? 夫金君之意吾何敢不佩, 而吾之爲此言者, 特欲以自鞭策我二萬萬之女子, 使之由學問競爭, 進而爲權利競爭, 先具其資格, 而後奮起奪得之, 乃能保護享受於永久. 若其柔弱如故, 愚闇如故, 則金君此書雖一旦大動於世, 彼輩男子慨然盡擧疇昔所佔據之權利, 一一讓與而還付之於我女人, 此固非吾之所願, 抑金君之志殆亦非然也歟! 癸卯六月, 侯官林宗素敍於滬瀆[9]女學報館.

恬而不知怪, 慮不動於耳目, 以爲適然耳(풍속이 사라지고 세태가 나빠지는데도 안일하여 괴이함을 깨닫지 못하며 눈과 귀로 보고 듣는 것에 전혀 흔들리지 않은 채 그저 당연하다고 여길 뿐이다)"라는 구절이 있다.

6　華盛頓은 워싱턴(George Washington, 1732-1799)의 음역이다.

7　貞德은 잔 다르크(Sainte Jeanne D'Arc, 1412-1431)의, 羅蘭은 마리장 마농 롤랑 드 라 플라티에르(Marie-Jeanne 'Manon' Roland de la Platière, 1754-1793)의 음역이다.

8　盧騷는 프랑스의 계몽사상가 루소(Jean-Jacques Rousseau)의 음역이다.

9　호독(滬瀆)은 옛 물길 명칭으로서 오송강(吳淞江) 하류의 근해 일대를 가리킨다. 오송강은 상해(上海)를 가로질러 흐르다가 황포강(黃浦江)과 만나 합쳐진다. 흔히 넓은 의미에서 상해를 호독이라 일컫기도 한다.

黃菱舫女士 序

癸卯夏, 鈞索處江濆, 溽暑滿天, 炎癢蔽日, 晚風颯至, 微觀沉思. 嗟夫! 人有學識斯有權力[10], 有權力斯可抵禦外侮, 此固强權學者發明之公理. 近士夫所謂物競主義, 上九天下九淵. 前千年後萬祀, 神聖豪强, 顧蒙衰弱所莫或犯, 莫或異者也. 爲今日女界, 卑賤鄙汚奴隷玩物, 種種慘惡之現象, 豈男子舉手投足區區壓制之能爲力哉? 毋亦我二萬萬同胞不學無術, 自放棄其權利也. 屛息低首, 宛轉依附, 深閉幽錮, 二千年矣. 縱有不甘於奴隷玩物, 大聲疾呼, 起而抗之, 則舉世之人莫不戮之辱之摧之梏之, 非獨男子然也, 女子亦目爲怪物. 悍者肆口詆毀, 弱者腹誹遠走, 相戒不敢信. 豈竟土木之形骸[11], 囚虜之根性然哉? 嗟乎! 吾女子且莫自輕視也.

凡世界人群智識學業之進步, 其事萬端, 而其元素有二; 曰社會, 曰教育. 言社會, 則婦女爲丈夫之顧問; 言教育, 則婦女尤爲幼稚之導師; 是以全國之民智民氣, 婦女可以轉移之. 吾人亦知歐美之所以强盛乎? 雖然, 以歐美人類同等, 男女平權之說, 矯良婦女風俗之會, 婦

10　『예기(禮記)·중용(中庸)』에 "人有知學則有力矣(사람이 지식과 학문을 지니면 역량을 갖게 된다)"라는 구절이 있다.

11　토목형해(土木形骸)는 사람의 꾸밈없는 본래의 면목을 의미하거나, 때로 비천하고 쓸모없는 사물 혹은 멍청하고 무능한 사람을 가리키기도 한다. 남조(南朝) 송(宋)의 유의경(劉義慶)이 지은 『세설신어(世說新語)·용지(容止)』에 "劉伶長身六尺, 貌甚醜悴, 而悠悠忽忽, 土木形骸(유령은 키가 작은 데다 생김새가 못나고 꾀죄죄하였으나 유유자적하며 전혀 꾸밈이 없었다)"라는 구절이 있다. 한편 토목, 즉 흙과 나무는 흙 인형과 나무 인형을 가리키는 것으로, 『전국책(戰國策)·제책(齊策)』에 나오는 '토우(土偶)와 목경(木梗)의 대화'라는 우언과 관련이 있다.

女參與政權之議及婦女關係於人群社會之理, 一旦移之於東土[12], 無論二千年廢學之女子, 即今對於女子有莫大權利之男子, 舌敝唇焦,[13] 涕泣而道之[14], 吾恐爲頑石之點頭者,[15] 百無二三焉. 欲卑之無甚高論, 又恐近於筐篋之談, 則無寧嘈呔鏜鞳以警醒其夢寐,[16] 莊嚴璀爛立一放大之撮影, 或者取法乎上僅得乎中也.[17]

翌日, 楊千里書來, 示其友金君所著女界鐘之宗旨, 及其開導之方針, 竊喜予言之有闇合焉, 遂書以報之, 俾芟削其繁辭以爲敍. 烏虖! 鈞亦二萬萬女子社會之一分子也, 夫豈敢高視吳言,[18] 以爲是狂激之語乎? 世之覽者, 當亦省予言之悲也. 六月望日, 淸江黃鈞書於鎭江北施葭莊之江洲.

---

12 동토(東土)는 동쪽의 땅, 즉 중국을 가리킨다.

13 설폐순초(舌敝唇焦)는 혀가 해지고 입술이 마르다는 의미이며, 입이 닳도록 말을 많이 함을 가리킨다. 후한(後漢)의 사학자인 조엽(趙曄)이 지은 『오월춘추(吳越春秋)·부차내전(夫差內傳)』에 "焦脣乾舌, 苦身勞力, 上事群臣, 下養百姓(입이 닳도록 말을 하고 고달프도록 힘써 일하여 위로는 많은 신하를 섬기고 아래로는 백성을 먹여 살렸다)"라는 구절이 있다.

14 『맹자(孟子)·고자하(告子下)』에 "其兄關弓而射之, 則己垂涕泣而道之; 無他, 戚之也(형이 활시위를 당겨 쏠 때 스스로 눈물을 흘리면서 말하는 것은 다름 아니라 친척이기 때문이다)"라는 구절이 있다.

15 『연사고현전(蓮社高賢傳)·도생법사(道生法師)』의 기록에 따르면, 축도생(竺道生)이라는 훌륭한 법사가 호구산(虎丘山)에 들어가 돌을 모아 놓고 열반경(涅槃經)을 강설하였는데, 그 무딘 돌들도 그의 설법을 알아듣고 고개를 끄덕였다는 것이다. 이 이야기로부터 완석점두(頑石點頭)는 남에게 하는 말이 설득력이 있고 감화력이 빼어남을 가리키게 되었다.

16 쟁횡당탑(嘈呔鏜鞳)은 종소리나 물소리가 우렁차고도 웅장함을 의미한다. 송대(宋代)의 정치가이자 문학가인 소식(蘇軾)의 「석종산기(石鐘山記)」에 "而大聲發於水上, 嘈呔如鐘鼓不絶(큰 소리가 물 위에서 피어나는데, 그 우렁찬 소리가 마치 종소리와 북소리처럼 그치지 않았다)"라는 구절이 있다.

17 당 태종(太宗) 이세민(李世民)이 지은 『제범(帝範)』에 "取法於上, 僅得爲中; 取法於中, 故爲其下(최상을 본받아야 겨우 중을 얻고, 중을 본받으면 최하가 된다)"라는 구절이 있다.

18 오언(吳言)은 '오땅의 말'이란 의미인데, 김천핵이 지금의 강소성인 오 지방 출신이기에 오언(吳言)이라 한 것이다.

同邑楊女士序

溺於社會之人不知世界, 溺於現在社會之人非獨不知未來世界, 幷不知已往世界. 男子且然, 而況於女子哉? 女子者居社會之半部分, 以平權之理論之, 女子亦居國民之半部分. 國民者何也? 有國家思想政治思想者也. 悲哉, 我女子乃閨闥之外無思想乎! 悲哉, 中國男子乃功名富貴之外無思想乎! 雖然, 男子我不論, 我論女子. 方今女權墮地, 女學不昌, 順從以外無道德, 脂粉以外無品性, 井臼以外無能力, 鍼繡以外無教育, 筐笥以外無權利,[19] 膠蔽耳目, 束縛形骸. 無論未來之新國民如羅蘭夫人批茶女士蘇菲亞若安之流,[20] 言之適遭怪異, 卽我中國已往人物如班昭謝韞木蘭馮夫人梁紅玉聶隱娘之輩, 亦不過低頭咋舌, 以爲不可及, 不可及. 而如其奮發投袂, 起而效之, 則一以爲魔怪, 一以爲瘋狂, 群聚而譁, 不見容於社會, 宜乎蠢蠢鬚眉, 塵塵巾幗,[21] 兩俱淪於黑暗世界, 以有今日之時局也.

同邑金君, 著女界鐘約三萬言, 掊擊現在之社會, 而提倡新中國新

---

19 광사(筐笥)는 대를 엮어 만들어 옷가지나 음식, 책 등을 담아두는 바구니나 상자, 그릇 등을 의미한다. 이러한 의미에서 학식이 넓고 깊음을 가리키기도 하는데, 두보(杜甫)의 시 「송종제아부하서판관(送從弟亞赴河西判官)」에 "兵法五十家, 爾腹爲筐笥(50가의 병법이 그대의 뱃속에 가득 들어있네)"라는 구절이 있다. 이러한 의미 외에 음식 바구니, 넓게는 밥을 짓는 도구나 부엌살림을 가리키기도 한다.

20 羅蘭夫人은 마리장 마농 롤랑 드 라 플라티에르(Marie-Jeanne 'Manon' Roland de la Platière, 1754-1793)의, 批茶女士는 해리엇 비처 스토(Harriet Beecher Stowe, 1811-1896)의, 蘇菲亞는 소피아 페롭스카야(Sophia Perovskaia, 1853-1881)의, 若安은 잔(Joan), 즉 잔 다르크(Sainte Jeanne D'Arc, 1412-1431)의 음역이다.

21 준준(蠢蠢)은 꿈틀거리는 모양, 수가 많고 어지러운 모양, 어리석고 무지한 모양 등을 의미한다. 수미(鬚眉)는 수염과 눈썹을 의미하며, 후에 남자를 대신하는 용어로 사용되었다. 진진(塵塵)은 불교 용어로서 세속이나 세상을 의미한다. 건귁(巾幗)은 고대 부녀의 두건과 머리 장식을 의미하며, 후에 여자를 대신하는 용어로 사용되었다.

國民, 將以警醒我同胞, 出之於奴隸之阱, 而登之於平權自由之樂土. 其文章則流麗芬芳, 語長心重[22]; 其議論則驚心動魄, 一字千金. 雖以錫綸之愚, 讀之猶且感動; 何況世不乏聰明才智之姊妹, 苟開卷熟復, 其必有奮發投袂而起, 以逐諸女傑之後塵者, 則我謂此書爲美利堅之自由鐘可也, 謂批茶之九月花亦可也. 外子璞安述金君之意, 命爲敍, 忘其固陋, 書數行以歸之. 癸卯楊錫綸紉蘭書於群雅女塾.

小引

梅雨蒸人, 荷風拂暑, 長林寂寂, 遠山沈沈. 立於不自由之亞東大陸國, 跼處不自由之小閣中, 呼吸困倦, 思潮不來. 欲接引歐洲文明新鮮之天空氣, 以補益吾身. 因而夢想歐洲白色子, 當此時日, 口煙捲, 手椰杖, 肩隨細君, 挈帶稚子, 昂頭掉臂於倫敦巴黎華盛頓之大道間, 何等快樂, 何等自在! 吾恨不能往, 吾惟以間接法知之. 當十八十九兩世紀之間, 擊屠毒之鼓, 撞自由之鐘, 張獨立之旗, 建記念之塔, 以組成絶爽心, 絶快意之十數革命大活劇, 於是人人有自由權, 人人歸於平等, 此今日歐洲莊嚴璀爛茶火[1]錦繡之新世界出也.

推其原因, 則盧梭福祿特爾黑智爾約翰彌勒赫胥黎斯賓塞[2]之徒之所賜也. 今者天旋地轉, 風起雲行, 數子之學說, 汽船滿載, 掠太平洋而東至於中國. 我中國二萬萬同胞兄弟沈睡於黑暗世界, 覺一綫之陽光入牖, 熨眼起視, 刺鼻達腦, 萬聲一噎. 起步庭心, 摩挲自由之樹, 灌漑文明之花, 曰天賦人權, 曰不自由無寧死, 曰最大多數之最大幸福, 蓋日養養於心, 而昌昌於口也.[3]

---

1 도화(荼火)의 '荼'는 띠풀의 꽃으로 흰색을 가리키고, '火'는 불꽃으로 붉은색을 가리킨다. 도화는 흰색과 붉은색으로 위세가 드높고 분위기가 열렬한 모습을 의미한다.

2 '盧梭'는 루소(Jean Jacques Rousseau, 1712-1778)의, '福祿特爾'는 볼테르(Voltaire는 필명, 원명은 Francois-Marie Arouet, 1694-1778)의, '黑智爾'는 헤겔(Georg Wilhelm Friedrich Hegel, 1770-1831)의, '約翰彌勒'은 존 스튜어트 밀(John Stuart Mill, 1806-1873)의, '赫胥黎'는 헉슬리(Thomas Henry Huxley, 1825-1895)의, '斯賓塞'는 스펜서(Herbert Spencer, 1820-1903)의 음역(音譯)이다.

3 양양(養養)은 마음속으로 근심하고 불안한 모양을 가리킨다. 『시경(詩經)·패풍(邶風)·이자승주(二子乘舟)』에 "願言思子, 中心養養(아들을 생각하매 마음이 안타깝네)"라는 구절이 있다. 이 밖에 남의 부양을 받음과 스스로를 부양함이라는 뜻도 있다. 『열자(列子)·중니(仲尼)』에 "汝知養養之義乎? 受人養而不能自養者, 犬豕之類也(당신은 양양의 뜻을 아십니까?

182

獨我二百兆同胞姊妹,[4] 猶然前旒紸纊,[5] 桎梏疏屬[6], 冬釭訴夢, 春篋言愁, 絶不知文明國自由民有所謂男女平權, 女子參與政治之說也. 苟知之, 必且以爲怪也. 吾是以三熏三沐,[7] 縹筆禮天, 渡苦海以慈航,[8] 照漆室之一燈, 婆心說法, 苦口陳辭,[9] 而著此女界鐘.

남에게 부양을 받으면서 스스로를 부양할 수 없는 사람은 개나 돼지 같은 부류입니다)"라는 구절이 있다. 창창(昌昌)은 번창하고 왕성한 모양을 가리킨다.

[4] 지난날 중국에서 조(兆)는 100만(1,000,000)을 가리키는 용어로 사용되었으며, 따라서 100조(百兆)는 1억(100,000,000)을 가리킨다. 양계초(梁啓超)의 「소년중국설(少年中國說)」에 '四百兆國子(4억 국민)'이라는 기술이 이러한 예라고 할 수 있다.

[5] 전류(前旒)는 고대 제왕의 면류관 앞에 늘어뜨리는 구슬꿰미를 가리킨다. 『대대례기(大戴禮記)·자장문입관(子張問入官)』에는 "故古者冕而前旒, 所以蔽明也(그러므로 옛날에 면류관을 쓰고 앞에 구슬을 드리운 것은 밝게 살핌을 가리기 위함이었다)"라는 구절이 있다. 전류는 최고 권력자만이 착용할 수 있기에 황제나 제왕을 의미하기도 한다. 주광(紸纊)은 호흡을 하는지의 여부로써 생사를 확인하기 위해 새 솜을 코에 대보는 것을 의미한다. 『순자(荀子)·예론(禮論)』에는 "紸纊聽息之時, 則夫忠臣孝子亦知其閔已(새 솜을 코에 대고 숨이 끊어졌는지의 여부를 살필 때에는 충신이나 효자도 병세가 심각하다는 것을 안다)"라는 구절이 있다.

[6] 소속(疏屬)은 방계(傍系) 등의 먼 친척을 가리킨다. 『사기(史記)·전단열전(田單列傳)』에는 "田單者, 齊諸田疏屬也(전단이라는 사람은 제나라 왕 전 씨의 먼 친척이다)"이라는 구절이 있다.

[7] 삼훈삼목(三熏三沐) 또는 삼흔삼목(三釁三沐)은 여러 차례 목욕함과 아울러 향료를 몸에 발라 경건함을 드러낸다는 뜻이며, 훗날 인재를 맞아들이거나 일을 마주할 때의 정중하고 경건한 태도를 가리킨다. 『국어(國語)·제어(齊語)』에 제(齊) 환공(桓公)이 관중(管仲)을 맞이하기 위해 거행하는 성대한 의식을 묘사하는 가운데, "比至, 三釁三沐之, 桓公親逆之於郊(도착할 즈음 여러 차례 목욕을 하고 향료를 바른 후 환공은 몸소 교외에서 그를 마중하였다)"라는 구절이 있다.

[8] 고해(苦海)와 자항(慈航)은 모두 불교 용어이다. 고해는 고통이 끝이 없는 인간 세상을 가리키고, 자항은 부처가 자비심으로 중생을 제도(濟度)함을 배의 항해에 비유한 것이다.

[9] 파심(婆心) 혹은 노파심(老婆心)은 남에게 관심을 갖고 보살피는 인자한 마음을 가리키고, 고구(苦口)는 거듭 간곡하게 권하는 모양을 가리킨다.

第一節

緒論

立於不平等之地位, 而受專制之勝利, 則必以平等爲憎惡之物, 不祥之名, 盡死力以排去, 保其固有之地位, 故限制王權之說, 乃數百萬平民擲頭顱, 塗肝腦以爭, 非君主所樂出也. 今世界男子無不受專制女人之勝利, 苟不以爲玩好, 則以爲殖民地也. 故女權之說, 雖有彌勒約翰斯賓塞之徒倡之, 亦如拿破侖[1]之布自由民權, 遭歐洲君主之公敵也. 而十九世紀歐洲, 婦人業已自出手腕, 以與男子爭已失之權利, 雖文明梯級未許共登, 然而女權之種子, 經春風一噓拂, 旣勾萌而甲坼矣.[2] 嗟我神州, 同胞如玉, 靈魂怯弱, 品性狷廉, 欲拯之九淵之中, 而登於九天之上,[3] 非獨智有所不及, 乃亦力有所不勝. 嗚呼, 吾爲此懼!

吾今欲正襟危坐, 以告我二萬萬同胞之善女人[4], 而不能充分以直接也. 吾先被髮裂喉,[5] 告我二萬萬同胞之善男子曰: 凡身領壓制之況味, 受壓制之苦痛之人, 必腐心切齒於壓制政體, 不願世間有此等惡現象. 故法蘭西人之言曰: "願以世界君主之血染紅地球." 今世界君

---

1   拿破侖은 프랑스의 황제 나폴레옹(Napoléon Bonaparte, 1769-1821)의 음역이다.
2   초목이 갓 싹틀 때 구부러진 것을 '구(勾)'라 하고 똑바로 선 것을 '맹(萌)'이라 한다. '갑탁(甲坼)'은 초목이 싹을 틔울 때 씨앗의 껍질이 터지는 것을 가리킨다.
3   구연(九淵)은 매우 깊은 연못을 가리킨다.
4   선여인(善女人)은 원래 선남자(善男子)와 더불어 붓다의 가르침을 따르며 불심이 깊은 불제자를 가리키는 불교 용어이다.
5   피발(被髮)은 머리를 묶지 않고 풀어헤치는 것을 가리키며, 머리를 손질할 틈이 없을 만큼 바쁨을 의미한다.

主之國, 問覥顔存者幾何矣! 佛云: "我不入地獄, 誰入地獄." 今世界地獄之民, 可屈指數者又幾何矣. 普渡衆生, 吾等之宏願; 一視同仁, 吾等之天職. 民權與女權如蟬聯跗萼而生,[6] 不可遏抑也. 吾爲此說, 非獨爲二萬萬同胞姊妹說法也. 爲中國四萬萬人民普通說法也. 請試言之: 國於天地必有與立, 與立者國民之謂也. 而女子者, 國民之母也.

今吾中國'國民'之稱其無有矣, 其代名詞則'萬姓'是也. 是代表吾國民無精采不風骨, 徒於史姓韻編占一席地而已. 夫個人之品性, 雖有外界之風俗境遇薰染刺激而化, 亦自因內界之數十代遺傳根性醞釀陶鑄而成. 而根性之傳, 必離母以附子, 陽施陰受, 頓漸各殊. 故國民無師, 其所師則女子也.

嗟我同胞, 二千年來, 鬚眉如鯽,[7] 求可入王粲英雄之記, 布爾特奇[8]豪傑之談, 旣不槪見; 而紅粉蛾眉,[9] 無論不足比貞德(Jeanne D'Arc)·瑪利儂(後見)[10]·韋露(Vera Sassouhitsch)·蘇菲亞(Sophia Perovskaia)·批茶(Pethias)[11]·娜丁格爾(Florence Nightingale)之徒, 即班昭·龐娥·緹縈·木蘭·馮嫽等, 亦不許望肩背也. 我彤管其無光?[12] 我靑史其無

6　부악(跗萼)은 꽃받침과 씨방을 의미한다. 선련(蟬聯)은 일종의 첩운(疊韻)으로서, 바짝 달라붙어 있는 모양을 가리킨다.

7　수미여즉(鬚眉如鯽)은 수염과 눈썹이 붕어처럼 길고 억셈을 의미하며, 이와 유사한 성어로는 수미여극(鬚眉如戟)이 있다. 외모가 위엄 있고 장대하며 영웅적 기개를 지닌 사내대장부를 가리킨다.

8　布爾特奇는 플루타르코스(Plutarch, 46-119)의 음역이다.

9　홍분아미(紅粉蛾眉)는 연지와 분, 누에나방의 눈썹을 의미하며, 아름다운 여인을 가리킨다.

10　瑪利儂은 마리잔 '마농' 롤랑 드 라 플라티에르(Marie-Jeanne 'Manon' Roland de la Platière, 1754-1793), 즉 롤랑 부인(Madame Roland)의 음역이다.

11　Vera Sassouhitsch는 베라 자술리치(Vera Ivanovna Zasulich)를 가리키며, 批茶의 원명 Pethias는 해리엇 비처 스토(Harriet Beecher Stowe, 1811-1896)의 오기이다.

12　동관(彤管)은 고대에 여성들이 사용하는 붉은 대롱의 붓을 의미하며, 여성들의 글쓰기 혹은 붉은 꽃봉오리를 가리킨다. 『시경(詩經)·패풍(邶風)·정녀(靜女)』에는 "靜女其孌, 貽我

色? 我神州其終不發達? 我黃鍾其永不名譽?! 耗矣哀哉![13] 國無人!
國無人!

　十九世紀之中國, 一落千丈於世界競爭之盤渦; 若二十世紀之中國,
則一躍千丈於世界競爭之舞臺, 此理勢之必然者也. 男子然, 女子亦
何獨不然? 昔斯巴達婦人之勗其子之臨戰也, 曰: "願汝負楯而歸, 否
則楯負汝而歸." 瑪利儂之在獄中曰: "吾等今日已不能救身, 雖然, 一
息尚存, 終不可以不救國." 壯哉此言也! 我中國今日二萬萬同胞中, 有
是人, 爲是言, 吾將鑄金繡絲, 香花崇拜, 以爲誕出新中國新人物, 必
此人也. 張女界之革命軍, 立於錦繡旗前, 桃花馬上,[14] 琅琅吐辭, 以
喚醒深閨之妖夢者, 必此人也. 顧亭林曰: "天下興亡, 匹夫有責."[15] 豈
獨匹夫然哉, 雖匹婦亦與有責焉耳.

彤管. 彤管有煒, 說懌女美(어여쁘고 참한 아가씨 나에게 붉은 붓을 주도다. 붉은 붓 빛나니 그녀의
어여쁨을 기뻐하기 때문이로세)"라는 구절이 있다.

13　모의애재(耗矣哀哉 혹은 耗矣哀哉)는 흔히 정치적 혹은 사회적 혼란에 대한 비분을 나타낼
때 사용하는 감탄사이다. 『한서(漢書)·동중서전(董仲舒傳)』에 "秦國用之, 死者甚衆, 刑者
相望, 耗矣哀哉(진나라는 형법을 이용하여 죽은 자가 대단히 많고 형벌을 받은 자가 서로 바라보면
서 너무 많이 죽어 천하가 텅 비었구나 탄식하니, 이 얼마나 슬픈가)"라는 기록이 있다.

14　도화마(桃花馬)는 흰 털에 붉은 반점이 있는 말을 가리킨다. 당대(唐代)의 시인 두심언(杜審
言)의 「장난삼아 조사군의 미인에게 지어주다(戲贈趙使君美人)」라는 시에 "紅粉靑娥映楚
雲, 桃花馬上石榴裙(고운 얼굴 검은 눈썹은 머릿단에 비치고, 붉은 치마 차림의 여인이 도화마를
타고 있네"라는 구절이 있다.

15　고정림(顧亭林), 즉 고염무(顧炎武, 1613-1682)는 명말 청초의 사상가이자 학자이다. 그는 청
의 군사들이 산해관(山海關)을 넘어 들어왔을 때 『일지록(日知錄)·정시(正始)』에서 "保國
者, 其君其臣肉食者謀之; 保天下者, 匹夫之賤與有責焉耳矣(나라를 보전하는 것은 왕후장상
과 같이 녹봉을 먹는 자들이 도모하는 일이지만, 천하를 보전하는 것은 보잘 것 없이 천한 사람에게도
그 책임이 있다)"라고 적었다. 이 구절을 훗날 양계초(梁啓超)는 「변법통론(變法通論)·논유
학(論幼學)」에서 그대로 인용하였으며, 「통정죄언(痛定罪言)」3」에서 "斯乃眞顧亭林所謂天
下興亡, 匹夫有責也(이것이 바로 참으로 고염무가 말한 바의 '천하의 흥망은 필부에게 책임이 있다'
는 것이다)"라고 기술하였다.

女子之道德

'女子無才便是德'¹, 此不祥之言也. 是二百兆男子化身祖龍², 襲愚民坑儒之手段, 以毒世者也. 大抵流俗所謂道德, 其與奴隷鹿豕之相去, 實表之與裏. 已則口章句,³ 心綠利, 仰不辨八星, 俛不識五洲, 惟屈伏於東胡⁴之胯下, 仰望顏色, 尊爲天帝, 奉若祖先, 猶自以爲賢聖無以過也. 乃若所言, 則竈之嫗村之婢, 我同胞其不可不崇拜之; 德色於耰鋤,⁵ 詬誶於箕帚,⁶ 我同胞其不可不金科玉律之. 無才之謂也, 吾不暇與之深辨, 吾惟言女子道德之部.

女子道德之部, 吾且就其關繫於倫理者論列之, 大要可分爲三:

其一, 對於一身之道德. 對於一身之道德, 則世俗所謂女訓⁷是也.

---

1 '여자무재편시덕(女子無才便是德)'이란 구절은 명대(明代)의 진계유(陳繼儒)가 지은 『안득장자언(安得長者言)』의 "男子有德便是才, 女子無才便是德(남자는 덕이 있는 것이 곧 재주이고, 여자는 재주 없는 것이 곧 덕이다)"라는 구절에서 비롯되었다.

2 조룡(祖龍)은 중국 최초의 황제라 일컬어지는 진시황(秦始皇, B.C.259-210)을 가리키며, 진시황은 조룡, 여정(呂政) 등의 별칭을 지니고 있다. 고대 중국에서는 용을 신성함과 존귀함의 상징으로 간주하였기에 최초의 황제인 진시황에게 신화적 색채를 덧입혀 조룡이라 일컬었다는 견해가 있다. 이 밖에 오행학설(五行學說)에 따르면 진나라는 수덕(水德)을 따르고 청색을 숭상하였는데, 용은 물(水)과 밀접한 관계를 지니면서 구름과 비를 부릴 수 있기에 진시황에게 신비로운 능력을 부여하여 조룡이라 일컬었다는 견해도 있다.

3 판본에 따라 '已'는 '巳' 혹은 '己'로 기술되어 있기도 하다.

4 동호(東胡)는 동쪽 오랑캐, 즉 만주족의 만청(滿淸) 정부를 가리킨다.

5 덕색(德色)은 남에게 조금 고마운 일을 하고 곧 그것을 자랑하는 말이나 얼굴빛, 은혜(恩惠)를 베푼 것을 자랑하는 기색(氣色)을 가리킨다. 우서(耰鋤)는 김을 매는 곰방메와 풀을 뽑는 호미를 의미하며, 농기구의 총칭으로서 남자의 농사일을 가리킨다.

6 기추(箕帚)는 쓰레받기와 비를 의미하며, 여자의 집안일을 가리킨다. 구수(詬誶)는 꾸짖고 책망함을 의미한다.

7 여훈(女訓)이란 집안의 부녀자에게 내리는 훈계나 교훈을 가리킨다. 중국에 가장 널리 알려져 있는 여훈으로는 후한(後漢)의 학자이자 문학가인 채옹(蔡邕, 133-192)이 딸을 위해 지은 가훈인 『여훈(女訓)』과 후한의 반소(班昭)가 지은 『여계(女戒)』 등을 들 수 있다.

班氏[8]曰: "婦德不必才明絕異也. 清閑貞靜, 守節整齊, 行己有恥, 動靜有法."[9] 此言也, 吾何以非之哉! 夫世界文明進步, 則女子之教育亦將隨男子而異, 讀書入學, 交友游歷, 皆女子所以長智識, 增道德之具也. 道德智識, 乃天賦此身以俱來, 無男女一也. 靈臺[10]之光線, 無日不婉轉, 却曲以求伸, 不伸於此, 必伸於彼. 是故求讀書而不得, 則閨情之詩俳優之作, 盲詞開篇[11]之類至矣, 求入學而不得, 則齋醮之事[12], 寺觀之游, 布金施幡之徒衆矣. 求交友而不得, 則相狎之伴, 知情之婢, 三姑六婆[13]之交密矣. 求游歷而不得, 則戲園之座, 踏青[14]之行, 天竺落伽[15], 借花供佛,[16] 借佛游春之思想發矣. 其或拘攣成習, 窒僿無知, 則又徘徊竈觚,[17] 幽囚粧閣, 瑣瑣筐篋, 斷斷錙銖,[18] 夫家盛

8　반 씨(班氏)는 후한의 여성 문학가 반소(班昭)를 가리킨다.

9　이 구절은『여계(女戒)』의「부행 第四」에 수록되어 있다. 원문은 "婦德不必明才絕異也. 清閑貞靜"인데, '才明'과 '清閑' 등으로 오기하였다.

10　영대(靈臺)는 이마 한가운데를 의미하며, 마음 혹은 심령을 가리킨다.

11　맹사(盲詞)는 예전에 민간에서 유행한 노래와 이야기를 엮은 민간 예술을 가리키는데, 주로 맹인들이 불렀기에 맹사라 일컫는다. 개편(開篇)은 탄사(彈詞)에서 본 이야기를 들려 주기 전에 청중들의 주의를 집중시키고 본 이야기의 정조를 짐작할 수 있도록 부르는 짧은 시사(詩詞)를 가리킨다.

12　재초(齋醮)는 도교에서 제단을 쌓아 신과 소통하여 복을 비는 것을 가리킨다. 재(齋)는 몸과 마음을 깨끗이 하는 수행을 의미하고, 초(醮)는 제단을 설치하여 신에게 제물을 바치고 분향하고 기도하는 의식을 의미한다.

13　삼고육파(三姑六婆)는 저잣거리의 각양각색의 아녀자들을 가리킨다. 원대(元代)의 도종의(陶宗儀)가 엮은『철경록(輟耕錄)』에 따르면, 삼고(三姑)란 여승(尼姑)·여자도사(道姑)·점쟁이(卦姑)를, 육파(六婆)란 인신매매를 중개하는 여인(牙婆)·매파(媒婆)·무당(師婆)·기생어미(虔婆)·돌팔이 여의사(藥婆)·산파(穩婆)를 의미한다.

14　답청(踏青)은 청명절(清明節)에 교외로 나가 거닐면서 자연경관을 즐기는 관습을 가리킨다.

15　천축(天竺)은 인도를, 락가(落伽)는 산의 이름으로 보타산(普陀山)을 가리킨다.

16　차화공불(借花供佛), 혹은 차화헌불(借花獻佛)은 남의 물건을 빌려 은혜를 베풂을 의미한다. 이 말은 남조(南朝) 송(宋)의 구나발타라(求那跋陀羅)가 지은『과거현재인과경(過去現在因果經)』의 "今我女弱, 不能得前, 請寄二花, 以獻於佛(지금 나의 딸이 약하여 앞에 나아올 수 없으니, 꽃 두 송이를 바쳐 부처께 드립니다)"라는 구절에서 비롯되었다.

17　조고(竈觚)는 부뚜막에 달린 굴뚝을 의미한다. 배회조고(徘徊竈觚)는 여성의 삶이 부엌에 갇혀 아궁이를 벗어나지 못하는 처지를 가리킨다.

18　은은(斷斷)은 서로 말로 다투는 모양을 가리킨다. 치(錙)와 수(銖)는 모두 무게의 단위로, 치수는 아주 가벼운 무게를 의미하며 아주 사소한 일이나 돈을 가리킨다.

之以爲奇節, 戚族艶之以爲美談. 嗚呼! 吾中國女子品性如此, 其亦可以見矣. 天下事之最難堪者, 莫如以比較而生優劣. 今以歐洲女子之發達, 比我中國, 我中國人其知愧乎? 抑猶將强顔自辯, 竊竊然[19]非之也?

　其二, 對於男子之道德. 對於男子之道德, 則世俗所謂相夫是也. 夫男女牉合[20]乃世界之正例, 人天之大幸福也. 凡陰陽之調和, 情愛之歸宿, 品性之交換, 學問之商榷, 道德之補助, 皆於是取也. 是故文明之夫婦, 居則互理家政, 出則付托得人, 分途以入學, 相攜以游歷, 無掛礙, 無恐怖, 無遠離顚倒夢想, 則無依賴性而已. 中國女子習聞'三從''七出'之惡諺(非孔子之言, 孔子述之, 不爲達識), 競業自持, 跬步[21]不敢放縱. 生平束身圭璧,[22] 別無希望. 惟此却扇之夕,[23] 如登科及第, 三跪九叩,[24] 望闕謝恩, 以爲供職錄用, 生平之大事畢矣. 而爲男子者, 桑弧蓬矢, 天地四方,[25] 曩者仗劍出門, 曾無內顧之慮; 今玆纏綿牀

19　절절연(竊竊然)은 귓엣말로 속삭이는 모습을 가리킨다.
20　반합(牉合)은 남녀가 서로 어울려 짝을 이루는 것을 가리킨다.
21　규(跬)는 반걸음을 의미한다. 규보(跬步)는 반걸음 밖에 안되는 가까운 거리 혹은 반걸음을 의미한다.
22　속신(束身)은 방종하지 않고 자신을 구속하는 것을 의미하며, 규벽(圭璧)은 제왕이나 제후가 제사를 지내거나 천자 혹은 맹주를 알현할 때 사용하는 옥기(玉器)를 의미한다. 속신규벽(束身圭璧)은 도덕과 윤리에 위배되지 않도록 언행을 자중하고 단정히 하는 것을 가리킨다.
23　각선(却扇)이란 옛날의 혼례식에서 부채로 낯을 가린 신부가 혼례가 끝났을 때 부채를 거두는 것을 가리킨다. 각선지석(却扇之夕)은 신혼 첫날밤을 의미한다.
24　삼궤구고(三跪九叩)는 무릎을 꿇고서 세 번 머리가 땅에 닿도록 절하는 것을 세 차례 반복하는 것을 의미하며, 지극한 공경의 예를 갖춤을 가리킨다.
25　상호봉시(桑弧蓬矢)는 뽕나무로 만든 활과 쑥대로 만든 화살을 의미한다. 옛날 중국에서는 남자가 태어나면 이 활과 화살을 천지 사방에 쏘아 원대한 뜻을 품었음을 보여주었다. 『예기(禮記)·내칙(內則)』에 따르면, "射人以桑弧蓬矢六, 射天地四方(활 쏘는 자가 뽕나무로 만든 활과 쑥대로 만든 화살 여섯 대를 가지고 천지 사방에 쏜다)"라고 하였다.

第,²⁶ 歌泣帷房, 消耗國是之心. 摧挫風雲之氣. 吾讀閨中少婦之詩,

未嘗不掩卷而三歎息也. 雖然, 此其優者耳. 至於劣者, 貧窮起交謫,

婦姑生谿勃;²⁷ 更其卑者, 不爲鶼鰈容, 而作牛馬走.²⁸ 凡此種種夫婦

之惡現象, 劣根性, 吾口不忍言, 而筆不忍述也. 吾未聞羅蘭, 瑪利儂

之相勗, 有河東獅吼之聲也;²⁹ 吾又未聞加里波的, 馬尼他³⁰之相慰

藉, 有長生牽牛之淚也.³¹ 幸福無門, 惟人自造, 我同胞其知之否也?

　　其三, 對於家庭之道德. 對於家庭之道德, 則世俗所謂閫範是也.³²

閫範之內容, 大要又別爲二: 曰敎育之部, 曰家政之部. 敎育之部, 其

支分又有二焉: 一曰胎敎. 胎者, 人卵變人之始基也. 其始不過英寸

三百分之一之一卵珠, 瞬息變化, 數日而成魚類之形, 又數日而成抓

蟲之形,³³ 至六禮拜而成獸類之形, 更八禮拜而成小犬之形, 由是轉

26　전면상제(纏綿牀第)는 침상의 잠자리에 탐닉하여 벗어나지 못함을 의미하며, 남녀가 서로
　　즐기는 일에 빠져 있음을 가리킨다.

27　교적(交謫)은 서로 원망함을 의미한다. 계발(谿勃) 혹은 발계(勃谿)는 다투고 싸우는 것을
　　의미한다. 『장자(莊子)·외물(外物)』에 "室無空虛, 則婦姑勃谿(방안에 빈 공간이 없으면 며느
　　리와 시어머니가 다투게 된다)"라는 구절이 있다.

28　겸접(鶼鰈)은 중국 고대의 전설 중의 비익조(比翼鳥)와 비목어(比目魚)를 의미하며, 겸접용
　　(鶼鰈容)은 애정이 깊은 부부 사이를 가리킨다. 우마주(牛馬走)는 마소를 다루는 하인을 의
　　미하며, 종처럼 부림을 받는 사람을 가리킨다.

29　하동사후(河東獅吼)는 질투심이 많은 포악한 부인이 사납게 화를 내는 형상을 가리킨다.
　　원래는 북송대(北宋代) 진조(陳慥)의 아내 류 씨(柳氏)의 사납고 시샘 많은 형상을 가리키
　　며, 이후 드센 아내를 두려워하는 남편을 조롱하는 표현으로 사용되었다. 소식(蘇軾)의 「寄
　　吳德仁兼簡陳季常」이란 시에 "忽聞河東獅子吼, 拄杖落手心茫然(문득 아내의 성난 목소리
　　를 듣기만 하면 손에 쥐고 있던 지팡이를 떨구면서 마음이 아득해진다)"라는 구절이 있다.

30　加里波的은 가리발디(Giuseppe Maria Garibaldi, 1807-1882)의, 馬尼他는 아니타 가리발디
　　(Anita Garibaldi, 1821-1849)의 음역이다.

31　장생견우(長生牽牛)는 음력 7월 7일, 즉 칠석(七夕)과 관련된 이야기에서 비롯되었다. 즉 칠
　　석날이 되면 양귀비(楊貴妃)의 혼이 재생하여 장생전(長生殿)에서 현종(玄宗)을 만난다고
　　하며, 또한 견우(牽牛)와 직녀(織女)가 까막까치가 놓은 오작교(烏鵲橋)에서 눈물의 재회를
　　한다는 이야기가 있다.

32　곤범(閫範)은 규방의 여자가 지켜야 할 도덕규범으로서 여자 행위의 가장 중요한 준칙을
　　가리킨다.

33　조충(抓蟲)은 '벌레를 잡다'를 의미한다. 이 부분은 '개체발생은 계통발생을 되풀이한다'는

移改換而成人也. 故人者製造物也, 由劣等動物而變爲高等動物者
也. 性善性惡皆由人之自造, 凡其母之一思慮·一嚬笑, 皆足誕孕其克
肖之兒, 所謂"鳳凰生而有仁義之意, 虎狼生而有貪戾之心, 兩者不
等, 各以其母"[34]也. 今西人胎敎之書, 類皆注意於容止·飮食·居處·
衣服等衛生之事, 較吾內則·月令·繁露·論衡諸書言之尤詳, 惟於德
性之胚胎, 孕育未之及也. 列女傳曰: "古者婦人妊子, 寢不側, 坐不
邊, 立不蹕, 不視惡色, 不聽淫聲, 不食邪味, 夜則令瞽誦詩, 道政事."
此胎敎之必要也. 將欲孕出健康順逐, 聰秀偉大, 熱心公德, 道德名
譽之兒乎, 其必以胎敎之高尙純潔爲之基礎矣.

一曰母儀. 西人分敎學童之事爲百課, 而隸母敎者居七十焉. 小兒
之腦影如純素潔白之紙, 施丹則丹焉, 施墨則墨焉. 心無主觀, 語以
博愛·尙武·殖民·航海·共和·革命, 則翕而受之矣; 語以剝民媚上,
作姦犯科, 好貨好色, 則亦翕而受之矣. 今吾中國家庭敎育, 猥陋滅
裂, 自襁保負床以至束髮鼓篋,[35] 耳提面命,[36] 根塵接觸,[37] 無非弋科
保祿之可歆, 奪産盤利之可貴, 淫嫗穢婢, 口角鋒利之可喜, 鬼佛仙狐,
神靈幻影之可怖, 以養成今日不可思議之人格也. 嗚呼! 其蠢愚頑劣,

헤켈(E. Haeckel)의 발생반복설을 인용하고 있다는 점에서 파충(爬蟲)의 오기로 보인다.

34 이 구절은 전한(前漢) 초기의 사상가이자 문학가인 가의(賈誼, B.C.200-168)가 지은 『가자신
서(賈子新書)·권십 태교(卷十 胎敎)』에 수록되어 있다.

35 속발(束髮)은 예전에 열다섯 살이 되어 머리를 묶는 습속을 의미한다. 고협(鼓篋)은 예전에
학교에 들어갈 때 일종의 의식으로서 북을 치고 책상자를 여는 것을 의미한다. 속발고협
(束髮鼓篋)은 배움에 들어서는 시기인 청소년 시절을 가리킨다.

36 이제면명(耳提面命)은 귀를 끌어당겨 얼굴을 맞대고서 타이른다는 의미로, 간곡하게 타이
름을 가리킨다.

37 근진(根塵) 혹은 진근(塵根)은 불교 용어로서 육근(六根)과 육진(六塵)을 의미한다. 육근
이란 눈(眼), 귀(耳), 코(鼻), 혀(舌), 몸(身), 뜻(意)을 가리키고, 육진이란 색(色), 소리(聲), 향
(香), 맛(味), 촉감(觸), 법(法)을 가리킨다. 불교 교리에 따르면, 각각 여섯 가지의 근과 진이
서로 접하여 육식(六識)을 만들어내고 갖가지 번뇌를 초래한다.

則一旦入學而責之於其師, 而爲師者又未必賢也. 嗚呼! 吾今勿言拿破侖·華盛頓之母教矣, 孟軻·范滂·徐庶·柳仲郢·歐陽修之母, 盡人知之, 而何以母儀若是其墮落也! 彼聖賢帝王, 英雄俠義之成, 非異人任, 其成於賢母之手矣.

家政之部. 家政之界說有廣狹二義: 世俗所謂家政, 繁蹟危重, 其實則狹義者也. 吾所謂家政, 淸通簡要,[38] 其實則廣義者也. 世俗所謂家政, 米鹽瑣屑, 鉅細必親,[39] 如秦政治天下, 至於手量程石, 不中程不休,[40] 而政之叢脞者多矣. 吾之所謂家政, 自育兒·衛生至於經濟·法律·用人·行政, 犖犖數大端,[41] 隱然如國之雛形, 綱擧目張,[42] 奴耕婢織, 所謂堯舜拱己垂裳而天下治者也.[43] 至於刺繡一事, 本爲美術之

---

38 청통간요(淸通簡要) 또는 간요청통(簡要淸通)은 일을 처리함이 단순 명쾌하고 적확하며 분명하고 막힘이 없음을 가리킨다. 남조(南朝) 송(宋)의 유의경(劉義慶)이 엮은 『세설신어(世說新語)·문학(文學)』에 "南人學問, 淸通簡要(남방 학자의 학문 풍토는 단순 명쾌하고 적확하다)"라는 구절이 있다.

39 거세필친(鉅細必親) 또는 사무거세(事無鉅細)는 일의 대소를 막론하고 반드시 직접 처리함을 가리킨다. 서진(西晉)의 진수(陳壽)가 저술한 『삼국지(三國志)·촉지(蜀志)·제갈량전(諸葛亮傳)』에는 "頃之, 又領益州牧, 政事無鉅細咸決於亮(제갈량은 얼마 후 다시 익주목을 맡았는데, 정무를 처리함에 대소사 모두 그에 의해 처결되었다)"라는 구절이 있다.

40 『사기(史記)·진시황본기(秦始皇本紀)』에는 "天下之事無小大皆決於上, 上至以衡石量書, 日夜有呈 不中呈不得休息(천하의 대소사를 모두 황제가 결정하는지라, 심지어 읽을 문서의 중량을 저울로 달아 낮과 밤으로 정해놓고서 정량을 채우지 못하면 쉬지도 못하였다)"라는 구절이 있다.

41 락락(犖犖)은 '일이 분명하거나 뚜렷하다', '사리에 밝다'는 의미이다. 『사기(史記)·천관서(天官書)』에 "此其犖犖大者, 若至委曲小變, 不可勝道(이러한 것은 분명하고 뚜렷한 것들이다. 잘 드러나지 않은 소소한 변화들은 이루 말할 수도 없다)"라는 구절이 있다. 락락대단(犖犖大端)은 주요한 대목 혹은 두드러진 요점을 가리킨다.

42 강(綱)은 그물의 벼리, 목(目)은 그물의 눈이다. 강거목장(綱擧目張)은 그물의 벼리를 끌어올리면 그물눈은 저절로 펴진다는 의미이다. '대체적인 대강(大綱)을 들면 세부적인 조목(條目)은 저절로 밝혀진다'는 뜻으로, 하(下)는 상(上)을, 소(小)는 대(大)를 따름을 이르는 말이다. 한대의 학자 정현(鄭玄)이 지은 『시보(詩譜)·서(序)』에 "擧一綱而萬目張(하나의 벼리를 들면 1만 개의 그물코가 모두 펼쳐진다)"라는 구절이 있다.

43 공기수상(拱己垂裳)은 두 손을 가슴 앞에 모으고 단정히 앉는다는 뜻, 통치자가 아무 일도 하지 않아도 천하가 태평함을 가리킨다. 『상서(尙書)·무성(武成)』에 "惇信明義, 崇德報功, 垂拱而天下治(신의를 돈독히 하고 의로움을 밝히며 덕을 높이고 공적에 보답하면 아무 일을 하지 않아도 천하는 잘 다스려진다)"라는 구절이 있다. 또한 송대 소식(蘇軾)이 지은 「御試制科第一道」에 "今陛下處積安之時, 乘不拔之勢, 拱手垂裳而天下向風(이제 폐하께서 오랫동안 평안한 때에 처하여 흔들림 없는 형세를 타면 아무 일을 하지 않아도 천하가 귀의하게 될 것입니다)"라

一, 西國嘗與唱歌·體操殿學科, 而金剪玉尺, 取給機工, 實優勝吾中國女紅萬萬也. 夫誰使汝東貰十緝, 西貸斗粟, 旬制一履, 月繡一襦, 煩猥苦腦以費精神, 耗日力於此也? 循吾說而行, 則家庭之幸福惟女子製造之. 鍵戶而出耶, 旅行游學皆可耶; 當戶而居耶, 跳舞延賓, 攤卷修業亦可耶. 能生利, 不分利, 有自立, 無依賴, 國未有不强者也.

括而言之, 則三千年來中國女子常注意於個人之私德, 而於公德則直可謂之未嘗聞也. 曰'守身如玉', 曰'防意如城', 而男女平權, 女子讀書入學, 婚姻自由諸說, 皆以爲是敗壞私德之具也. 天下之大患, 嘗趣避一二人之所意料, 不從偏重者之一方面而來. 祖龍起驪山之獄, 焚書坑儒, 而陳·吳·劉·項[44]起於隴畝之間.[45] 宋鑒藩鎭之禍,[46] 明甚宗室之興,[47] 而覆我宗, 屋我社, 不出於華族貴胄, 乃羶虜賤種狃中夏而主齊盟也.[48] 夫誰使神聖不可侵犯女子之身, 不能保其高尙純潔之要素也? 彼歐洲女子誠不能必其悉如吾所稱頌, 然而社會之文明, 道德之進化, 人人有尊重名譽之心, 則吾所可斷言也. 今吾社會道德日以衰落, 不思清源正本,[49] 而乃剝奪普通個人之權利以爲防, 何與君主

는 구절이 있다.

44 陳·吳·劉·項은 각각 진시황의 폭정에 맞서 반란을 일으켰던 진승(陳勝)과 오광(吳廣), 유방(劉邦), 항우(項羽)를 가리킨다.

45 롱무(隴畝)는 논이나 밭의 두둑과 이랑을 의미하며 논밭을 가리킨다.

46 번진(藩鎭)은 당대(唐代)에 변방에 설치하여 군대를 주둔시키고 그 지방을 다스리던 관아 혹은 최고 벼슬이다. 번진지화(藩鎭之禍)는 당 현종(玄宗) 때에 절도사 안녹산(安祿山)과 그의 부장 사사명(史思明)이 일으킨 반란을 가리킨다.

47 종실지흥(宗室之興)은 명나라 황족의 숫자가 세대를 이어감에 따라 급속도로 증가함을 가리킨다. 황족은 등급에 따라 작위(爵位)와 녹량(祿糧) 등의 갖가지 혜택을 받았는데, 황족의 숫자가 증가함에 따라 재정에 심각한 부담 요인이 되었다.

48 제맹(齊盟)은 동맹 혹은 동맹을 맺음을 의미한다. 『좌전(左傳)·양공(襄公) 22년』에 "寡君盡其土實, 重之以宗器, 以受齊盟(저희 임금께서는 우리 나라에서 생산되는 토산물, 게다가 종묘의 기물을 가지고 가서 맹약을 받아들였다)"라는 구절이 있다.

49 청원정본(淸源正本)은 원천을 맑게 하고 근본을 바로잡음을 의미한다. 『한서(漢書)·형법지

之謬解不相遠也? 曷亦返其本矣.[50]

女子之道德惟何? 曰孝行·奇節·明才·敏腕, 皆附屬於公德之下, 而公德其無上者也. 公德者, 愛國與救世是也, 夫男子好冷眼, 而女子重熱心; 男子尙剛質, 而女子多柔腸. 愛國與救世, 乃女子之本分也. 是故緹縈之純孝, 勝於曹娥千倍也; 木蘭之奇行, 勝於北宮嬰兒萬倍也. 同胞乎! 女子乎! 願以炯炯之眸, 橫覽世界; 願以纖纖之手, 扶住江山. 女子乎! 同胞乎! 願振妙舌以隨批茶之後, 願提慧劍[51]以出蘇菲亞之前, 願發大心以與娜丁格爾相馳逐也. 其無使裙釵巾幗爲今日之惡名詞, 女丈夫·娘子軍古人得專美於前也.[52] 斯道德之光矣.

(刑法志)』에 "豈宜惟思所以淸源正本之論, 刪定律令(어찌 원천을 맑게 하고 근본을 바로잡는 논의가 진행되지 않겠는가, 법률과 법령을 수정하고 보완해야 한다)"라는 구절이 있다.

50 갈역반기본(曷亦返其本)은 개역반기본(蓋亦反其本), 즉 역시 근본으로 되돌아가야 함을 의미한다.『맹자(孟子)·양혜왕상(梁惠王上)』에 "蓋亦反其本(어찌 근본으로 되돌아가지 않는가)"라는 구절이 있다.

51 혜검(慧劍)은 불교 용어로서 일체의 번뇌를 끊어내는 지혜를 의미한다.『유마경(維摩經)·보살행품(菩薩行品)』에 "以智慧劍, 破煩惱賊(지혜의 검으로 번뇌의 적을 깨트린다)"라는 구절이 있다.

52 전미어전(專美於前)은 남보다 먼저 아름다운 명성을 독차지함을 의미한다.

女子之品性

今日中國女子, 有獨一無二之品性, 博人之稱譽與崇拜者, 曰風雅吉祥是也. 此品性也, 吾愛之重之. 然而風雅之品性, 在今日已如祥麟威鳳之不可得而見矣; 至於吉祥福利, 則爲普通之性質, 毫無疑義者也. 是故以冰操玉行之說頌人, 不如以花團錦簇[1]之詞媚人也; 即以驚才絕豔[2]之名奉人, 不如以多福多壽多男之語貢人也. 朝尋賣卜之人, 夕念消災之呪. 朔望茹齋,[3] 報雙親之豢養; 元宵聽鏡,[4] 占良人之登科. 烟視媚行,[5] 嘔濡以沫,[6] 舉足百忌, 終無一成. 至於腦界晦蒙, 生氣?喪, 四百兆人將隣於可悲之境, 欲避不祥之名而反乖祥之實也. 故今日女子以活潑機警, 英爽邁往, 破除迷信, 擺脫壓制爲品性可貴之

---

1 화단금족(花團錦簇)은 꽃봉오리와 비단에 놓은 수를 의미하며, 색깔이 알록달록 눈부시도록 아름다운 모습을 가리킨다.

2 경재절염(驚才絕豔)은 놀랄 만한 재주와 화려한 문장을 의미하며, 문재가 빼어나게 뛰어남을 가리킨다.

3 여재(茹齋)는 비린내 나는 음식을 먹지 않고 소식(素食)을 먹음을 의미한다. 청대(淸代) 전영(錢泳, 1759-1844)의 필기소설 『이원총화(履園叢話)·경현(景賢)·서주효자사(書周孝子事)』에는 "天下豈有無父之人哉! 遂屏棄葷血, 茹齋衣素(천하에 어찌 아비 없는 자식이 있겠는가! 고기 요리를 물리치고서 채소를 먹고 흰옷을 입을 것이로다)"라는 구절이 있다.

4 원소(元宵)는 원소절, 즉 음력 정월대보름을 의미한다. 청경(聽鏡)은 점을 치는 행위의 일종으로, 섣달그믐이나 정초의 밤에 거울을 품고서 길 가는 사람들이 무심결에 하는 말을 몰래 엿들어 길흉화복의 점을 치는 행위를 가리킨다.

5 연시미행(烟視媚行)은 눈을 가늘게 뜨고서 느릿느릿 걷는 것을 의미하며, 수줍고 조심스러우며 단정한 행동거지를 가리킨다. 『여씨춘추(呂氏春秋)·추(秋)·심응람(審應覽)·불굴(不屈)』에 "人有新取婦者, 婦至, 宜安矜, 烟視媚行(새로이 아내를 들이는 자가 있으니, 아내가 이르면 마땅히 다소곳하고 눈을 가늘게 뜨고서 느릿느릿 걸어야 한다)"라는 구절이 있다.

6 구유이말(嘔濡以沫)은 생존의 위기에 처한 물고기가 거품을 토해 서로의 몸을 적시는 것을 의미하며, 환난 중의 사람들이 상부상조하여 목숨을 부지함을 가리킨다. 『장자(莊子)·대종사(大宗師)』에 "泉涸, 魚相與處於陸, 相呴以濕, 相濡以沫, 不如相忘於江湖(샘이 마르면 물고기들은 땅 위에 함께 모여 서로 물기를 뿜어주고 서로 물거품으로 적셔주지만, 강이나 호수에서 서로를 잊고 지내던 때보다는 못하다)"라는 구절이 있다.

第一義, 而學問次之. 夫能如是也, 則半部分之新國民成矣.

吾欲比較中國女子學問之程度, 而無以爲率也. 以吾邑之程度表列之, 則辨字形者居十分之五, 解字義, 別四聲者居二十分之六, 粗通文翰, 略有凝滯, 居百分之十, 至於了解大勢, 勦說古今, 殆三千分中之一也. 若夫涉蒼佉7之津涯, 有國民幸福之思想者, 此當以二百兆人爲比例, 吾無以爲術矣! 夫己氏8之詩曰: "蓬心不稱如花貌, 金屋難藏沒字碑."9 夫沒字則免矣. 嗟爾多數國民, 盛行排外, 憎惡女權, 狂誦俳諧之詞. 助長奴隸之性, 斷港絶流, 以求文明, 切身行己,10 無過風月, 吾謂夫子其猶有蓬之心也. 今使我同胞入讀西哲之書, 出聽通人之論, 發皇神智, 振刷精神, 腦筋一刺激, 胃臟一浣濯, 吾知支頤闔目, 必有新世界·新中國浮現於夢想者: 喬喬皇皇,11 雲霞其光; 美女訣麗, 時花芬芳; 樓臺金玉, 環珮笙篁; 如登天堂, 如游仙鄕. 曷興乎來!

雖然, 此特言其品性之關於內界耳. 若夫品性之關於外界者, 吾中國女子有絶大之障害數端, 請申論如下:

一, 纏足之害. 悲哉! 天刑乎! 夫天刑猶可言, 而人刑其何爲者也?

---

7 창가(蒼佉)는 각각 한자와 카로슈티문자를 창제했다고 전해지는 신화·전설 속의 창힐(蒼頡)과 카로슈티(佉盧虱吒)를 가리킨다.

8 부기씨(夫己氏)는 누구인지 분명히 밝히고 싶지 않을 때의 호칭이다. 『좌전(左傳)·문공(文公) 14년』에 " 齊公子元不順懿公之爲政也, 終不日公, 日夫己氏(제나라 공자 원이 의공의 정치에 불복하여 끝내 그를 공이라 일컫지 않고 그자라고 하였다)"라는 구절이 있다.

9 봉심(蓬心)은 작고 구불구불한 쑥대를 의미하며, 편협한 마음을 가리킨다. 『장자(莊子)·소요유(逍遙遊)』에 "夫子猶有蓬之心也夫!(선생께서는 좁디좁은 마음을 가지고 있구려!"라는 구절이 있다. 몰자비(沒字碑)는 비문이 새겨져 있지 않은 비석, 즉 백비(白碑)를 가리키는데, 흔히 교양이 없는 사람에 대한 풍자로 사용된다.

10 절신(切身)은 '절실하다, 혹은 몸소, 친히'를, 행기(行己)는 자신의 뜻을 실행하는 것을 의미한다. 이와 흡사한 사자성어로 입신행기(立身行己)가 있는데, '뜻을 세워 실천에 옮긴다'는 뜻이다.

11 율율황황(喬喬皇皇)은 무성하게 번창하여 화려하고 장엄한 모양을 가리킨다.

女子不幸生於地球, 既不能逃產育之大難, 艱辛勞苦視男子爲劇, 而復加以殘忍紮割之苦痛, 世界男子其無人心矣! 夫非洲婦人之壓首, 西洋女子之束腰, 已爲酷異, 然未嘗與吾中國纏足之甚者也. 冠可裂而履不可棄, 顧同圓而趾不同方, 名爲戴天履地, 而偏有此徑寸之物鉗制嵌縛, 以不能直接也. 吾中國君民男女不平等, 驟言或不信, 若杖責與纏足則尤著者矣. 宛轉呼號, 求死不得, 血肉穢臭, 肢體摧殘, 吾拷問作俑,[12] 吾恨不能起李昇於九幽之獄, 處以筋懸廟屋之刑也.[13]

吾崇拜張獻忠之豪快, 如第二之拿破崙也. 夫彼鐵木眞·奴兒哈赤有何善行, 而子孫世世爲中國王, 即此天足之一端. 其亦足邀上蒼眷佑, 延祚數百而有餘矣. 雖然, 獨夫人賊不足論,[14] 我女子其何爲自戕自毒以至於此耶? 將以爲美觀乎? 則外部纖長, 內容腐敗, 未見其高尙也. 且身非花鳥, 又非瑁羽, 何爲矯揉造作以自儕於玩好也! 將以爲舊俗乎? 則薙眉涅齒, 東人猶將改革; 文身穿鼻, 蠻俗今已消除, 豈有林下風儀, 大家擧止,[15] 欹側軟媚, 痿痺不仁, 曾不如僕婢猶得葆其天然之素也.

從古滅種亡國, 皆由於自造, 而非人所能爲, 今吾中國吸煙·纏足,

---

12 작용(作俑)은 고대에 순장할 때 함께 묻는 인형을 만들거나 혹은 좋은 못한 선례를 처음으로 만드는 것을 의미한다.

13 근현묘옥지형(筋懸廟屋之刑)은 초(楚)나라 장수 요치(淖齒)가 제나라 민왕(湣王)을 죽인 후에 그의 힘줄을 뽑아내 동묘(東廟)에 내걸었던 형벌을 가리킨다.

14 독부인적(獨夫人賊) 혹은 독부민적(獨夫民賊)은 포악한 독재자, 잔인무도한 폭군을 의미한다. 『상서(尙書)·태서하(泰誓下)』에는 "獨夫受, 洪惟作威, 乃汝世讐(폭군이 잔혹 행위를 크게 행하니 너희들의 대원수이다)"라는 구절이 있다. 또한 『맹자(孟子)·고자하(告子下)』에는 "今之所謂良臣, 古之所謂民賊也(지금이야 이른바 좋은 신하이지만 옛적에는 이른바 무도한 도적놈이었다)"라는 구절이 있다.

15 림하풍의(林下風儀) 또는 림하풍치(林下風致)는 여자의 태도가 우아하고 행동거지가 대범함을 의미한다. 『선화서보(宣和書譜)』에 "婦人薛濤, 成都倡婦也. 以詩名當時, 雖失身卑下, 而有林下風致(부인 설도는 성도의 기생이다. 시로 당시에 이름이 났으며, 비록 지조를 잃고 비천하지만 우아하고 대범한 풍모를 지니고 있다)"라는 구절이 있다. 또한 대가거지(大家擧止)는 대부호나 권문세가의 거동에 풍모와 기품이 있음을 의미한다.

男女分途, 皆曰趨於禽門鬼道, 自速其喪魂亡魄, 而斬絶宗祀也. 我同胞其念之矣! 脫壓制者, 先去束縛. 天全神完則種强, 種强則國興, 所願三十年後, 此纏足之惡現象, 惡風俗流傳淘汰, 僅抱殘守缺於倡伎之一部分而漸以滅也. 夫欲避漸滅之厄, 必先自放足始矣.

二, 裝飾之害. 驟而語中國女子服飾之當毀裂, 吾言其不近人情乎! 夫歐洲女子之蜂其腰而鼓其乳, 花枝繽紛於其冠, 吾不知於衛生有何益, 而於文明點綴有何相稱也. 夫中國近年來女子衣服寬窄宜而修短合, 一旦遽從西服, 吾不贊成. 若夫繡領四緣, 瓔珞垂肩, 挖雲鏤月,[16] 花樣翻新, 雖關於個人經濟, 然而心力日力則既耗諸無用之地矣. 至於步搖·條脫·碧霞·翡翠·珊瑚·瑪瑙·金珠,[17] 奇異之工, 蒸蒸日上,[18] 爲女子者之寶如彝鼎, 珍之如球璧,[19] 酸焉而骨董, 侈焉而博物, 皆足以玩物喪志, 借瑣耗奇, 夫安有餘暇以攻書史, 談天下事也?

而尤有甚者, 則脂粉是也. 人之顏色受於天, 其妍媸成乎人, 不可勉强也. 生焉而美耶, 宋玉所謂傅粉則太白, 施朱則太赤. 赤與白是喪其美者也. 其醜耶, 苟非如西國所謂畫皮之工, 中國所謂假面之具, 其無以掩之矣. 且鉛汞之質易傷血管, 一經附着, 轉致黃瘁. 夫不聞克

---

16 알운루월(挖雲鏤月)은 구름 모양으로 파내고 달 모양으로 깎아 새김을 의미하며, 시와 문장에서 갈고 다듬어 아름답게 꾸밈을 가리킨다. 흔히 재월루운(裁月鏤雲)이라고 한다.

17 보요(步搖)는 옛적 부인의 머리 장식의 하나로, 머리 장식이 걸을 때 흔들리기 때문에 붙은 이름이다. 조탈(條脫)은 팔에 차는 나선형의 장신구로, 위아래 양쪽을 좌우로 움직여 느슨하게 만들 수 있다. 벽하(碧霞)는 투르말린(tourmaline) 계열의 보석으로 만든 팔찌이고, 금주(金珠)는 황금으로 만든 구슬 모양의 보석이다.

18 증증(蒸蒸)은 흥성하는 모양, 상승하는 모양, 우렁찬 모양을 가리킨다. 증증일상(蒸蒸日上)은 나날이 향상되고 발전함을 의미한다.

19 이정(彝鼎)은 고대의 제사에 사용되는 솥이나 술잔 등의 제기를 가리킨다. 구벽(球璧)은 진귀한 보물을 가리킨다.

林威爾之詞畫工之語乎? 曰"勿失吾眞相." 我同胞試自問何爲而至於失眞相也? 又不聞李白與湯臨川之詩與曲乎? 曰"秋水出芙蓉, 天然去雕飾." 曰"一生愛好是天然." 我同胞其自愛, 願以天然二字與天賦人權同其珍貴也.

抑更有甚者, 則穿耳與盤髻是也. 穿耳一事其害較諸纏足爲輕, 然而徑寸之膚, 纖杪之孔, 重墜搖曳, 亦有苦痛之時. 且貫耳之刑, 軍中之懲罰, 此與約指手釧皆爲野蠻時代男子降伏女子之一大確證, 一大表記也, 而反以爲榮耶? 至於風鬟霧鬢,[20] 乃女子所恃以爲美之具, 苟亂頭粗服,[21] 雖同室之人亦醜之矣. 然吾以爲女子嬌惰腐敗之劣根性, 皆自纏足與盤髻深造閱歷而來. 當其春眠不覺之時, 倉卒晨興, 盥漱猶所不顧, 惟此重重縶縛, 精緻綿密, 先費數十分鐘之久; 然後對鏡從容, 頤指氣使,[22] 務使波婿雲委,[23] 風吹不亂, 釵光鬢影,[24] 灼灼鑑人, 約費二三小時, 全功告竟, 而半日之光陰去矣. 是以今日女子入學

---

20 풍환무빈(風鬟霧鬢)은 바람에 흩날리는 쪽 진 머리와 안개처럼 자욱한 살쩍을 의미하며, 여인의 헝클어진 머리카락 혹은 대단히 아름다운 머리카락을 가리킨다. 남송(南宋)의 이청조(李淸照, 1084-1155?)의 사(詞) 「영우락(永遇樂)」에 "如今憔悴, 風鬟霧鬢, 怕見夜間出去(이제는 수척한 얼굴에 머리 헝클어져 밤마실 다니기도 두려워라)"라는 구절이 있고, 북송대(北宋) 말기 주방언(周邦彦, 1056-1121)의 사(詞) 「감자목란화(減字木蘭花)·풍환무빈(風鬟霧鬢)」에 "風鬟霧鬢, 便覺蓬萊三島近(아름다운 머릿결에서 신선의 선경 가까움을 느끼노라)"라는 구절이 있다.

21 란두조복(亂頭粗服)은 흐트러진 머리와 제멋대로의 복장을 의미하며, 몸치장을 하지 않아 단정하지 못한 용모를 가리킨다.

22 이지기사(頤指氣使)는 턱으로 지시하고 기색으로 부린다는 의미로, 남을 마음대로 마구 부림을 가리킨다. 후한(後漢) 반고(班固, 32-92)가 지은 『한서(漢書)·공우전(貢禹傳)』에 "家富勢足, 目指氣使(가세가 부유하여 남을 눈짓으로 지시하고 기색으로 부렸다)"라는 구절이 있고, 북송(北宋) 사마광(司馬光, 1019-1086)이 지은 『자치통감(資治通鑑)·당기(唐紀)』에 "見朝士, 皆頤指氣使, 旁若無人(조정의 인사를 보면 늘 턱으로 지시하고 기색으로 부렸으며 곁에 아무도 없는 양 행동하였다)"라는 구절이 있다.

23 파타운위(波婿雲委)는 파촉운위(波屬雲委)의 오자 혹은 변형으로 추측된다. 파촉운위는 파도가 이어지고 구름이 쌓이는 모양을 의미하며, 끊임없이 이어지고 겹겹이 나타남을 가리킨다.

24 채광빈영(釵光鬢影)은 비녀의 빛이 귀밑머리를 산뜻하게 비춤을 의미하며, 여인의 아름다운 머리 장식을 가리킨다.

讀書, 審姑從北狄辮髮, 以取簡捷, 非得已也.

抑今世俗社會所謂神聖不可侵犯, 若有無數祖先神靈集於其上者, 非辮髮是耶? 同此父母遺體, 以美觀之故, 刵刖重刑有所不恤; 惟是尺寸毫毛, 護持周至, 遺棄委蛻,[25] 則簏而藏之矣; 貂不足而狗尾續,[26] 不惜重價以購諸人矣. 今四方志士知識進化, 截髮以求衛生, 吾以爲女子進化亦當求截髮始. 此非吾好爲驚人之言也, 慧劍柔情, 一朝斬斷, 自由不死, 煩惱捐除, 苟或以爲比邱優婆,[27] 吾謂不爲武曌,[28] 終無惡德也. 十五世紀自由民之徽號如此矣, 吾非敢以此責普通女子, 世有天仙化人, 神通廣大, 其以此爲然哉!

三, 迷信之害. 迷信何以起? 起於人之感情希望也. 而女子者, 感情希望之出産地也. 野蠻時代之女子, 其靈魂較男子爲尤弱, 故依賴男子成爲根性. 其可以把握而得之感情希望, 則仰給於男子之身; 其不可以把握而得之感情希望, 則仰給於神權之手. 迷信之來, 自初民始矣. 夫幼者之迷信不如壯者之迷信, 壯者之迷信不如老者之迷信. 其靈魂日有規則, 則迷信日遵守而益堅; 然而迷信無規則, 則返以問諸

---

25 위태(委蛻)는 타고난 육체나 육신을 의미하거나 죽음을 완곡하게 나타내는 표현으로 사용된다.

26 초부족이구미속(貂不足而狗尾續)은 『진서(晉書)·조왕륜열전(趙王倫列傳)』의 기록에서 비롯되었다. 즉 진(晉)의 무제 사마염(司馬炎)이 죽은 후 그의 숙부인 사마륜(司馬倫)이 제위를 찬탈하였는데, 그는 권력을 남용하여 자신의 친척과 친구는 물론 노비와 시종에게까지 마구 관직을 하사하였다. 이리하여 "조회가 열릴 때마다 담비 꼬리와 매미 날개가 가득 앉자, 세상 사람들 사이에 '담비가 모자라니 개 꼬리로 잇는구나'라는 속담이 생겨났다(每朝會, 貂蟬盈坐, 時人爲之諺曰, 貂不足, 狗尾續)."

27 비구우사(比邱優婆)는 범어(梵語)인 비구우바(比丘優婆), 즉 여승인 비구니(bhikkhuni)를 가리킨다.

28 무조(武曌)는 측천무후(則天武后, 624-705)이며, 무측천(武則天)이라고도 한다. 그녀는 당대(唐代) 고종(高宗) 황제의 황후였으나 황태자들을 잇달아 폐위시키고 자신이 황제가 되었다.

靈魂而亦啞然不自解也. 夫釋之徒自辯護其釋也, 道之徒自辯護其道也, 卜筮之徒自辯護其卜筮也, 耶之徒自辯護其耶也. 乃今則幷釋迦牟尼·觀世音·太上老君·文王·鬼谷而幷爲一談矣; 關羽·岳飛·五通·七煞而祀爲一尊矣; 聞耶蘇之言而憎, 見十字之架而汗流浹背, 俯伏至地矣. 日月之爲兄妹也, 雷電之有公母也, 見寸星之蛇而拜曰:"此吾祖也." 言者莊其色, 聽者動其容. 告以鴨之腦有秦檜之靈也, 鶺鴒之鳥是冥王之壻也. 則信之; 告以電學之發明, 汽機之心得, 則疑之; 復告以化學之六十八原質爲神祈之所點化,[29] 印書之術爲魔鬼之所創造也, 則又抵掌稱快曰:"然哉! 然哉!" 嗚呼! 民智如此, 予欲無言.

迷信者, 不祥之物也; 僧尼巫瞽地卜星相者, 不祥之人也. 吾不解婚姻吉祥之事, 何以叩叢林之門而問諸籤也; 徙宅吉祥之事, 何以踵堪輿之庭而覘所向也. 錦綳之子,[30] 得妖尼之摩頂,[31] 或結螟蛉而與爲緣也[32]; 殖產之贏, 求望氣之豫決,[33] 先具酒食而拜所賜也. 强項之人,[34] 見巫陽而膜拜也[35]; 守財之虜, 聞施僧而破吝也. 大抵老者靈魂就衰,

---

29 신기(神祈)는 하늘신(天神)에게 복을 비는 것을 의미하며, 이는 하늘신과 땅의 신(地神)을 의미하는 신기(神祇)의 와전으로 보인다. 점화(點化)는 도교에서 이르는 바 신선이 법술을 이용하여 사물을 변화시킴을 의미한다.

30 금봉(錦綳)은 무늬 놓인 비단으로 만든 강보(襁褓)를 의미한다. 당대(唐代)에 양귀비(楊貴妃)가 안록산(安祿山)의 생일을 맞아 그를 비단으로 만든 강보에 싸서 궁녀들을 시켜 꽃가마에 태웠다는 이야기가 전해지고 있다.

31 마정(摩頂)은 불교에서 머리를 깎고 계(戒)를 받는 의식을 가리킨다. 『법화경(法華經)』에 따르면, 석가모니가 불법을 전수할 때 오른손으로 신도의 이마를 가볍게 어루만졌다고 하는데, 이 행위는 지혜의 전수와 축복을 상징한다.

32 명령(螟蛉)은 빛깔이 푸른 나비 혹은 나방의 애벌레를 의미한다. 나나니벌은 자벌레나 밤나방의 유충을 잡아 그 유충에 알을 낳은 후 알에서 깨어난 애벌레의 먹이로 삼는데, 옛사람들은 이를 나나니벌이 애벌레를 업어 기르는 것으로 이해하였다. 이러한 오해로부터 명령은 타성(他姓)에서 맞아들인 양자(養子)를 가리키기도 한다.

33 망기(望氣)는 풍수학의 용어로서 구름 모양을 보고 길흉과 운세를 점치는 점술의 하나이다.

34 강항(强項)은 남에게 굴복하지 않은 채 강직하고 꿋꿋함을 가리킨다.

35 무양(巫陽)은 옛적 전설에 나오는 무녀이자 신의(神醫)이다. 굴원(屈原)의 『초사(楚辭)·초혼(招魂)』에 "帝告巫陽曰:'有人在下, 我欲輔之 魂魄離散, 汝筮予之.' 巫陽對曰:'掌瘳上帝, 其

殘喘一息,[36] 惟滿貯風燭垂暮之感情, 輪迴以後之希望, 故炷香宣佛,
求福田於來世,[37] 此時簡單思慮, 佛爲最宜.

少壯之人更事漸多, 過去未來各有種種之籌畫, 與接爲搆,[38] 日與
其憾情希望爲鬥, 則腦界襞韻,[39] 酬應紛繁, 迷信之途無孔不入. 若夫
幼子感情方富, 希望無窮, 與春水方生, 奇花怒放, 宗敎思想本不發
達, 而種性流傳, 衣鉢託付, 有使之不能不信之勢, 於是切身之問題起
也, 則批判命運是也. 是故世俗之所謂命運, 直自幼至老, 亘此恒幹,[40]
無所逃於天地之間者也. 中國女子迷信不一端, 吾以兩言總括之: 則
日者[41]之談命運爲之經, 而佛敎之言福田利益爲之緯. 其他旁挺側出,
則皆比附而行其道者也.

謂女子無愛國救世之心乎? 吾見'風調雨順, 國泰民安'諸字日高張

難從.'(천제께서 무양에게 일러 '저 아래에 사람이 있으니 내가 도와주고 싶은데, 혼백이 흩어지려 하
니 그대가 나를 위해 점을 쳐서 돌아오게 하라'라고 말하자, 무양이 대답하여 '꿈을 관장하는 이는 상
제이시니, 그 명을 따르기 어렵나이다)"라는 구절이 있다. 『산해경(山海經)·해내서경(海內西經)』
에 "開明東有巫彭·巫抵·巫陽·巫履·巫凡·巫相, 夾窫窳之屍, 皆操不死之藥以距之(개
명 동쪽에 무팽, 무저, 무양, 무이, 무범과 무상이 있고 알유시와 가까이 있는데, 이들은 모두 불사약을
손에 쥔 채 떨어져 있다)"라는 구절이 있다. 모배(膜拜)는 합장한 손을 이마에 대고 땅에 엎드
려 드리는 절을 가리킨다.

36 잔천일식(殘喘一息)은 숨을 쉴 때마다 기침하거나 헐떡거리는 것을 의미하며, 목숨이 얼마
    남지 않음을 가리킨다.
37 복전(福田)은 불교 용어로서 복을 거두는 밭을 의미한다. 삼보(三寶)의 덕을 존경하는 것을
    경전(敬田), 군부(君父)의 은혜에 보답하는 것을 은전(恩田), 가난한 사람을 불쌍히 여기는
    것을 비전(悲田)이라 하는데, 이 세 가지를 복전이라 한다.
38 여접위구(與接爲搆), 즉 여접위구(與接爲構)는 타인 혹은 외부 사물과 접촉하여 갖가지 분
    쟁이나 갈등을 일으킴을 가리킨다. 『장자(莊子)·제물론(齊物論)』에 "大知閑閑, 小知間間.
    大言炎炎, 小言詹詹. 其寐也魂交, 其覺也形開. 與接爲搆, 日以心鬬(큰 지식은 너무 방대하
    고, 작은 지식은 편협하네. 큰 말은 너무 거창하고 작은 말은 수다스럽네. 잠잘 때는 혼이 뒤섞이고 깨
    어서는 몸이 편치 않다네. 더불어 접하면서 서로 얽혀들어 날마다 마음속으로 다투네)"라는 구절이
    있다.
39 벽색(襞韻)은 주름이 지고 심오, 복잡함을 의미하는데, 이는 벽적(襞襀)의 오기인 듯하다.
    벽적은 옷의 가닥이 접혀서 생긴 주름을 의미한다.
40 항간(恒幹)은 육신이나 육체를 의미한다.
41 일자(日者)는 옛적에 점을 치는 자를 가리킨다. 『묵자(墨子)·귀의(貴義)』에 "子墨子北之齊,
    遇日者(묵자가 북쪽으로 제나라에 가다가 점쟁이를 만났다)"라는 구절이 있다.

於普通門楣間也. 夫國民之幸福惟我輩力造之, 無可疑也. 至於風雨者隨氣候而變, 非權力所能及也. 此與夫日月蝕而拜, 水旱災而禱, 虹霓鬪而懼, 昏庸民賊之程度不相遠也. 吾今欲破女子之迷信, 則欲反其道而因其材, 以實行夫愛國與救世之心也. 夫日誦哥侖布, 麥折倫,[42] 不如自行哥·麥之爲愈也; 日贊孔子·基督, 不如自行孔·基之爲愈也; 日念普門大士, 湄洲聖母,[43] 不如自爲大士·聖母之爲愈也. 楊枝甘露灑遍大千,[44] 披髮仗劍逍遙海上, 慧眼微觀, 衆生之苦惱如此矣, 善女人, 善女人, 竭誠與否, 信道與否, 其以吾此言決之.

人群發達之賊, 其迷信乎? 欲發達一羣之人, 無論種種羅網, 種種障礙, 皆當衝抉. 而有此迷信之根膠粘纏縛, 則一事不能做, 寸步不可行, 更三百年中國猶今日也. 十七世紀歐洲科學發達, 以後國民之靈魂定, 魄力强, 十八世紀之革命起也. 今吾中國命運不能待矣, 吾願以猛烈手段, 用硫强之水, 炸裂之藥, 重重轟洗, 重重破壞, 快刀斷亂麻, 引錘破連環. 我將爲君一拳槌碎黃鶴樓, 君亦爲我一腳踢翻鸚鵡洲, 快哉! 快哉! 迷信去而後壓制去, 壓制去而後文明國, 自由民出現於中國. 善男信女,[45] 效果非常, 如是, 如是.

---

42 哥侖布는 콜럼버스(Christopher Columbusm 1450-1506)의 음역이고, 麥折倫은 마젤란(Ferdinand Magellan, 1480?-1521)의 음역이다.

43 보문대사(普門大士)는 불교에서 관세음보살(觀世音菩薩)을 가리키고, 미주성모(湄洲聖母)는 미주도(湄洲島)에서 받들어지는 마조(媽祖)를 가리킨다.

44 대천(大千), 즉 대천세계(大千世界)는 불교 용어로서, 넓고 넓어 끝이 없는 인간 세상을 가리킨다. 세계의 천 배를 소천세계(小千世界), 소천세계의 천 배를 중천세계(中千世界), 중천세계의 천 배를 대천세계(大千世界)라고 한다.

45 선남신녀(善男信女)는 불교 용어로서 불법에 귀의한 남녀를 의미한다.

四, 拘束之害. 中國女子之品性, 陳人也.[46] 顔色腼腆, 詞氣塞澀, 見人則驚而走, 與嬰兒然. 推其原, 則拘束爲之因. 夫童昏之君主, 不辨菽麥,[47] 聞災荒饑饉, 則曰"何不食肉糜", 而法蘭西宮主之言亦與之相等, 蓋養尊處優之效也. 中國女子尊嚴如帝王, 而卑屈不異於囚虜, 堂高廉遠,[48] 居恒不得望見顔色, 至於權力圈限, 去筐筥數十步即不敢聞問, 出門半里了不辨方向, 世間普通情事, 說之猶多茫昧. 此非其生而愚也, 金閨深邃, 繡閣寂廖, 內言不出, 外言不入, 別嫌明微而智識之隔絶者多矣.[49]

夫中外隔絶而後互市行, 君民隔絶而後革命起, 欲禁錮智識則馬丁路德之經典, 噶蘇士之報,[50] 俄羅斯靑年之禁書, 未見其能終隔絶也. 中國女界之隔絶, 論者以爲關於道德品性, 不知道德品性之優者, 伏女·班昭授經讀史, 交換智識, 酬應無怍, 未見其有害也. 以衛夫人之

---

46 진인(陳人)은 흔히 노인, 죽은 사람, 오랫동안 사귀어 온 친구, 진부한 사람 등을 의미한다. 『장자(莊子)·우언(寓言)』에는 "人而無以先人, 無人道也. 人而無人道, 是之謂陳人(나이 먹은 사람으로서 사람들을 앞서서 이끌 자질이 없다면 사람다운 도리가 없는 것이며, 나이 먹은 사람으로서 사람다운 도리가 없다면 이런 사람을 일러 늙어빠진 사람이라 한다)"라는 기록이 있다.

47 불변숙맥(不辨菽麥)은 콩과 보리를 구분하지 못함을 의미하며, 사리 분별을 못하고 세상 물정을 모름을 가리킨다.

48 당고렴원(堂高廉遠)은 '대청은 높고 그 모퉁이는 멀다'는 의미이며, 존비(尊卑)에 정해진 법도가 있음을 가리킨다. 『한서(漢書)·가의전(賈誼傳)』에 따르면, "人主之存譬如堂, 群臣如陛, 衆庶如地. 故陛九級上, 廉遠地, 則高堂; 陛亡級, 廉近地, 則堂卑. 高者難攀, 卑者易陵, 理勢然也(군주는 마치 대청과 같고 여러 신하들은 섬돌의 계단과 같으며 많은 서민은 땅바닥과 같습니다. 그러므로 섬돌이 아홉 계단 위이고 모퉁이가 땅바닥에서 멀면 대청이 높은 것이고, 섬돌이 없고 모퉁이가 땅바닥에서 가까우면 대청이 낮은 것입니다. 대청이 높으면 오르기 어렵고 낮으면 타 넘기 쉬우니, 이는 이치와 형세로 인해 그러한 것입니다)"라는 구절이 있다. 이 구절로부터 고당급원(高唐級遠) 역시 유사한 의미를 지닌 성어로 사용된다.

49 별혐명미(別嫌明微)는 '의심스러운 것을 변별해내고 미세한 것을 밝혀내다'를 의미한다. 『예기(禮記)·예운(禮運)』에 따르면, "是故, 禮者君之大柄也, 所以別嫌明微, 儐鬼神, 考制度, 別仁義, 所以治政安君也(그러므로 예라는 것은 군주의 큰 권력이니, 이것으로 밝히기 어려운 혐의를 분별하고 드러나지 않는 미세한 것을 밝힐 수 있으며, 귀신을 대접하고 제도를 살피며 인의를 구별함으로써 나라를 잘 다스리고 군주를 편안케 할 것이다)"라는 구절이 있다.

50 馬丁路德은 독일의 종교개혁가 마르틴 루터(Martin Luther, 1483-1546)의 음역이며, 噶蘇士는 헝가리의 민족주의 혁명가 코슈트(Lajos Kossuth, 1802-1894)의 음역이다.

書法, 南面而授義之;[51] 以謝道韞之理窟, 僅隔靑綾步障,[52] 辨難賓客, 爲小郎解圍, 前史引之以爲美德. 夫重門深鎖而足不踰閾, 求鳳一曲而零露宵奔,[53] 醜行文君乃代表劣性之一部, 其於隔絶又有濟乎? 此從古不道德不品性之事, 豈宜使女子獨擔惡譽? 秋胡下車,[54] 苞芳居喪, 對妻且然, 何況於他? 是我男子亦當處禁錮之刑, 分配亞東西大陸, 中隔甌脫,[55] 而後可也. 且吾見世俗女子之禁錮, 僅阻遏其講道論事, 束修整帶以相見而已,[56] 彼佛閣摩肩, 戲園翢坐, 佯聾故啞, 熟視而不以爲詫, 抑又何耶? 夫不以文明之法待人, 人乃自棄於文明之外, 今者世界一新, 蠻風洗蕩, 皇攬揆予初度,[57] 二十世紀女權之謂也. 亨平等之生涯, 葆千金之價値, 眉英英其露爽, 語侃侃而逼人, 寶劍蛾

---

51 옛적에는 북쪽에 앉아 남쪽을 향하는 것을 존위(尊位)로 여겼는데, 이것을 남면(南面)이라 한다. 제왕이나 제후가 신하를 만나거나 경대부가 막료를 만날 때 늘 남쪽을 향해 앉았던 것이다. 이러한 문화적 관습이 성인이나 스승의 경우에도 적용되었는데, 『역(易)·설괘(說卦)』에는 "聖人南面而聽天下, 嚮明而治(성인은 남쪽을 향해 앉아 천하의 일을 듣고서 밝은 것을 향하여 다스린다)"라는 구절이 있으며, 남의 스승이 되는 것을 흔히 '남면칭사(南面稱師)'라 일컬었다.

52 보장(步障)은 먼지나 시선을 가로막기 위한 병풍이나 장막을 의미한다.

53 구봉(求鳳), 즉 봉구황(鳳求凰)은 전한(前漢)의 문학가 사마상여(司馬相如, B.C. ?-118)가 탁문군(卓文君, B.C. 175-121)을 위해 창작한 노래로서, 수컷 봉새가 암컷 봉황에게 구애한다는 의미를 담고 있다. 령로(零露)는 떨어지는 이슬, 혹은 이슬방울을 의미하는데, 『시경(詩經)·정풍(鄭風)·야유만초(野有蔓草)』에 "野有蔓草, 零露漙兮(들판의 덩굴풀, 이슬방울 흠뻑 맺혀 있네)"라는 구절이 있다. 소분(宵奔)은 한밤에 몰래 달아나는 것을 의미한다.

54 추호하차(秋胡下車)는 추호(秋胡)가 아내를 희롱했다는 추호희처(秋胡戲妻)의 이야기와 연관되어 있다.

55 구탈(甌脫)은 옛적에 소수민족이 변경에 설치했던 감시용 혹은 경비용의 초소나 보루 또는 완충지대를 가리킨다. 『사기(史記)·흉노열전(匈奴列傳)』에는 "(東胡)與匈奴間, 中有棄地, 莫居, 千餘里. 各居其邊爲甌脫(동호와 흉노와의 사이에는 버려둔 채 사람이 살지 않는 땅이 천여 리인데, 각기 그 변경에 거처하는 것을 구탈이라 한다)"라고 기록되어 있다.

56 속수(束修 혹은 束脩)는 말린 고기 한 묶음을 의미한다. 옛적에 민간에서 위아래 사람 사이나 친척 사이, 친구 사이에 서로 주고받은 음식 선물을 가리킨다. 스승을 처음 만날 때에 말린 고기를 선물하기도 하였는데, 훗날 스승에게 드리는 학비나 보수 역시 속수라고 일컫게 된다. 『논어(論語)·술이(述而)』에 "子曰: 自行束脩以上, 吾未嘗無誨焉(공자 말씀하시기를, 육포 한 묶음 이상으로 예를 행한 자를 내 일찍이 가르치지 않은 적이 없다)"라는 기록이 있다.

57 초도(初度)는 태어난 날의 때를 가리킨다. 굴원(屈原)의 『이소(離騷)』에 "皇攬揆予初度兮, 肇錫余以嘉名(아버지께서 내가 처음 태어난 때를 헤아리시어 내게 아름다운 이름을 주셨네)"라는 구절이 있다.

眉, 神龍活現, 繫何人? 曰:新中國之女子!

以上四端, 外界之障害也. 障害去, 而後中國女子之品性完全無缺矣. 雖然, 社會之風尙嘗牽旋迴轉, 使人不自由而墮落於黑暗世界. 苟有表異者, 則羣聚而咻吠之, 是故束縛於舊風氣者, 下也; 跳出於舊風氣者, 次也; 跳出舊風氣復能改造新風氣者, 上也. 夫跳出舊風氣以改造新風氣, 則莫如游學歐美矣. 學成而歸, 彼中之政黨·國會·醫業·辯護·新聞記者, 我同胞其擇之可也. 若夫扶桑女界, 纖靡卑屈, 無所取也. 吾繙其女權史, 而闇澹其無色也, 吾聞其風俗, 見男子則跪, 見客則跪, 入戶而嬉, 共池而浴, 吾中國下等社會所不忍出, 而居其女界之大部分也. 有東游者, 但留心於學問工藝, 而無使女界惡風隨元規之塵而汚人也.[58]

---

58 『진서(晉書)·왕도전(王導傳)』에 따르면, "東晉庾亮, 字元規, 以國舅身, 歷仕三朝, 一時權傾朝野, 人多趨附. 王導憤憤不平, 遇西風塵起, 輒擧扇拂之曰:'元規塵汚人.'(동진의 유량은 자가 원규인데, 군왕의 장인 신분으로 삼대의 조정에서 벼슬을 지내 한때의 권력이 조야를 기울게 할 만큼 많은 사람이 그를 추종하였다. 왕도가 울분에 차서 서풍에 먼지가 일어날 때마다 부채를 들어 부치면서 '원규의 먼지가 사람들을 더럽히는구나'라고 말했다."

女子之能力

女子有能力乎? 是歐洲十數心理家·哲學家所辯論·所考驗而得之問題也. 能力之伸乃由其人之稟賦與其搆造, 而敎育實爲之助長. 然而敎育之不善, 則或幷其稟賦與搆造之已成而摧折之, 而歸咎於其生, 此非論理之言也. 今小兒男女其品性或有不同, 而能力之程度殆無分杪之異, 此未受野蠻敎育之明證也. 今受野蠻敎育之男子, 其人格或至老不具, 堯趨而舜步[1], 桀腦而跖心,[2] 見文明之械器, 則驚怪而却走也. 故女子之能力, 當以受敎育與否爲斷.

『女誡』曰:"古者生女三日, 臥之牀下, 弄之瓦磚而齋告焉. 臥之牀下, 明其卑弱, 主下人也; 弄之瓦磚, 明其習勞, 主執勤也; 齋告先君, 明當繼祭祀也." 是何其箋之悖戾也! 祭祀者, 中國祖先之敎, 神聖高尚, 而乃以卑弱下人當之, 是曷不聘黥徒宮宦而與先君相酬酢也?[3] 天下事之最可嫉惡而爲野蠻之極點者, 莫如以古人習慣之一言而尊之

---

1   『장자(莊子)·전자방(田子方)』에 "夫子步亦步, 夫子趨亦趨, 夫子馳亦馳, 夫子奔逸絶塵, 而回瞠若乎後矣(선생님께서 걸으시면 저도 걷고, 선생님께서 성큼성큼 걸으시면 저도 성큼성큼 빨리 걷고, 선생님께서 뛰시면 저도 뛰지만, 선생님께서 먼지도 일지 않을 만큼 빨리 달리시면 저는 뒤에서 눈만 뻔히 뜬 채 바라볼 뿐입니다)"라는 구절이 있다. 여기에서 스승의 행동을 그대로 따라 행한다는 의미의 '역보역추(亦步亦趨)'라는 성어가 생겨났다. '요추순보(堯趨舜步)'는 덕정을 베풀었던 요(堯)와 순(舜)의 행위를 본뜬다는 의미이다.
2   걸뇌척심(桀腦跖心)은 하(夏)나라 군왕 걸(桀)과 춘추시대의 전설적 도적인 도척(盜跖)의 악랄한 정신과 마음을 의미한다.
3   경도(黥徒)는 묵형(墨刑), 즉 죄인의 이마나 팔뚝 따위에 먹줄로 죄명을 써넣는 형벌을 받은 범죄인을 의미하며, 넓은 의미로는 죄수나 범죄인을 가리킨다. 궁환(宮宦)은 내시부(內侍府)에 속한 궁중의 남자 내관, 즉 내시를 가리킨다.

爲訓詁, 又莫如以一人快意之目論[4]而抹搬世界之一切也. 明太祖之言曰:"我若不是婦人生, 便把婦人都殺了." 回教徒之言曰:"女人無靈魂." 此言也, 吾不知其與禽獸之聲何以異也. 是養成溺女之風, 演出賠錢之諺, 世界中殆無女子立足地也. 我同胞, 我女子, 其願擔受此惡名, 而忍與終古乎? 其不願也, 必有以洗此恥矣.

能力者, 智慧之果也. 智慧者, 腦之花也, 據生理學而驗腦力之優劣, 以判人種之貴賤高下, 此歐洲至精之學說也. 今女子體量之碩大或者不如男人, 至於腦力程度直無差異, 或更有優焉, 此世界所公認也. 又腦髓之大小, 與其身之長短重率有比例. 凡身體愈大者, 其腦之比例愈紃. 是故鯨之腦居三千三百分之一, 象之腦五百分之一, 犬之腦二百五十分之一, 鳥之腦二十七分之一, 美洲猿之腦二十八分乃至十三分之一, 而人之腦則四十五以至四十六分之一也. 夫鳥與猿之不如人, 僅其身體構造缺乏者多, 而靈性感覺則既若是敏捷. 然則女子身量弱小, 正其能力決可以發達之証. 正不得以嬌養如花, 謂無用而橫可摧折矣. 今依克烏才·開德來二氏論歐人男女腦圍大小, 並列其法如下:

男 { 三五三
三三五　　　　　女 { 三五二
三四一

4　목론(目論)이란 눈이 솜털처럼 미세한 것은 볼 수 있어도 속눈썹은 보지 못한다는 논리를 의미하며, 흔히 자신의 과실을 깨닫지 못함을 비유하거나 천박하고 협애한 견해를 가리킨다. 『사기(史記)·월왕구천세가(越王句踐世家)』에는 "吾不貴其用智之如目, 見毫毛而不見其睫也. 今王知晉之失計 而不自知越之過, 是目論也(저는 그들이 사용하는 눈과 같은 지략을 높게 평가하지 않으니, 눈은 작은 솜털까지 볼 수 있어도 자기 속눈썹은 보지 못합니다. 지금 왕께서 진의 실책을 아시면서 자신의 과오는 알지 못하니, 이는 눈의 논리입니다)"라는 구절이 있다.

日本男女之腦圍, 則據斐魯氏之專論, 與前二氏說並列如左:

$$男\begin{cases}三三八\\三三六\\三四四\end{cases} \qquad 女\begin{cases}三五二\\三五三\\三七二\end{cases}$$

由上法而觀, 則女子者, 天所賦使特優於男子者也. 若歐洲文明之男子, 乃思想孶績, 自擴其腦部, 然後得與女子頡頏. 異日者, 女子教育發達, 則其腦量又必加增, 無可疑也. 二十世紀末造之幸運兒, 其以女子爲之魁矣. 吾愛吾同胞, 吾頌吾子女, 將以平等自由之主義爲實行乎! 不在理想而在乎能力, 能力者, 智慧之果, 又腦海之波瀾也. 欲斬新世界, 紐轉乾坤, 恢復權利, 轉移風尙, 令天下父母心不重生男重生女, 非異人任也, 吾女子其自勉之.

謂女子優美之能力偏於文學·美術, 固也. 吾觀歐洲近世起來, 才媛淑秀後先相望. 夷考其人, 如蘇墨英爾(Somerville)·漢思綺爾(Miss Herschel)·茶玲(Zarnlin)之學藝,[5] 衣被世界,[6] 芳譽赫然, 無待贅言矣. 若夫鐘訥佩麗(Jowna Baillie)之戲曲, 歐詩天(Austens)·布萊墨(Bremers)·釦兒(Gores)·達德雯(Dudevons)之小說, 赫門珊(Hemanses)·綸頓(Londons)·梯敷絲(Tighes)·布閭銀(Brownigs)之

---

5 茶玲의 영문 Zarnlin은 Zornlin의 오기이다.
6 의피(衣被)는 '옷으로 덮다'는 뜻에서 '남에게 혜택을 베풀다', 혹은 '감싸고 보호하다'라는 의미를 지니고 있다. 송대(宋代) 구양수(歐陽修)의 「부자한언리명인론(夫子罕言利命仁論)」에 "衣被群生, 贍足萬類(수많은 사람에게 은혜를 베풀고 만물에 도움을 넉넉히 주다)"라는 구절이 있다.

詩歌, 以及某公主所傳之繪畫(The Momentous Questions),[7] 亦皆爭勝男子, 無愧一家. 此眞掃眉之才人,[8] 不櫛之進士矣[9], 然而司珮爾勒(Madame de Sbael)之哲學, 馬亭鐮(Miss Martinepu)之經濟, 羅蘭(Madame Roland)之政治,[10] 則又以諳練之才, 玲瓏之識, 振聲於政界·學界, 爲男子所崇拜者, 抑又何耶? 夫女子當日號爲不得受高等敎育, 其學問不發達, 故思想才技皆不發達, 而秀出者已如是其多, 今者昌風其來, 滿園之穠艷殆未可以量也.

以無敎育之惡名譽聞於世界者, 中國女子其一也. 然吾觀舊史氏之所掌, 婦人集之所收, 經史則有伏女大家之倫, 文章則有班妤·左嬪·謝女·鮑妹之亞,[11] 書法則有衛恒·衛鑠·吳彩鸞之儔, 繪事則有薛媛·管夫人之輩, 音樂則有韓娥·霍里妻·蔡琰·盧女之儕, 美術則有若蘭·靈芸之族. 芝草無根, 醴泉無源, 英英表異, 自成馨逸, 固已奇矣; 而更有進者, 救世旣有緹縈, 愛國亦有木蘭, 以言乎俠義則聶嫈·龐娥, 以言乎劍術則越女·紅線, 以言乎勇力則童八娜·李波妹, 以言乎韜畧則虞母·荀瓘·梁夫人·沙里質·秦良玉其人也.[12] 而馮嫽持節, 乃通國際之情; 趙后問使, 暢宣民權之義, 此其能力殆有天縱, 而非人

7 　이들 인물의 알파벳은 오기된 부분이 적지 않은데, 모두 역문에서 바로잡았다.
8 　소미(掃眉)는 '눈썹을 그리다'는 의미이다. 소미재인(掃眉才人)은 글재주가 있는 여자, 여류문인을 가리킨다.
9 　즐(櫛)이란 머리를 빗는 것을 의미하며, 옛적에 남자가 머리를 빗어 상투를 틀고 비녀를 꽂는 것을 가리킨다. 당대(唐代)에 유납언(劉納言)의 『해갹록(諧噱錄)·부즐진사(不櫛進士)』에 "關圖有妹能文, 每語人曰: '有一進士, 所恨不櫛耳.'(관도에게 글을 잘 짓는 여동생이 있었는데, 늘 남들에게 '진사가 있는데 상투를 틀지 못하는 게 한이라네'라고 말했다)"라는 구절이 있다. 이후 부즐진사(不櫛進士)는 글재주를 지닌 여자를 가리킨다.
10 　Madame de Sbael은 Madame de Staël의 오기이고, Miss Martinepu는 Miss Martineau의 오기이다.
11 　반여(班妤)는 반첩여(班婕妤)를, 좌빈(左嬪)은 좌분(左芬)을, 사녀(謝女)는 사도온(謝道韞)을, 포매(鮑妹)는 포령휘(鮑令暉)를 가리킨다.
12 　荀瓘은 荀灌의 오기이다.

所能爲也. 雖然, 天縱者, 天有時而靳, 不如人力之崛起振拔焉, 而無
與爲難. 且王侯將相初無種姓, 惟吾輩之歡喜與自擇焉, 而况乎區區
之學問與思想才技也! 我同胞其能如是乎? 夫不如是也, 曇花一現,[13]
瞬以凋零, 則回敎所謂'女子無靈魂'之說, 意者其有所經驗, 吾不敢訾
議而且將奉以爲典要矣.

今世俗又有讕言, 羣焉奉以爲典要, 幾與'無才是德'一語同其聲價,
則'紅顔薄命'是矣, 申言之曰:才與貌是造物所嫉忌, 苟有之必將奪其
所天而劫其壽也. 然吾益不解世俗女子何以避其所謂才, 而增益附麗
其所謂貌也. 夫晧齒蛾眉, 名曰伐性之斧;[14] 哀感頑豔, 乃爲凄神之
藥.[15] 纏綿濡漬, 鍥而不捨,[16] 此養生家之屬禁, 而圓滿快樂之日, 即
伏蕭颯凄涼於其後也. 吾無和緩之術, 風鑑之才, [17]而以理度事, 直可
毅然排斥而無所於疑, 夫亦可曉然矣.

女子之能力, 有天造地設於中國今日之社會,[18] 曰敎育. 嗚呼! 吾中

13　담화(曇花 혹은 曇華)는 3000년에 한 번 꽃을 피운다는 상상의 꽃 우담발라이다. 담화일현
(曇花一現)은 좀처럼 만나기 어려움을 가리킨다.

14　호치아미(晧齒蛾眉)는 하얀 이와 나방의 눈썹이란 의미로, 아름다운 여인을 가리킨다. 벌
성지부(伐性之斧)는 타고난 인성을 잘라내는 도끼를 의미하며, 심신이나 생명을 훼손하는
사물을 비유한다. 『여씨춘추(呂氏春秋) · 본성(本性)』에 "靡曼晧齒, 鄭衛之音, 務以自樂, 命
之曰伐性之斧(아름다운 여인과 음란한 음악에 빠져 향락에 힘쓰는 것, 이것을 인성을 해치는 도끼
라 일컫는다)"라는 구절이 있다. 전한(前漢)의 매승(枚乘)이 지은 『칠발(七發)』에도 "晧齒蛾
眉, 命曰伐性之斧"라는 말이 실려 있다.

15　애감완염(哀感頑豔)은 '구슬픈 노랫소리는 어리석은 자든 총명한 자든 똑같이 감동시킨다'
는 의미이며, 후에 음악이나 연극이 애절하여 감동적일 때 주로 사용된다. 삼국시대 위(魏)
나라의 번흠(繁欽)이 지은 「여위문제전(與魏文帝箋)」에 "咏北狄之遐征, 奏胡馬之長嘶, 凄
入肝脾, 哀感頑艶(북쪽 오랑캐 땅 머나먼 정벌을 읊고 오랑캐 말의 긴 애처로운 울음소리를 연주하
니 처량한 기운이 가슴 깊이 스며들어 어리석은 자와 총명한 자를 가리지 않고 감동시킨다)"라는 구
절이 있다.

16　계이불사(鍥而不捨, 혹은 鍥而不舍)는 '새기되 쉬지 않다'는 의미이다. 『순자(荀子) · 권학(勸
學)』에 "鍥而舍之, 朽木不折, 鍥而不舍, 金石可鏤(새기되 멈추면 썩은 나무도 꺾지 못하지만, 새
기되 쉬지 않으면 쇠와 돌이라도 뚫을 수 있다)"라는 구절이 있다.

17　풍감(風鑑)이란 사람의 용모와 풍채를 보고 그 사람의 성질을 감정하는 것을 가리킨다.

18　천조지설(天造地設)은 자연스럽게 이루어져 더 이상 다듬을 필요가 없으며 자연스럽고 이
상적이라는 의미이다.

國舊時野蠻之教育, 種種狼戾, 種種腐敗, 吾思之而心痛, 吾言之而髮指, 吾見之而齒爲碎, 皆爲裂也. 鄕曲狗儒, 擁皐比之尊,[19] 其自視有如第二之傳世獨夫椅, 悍然施其無制限之法權, 詬責箠楚,[20] 甚者科以傭保之罰, 械杻之刑.[21] 嬉笑以入學, 涕泣而歸家, 而爲父母者則又陽喝陰劫, 撫慰獎勵, 以爲吾兒今日之血肉乃異日功名富貴, 壯元宰相之代價也. 然吾觀中程合式之徒, 則又瞑誦熟背, 引長其聲, 如乞兒之叫, 惡僧之宣梵唄,[22] 如是而已.

是故今日欲改良敎育而無其術, 且無其人, 有其人則女子. 夫以女子任敎育, 是有數宜: 性格與小兒爲近, 一也; 善誘, 二也; 不妄鞭扑而能共嬉戲, 三也; 其心沈細, 不鹵莽裂, 四也; 無登科中式之謬思想·惡氣味, 五也; 程度不高, 初級之形學·物理等學科指授恰合, 六也. 有此六宜, 故吾謂中國今日急宜設女子師範學校, 業成而畀以全國之敎育, 無論男女小兒, 不過十歲不得付男子之手. 夫曷觀日本幼稚之園, 女子之任保姆者, 靈敏周至, 應羣童之求索而無難色, 其能力亦可驚矣. 嗚呼! 使吾有權也, 則先推倒學界之第二獨夫椅, 設共和政治, 而以女子爲之領袖, 此吾提倡女權之最重要最親切之希望也. 特不知吾同胞其亦有意否乎?

---

19 고비(皐比)는 호랑이 가죽, 혹은 호랑이 가죽을 깔아놓은 자리를 의미하며, 장수의 군막(軍幕)이나 스승의 강당, 문인의 서재 등을 가리키는 용어로 널리 사용되었다. 이 용어는 지식과 권위를 상징하며, 차츰 남을 가르치거나 강의하는 행위를 가리키게 되었다.

20 추초(箠楚)는 회초리나 몽둥이로 때리는 고대의 형벌이다.

21 용보(傭保)는 품팔이를 의미한다. 『후한서(後漢書)·장포전(張酺傳)』에 "盜徒皆飢寒傭保, 何足窮其法乎!(도적들은 모두 굶주림과 헐벗음에 쫓겨 품을 팔았을 뿐인데, 어찌 꼭 가혹한 법률로 다스려야만 하는가?)"라는 구절이 있다. 계뉴(械杻)는 형틀과 쇠고랑 혹은 족쇄, 수갑 등의 형구(刑具)를 가리킨다.

22 범패(梵唄)는 석가여래의 공덕을 찬미하는 산스크리트어 노래를 가리킨다. 때로 불경을 읽는 소리를 가리키기도 한다.

女子於世界有最大之潛勢力一端, 則感人之魔力是也. 魔力者, 以沈靜與美妙之內心吸引於不自覺, 以高尚之思想使人有莫可名言之崇拜, 可望而不可即, 可親而又可敬者也. 魔力者, 乃磁石而兼金剛石也. 以魔力攝人, 莫如演說, 然而百男子破磉於萬衆之前,[23] 不如一女子囁音於社會之上. 小語精微, 神光離合,[24] 非獨感人易入, 且有使人愧而興起者. 夫變法自下, 女子非尤爲人下者乎? 此女子之特性, 尤與勞慟社會之人有相親相愛之雅素, 俄羅斯學生之屈身主義(To go among the people, 馬君武譯作'去而與民人爲伍'[25]), 多半以女子任其運動, 即此道也. 以西方自由之種子布於瓜畦鹿場之土,[26] 瑣談欵欵,[27] 老幼環聽, 或雜因果, 或作棒喝,[28] 至且洞沁心脾,[29] 感且泣下, 此其能力殆非男子所能及也. 夫有轉移世界之潛勢力而聽其伏流不發, 此殆非善用其才者矣. 夫女子欲善用其才, 又必於此二者加之意乎!

小兒有能力也, 外黃童子之詘項羽是也.[30] 而絶世怪傑拿破侖, 亦

23　파상(破磉)은 파상(破嗓)의 오기인 듯하며, 목소리가 갈라지고 목이 쉬는 현상을 가리킨다.

24　신광(神光)은 부처의 몸 주위에 발하는 빛을 가리키며, 신광이합(神光離合)이란 몸 주위에 발하는 빛이 모였다가 흩어지고 깜박이며 반짝이는 것을 가리킨다. 삼국시대 위(魏)나라의 조식(曹植)이 지은 「낙신부(洛神賦)」에는 "神光離合, 乍陰乍陽, 竦輕軀以鶴立, 若將飛而未翔(몸에서 발하는 광채가 흩어졌다 모이고 어두워졌다 밝아지면서 날렵한 자태 발돋움하여 마치 날려는 듯하나 날개를 펼치지 않네)"라는 구절이 있다.

25　마군무(馬君武)는 영국의 역사학자인 토머스 커컵(Thomas Kirkup, 1844-1912)이 1892년에 출판한『A History of Socialism』을『러시아의 대소동(俄羅斯大風潮)』라는 제목으로 번역·출간하였다. 이 역서는 '소년중국신총서(少年中國新叢書) 제2종(第二種)'으로 상해광지서국(上海廣智書局)에서 1902년에 출간되었다. '去而與民人爲伍'는 위의 역서에서 인용한 것이며, 마군무의 원서에는 '去與人民爲伍'로 적혀 있다.

26　과휴록장(瓜畦鹿場)은 오이를 심은 이랑과 사슴을 키우는 목장을 의미하며, 드넓은 논밭과 들판을 가리킨다.

27　관관(欵欵), 즉 관관(款款)은 '느릿느릿, 천천히, 혹은 성실하다, 충성스럽다'를 의미한다.

28　봉갈(棒喝)은 불교 용어로서 선승(禪僧)이 막대기나 채찍으로 때리거나 큰소리로 나무람으로써 미망에서 벗어나 깨달음을 얻게 하는 것을 가리킨다.

29　동심(洞沁)은 깊이 스며듦을 의미하고, 심비(心脾)는 심장과 비장, 즉 마음속을 가리킨다.

30　외황(外黃)은 진한대(秦漢代)로부터 수당대(隋唐代)에 이르기까지 지금의 하남성(河南省) 개봉(開封)과 상구(商丘)의 경계 지역에 있었던 도시이다. 외황의 어린 소년이 항우(項羽)를 설득한 이야기는『사기(史記)·항우본기(項羽本紀)』에 실려 있다.

嘗一詘於七齡女子之手. 故能力一伸必有不可思議之效果隨其後, 非偶然也. 夫老嫗吹箎,[31] 回羌人流涕; 杞妻一慟, 而長城爲摧. 驚風雨, 泣鬼神, 亦視其力之所至耳. 西諺曰: "婦人弱也, 而爲母則强." 言其保護捍衛之力也. 夫豈獨個人之母乎? 亦旣誕育國民, 當祝其無災無難, 相養以生, 而乃坐視夫虎狼噬子, 水火厄子, 外來之羣兒攬聚而辱子, 家産失而生命殆矣. 其能無悲, 其能無奮!

中國前古有奇人也, 曰孫武子, 以其能敎吳宮之美人而爲戰. 夫美人豈眞具赴湯蹈火之能力哉? 然猶不如來喀瓦士訓斯巴達婦人之尤奇也. 雖然, 吾無奢望矣. 若體育運動, 則女子所當有事也. 體育運動, 所以助成其身體之發達與健康也. 西哲之格言曰: "汝欲榮華, 惟視汝身體之健全." 盧梭有言曰: "身體弱則心靈亦弱." 夫世界處物競天擇之場,[32] 非獨擇別優種, 蓋體格强壯之人必得最後之勝利. 今中國人種殆失優勝之地位, 而爲病院之大標本, 世俗所謂'十男九痔, 十女九帶', 非謷言也.

然而種種不可稱量, 不可思議之美疢惡疾,[33] 尤以女子爲多, 雖受病之原根於纏足, 而拘囚懶散, 起居失常亦當分任其咎. 夫能體育則豈有是也! 日本下田歌子視察歐洲女子敎育日記曰: "歐洲女子之體育方法, 有柔軟, 有嚴肅, 可先分三種. 一, 純然(ヂムナスツク一種體操之名)之正式, 似於男子之兵式者; 二, (ヂムナスツク)交手舞蹈者; 三, 屬

---

31 지(箎)는 옛적에 사용되었던 죽관악기(竹管樂器)로, 피리와 비슷하고 8개의 구멍이 뚫려 있다.

32 물경천택(物競天擇)은 다윈(Charles Robert Darwin)의 진화론에서 말하는 생존경쟁(the struggle for life)과 자연선택(natural selection)에 의한 적자생존(Survival of the fittest)의 원리를 가리킨다.

33 미진(美疢)은 '겉보기에는 아름답지만 독이 된다'는 의미를 지니고 있으며, 악질(惡疾)은 고치기 어려운 병을 의미한다.

於游戲. 而英國蘇邦之女學校, 體操所着之服裝, 優勝於男子. 其體育程度, 疑男子有所不及. 余叩校長, 以女子如此, 衛生上有無妨礙, 彼女答曰: '此即爲蘇邦之特色, 女子身體强健, 精神活潑, 所以冠於大英國者以此.'" 下田氏又曰:"彼國女子注重體育, 至視體操科之成績劣等者, 殆與德育之欠點引爲同感, 甚有以此擯斥於同輩." 嗚呼! 亦可以知其體育運動之要矣. (書至此, 偶記一事. 昔有中國人見外國婦之打球者, 私問其御者曰:"此女人打球, 工金若干, 而每日孜孜若是?" 不覺失笑.)

今中國女子急宜先求運動之法, 夫運動而後身體强, 身體强而後精神愉快, 乃辦事而有餘. 彼藥爐經卷,[34] 多愁多病之人, 曾不足以勝家庭之井臼,[35] 一經思索勞働則煩懣而臥, 三日而病, 更七日而殆矣. 中國思想家龔自珍之詩曰'願求玉體長生訣'[36]. 又曰'刪盡蛾眉惜誓文'.[37] 二者之言, 若隱相對也. 吾以是爲持贈同胞之聯, 亦可以知所用意矣.

總而言之, 能力者隨良知而來, 良知者天所賦, 使人人同具. 夫身體之搆造同, 則腦筋之維繫同, 腦筋之維繫同, 則一切聰明才智無不同, 特其高下之間或有異耳. 夫獨夫民賊之世界, 凡愚不肖賤惡之名詞, 皆若爲人民之特許專有物, 而一人在上, 雖至童昏蠢闇, 無不媚以

---

34 약로경권(藥爐經卷)은 약을 끓이는 화로와 처방을 적어놓은 두루마기를 의미한다.
35 정구(井臼)는 우물물을 긷고 절구로 곡물을 빻는 행위를 의미하며, 이로써 집안일 혹은 살림살이를 가리킨다. 이 밖에 정원이나 가옥을 의미하기도 한다.
36 이 시구는 『기해잡시(己亥雜詩)』의 제260수의 세 번째 구이다. 원저에는 '願求'로 적혀 있으나, 『기해잡시』에는 '勉求'로 되어 있다.
37 이 시구는 『기해잡시(己亥雜詩)』 제2수의 마지막 구(結句)이다.

天亶聖聰之名.[38] 吾聆政府萬能之語, 心未嘗不作數日惡也. 吾民其不甘愚不肯賤惡之名, 而何爲偏以此贈女子? 賣汝痴, 賣汝獸, 女子其售之哉?

女子之能力有幾何? 曰: 此不可以勝言也, 就吾已有者而擴張之, 苟伸長吾力線, 則種種之形學, 隨我意匠而成. 夫世運日亟, 則求才亦日亟. 時乎, 時乎, 我同胞, 我女子有能褰裙逐馬, 以上二十世紀之舞臺乎! 笳鼓初鳴, 旌旗一閃, 吾知五洲之人必注目而觀, 拍手而歎, 且低頭而崇拜之曰: 勿謂秦無人! '黃色難'之言將驗矣,[39] 咄, 只想'婦女尙如此, 男子那可逢!'

---

38 천단성총(天亶聖聰)은 제왕의 천성과 지혜를 가리킨다. 천단(天亶)은 제왕의 천성을, 성총(聖聰)은 성명(聖明)한 지혜, 즉 지혜와 통찰력을 의미한다.

39 황색난(黃色難)은 유럽 문명이 중국 및 일본의 황인종에게 정복당할지도 모른다는 위기론인 황화론(黃禍論)을 가리킨다. 황화론은 1895년 독일 황제인 빌헬름 2세(Wilhelm II)가 크게 고취시켜 20세기 초까지 전 세계적으로 황인종에 대한 배타적 편견이 만연하였다.

女子敎育之方法

入其國而觀其國民之人格, 則敎育可知矣. 英吉利人之言曰: "他國之學校可以敎成無數博士·學士, 英國之學校只敎成一自尊自立之人." 吾悲其言! 使自尊自立之人格而爲英吉利人生, 是使獨也; 則英吉利人眞天之驕子! 若中國, 若無論何國, 惟有恭維拜服, 一任天之使爲直接之奴隷, 爲間接雙料之奴隷. 於人社屋矣,[1] 種漸矣, 河流山色, 衰草斜陽, 大好亞陸, 吾輩動物圈此以爲苙, 居此以爲園, 何所爲而求敎育哉? 否否不其然!

然則中國之敎育如何? 吾敢直言而不諱之曰奴隷. 嗚呼! 吾今而知奴星之運照吾支那民族也, 三千年來矣, 奴根之樹蟠植吾東亞大陸也, 亦三千年來矣. 六經三史,[2] 盡讓僕之文; 諸子百家, 乃僅約之事.[3] 其他所謂人師·女宗·名臣·列女,[4] 無非穎士之才奴, 康成之詩婢.[5] 奴

1　사(社)는 토지신을 의미하고 국가 혹은 국가의 기반을 가리킨다. 옥(屋)은 '멸망하다'를 의미한다.

2　육경(六經)은 시(詩)·서(書)·역(易)·춘추(春秋)·예기(禮記)·악(樂)의 여섯 경전을 의미하고, 삼사(三史)는 사기(史記)·한서(漢書)·후한서(後漢書)의 세 가지 역사책을 의미한다. 육경삼사(六經三史)는 고대인의 삶과 사고, 글쓰기의 전범이 되었던 고대의 전적을 가리킨다.

3　동약(僮約)은 전한(前漢)의 왕포(王褒)가 지은 노비의 매매계약에 관한 글이다. 왕포는 신작(神爵) 3년(B.C. 59년)에 전상(湔上)에 가는 길에 양혜(楊惠)라는 과부 집에 들렀다. 과부와 그의 하인 사이에 손님을 대접할 술을 사오는 심부름으로 인해 분규가 일어나자, 왕포는 그 하인을 과부에게서 사들이면서 하인의 업무에 관한 매매계약서를 작성하였다.

4　인사(人師)는 모범으로서의 스승을 의미하고, 여종(女宗)은 모범으로서의 여성을 의미한다. 전한(前漢)의 유향(劉向, B.C. 77-6)이 지은 『열녀전(列女傳)·송포여종(宋鮑女宗)』에 따르면, 춘추시대 송(宋)나라 포소(鮑蘇)의 아내는 시어머니를 공경스럽게 봉양하였으며, 남편이 외지에서 근무하면서 첩을 두었으나 투기하기는커녕 첩에게 선물을 보내기도 하였다. 송나라 군주가 이를 듣고 훌륭하게 여겨 그 집을 표창하고 여종(女宗)이라 일컬었다.

5　영사(穎士)는 당대(唐代)의 소영사(蕭穎士)를, 강성(康城)은 후한(後漢)의 경학가인 정현(鄭玄)을 가리킨다. 남송(南宋)의 장서가인 육재(陸宰)의 시 가운데 "奴愛才如蕭穎士, 婢知

於財, 奴於衣·食·住, 奴於玩好, 奴於社會種種風俗, 奴於登科及第, 陞官發財, 誥封勅命, 奴於君, 奴於相, 奴於聖賢·英雄·豪傑, 大兒文周孔, 小兒張程朱,[6] 以及其他野蠻時代'點鬼簿'上之人物, 奴界不一, 要皆自不自尊自立之教育而來. 吾言之, 吾益信中國其無望!

女子者, 奴之奴也. 幷奴隸之教育而亦不得聞, 然其普通之自稱則曰奴矣. 是謂不成文法之奴隸, 吾今無暇言他, 請仍言女子. "處女子於萬重壓制之下, 養成其奴隸根性旣深, 則全國民皆奴隸之分子而已. 大抵女權不昌之國, 其隣於亡也近." 嘻, 此何人之言哉! 是即有自尊自立人格之英國, 當十八世紀傅尊紗德夫人之言也.[7] 然則十八世紀英國女子之奴隸根性, 不弱於中國, 其有今日, 夫人之賜也. 夫人其女界之明星, 奴界之救世主乎? 嗚呼! 吾今熱心銳志, 欲救中國女子於奴隸世界, 下放奴之令. 今日容吾身爲男子, 則願爲加利生(美國人, 專設報館議蓄奴之事);[8] 明日轉吾身爲女子, 則誓爲批茶;[9] 後日擧吾身爲帝王, 則私淑林肯其人也.[10] 救奴隸之方法如何? 曰: 惟教育.

語曰: "萬物並育而不相害." 又曰: "逸居而無教, 則近於禽獸." 恫哉, 無教育之民與禽獸萬物何以異也! 恫哉, 無教育之中國女子, 丁此

詩鄭康成(하인은 소영사만큼이나 재주를 아졌고, 하녀는 정현만큼이나 시를 잘 이해하고 있었네)"라는 시구가 있다.

6   문주공(文周孔)은 문왕(文王), 주공(周公), 공자(孔子) 등의 성인을 가리키고, 장정주(張程朱)는 장재(張載), 정호(程顥), 정이(程頤), 주희(朱熹) 등의 이학가(理學家)를 가리킨다.
7   傅尊紗德夫人은 영국의 정치운동가이자 작가인 포셋(Millicent Garrett Fawcett)의 음역이다.
8   加利生은 미국의 노예폐지론자이자 언론인인 개리슨(William Lloyd Garrison)의 음역이다.
9   비차(批茶)는 해리엇 비처 스토(Harriet Beecher Stowe, 1811-1896)의 음역이다.
10   사숙(私淑)은 직접적인 가르침을 받지는 않았으나 그의 학문을 경모하고 그를 스승으로 받들어 그의 영향을 받아들이는 것을 가리킨다. 『맹자(孟子)·리루(離婁) 하』에 "予未得爲孔子徒也. 予私淑諸人也 (나는 공자의 제자가 되어 직접 가르침을 받지는 못하고, 다른 여러 사람에게서 공자의 가르침을 배웠다)"라는 구절이 있다.

世界, 生天居人先, 而成佛居人後也![11] 苟不速自振拔於奴隷世界, 則
眞萬劫不復矣,[12] 夫人惟不自尊自立, 而後奴隷之教育至. 不自爲奴
隷, 而後自尊立之教育可以設, 斷斷然也. 教育者, 造國民之器械也.
女子與男子各居國民之半分, 是教育當普及, 吾未聞有偏枯之教育而
國不受其病者也. 身體亦然, 其左部不仁則右部亦隨而廢. 教育者, 又
精神之庫也. 無精神之教育, 是禁人之食穀麥, 而雜堆雀鼠以爲糧者
也. 嗚呼! 吾教育界蓋荒焉已.

　近見日本鈴木力之『活青年』, 開卷第一頁, 即言丈夫女子之特性,
悖謬惡劣, 有足爲女界之大罪人者, 節錄其語如此:

丈夫屬陽, 女子屬陰. 丈夫尙骨, 尙體, 尙武, 尙質, 尙直, 尙剛, 尙
斷, 尙氣, 尙綱, 尙莊; 女子以肉, 以用, 以文, 以虛, 以曲, 以柔, 以略,
以才, 以目, 以美. 一爲主我的, 一爲受動的; 一爲自發的, 一爲賴他的.
故人卓立於萬象之上, 劈開天關, 踏破天機, 獨發獨行, 定事物之基
礎, 創立規模者, 丈夫之責任也; 而從容於既定之組織內, 踏規矩, 由
準繩, 運用從本體出, 而亨受大用者, 女子之本分也. 凌海外之風波,
孤身萬里, 建百世之勳業, 大名千秋, 丈夫之本務也, 非調和閨內事
也. 若夫彷徨斡旋, 鍾情於一局, 忸怩惻隱, 市德於一人者, 女子之責
任也. 故良相必不可無將質, 良將要必不有相質, 凡將軍之職, 皆男子

11　생천(生天)은 세상에서 선을 행하고 덕을 쌓은 사람은 죽어서 천상계에서 다시 태어난다
　　는 의미의 불교 용어이고, 성불(成佛)은 깨달음을 통해 번뇌로부터 벗어나 부처가 된다는
　　의미의 불교 용어이다. 이 글에서는 전자가 세상에서 겪는 불운과 고통을, 후자는 세상으
　　로부터 받는 혜택과 보상을 가리키는 듯하다.
12　겁(劫)이란 세상이 생겨났다가 훼멸하기까지의 동안을 의미하며, 무한히 긴 시간을 가리킨
　　다. 만겁불복(萬劫不復)은 영원히 회복할 수 없음을 의미한다.

所盡之本務也. (孔子曰女子與小人爲難養也云云, 必有指實, 然載筆者不體味而爲此言, 厥罪不尠.)

　此言也, 無論其對待比附種種出入, 不合於論理之言, 而其蔑視女權, 亦可謂開罪於國民之半部矣. 雖然, 此亦足以代表日本女子之教育與特性, 覘國者亦宜加意也. 若其言男子則是也. 吾中國步鈴木力之後塵者, 則鈴木之所謂死靑年也, 曷先自活矣.

　歐美女子之教育可驚哉! 科學如此其邃也, 思想如此其發達也, 人格如此其尊且貴也! 吾不暇贅述矣. 吾且擧二事以例其餘, 推而上之可思也. 荷蘭者, 歐洲十八世紀時脫西班牙而獨立之國也. 尋常女子六歲未有不入學, 十五歲而未有不畢業於高等者. 且其普通社會, 女子不通英·法·德何國之語言文字, 則謂之無敎育之民. 今吾中國民其自思, 以男子而能通無論何國之語文字, 其何人哉? 日人某, 數年前游學德國, 以民家爲居停, 居停之老嫗暇時與之談, 則能知德國與日本海岸線之長短與比例, 如數家珍.[13] 今吾中國民其又自思, 以老師宿儒能知本國海岸線之長短者, 幾何人哉? 夫吾爲此言, 非以老師宿儒之所不能者强女子以絶臏,[14] 然而新舊國民之程度, 抑亦不可以作正比例矣. 『女中華』者, 粤垣人之所作也, 其言曰: "今中華之男子皆

13　여수가진(如數家珍)은 '집안의 보물을 헤아리는 것과 같다'는 의미이며, 속속들이 잘 알고 있어 막힘이 없음을 가리킨다.

14　절빈(絶臏)은 '정강이뼈를 잘라내다'는 의미이며, 흔히 허세를 부려 힘에 부치는 일을 억지로 하다가 큰 손실을 입음을 가리킨다. 『사기(史記)·진본기(秦本紀)』에 "武王有力好戲, 力士任鄙·烏獲·孟說皆至大官. 王與孟說擧鼎, 絶臏(무왕은 힘이 세고 장난을 좋아하였는데, 역사인 임비와 오획, 맹열의 벼슬이 대관에 이르렀다. 왕이 맹열과 커다란 솥을 들어 올리는 내기를 했다가 정강이뼈가 부러졌다)"라는 구절이 있다. 여기에서 비롯된 성어가 바로 거정절빈(擧鼎絶臏)으로, 감당할 수 없는 일을 무리하게 밀어붙이다 큰 손해를 입음을 가리킨다.

鬚眉而巾幗矣,[15] 中華巾幗且恥鬚眉而不爲乎! 吾知今後中華非鬚眉之中華, 而巾幗之中華, 中華舍二百兆之巾幗其誰歸乎? 吾愛鬚眉, 吾尤愛新造中華資格之巾幗!" 夫巾幗而欲含有新造中華之資格, 舍教育其仍無由.

母儀·閫範·女宗,[16] 三者非獨式裙釵而表巾幗, 乃皆含有人師之資格者也. 故今日設女子師範學校, 誠爲第一要義. 法以二十以上, 三十以下之女子, 有勤勉之志趣, 聰秀之質性, 三年卒業, 而畀以相當之職任. 其有願游學歐美者, 合同志資遣之. 今先列三年課程如下表:

15 수미(鬚眉)는 수염과 눈썹을 의미하며, 남자를 가리키는 별칭으로 흔히 사용되었다. 건괵(巾幗)은 두건과 머리 장식을 의미하며, 여자를 가리키는 별칭으로 흔히 사용되었다.

16 모의(母儀)는 어머니의 도리와 본보기를 의미한다. 전한(前漢)의 유향(劉向)이 지은 『고열녀전(古列女傳)·소서(小序)』에 따르면, "惟若母儀, 賢聖有智, 行爲儀表, 言則中義(어머니로서의 본보기는 어질고 성스러우며 지혜로웠으니, 행동은 모범이 되고 말은 의로움에 합당하였다)"라는 구절이 있다. 곤범(閫範)은 여자의 도덕규범 혹은 덕행을 가리킨다. 여종(女宗)은 춘추시기 송(宋)나라 포소(鮑蘇)의 아내로서 현숙한 품덕이 널리 알려져 찬사를 받았으며, 훗날 전범적인 여자의 본보기를 가리키게 되었다.

第一學年	第二學年	第三學年
文法	國文	國文(歷史·地理)
初級歷史	中等本國歷史·地理	倫理學
初級地理	初級外國歷史·地理	心理學
算術與簿記	幾何與形學	理化與博物
初級理化	倫理學	哲學大意
英文	心理學	經濟學大意
唱歌	中等理化	法律學大意
體操	英文	測繪
	圖畫	英文
	唱歌	美術學
	體操	唱歌
		體操

　　觀者疑吾言乎? 不然, 家政何以不與也? 夫家政之爲學, 單純而簡捷, 口講手畫, 不三日而畢矣. 此吾中國家族主義, 二千年前已大發達, 如吾向所崇拜之普救主, 女豪傑緹縈·龐娥·木蘭諸人, 非眞有愛國救世之誠, 發於瓊思瑤想, 乃亦因家族之刺激逼桵; 不得已而出於此途, 吾不敢諱言也. 無論諸人, 即東漢時代之初之女國民海曲呂母, 嘯集亡命, 傾産數百萬, 釀醇酒, 買刀劍衣服以贈少年, 一若有俄國虛無黨員之風, 究其志願, 不過殺一琅琊宰, 報其子之仇, 相與入海, 如是而已. 又況漆女悲吟, 傷人憂國, 而痛惜乃不出乎園葵, 豈不可憫哉! 故吾寗以經濟·法律·哲學導其理想, 而以理化·測繪致諸實行. 若夫倫理者, 實含有家政者也. 歷史·地理·算學者, 普通之必要也. 心理者, 備教育之用也. 夫教育其尤爲女子之天職哉! 今復言其學成之用

如次:

一, 蒙學教員
二, 幼稚園保姆
三, 管理學校
四, 游學歐美

女子學成之用, 其殆終於此而已乎! 女子者, 富於感情, 富於思想者也. 優於緻密沉細美妙之心, 而絀於堅忍强毅冒險之力者也. 吾復草女子應辦之事如左:

甲, 女子教育會
乙, 婦人談話會
丙, 實業試驗會
丁, 美術學會
戊, 女子運動會
己, 女學生同盟會
庚, 預備議政會

方今中國女權女學之發達, 有重門鐵鎖最不可打破之一關, 則應否交友之大問題也. 乃如以上所述之協會, 不過女子單簡之求學, 而至於內外男女之大防, 則正腐儒所懸爲厲禁者也. 吾今得斷言之曰: 使中國男子而如今日之奴隸鹿豕, 蠢蠢無智識, 則雖有交通之資格, 吾猶將設更嚴更峻之大防, 據名教以叱之. 苟不然而有新道德與文明之

思想, 誠求交換, 則吾敢以百身保其無他.[17]

彼腐儒者固不知道德爲何物, 其胸中直橫亘'玩好殖民'四字, 欲壟斷之而以爲利者也. 夫男女之間同此形氣, 同此智識, 從容論道, 慷慨抵掌, 上下五千年, 縱橫一萬里, '奇文共欣賞, 疑義相與析', 交友之益也. 束帶矜莊,[18] 以禮自衛, 何嫌何疑, 又安有所謂隔牆花影, 臨去秋波,[19] 不道德·不名譽之稱謂哉? 夫名譽道德之養成, 亦惟於教育上加之意而已.

雖然, 以上所言, 皆交友之暫也. 至於共學之常, 泰東·西教育家之所論, 是非亦不一. 是之者之言曰: "男女混合而施適當之教育, 故男子感化於女子, 則生溫和之風; 女子刺激於男子, 則生自恃之念. 大凡男子好深難之學問, 女子愛平易之技術, 苟不混合, 則有偏向之弊. 共學之法, 不可不用." 非之者之說曰: "女子之性質習慣, 以處世之事, 素不與男子同, 則其教育之方法亦必與男子不同, 不然, 不惟傷害品性, 且於健康上大有弊病也(案:當指運動用力之事). 據日本現行之法令, 則於尋常小學校[20]同學年之女子數足爲一學級者, 則該學年之男女學

---

17 백신(百身)은 한 몸이 백번이나 죽음을, 혹은 100명의 생명을 의미하며, 무타(無他)는 무해 (無害)를 의미한다.

18 속대긍장(束帶矜莊)은 '띠를 졸라매고서 긍지와 엄숙함을 지닌다'는 의미로 옷차림에 주의 하여 몸가짐을 단정히 함을 가리킨다. 남북조(南北朝) 시기의 주흥사(周興嗣)가 지은 「천자 문(千字文)」에 "束帶矜莊, 徘徊瞻眺(옷차림을 단정히 하여 높은 곳에서 이리저리 배회하면서 멀 리 바라본다)"라는 구절이 있다.

19 격장화영(隔牆花影)은 '담 너머의 꽃 그림자'를 의미하며, 남몰래 그리운 님이 찾아주기를 바라는 마음을 가리킨다. 『서상기(西廂記)』중에 "隔牆花影動, 疑是玉人來(담 너머 꽃 그림 자 움직여 행여 님이 오셨나 여겼네)"라는 시구가 있다. 임거추파(臨去秋波)는 '떠나가면서 고 개를 돌려 눈길을 주다'는 의미로서, 이별을 아쉬워하는 모양을 가리킨다. 『서상기』에 "怎 當他臨去秋波那一轉! 便是鐵石人也意惹情牽(떠나면서 그윽한 눈길을 던짐을 어찌하랴! 박정 한 사람의 마음조차 사로잡는구나)"라는 구절이 있다. 이 두 구절은 남녀가 남몰래 은근히 사 랑을 나눔을 가리킨다.

20 심상소학교(尋常小學校)는 이른바 보통소학교로서, 메이지유신(明治維新) 이래로 제2차세 계대전 발발 이전까지 일본에 존재했던 초등교육 기구이다. 심상소학교가 초등학교의 저학 년 교육과정이라면, 고등소학교(高等小學校)는 초등교육과 중등교육의 과도기적 교육과정

級當爲分別(第一二學年則非在此限者); 於高等小學校全校女子之數足爲一學級, 則男女學級尤當分別. 所以然者, 蓋有鑑於男女共學之利弊也."

而日本山高幾之丞論之曰: "夫於尋常小學校男女混合而教授, 毫不見其有害, 然進而入於高等小學校, 則漸顯其特性矣. 且員數懸隔異常, 勢不得不爲合一之教授. 然利弊相半, 勢所不免, 集女子而編制一學級, 於訓育上雖遙優於混合教授, 然其相互之間發生不良之情感, 有礙於行共同之訓練. 此關於女子之教育, 所尤當注意者也."

雖然, 吾於共學之問題, 有可以一言解釋者. 蓋共學與否, 以高等小學卒業之年限爲斷, 夫共學之感情有非尋常所可得而比, 且其德性未養成, 而於學問或有時而阻害, 誠不可以不別白也.

言至此, 而吾於教育之方法其將終乎? 雖然, 吾猶欲出一言以貢於吾同胞之前, 則此教育之重心點固何在也? 夫管夷吾・越王句踐急於生聚, 招女閭而縱寄豭,[21] 而齊・越之間多淫風; 魏武慕漢末氣節之盛, 引進通脫無恥之士, 流爲風尚, 至東晉而五胡亂華;[22] 明太祖起匹夫, 欲長保天下, 以八股柔士氣, 國亡莫救, 民服異種之胯, 至今淹淹

으로서 초등학교의 고학년 교육과정이라 할 수 있다. 1907년 '소학교령(小學校令)'이 개정되기 이전까지 심상소학교 4년, 고등소학교 4년의 교육과정을 운영하였다. 이 글에서는 심상소학교와 고등소학교를 각각 초등학교 저학년, 초등학교 고학년으로 번역하였다.

21 여려(女閭)는 춘추시대 제나라 환공(桓公) 때에 관중에 의해 궁중에 설치된 음란하고 퇴폐적인 장소를 가리킨다. 중국 최초의 관방 기원이라 할 수 있다. 기가(寄豭)는 '다른 집에 빌려주어 종자(種子)를 전하는 수컷 종돈'을 의미하며, 흔히 남의 아내를 간통(姦通)하는 남자를 가리킨다.

22 오호(五胡)는 동진(東晉) 시대로부터 중원에 침입한 흉노(匈奴), 갈(羯), 선비(鮮卑), 저(氐), 강(羌)의 다섯 종족을 가리킨다.

其如死;²³ 西鄉隆盛不悅維新媚外之政, 開鹿兒私塾, 以精神敎育子弟, 不數年而萬五千健兒一呼而起革命, 卒以同死; 德皇維廉第一欲報法讐, 乃以數州之地人盡爲兵, 崇尙武育, 遂以挫奧蹶法, 至今陸軍冠地球. 是故敎育與社會常有時而攙和雜糅, 不可分別, 以成後日之效果. 敎育者, 第二之社會也. 今吾欲敎育女子之方法, 其道如下.

一, 敎成高尙純潔·完全天賦之人.

二, 敎成擺脫壓制·自由自在之人.

三, 敎成思想發達·具有男性之人.

四, 敎成改造風氣·女界先覺之人.

五, 敎成體質强壯·誕育健兒之人.

六, 敎成德性純粹·模範國民之人.

七, 敎成熱心公德·悲憫衆生之人.

八, 敎成堅貞激烈·提倡革命之人.

雖然, 希望如此, 我女子其可行乎? 吾知其必可行也. 以少數之人之立志, 而多數者隨而風靡, 此又普通女子之恒性也. 是在先覺哉! 是在先覺哉! 吾馨香祝之矣. 藐姑射之山有神人,²⁴ 聽者必河漢之,²⁵ 非

---

23 엄엄(淹淹)은 엄엄(奄奄)의 오기이며, 호흡이 미약하여 생명이 위급한 상태에 놓임을 의미한다.

24 이 구절은 『장자(莊子)·소요유(逍遙遊)』의 "藐姑射之山有神人焉(저 멀리 고야산에는 신인이 살고 있다)"에서 비롯되었다. 『산해경(山海經)·동산경(東山經)』에는 "又南三百八十里, 曰姑射之山, 無草木, 多水(다시 남쪽으로 380리를 가면 고야산인데, 풀과 나무가 없고 물이 많다)"라는 구절이 있다. 막고야산(藐姑射之山) 전체를 산의 명칭으로 보기도 한다.

25 하한(河漢)은 은하수 혹은 허황된 말을 의미하며, 남의 말을 믿지 않거나 무시함을 가리키기도 한다.

河漢也, 褰裳從之,[26] 告以我中國女子之奴隸, 彼亦曰河漢也.

26　건상(褰裳)은 '치마를 걷어올리다'를 의미한다. 『시경(詩經) · 정풍(鄭風) · 건상(褰裳)』에 "子惠思我, 褰裳涉溱(그대가 진정 나를 사랑한다면 치맛자락 걷어올리고 진수溱水라도 건너련만)"이라는 구절이 있다. 이 밖에 '수고를 마다하지 않고 나랏일로 분주하다' 혹은 '어떤 일에 적극적으로 나서다'라는 의미로 쓰이기도 한다. 남조(南朝) 진(陳)나라의 서릉(徐陵)이 지은 「양산기상시표(讓散騎常侍表)」에 "昔墨子諸生褰裳救楚, 魯連隱士高論却秦(옛날 묵자와 제자들은 소매를 걷어붙이고 나서서 초나라를 구하였으며, 은사인 노중련魯仲連은 웅변으로써 진나라 군대를 물리쳤다)"라는 구절이 있다.

女子之權利

十八·十九世紀之世界, 爲君權革命之時代; 二十世紀之世界, 爲女權革命之時代. 悲哉! 女子今以其身入於革命之風潮, 利劍入卿手, 黃袍加卿身,[1] 洪水淹卿足, 鎗花彈雨落卿頂而猶不知耶? 欲避不得避, 則惟有挺身以爲戰, 戰雲蜜, 戰鼓鳴, 戰旗開, 兩大革命之來龍,[2] 交叉以入於中國, 中國女子其猶不知耶? 吾知之, 吾能勿呼!

法蘭西之革命也, 有以少數女子投身其中者. 夫彼爲君權之革命而來, 非爲女權之革命而起也. 俄羅斯之革命也, 有以多數女子投身其中者. 夫彼亦爲君權之革命而出, 非爲女權之革命而奮也. 夫彼豈以革命爲游戲, 爲運動之必要哉? 血雨洒地, 腥風撲人, 暗殺恐怖, 幽不見天日. 斷頭之臺, 西伯利亞之戍, 吾至今言之而色爲變, 股爲慄, 夫彼亦豈有樂乎此也? 其出乎此, 是必有更大之目的在. 目的惟何? 曰權利.

國之亡也, 權利爲之先; 種之奴也, 權利爲之兆. 人而能犧牲其一身之權利, 則去奴隷·禽獸不遠矣. 故羅馬法視奴隷與禽獸等, 非過分也. 英之亡印度也, 先以英金七萬磅之東印度公司, 奪其權利, 而印人

1　『송사(宋史)·태조본기(太祖本紀)』에 따르면, 조광윤(趙匡胤)이 진교(陳橋)에서 반란을 일으켰을 때, 부하 장수들이 그에게 황포(黃袍)를 걸치게 한 다음 천자로 옹립하였다고 한다. 이로부터 황포가신(黃袍加身)은 '정변을 일으켜 성공을 거두다'라는 의미로 쓰이게 되었다. 일반적으로 황포는 제왕의 복장을 가리키지만, 이 글에서는 군복의 의미로 사용되었다.

2　옛적에 풍수가들은 산세(山勢)를 용이라 여겼으며, 높고 낮게 이어지는 모습을 용맥(龍脈)이라 일컬었다. 내룡(來龍)은 그 용맥의 기원을 가리키며, 흔히 종산(宗山)에서 내려오는 산줄기를 가리키기도 한다.

不拒, 乃一擧而亡之; 英與法之墟埃及也, 先以一億萬元代開蘇彛士河, 以紿其權利, 而埃人不拒, 乃一蹴而墟之; 英之困美也, 先以糖茶印紙等稅苛待十三州, 以犯其權利, 而十三州抗之, 於是美利堅民主共和國出現於世界也.

雖然, 此猶有形之權利也. 若夫無形之權利, 則以愛爾蘭之屬於英, 値英女皇維多利亞即位後六十慶典, 以太陽常照國旗之大不列顚國普天同慶, 而愛人獨黑旗蔽地以誌國恤, 英人不敢問也. 匃牙利之屬於奧, 奧人時時欲蹂躪其'金牛憲章', 以赫赫炎炎, 飛鳥不落, 列國君主莫敢仰視之奧國大宰相梅特涅, 千摧萬挫而卒不能奪其累世相傳所謂'執干戈以抗政府'之權利. 至法蘭西第三聲之革命起,[3] 民賊梅特涅僅以其身竄死英國也.

至於黃帝子孫, 中華貴族之屬於滿洲, 滿洲人以一紙詔書下薙髮之令, 而乃銳顚垂尾,[4] 恬然不以爲醜, 自是世世子孫爲奴隷, 且使西洋民族入而用間接之手段, 令與重僮爲伍也.[5] 是故自放棄其權利者, 乃無形之自殺也. 嗚呼! 我中國民之厭世而不欲生焉, 蓋久矣.

權利者, 快樂之物也. 而快樂有時而不可得, 則不得不以苦痛助之, 非獨國際國權, 其於個人之私法尤爲切要. 自財産·婚姻至於起居·

---

3 프랑스의 혁명은 1789년에 일어난 제1 혁명, 1830년 7월에 일어난 제2 혁명에 뒤이어, 1848년 2월에 일어난 혁명을 제3 혁명, 흔히 2월 혁명이라 일컫는다. 프랑스의 '第三聲之革命'은 바로 제3 혁명, 즉 2월 혁명을 가리킨다.

4 만주족(滿洲族)은 자신들의 통치 지위를 강화하고 한족(漢族)으로의 동화를 피하기 위해 자신들의 두발 양식을 강제하였다. 순치(順治) 원년(1644년) 산해관(山海關) 안으로 들어온 후 만주족은 체발령(剃髮令)을 내렸으나, 정국의 불안과 한족의 거센 반발에 부딪혀 이 법령을 폐지하였다. 그러나 이듬해 정국이 안정되자 다시 체발령을 반포하여 전국의 관민 모두에게 머리카락을 자르도록 규정하였다.

5 중대(重僮)는 노비의 노비를 의미하며, 동일한 종류의 사물 가운데에서 가장 낮은 것을 비유한다. 이 글에서 만주족은 서양인의 노예이고, 한족은 서양인의 노예인 만주족의 노예이므로, 곧 서양인의 노예의 노예이다.

服食, 皆有權利與之密附, 故權利者, 又第二之衛生也. 法律之不能保護, 而我自保護之; 算數之所不能解釋, 而我自解釋之. 苟欲侵犯我分寸之權利, 則必竭吾一身之力以戰鬪之, 故爲權利而出於苦痛, 雖謂之苦痛之快樂, 可也. 夫天下何物而可以授諸人, 而況乎至親至愛至寶貴之權利! 念及此, 而我國民之至今其猶不革命者, 眞可憐!

中國今日民權之剝削, 吾以恕道之眼待人, 則以爲盡人皆知矣. 至於女權之剝削, 則半自野蠻時代聖賢之垂訓, 半由專制世界君主之立法使然, 然而終不可以向聖賢君主之手乞而得焉. 自出手腕幷死力以爭已失之權利, 不得, 則甯犧牲平和以進於激烈之現象. 試觀一奴隷之廢, 擲南北花旗⁶數百萬將士之頭顱而不值, 卒以大統領林肯之血繼之, 而後告成功焉. 其他莊丁·田地·工作·敎徒種種自由之歷史, 試一披讀, 則知其爲戰鬪劇惡·煩勞慘淡之圖也. 今女子而欲恢復·營衛·保安此權利, 其道將何由?

權利何以爭? 夫權利之於人, 猶空氣之於天地. 我苟戕生絶氣, 斷呼吸之門, 人斷不三揖三讓,⁷ 留此數百立方尺之新空氣以爲某君所遺之記念, 而永永不呼吸也. 然則我之所謂不權利, 正他人擴張其權利之力綫, 膨脹以入吾之圈限也. 旣入矣而欲其退, 理勢之所難, 久而

---

6   화기(花旗)는 성조기(Flag of the United States of America, The Stars and Stripes)를 가리킨다. 별의 오각성 모양을 꽃으로 간주하여 붙여진 명칭이다.

7   삼읍삼양(三揖三讓)은 중국 고대에 손님을 맞이하는 예법으로서 주인과 손님이 각각 세차례 읍(揖)을 하고 세 차례 사양하는 의식을 가리킨다. 읍(揖)이란 두 손을 맞잡아 얼굴 앞으로 들어 올리고 허리를 앞으로 공손히 구부렸다가 몸을 펴면서 손을 내리는 동작이다. 양(讓)이란 계단을 오르거나 자리에 앉을 때 먼저 오르거나 앉도록 순서를 양보하여 겸양을 나타내는 행위이다. 『주례(周禮)·추관(秋官)·사의(司儀)』에 "賓三揖三讓, 登, 再拜授幣(손님은 읍과 양의 동작을 세 번씩 하고 올라온 다음 두 번 절하고 비단을 드린다)"라는 구절이 있다.

久之則專制也. 嗚呼! 天蓋高而敢不跼, 地蓋厚而敢不蹐,[8] 畏首畏尾而身餘幾.[9] 權利之剝削旣盡, 乃存此塊然無用之人, 中國女子視此何如?

"人苦不知足, 旣得隴復望蜀."[10] 權利思想之旣發達, 如汽機之速率日增而不可以制. 夫歐洲女子之權利, 較諸吾國女子殆十百千倍也. 然目的旣達, 則議政之問題抑又起也. 欲求平權而不得, 則先以强權爲實行, 故曰二十世紀女權革命之時代也. 夫欲求平和之權利, 是欲誕育佳兒而避分娩‧拆副之苦痛也,[11] 可乎哉?

吾言至此, 而女子之芳魂其碎矣乎! 夫吾言或不免於驚人, 然其言則非吾一人之臆說也. 質而言之, 則權利者主權之謂也. 反主則爲奴, 奴者我女子之所不認也. 古希臘有正義神, 一手執衡, 以示較量其權利重輕之意; 一手提劍, 以示實行其權利之意. 故有劍無衡, 則爲虎狼之力; 有衡無劍, 則權利亦終無效. 劍衡相需, 無所偏廢, 法律眞相乃得完成. 意者, 我中國女子之權利, 得之猶非其難也. 其於歐洲女子

---

8 『시경(詩經)‧소아(小雅)‧정월(正月)』에 "謂天蓋高, 不敢不跼; 謂地蓋厚, 不敢不蹐(하늘이 높다고 하지만 감히 몸을 굽히지 않을 수 없고, 땅이 두텁다고 하지만 감히 조심스럽게 얌전히 걷지 않을 수 없다)"라는 구절이 있다. 이 구절은 두려움이 심하여 세상에 편히 몸 둘 곳이 없음을 가리킨다.

9 『좌전(左傳)』에 "古人有言曰: '畏首畏尾, 身其餘幾'(옛 사람이 말하기를 '머리가 어찌 될까 두려워하고 꼬리도 어찌 될까 두려워한다면 온몸에 걱정스럽지 않은 곳이 어디 있겠는가'라고 하였다)"라는 구절이 있다. 이 구절은 지나치게 신중하거나 겁이 많음을 가리킨다.

10 '人苦不知足, 旣得隴復望蜀'은 '사람은 족함을 알지 못하기에 괴로워하나니, 농의 땅을 얻고 나면 다시 촉의 땅을 바라본다'라는 의미이며, 인간의 탐욕이 끝이 없음을 비유한 속담이다. 여기에서 농(隴)은 감숙성(甘肅省)의 농산(隴山) 서쪽 일대의 땅을, 그리고 촉(蜀)은 사천(四川) 일대의 땅을 의미한다.

11 탁픽(拆副)은 '찢어지고 갈라지다'라는 의미이다. 『시경(詩經)‧대아(大雅)‧생민(生民)』에 "不拆不副, 無菑無害(찢어지지도 갈라지지도 않고 재앙도 해로움도 없네)"라는 구절이 있다. 탁픽은 아이를 분만할 때 태아가 모체에서 분리되는 것을 가리킨다.

之希望程度, 固遠不及也, 然終無有雲璈自奏.[12] 靑鳥銜書,[13] 一旦齎
此權利以從天而下降也, 其急圖之!

今日女子應當恢復之權利如下:

一, 入學之權利. 以不悅學之中國人, 或視讀書入學爲奪權利中尤
苦痛之事, 然不讀書則無智識, 無智識則不能辦事. 所謂相夫, 所謂內
助, 皆虛言也. 且權利思想之發達, 乃藉讀書以養成, 筐篋之內無權利
也. 此開宗明義之第一着也.

一. 交友之權利. 權利思想之發達, 半由內界之生長, 半由外界之刺
激. 隱几而臥,[14] 仰天而嘻, 嗒然似喪其偶,[15] 此代表無交友之苦痛也.
相彼鳥矣, 猶求友生,[16] 而况於人, 可以幽囚索居爲哉? 且欲求讀書入
學之助力模型器, 交友其尤要乎!

一. 營業之權利. 無權利故不能營業, 不能營業故依賴而無獨立性,
依賴而無獨立性故分利不生利, 公私內外交受其害, 兩失計也. 今日

---

12 운오(雲璈)는 중국의 전통 타악기로서 징과 흡사하며, 흔히 운라(雲鑼)라고 일컫는다. 두께
가 달라 소리를 달리 내는 열 개의 작은 징을 네 줄에 배열하여 곡조를 연주할 수 있다. 운
오자주(雲璈自奏)는 '징이 저절로 연주되어 울리다'는 의미이며, 스스로 적극 실행하지 않
음을 가리킨다.

13 청조함서(靑鳥銜書), 즉 청조전서(靑鳥傳書)는 '푸른 새를 사신으로 보내 소식을 전하다'
는 의미를 지니고 있으며, 중국의 신화에서 신조(神鳥)가 서왕모(西王母)를 위해 먹이를 가
져다 바치거나 사자(使者)로서 편지를 전했던 일을 가리킨다. 당대(唐代) 이백(李白)의 「代
寄情楚詞體」에 "使靑鳥兮銜書(푸른 새를 사신으로 보내 편지를 입에 머금었네)"라는 구절이
있다.

14 『맹자(孟子)·공손추(公孫丑)』에 "(孟子)不應, 隱几而臥(맹자께서 대꾸도 하지 않은 채 안석에
기대어 누워버렸다)"라는 구절이 있다.

15 『장자(莊子)·제물론(齊物論)』에 "仰天而噓, 嗒焉似喪其耦(하늘을 쳐다보며 한숨을 내쉬는데,
멍하니 마치 자기 짝을 잃어버린 것 같았다)"라는 구절이 있다.

16 『시경(詩經)·소아(小雅)·벌목(伐木)』에 "相彼鳥矣, 猶求友聲(서로 우짖는 새를 보라, 벗을 찾
는 소리로다)"라는 구절이 있다.

歐洲女子之營業, 有駸駸蝕男子之勢, 其發達亦可驚也. 夫權利之侵蝕, 雖夫婦之相愛亦有時而不得避, 而況乎關於普通之兩部分也. 且女子其無難色, 此事之行於女子, 亦甚有益也.

一. 掌握財産之權利. 中國女子有掌握財權之大能力, 或乾綱不振,[17] 或當戶獨居, 談笑縱橫, 有時顯其特性, 不得謂之非權利也. 然而非法律上所公許也, 偶然之變例, 雖女主有時而臨朝, 亦不足以爲正當之法式矣.

一. 出入自由之權利. 與我自由乎? 不與我自由, 其與我以死乎? 從古侵人自由之事, 不於其生命財産上着手, 乃先於其一投手一擧足而餂試之. 珠簾繡閣, 望之如雲裏帝城, 而其實乃狴犴之不若也.[18] 相思之鳥, 囚於雕籠; 女貞之木, 生於棘阱. 夫出入而不能自由, 天下安有他自由之權利哉!

一. 婚姻自由之權利. 婚姻之自由, 我中國無此出産之自由花也, 男女皆然. 然而男子猶有愛好別擇之權利, 若女子則非獨禁制於言, 抑且防杜於色也. 以人天之幸福述之,[19] 如鶉奔鵲疆之不可道,[20] 以春和

---

17 건강(乾綱)은 하늘과 벼리를 의미하는 바, 흔히 군권(君權)이나 부권(夫權)을 가리킨다. 이 글에서는 남성성, 혹은 남성적인 힘을 가리킨다.

18 폐안(狴犴)은 중국의 전설 속에 나오는 괴수로서, 용의 아홉 아들 가운데의 일곱째이다. 호랑이와 흡사한 모습을 지닌 이 괴수는 쟁송(爭訟)하기를 좋아하고 대단한 위력을 지니고 있다. 흔히 감옥의 문 위쪽에는 이 괴수의 모양을 본뜬 장식이 달려 있고, 이로 인해 감옥을 의미하기도 한다.

19 인천(人天)은 인간과 하늘을 의미하기도 하고, 불교 용어로서 육도(六道) 윤회 속의 인도(人道)와 천도(天道)를 의미하여 세상 혹은 중생을 가리키기도 한다.

20 『시경(詩經)·패풍(邶風)』에 "鶉之奔奔, 鵲之疆疆. 人之無良, 我以爲兄!(메추리는 쌍쌍이 날

日暖, 優美之感情乃冷雲蒙蔽, 而終不可以一見也. 夫婦之道, 苦無權利之謂耶! 夫權利亡而天下不如意事十居八九矣.

以上六者之權利, 我女子得之其無難乎? 此可以如立憲之要求, 而無革命之苦痛矣. 吾意女子而誠渴望此區區之權利, 其可必得無疑也. 苟不得, 則願取正義神之衡一權度其輕重, 而以劍繼之, 雖沙打倫神之生啖其兒,[21] 吾猶贊成焉(沙打倫神事見『權利競爭論』).

權利與法律相依相保而相安者也. 無法律而求權利, 則中國女子操縱其男子之怪現象也. 河東之獅, 胭脂之虎, 夫誰使以獅虎不名譽之徽號而加於女子, 無亦錯認其權利而用之, 又不得其道哉! 夫名譽亦權利之一, 名譽去而權利存, 此我中國之人格所以至於今日也.

權利者, 伴自由而生者也. 凡饗慕自由者, 必以其羣爲愛好之目的. 吾未聞個人之自由完, 而一羣之自由不發達者也. 思想自由·議論自由·出版自由, 三者個人之權利也, 而集會自由則一羣之權利也. 夫集會之宗旨, 吾向者已條其要, 此誠爲我同胞奪自由之檄矣. 我同胞其擧集會之式乎? 吾願貢文明之花圈, 張獨立·自由·平等三色之徽幟, 以祝我中國女權之萬歲也. 而如有獨夫民賊欲施其壓制解散之手段, 則吾將提擺倫(英詩人, 助希臘獨立戰死, 余別有傳), 樂歡脫(法公爵, 尙俠義, 年二十聞美利堅獨立, 直提劍往助)之劍, 爲同胞一效其死力也. 兎死狐悲, 物傷其類,[22] 吾亦失權利, 受壓制之人, 爲知己死所不

고 까치도 짝지어 나는데, 선량하지 못한 사람을 형으로 모셔야 하나!)"라는 구절이 있다.

21   사타룬신(沙打倫神)은 로마신화 속의 사투르누스(Saturnus)의 음역이다.

22   『송사(宋史)·반신전(叛臣傳)하·이전전(李全傳)』에 "狐死兎泣, 李氏滅, 夏氏寧獨存? 愿將軍垂盼(여우가 죽으면 토끼가 우는 법이니, 이 씨가 멸망하면 하 씨라고 홀로 살아남을 수 있겠습니까? 장군께서 잘 살펴주시기를 바랍니다)"라는 구절이 있다. 명대(明代) 나관중(羅貫中)이 지은

辭也.

選擧代議之權利, 吾夢中其猶慾望之. 吾尤慾望吾同胞之有議政之權利之一日也. 雖然, 此貧子之說金耳,[23] 然吾以爲天下事特患無實行之資格. 有奴隷之資格而後奴隷成, 有帝王之資格而後帝王成, 有立憲之資格而後立憲成, 有革命之資格而後革命成, 有議政之資格則而議政亦可以成矣. 資格者, 非一朝夕之效, 乃亦有所豫備者也. 迴眄同胞, 萬笄如櫛,[24] 年年壓錢, 昔昔依人. 風雨鳴鷄, 聽凄其而如訴;[25] 江山爛錦, 看破碎其可憐. 夫安忍以天賦之權利, 長供犧牲於民賊獨夫之手也! 兒女英雄, 提携互誓, 相與勉之而已.

私法之成立, 於公法有何妨害與衝突? 此殆不知民權昌而後君權榮・國權固, 不涉目於政法學界者類如此也. 然亦問吾民權利思想之發達, 果爲一私人之利便與否也? 國者, 積人而成. 國權之受苦痛, 乃與吾身有直接之關繫. 夫今全地球一草木, 一土石, 無不有主人翁者挿標畫界, 以爲之管領. 獨吾國民反贅瘤懸旒,[26] 不知異日將爲張氏奴, 抑李氏妾也. 彼獨夫民賊, 昔昔榷鋤震盪我國民之廉恥, 使沈穢猛烈之權利思想日冷而日縮, 日冲而日淡, 非獨爲蹂躪私法, 紛奪主

『삼국연의(三國演義)』 제89회에는 "兎死狐悲 ,物傷其類°吾與汝皆是各洞之主 ,往日無冤 ,何故害我?(토끼가 죽으면 여우가 슬퍼하고 동류의 불행을 슬퍼하는 법이다. 나와 그대는 모두 각각 골짜기의 수령이고 지난날의 원한도 없는데, 어찌하여 나를 해치려 하는가?)"라는 구절이 있다.

23 『양명선생집요(陽明先生集要)・여육원정서(與陸元靜書)』에 "如貧子之說金, 乃未免從人乞食(가난뱅이가 금은을 떠들어대는 것과 같아 남에게 빌어먹는 일을 면치 못한다)"라는 구절이 있다.

24 만계여즐(萬笄如櫛)은 '빗질을 하듯이 비녀를 많이 꽂다'를 의미하며, 번잡한 의례와 장식을 가리킨다

25 『시경(詩經)・정풍(鄭風)・풍우(風雨)』에 "風雨凄凄, 鷄鳴喈喈(비바람 불어 처량한데, 닭은 시끄럽게 울어대네)"라는 구절이 있다.

26 췌류(贅瘤)는 군더더기 혹은 쓸데없는 사물이나 일을 의미하고, 현정(懸旒)은 '매달려 있는 깃발'의 의미로서 마음이 불안한 상태를 가리킨다. 췌류현정(贅瘤懸旒)은 쓸데없는 일에 신경을 쓰는 것을 가리킨다.

權計, 蓋亦便其呼叱奔走, 或抵押移贈於人, 而吾民其不之毒也.

今正義之神已入於國民之夢, "何以獲食, 非流汗不得; 何以獲名, 非競爭不克."[27] 其私法再造祖伊耶陵之言乎! 競爭流汗, 則莫如收回國民之權利. 戰民賊, 戰外虜, 雖一軍皆墨, 而我同胞之氣不稍衰; 雖四面楚歌, 而我同胞之氣不稍涘. 苟不得此權利, 則雖釀四萬萬同胞男女之腦血·心血·頸血以購之, 所不辭也. 而不然者, 愛妾可以換馬,[28] 邯鄲才人嫁爲厠養卒,[29] 索虜有何人心![30] 彼偸一日之生, 千年之辱, 誠恐落花浮萍, 一墮落再墮落, 而此權利乃眞深深埋玉於千年古塚之中, 永永其不復誕甦也. 吾欲使我女子苦戰於私法之庭, 乃欲使我國民血戰於公法·國際法之野也. 吾苦心其誰諒之? 諒之者惟最敬最愛之同胞女子, 其靜聽歐洲女權第一革命之聲, 以興乎來!

---

27 『권리경쟁론(權利競爭論)』「論六 論今之羅馬法兼申論權利之競爭」의 원문은 이와 달리 "何以獲食, 非流汗不克; 何以獲權, 非競爭不得"으로 기술되어 있다. 이 원문에 맞추어 번역하기로 한다.

28 당대(唐代)의 이용(李冗)이 지은『독이지(獨異志)』에 따르면, 조조(曹操)의 아들 조창(曹彰)은 무예가 뛰어나고 성품이 호방하였다. 어느 날 그는 사냥을 나갔다가 털이 온통 새하얀 말을 보고 몹시 갖고 싶어서 말 주인에게 팔라고 하였으나 말 주인은 난색을 표했다. 그는 말 주인을 집으로 데려와 연회를 베풀고, 집에 있는 가기(歌妓)를 모두 불러내 춤과 노래로 주흥을 돕도록 하였다. 그는 말 주인에게 자신이 총애하는 아리따운 첩을 말과 바꾸자고 제안하였으며, 이를 받아들여 말 주인은 자신의 말을 내주는 대신 마음에 드는 가기를 골랐다. 이후 애첩환마(愛妾換馬)라는 성어는 멋을 알고 예법에 얽매이지 않는 호방한 성품이나 기개를 가리키게 되었다.

29 「邯鄲才人嫁爲厠養卒婦(한단의 궁녀가 시집가서 허드렛일하는 부역인의 아내가 되다)」는 이백(李白)이 지은 악부시(樂府詩)이다.

30 색로(索虜)는 남북조시대에 남조 사람이 북방의 소수민족을 낮잡아 일컫던 말로서, 북방 오랑캐라는 의미를 지니고 있다.

第七節

女子參預政治

二十世紀女權之問題, 議政之問題也. 議政者, 肩有監督政府與組織政府之兩大職任者也. 以國會不開, 政黨不立, 選擧不行, 代議不出之中國, 二百兆多數男子, 方爲政府催眠歌, 抑揚宛轉, 酣睡於恩科 · 特科之中, 狂囈大魘而不醒, 而吾反以此事提倡女子, 吾其太早計. 夫方步而言趨, 方趨而言走, 人之常也. 若不步而言飛, 其速之殆耶? 吾其擇易行者而奏記於粧閣之前,[1] 卑之無高論.

一國之民氣, 視乎其國之政體爲轉移, 大抵民權愈昌之國, 其女權之發達愈速, 不盡關於智識與學問也. 德意志女學之隆盛優勝於法國, 而俄羅斯民黨男女平權之風初不下於美利堅. 然而法與美則民主共和政治也, 故國民之智識與學問在乎養成, 而所希望則在乎政體. 然則立憲君主國之女權, 其發達必後於民主共和政治, 而使法蘭西 · 美利堅國文明窈窕之花移植於暗黑凄凉之中國, 亦不過感時濺淚,[2] 萎蕤零落, 徒呼負負而已.[3] 今吾中國女子其致力於求學之問題, 且無言議政.

中國者, 君主專制之國也. 凡歐洲國家社會種種不平等之難題皆紛

---

1   주기(奏記)는 한대(漢代)에 관원이 상급 기관의 장관에게 의견을 진술하여 올리던 문서를 가리킨다. 장각(粧閣), 즉 장각(妝閣)은 부녀의 거실을 가리킨다.
2   당대(唐代)의 시인 두보(杜甫)의 「춘망(春望)」에 "感時花濺淚 恨別鳥驚心(시절을 느껴 꽃을 보아도 눈물이 쏟아지고, 이별이 한스러워 새를 보아도 마음이 놀라누나)"라는 구절이 있다.
3   부부(負負)는 '송구스럽고 송구스럽다' 혹은 '미안하고 미안하다'라는 의미를 지니고 있다. 도호부부(徒呼負負)는 어떤 일에 대해 그저 감탄이나 유감을 발할 뿐 어찌해볼 능력이 전혀 없음을 나타낼 때 사용한다.

集於中國, 直至今而無一得解釋. 然謂我橫目之民[4]決不許談溫室之樹,[5] 而惟瓔珞拜跪之徒得專其利,[6] 則吾國民其將叱之矣. 夫男女平權, 我國民向者旣已公認, 豈有五雀六燕,[7] 女子猶處於偏輕之一端? 且正惟專制惡劣, 故前途之目的與方法乃將弦誦播[8]而歌謠傳, 使婦孺咸知之, 所謂敎育之普及也. 然則雖國會政黨, 選擧代議之不行, 我同胞其不可不預備之.

　女子議政之問題, 正歐洲各國政府困難之極致也. 大抵權利之自然而來, 不爲政界所重, 猶天生之兒, 必見棄於社會也. 而政府之習慣亦審可使一二梟雄巧取豪奪, 藉寇兵而齎盜糧,[9] 大擾亂其平和之秩序, 而終不肯坦然相授, 燭照而預計之也.[10] 非獨政府, 即世界最有力

4 　횡목지민(橫目之民)은 사람의 눈이 가로로 트여 있다는 데에서 인류 혹은 백성을 가리킨다.『장자(莊子)·외편(外篇)·천지(天地)』에 "夫子無意於橫目之民乎?(그대는 백성들에게 관심이 없는가?)"라는 구절이 있다.

5 　온실지수(溫室之樹)는 궁궐 내의 꽃나무를 의미하며, 궁중에서 일어난 일을 가리킨다.『한서(漢書)·공광전(孔光傳)』에 "光周密謹愼, 未嘗有過. 沐日歸休, 兄弟妻子燕語, 終不及朝省政事. 或問光:'溫室省中樹何木也?' 光嘿不應(공광은 주도면밀하고 신중한 사람이었는데, 목욕하는 날에 집으로 돌아가 쉬게 되면 형제와 처자와 한담을 나누면서도 끝내 조정이나 관청의 일을 언급하지 않았다. 어떤 사람이 공광에게 '장락궁에 있는 온실에 자라는 나무는 어떤 나무입니까?'라고 물었지만, 공광은 아무 대꾸도 하지 않았다)"라는 구절이 있다.

6 　영락(瓔珞)은 구슬을 꿰어 목이나 팔에 두르는 장신구이다. 원래 산스크리트어 케유라(keyūra)의 음역으로서, 불교에서는 불상의 목이나 가슴에 둘러 장엄하게 꾸미는 장신구를 가리킨다. 배궤(拜跪)는 절하고 꿇어앉음을 의미하며, 연장자나 제왕, 혹은 신성성을 지닌 대상에게 바치는 예의이다.

7 　오작륙연(五雀六燕)은 양쪽의 무게가 서로 같음을 의미한다.『구장산술(九章算術)·방정(方程)』에 "今有五雀六燕, 集稱之衡, 雀俱重, 燕俱輕, 一雀一燕交而處, 衡適平(지금 다섯 마리 참새와 여섯 마리 제비가 있는데, 저울에 모여 균형을 맞추고 있다. 참새는 무겁고 제비는 가벼워, 참새 한 마리와 제비 한 마리가 교대로 위치하면 저울이 평형을 맞춘다)"라는 구절이 있다.

8 　현송(弦誦)은 거문고 타는 소리와 책 읽는 소리를 의미하며, 비유적으로 학교교육을 가리킨다.

9 　『순자(荀子)·대략(大略)』에 "非其人而敎之, 賚盜粮, 借賊兵(마땅치 않은 사람을 가르치는 것은 양곡을 도둑놈들에게 보내주고 무기를 도적 떼에게 빌려주는 것과 같다)"라는 구절이 있다. 이는 자신의 적을 도와주는 꼴을 가리킨다.

10 　당대(唐代)의 한유(韓愈)가 지은「송석홍처사서(送石洪處士序)」에 "若燭照數計而龜卜也(촛불을 밝혀 하나하나 세고 거북점을 치듯 정확하고 정밀하다)"라는 구절이 있다. 촉조이예계(燭照而預計)는 '일을 정확하게 처리하여 예상하다'라는 의미를 지니고 있다.

之政治哲學家亦多深閉固拒,[11] 反對其說. 如女權事件, 雖以十九世紀國學泰斗伯倫知理[12]猶且不然其說, 非有彌勒約翰·斯賓塞之雷霆氷雪, 廓淸掃蕩, 則女界至今其猶晦霧也. 以文明自由之花, 旣已出現於世界, 揚芬舒彩, 而猶欲阻閼之, 焚琴煮鶴之況味,[13] 流毒若是其孔長耶! 吾且述反對議政權之說如次:

一. 男子治外, 女子治內, 天生婦女使司家政, 非欲使之執國政也. 若使婦女干涉國事, 與男子頡頏折衝於政界, 則夫貞操之德, 溫良之質, 凡所貴於婦女者, 由是忽焉. 是不惟家之不幸, 抑亦國之禍也.

二. 國家者, 不羈特立自行其事者也, 故不可不握十分之主權. 要言之, 國家者, 有男性之精神者也. 世有立女主, 委大政, 是謂變例, 未聞女主之勝於男主也. 英·澳·俄三國女主在位, 而國富兵強, 蓋由賢相良輔之功, 委托而不疑者也.

---

11 심폐고거(深閉固拒)는 '깊이 닫아걸고 굳게 거절하다'는 의미로서, 남의 의견을 전혀 받아들이지 않음을 가리킨다. 『한서(漢書)·초원왕전(楚元王傳)』에 "今則不然, 深閉固距, 而不肯試, 猥以不誦絕之, 欲以杜塞餘道, 絕滅微學(지금은 그렇지 않아서 문을 깊이 닫아걸고 굳이 사양한 채 시도하려 들지도 않고 멋대로 읽지도 않아 학문을 단절시켜 남아 있는 길마저 막아버려 은미한 학문을 끊어 없애려 한다)"라는 구절이 있다.

12 伯倫知理는 스위스 태생의 독일 법학자이자 정치가인 블룬칠리(Johann Kasper Bluntschli)의 음역이다.

13 분금자학(焚琴煮鶴)은 '거문고를 땔감으로 때서 학을 삶아 먹다'를 의미하며, 매우 아름답고 좋은 것을 망치는 미련하고 어리석은 행동을 가리킨다. 송대 호자(胡仔)는 『초계어은총전집(苕溪漁隱叢纂集)』에서 『서청시화(西淸詩話)』를 인용하였는데, 여기에 "義山雜纂, 品目數十, 皆以文滑稽者. 其一曰殺風景, 謂淸泉濯足, 花下曬褌, 背山起樓, 燒琴煮鶴, 對花啜茶, 松下喝道(이상은의 『잡찬』에는 수십 개의 품목이 있는데 모두가 익살스러운 글들이다. 그 가운데 하나가 메마르고 스산한 꼴불견인데, 맑은 샘물에 발 씻기, 꽃 아래 속옷 널어 말리기, 산을 등지고 누각 세우기, 거문고 불태워 학 삶기, 꽃 마주 보며 차 마시기, 소나무 아래 물렀거라 외치기 등이 그것이다)"라는 구절이 있다.

三. 女子天性多感, 常爲情之所勝, 若使之預政事, 則政黨軋轢, 門戶紛爭, 激昂之極, 必幷行政立法上之利害而不顧, 從其感情之所向而去耳. 今男子議員猶有此弊, 果爾則宗敎必逞其勢, 至於政敎混一, 而國家不復振矣.

四. 方今天下, 苟以文明自居, 無不重正義, 尊道德, 然而獨不予於婦人者, 必有確乎不可易之理, 而非出於偏頗壓抑, 是故婦女無公民權, 歐洲各國所公認也.

又據德國大儒伯倫知理之『國家學』論民人章, 言無公民權者有五:

甲, 婦女

乙, 幼弱

丙, 異敎人

丁, 無敎育者

戊, 奴隸·貧民

雖然, 吾有言也. 彼之說皆就過去與現在之事實以立論者也. 夫吾輩之手段在乎能造未來之新國民, 安能向殘碑荒殿中而求人格, 且以破爛之陳史纂法典, 編敎科書哉? 吾恥之, 吾反對之.

吾今融合唱女權者之略說, 而以己意判定之, 具駁義如左:

其一曰: 爲女子與小兒同權, 此無識之言. 夫徒觀其爲國之政府所善治, 其形式未嘗不同, 然而多數之男子亦嘗爲其政府所治矣. 且小兒者, 人能不全, 感情·希望·知覺·觀念皆不具, 總總叫擲·涕笑·

睡眠·飲食皆爲初民時代之縮影, 國家亦何嘗有法律以治之哉? 治之者, 惟女子. 夫以初民治初民, 不知今日世界何以脫野蠻之俗也? 徒見其小兒之日以進化, 漸長而執參政之權, 而身爲女子, 永永不脫於專制之轄界, 謂之文明國得乎?

其二曰: 公私不同之制度不改良, 而女子之權乃墮地. 女子之私權雖若爲夫之一守護兵, 而猶有管理其財産之權也. 至於公權, 則收女子之稅而作踐其一切之權利, 是出代價而無報償之一日也.[14] 共和國民有恒言曰:"賦稅者, 人民之保險金也." 又曰:"賦稅者, 製造幸福之原料也." 夫納賦而不求權利, 一任政府之婪索, 敲骨吸髓之旣盡,[15] 乃以不可思議之鬻爵彩票繼之,[16] 而終不問其歸結. 此惟支那人爲然, 而歐洲則無是國也. 然而苟不得議政之女子以納稅之責, 吾謂之曰乾沒可也,[17] 諡之曰盜府亦可也.

其三曰: 女子無議政之才, 有其才而不能過男子. 則吾未見普天下之男子而皆鴻博魁磊睿聰特達之士也,[18] 吾又未見普天下之女子而盡

14　이 대목은 마군무(馬君武)의 「J. S. 밀의 학설·여권설(女權說)」을 인용하고 있는데, '公私不同之制度'는 '公私權不同之制度'로 적혀 있다. 이 원문에 맞추어 번역하기로 한다.

15　고골흡수(敲骨吸髓)는 '뼈를 바수어 골수를 빨아먹다'는 의미로서, 고혈을 짜내 악랄하게 착취함을 가리킨다. 북송(北宋) 도원(道原)의 『경덕전등록(景德傳燈錄)·보리달마(菩提達磨)』에 "昔人求道, 敲骨取髓, 刺血濟饑(옛적에 불법의 정도를 구할 때에 뼈를 바수어 골수를 갈라내고 피를 찔러 배고픔을 달랬다)"라는 구절이 있다.

16　죽작(鬻爵)은 관직을 파는 것(賣官賣職)을 의미한다. 송대 호계종(胡繼宗)이 지은 『서언고사(書言故事)·매작(賣爵)』에 "朝廷賣官, 曰鬻爵(조정에서 관직을 파는 것을 죽작이라 한다)"라는 구절이 있다. 채표(彩票)는 복권(福券, lottery ticket)을 가리킨다.

17　건몰(乾沒)은 예전에 법을 어긴 물건을 관가에서 빼앗는 것을 가리킨다.

18　홍박(鴻博)은 학문이 깊고 넓음을, 괴뢰(魁磊)는 재주가 탁월하고 비범함을, 예총(睿聰)은 슬기롭고 총명함을, 특달(特達)은 매우 걸출함을 의미한다.

纖微委瑣蠢愚陋劣之人也.[19] 女中豈無豪傑, 而可濡染大筆, 奮焉以
抹摋之乎? 且女子亦有時而具隱權, 露半面於政界之內, 如拿破侖夫
人坐約隱·俾斯黙夫人耶亨, 時操縱其怪傑木彊之夫婿, 使爲顧問而
宛轉維持之, 此亦足顯其占優勝矣. 且男女兩類之權必一一以才智爲
量, 吾恐雖有量才之玉尺, 無若是之不爽纍黍也.[20]

其四曰: 謂女子以溫良柔淑爲貴, 而恐其以感情易男性. 則吾試問
溫良柔淑者爲美德乎? 爲惡德乎? 如惡德也, 何以不可以治外, 而可
以治內乎? 且此議政事件乃權利的問題, 而非心理的問題也. 若謂其
有感情也而奪公民之權, 則公權之普及乃以有感情與否爲斷, 感情若
是其穢多也! 且或者言政黨軋轢, 男子猶不免於傾向, 則曷不幷男子
之權而亦褫之, 是可復其獨立不羈, 圓滿成熟之專制政治矣. 總之, 今
日世界雖近於共和而專制女子之毒痛猶未艾也.

其五曰: 使緟國家政治之歷史而女子永永不得參預政治, 我女子其
又何望! 所尤可怪詫者, 則禁一切普通女子不得出現於政界之上, 而
偏有一二女子踞其政治之巔, 而稱之曰女皇是也. 自羅馬帝赫劉加把
魯[21]許其母入議院爲議員, 是爲女子得政權之朕. 自後女主之名屢見
於史, 若英倫, 若奧地利, 若俄羅斯, 若西班牙, 若葡萄牙, 雖其政府之

---

19 섬미(纖微)는 세밀함을, 위쇄(委瑣)는 자질구레하고 대범치 못함을 의미한다.
20 불상(不爽)은 차이나 틀림이 없음, 혹은 꼭 맞음을 의미한다. 서(黍)는 옛적의 중량 단위로
서 기장 한 알의 단위, 즉 극소의 중량을 의미한다. 누서(纍黍)는 수량이나 차이가 지극히
작음을 가리킨다.
21 赫劉加把魯는 로마 제국의 23대 황제인 엘라가발루스(Elagabalus)의 음역이다.

造法各不同, 而旣莫不有女皇之稱號矣. 至若近今維多里亞,[22] 且以大名高壽執世界盟主之牛耳也. 何物老嫗, 掌此幸福, 旣不許世界女子參預其國中之高等職務, 而獨可一躍而爲王, 是集女子之視線於一人之身. 吾知異日世界之覬覦神器者,[23] 不在鬚眉而爲紅粉峨峨之女子也. 使專制女魔加陀釐而生於今日乎,[24] 彼虛無黨女員其尤奮迅矣.

總之, 女子議政之問題在今日世界已不可得而避矣. 自法皇路易十四唱君權天賦之說, 而武良街上布衣襤褸, 英資颯爽之盧梭從天而降, 持其逐犬之杖, 一擧而掊擊之. 夫旣非天賦, 則安有不可以參預也? 彼彌勒約翰·斯賓塞·拉蒲勒(法儒)·卑卑爾(德儒)·克累通(瑞士),[25] 誠熱心女權之人, 然苟無此數子, 吾知女子其猶必發達也. 女界風潮盤渦東下, 身無彩鳳, 突飛有期, 心有靈犀,[26] 眞宰上訴. 女子乎, 其好規畫, 其自擁護, 勉爲新國民!

吾讀社會黨史, 而知其實行男女同權之主義. 吾傾倒, 吾愛慕, 吾表同情. 千八百九十一年, 開談話會於比利時京城布呂碎勒, 以同意宣其會議之大綱如下:

---

22 維多里亞는 영국의 빅토리아 여왕(Queen Victoria)의 음역이다.
23 기유(覬覦)는 '야심을 품고서 분에 넘치는 것을 엿보고 노리다'는 의미이다. 신기(神器)는 신성한 의미를 지닌 물건을 의미하며, 흔히 제위(帝位)나 왕권(王權)을 가리킨다.
24 加陀釐는 러시아의 황제 캐서린 대제(Catherine the Great)의 음역이다.
25 拉蒲勒은 프랑스의 법학자이자 정치가인 라블레(Édouard de Laboulaye)의 음역이고, 卑卑爾는 독일의 사회주의운동가인 베벨(Ferdinand August Bebel)의 음역이며, 克累通은 스위스의 철학자이자 신학자인 세크레탄(Charles Secretan)의 음역이다.
26 채봉(彩鳳)은 울긋불긋 아름다운 봉황을 의미한다. 옛 전설에 따르면 무소의 뿔에는 하얀 무늬가 있는데, 감응이 예민하다고 한다. 이 때문에 무소의 뿔을 영서(靈犀)라 일컫는다. 만당(晩唐)의 시인 이상은(李商隱, 813?-858?)의 시 「無題(其一)」에 "昨夜星辰昨夜風, 畫樓西畔桂堂東. 身無彩鳳雙飛翼, 心有靈犀一點通(어젯밤 별 반짝이고 바람 불 적에 화려한 누각 서쪽 가, 멋들어진 대청 동쪽에 있었지. 몸에는 채색 봉황의 날개 없어 날아오르지는 못하지만 마음엔 영묘한 무소뿔 있어 서로 마음 깊이 통하였지)"라는 시구가 있다. 심유령서(心有靈犀)는 흔히 남녀의 마음이 서로 통하거나 상대의 마음을 이해함을 가리킨다.

今日此會, 請通世界之社會主義黨人定男女同等之細目. 凡我會員, 皆公認女人與男人有同等之人民權及政治權, 盡力以廢除世界各國所有不與女人以同等權則之法律.[27]

吾言至此, 而歐洲女子政權之說備於是矣, 其如我中國女子, 今日爲幼稚之時代也, 萌芽之時代也. 吾言之而吾自快意, 陽春白雪,[28] 聽和者其終稀; 殘月曉風, 問酒醒其何處.[29] 夫亦作鏡中花影, 海上蜃樓, 徒攝印於國民之腦, 如是而已乎! 雖然, 吾烏敢, 吾有必行之志望在.

女子亦知中國爲專制君主之國乎? 夫專制之國無女權, 女子所隱恫也. 然二十世紀無專制國, 抑亦女子所飫聞也. 夫議政者, 固肩有監督政府與組織政府之兩大職任者也, 然而希監督政府而不得, 則何妨退而爲要求; 願組織政府而無才, 則不妨先之以破壞. 要求而紹介, 則吾男子應盡之義務也; 破壞而建設, 乃吾男子與女子共和之義務也. 其要求也, 絞以腦, 卷以舌, 達以筆, 腦涸·舌敝·筆禿而漑以淚, 淚盡而迸以血, 血溢而助以劍, 劍窮而持贈以爆裂丸與低列毒砲, 則破壞之事也. 且女子其無驚, 此爲我同胞爭權利, 奪自由之靈呪也. 十八世紀

---

27 이 글은 김천핵이 참조하였으리라고 추정되는 마군무(馬君武)의 「彌勒約翰之學說, 2 女權說」(『新民叢報』제30호, 1903.3.29.)에서 인용하였으리라고 본다. 원문의 '權則'은 마군무의 글에 '權利'로 적혀 있다.

28 양춘백설(陽春白雪)은 전국시대 초(楚)나라의 고급스러운 가곡이며, 후에 통속적이지 않은 고상한 문학예술 작품을 가리킨다. 흔히 훌륭한 사람의 언행은 평범한 사람이 이해하기 어려움을 비유적으로 이르기도 한다.

29 북송(北宋)의 사인(詞人) 유영(柳永)의 「우림령(雨霖鈴)·한선처절(寒蟬凄切)」에 "今宵酒醒何處? 楊柳岸, 曉風殘月(오늘 밤 어디에서 술을 깰까? 버드나무 언덕, 희미한 달빛 아래 새벽바람 부는 곳이겠지)"라는 구절이 있다.

英國傅葊紗德夫人之言曰:"罷此暴刑, 我英吉利人死過半矣." 又其演說之言曰:"英吉利女人皆禽獸牛馬不若." 夫幷禽獸牛馬而不若也, 則不如自經溝瀆之爲愈矣.[30]

使中國而爲女子參政之國, 理想國也. 理想者, 含有哲學與小說之兩部分. 中國小說其腐敗矣, 然而理想有極高者. 夫不見有錦心繡口而對策於殿庭者乎?[31] 夫不見有絳唇玉貌而出將以入相者乎?[32] 夫不見有雙刀匹馬, 汗血疆場以顯祖國之榮譽者乎?[33] 夫不見有青裙素服,[34] 懷刀宮禁以雪父夫之讐毒者乎? 此正吾同胞所思之爛熟者也. 彼亦猶是人, 我亦猶是人, 監督與組織, 要求與破壞. 總之, 二十世紀新中國, 新政府不握於女子之手, 吾死不瞑, 願吾同胞亦死不瞑!

預備議政必有會, 吾向者所條述, 猶離之言也. 合之則吾國民必公立一議政會, 無論男女皆可以爲會員, 皆可以選擧事務員及評議員·調查員, 此皆可以任會長. 其員數男女不對待, 對待則猶分男女之界域, 如滿漢之主客, 至今不泯滅也. 其內容則含有歐洲社會·虛無兩黨之資格, 而以革命爲實行, 以共和爲目的, 其章程吾異日當別議, 今非

---

30 『논어(論語)·헌문(憲問)』에 "豈若匹夫匹婦之爲諒也, 自經於溝瀆而莫之知也(어찌 평범한 사람들이 작은 의리를 지킨다면서 도랑에서 목을 매어도 알아주는 이가 없는 것과 같이하겠는가?)"라는 구절이 있다. 자경구독(自經溝瀆)은 자신의 뜻을 드러내려다 이름 없이 죽은 것을 의미하기도 한다.

31 금심수구(錦心繡口)는 '비단같이 고운 마음과 수놓은 듯 아름다운 말'을 의미하며, 글을 짓는 재주가 뛰어난 사람을 가리킨다.

32 강순옥모(絳唇玉貌)는 '붉은 입술과 옥처럼 예쁜 얼굴'을 의미하며, 흔히 여자의 아름다운 미모를 가리킨다. 출장이입상(出將以入相), 즉 출입장상(出入將相)은 '조정 밖에 나가서는 장수가 되고, 조정에 들어와서는 재상이 됨'을 의미하며, 문무를 겸비하고 있음을 가리킨다. 북송(北宋)의 정치가 구양수(歐陽修)의 「상주주금당기(相州晝錦堂記)」에 "故能出入將相, 勤勞王家, 而夷險一節(그러므로 나가서는 장수가 되고 들어와서는 재상이 되어 왕가에 부지런하고 수고하여 평상시나 험난한 시기나 절개를 한결같이 하였다)."

33 쌍도필마(雙刀匹馬)는 '두 자루의 칼과 한 필의 말'을 의미하며, 홀로 용감하게 적진으로 뛰어드는 것을 가리킨다. 흔히 단도필마(單刀匹馬)라는 용어를 사용한다.

34 청군(青裙)은 푸른 치마를 의미하며, 평민 아낙의 복장을 가리킨다. 소복(素服)은 흰 옷으로서 흔히 상복을 가리킨다.

所及也.

異哉! 中國普通人民有一種之特性. 吾可執此以證女界之必發達者非他, 則女性是也. 法蘭西之歷史家有言曰:"自法以北之民族, 蓋雜女子性於女性國民中, 故婦女獨得顯著之地位." 女性者, 文學之優美, 哲理之深秘, 技術之高尚, 宗敎之翕合, 姿勢之纖美, 言語之柔和, 疾病之陰鬱, 戀愛之附著, 皆是也. 向者吾國民常得女性之良, 今者得其劣, 綜合而觀之, 則皆女性也. 觀其濡染於女性之深, 而知女子之感化力之大, 則異日女子必立於顯著之地位, 蓋無可疑也. 女子而參預政治乎, 是可決矣. 吾祝吾女子之得爲議員, 吾尤願異日中國海軍·陸軍·大藏·參謀·外務省皆有吾女子之足迹也. 吾更願異日中國女子積其道德·學問·名譽·資格, 而得擧大統領之職也. 夫功德圓滿, 女子之榮亦極矣.

世界何以造? 造於人之心. 國家何以成, 成於人之願, 心曰大心, 願曰宏願,[35] 是故平等共和, 十八世紀以前之怪物, 而今則神聖不可侵犯矣. 誰造之? 非天造之也. 吾欲造女子世界, 則憑乎吾之心與願, 所謂不普渡衆生, 誓不成佛也.[36] 在『易』之坤, 讖緯之書, 唱抑陰之邪說者也. 而曰含章可貞, 或從王事, 則女子出現於政界之兆也; 曰龍戰於野, 其血玄黃, 則爭權利, 奪自由乃必不可避之勢也; 而終之曰用六, 利永貞, 註之者曰陰柔不能固守, 變而爲陽, 遇此卦而六爻俱變, 則女子登極而實行大統領之主義矣.

---

35 대심(大心)은 불교 용어로서 대보리심(大菩提心), 즉 석가모니의 정각(正覺)의 지혜인 대보리를 추구하는 크고 넓은 마음을 가리킨다. 굉원(宏願) 역시 불교 용어로서 모든 중생을 이롭게 할 수 있는 아름답고도 광대한 원망(願望)을 가리킨다.

36 『지장경(地藏經)』에는 "衆生度盡, 方證菩提, 地獄未空, 誓不成佛(중생을 모두 제도하는 것이 바로 깨달음을 입증하는 것이니, 지옥이 비지 않으면 맹세코 성불하지 않겠다)"라는 구절이 있다.

善哉, 善哉! 吾欲置維多利亞於美利堅, 擧威爾明那[37](荷蘭女主)於瑞士, 猶『易』之意也. 羣龍無首, 我中國必有此一日, 誰與吾言爲反對者乎? 四聖皇皇, 動色相戒,[38] 造因於三千年以前, 而使我女子今日而獲其果, 吾罪也與哉!

---

37 威爾明那는 네덜란드의 빌헬미나 여왕(Queen Wilhelmina)의 음역이다.
38 사성(四聖)은 중국 역사상 비범하고 총명한 통치자 네 명을 가리키는데, 전욱(顓頊), 제곡(帝嚳), 요(堯)와 순(舜)을, 또는 요(堯), 순(舜), 우(禹)와 탕(湯)을 각각 들기도 한다. 여기에서는 주역의 저술 및 해설과 관련된 네 사람, 즉 복희(伏羲), 문왕(文王), 주공(周公)과 공자(孔子)를 가리킨다. 황황(皇皇)은 훌륭하고 성대한 모양을 가리킨다. 동색상계(動色相戒)는 얼굴빛을 바꾸면서 서로 경계함을 의미한다. 『한서(漢書)·유보전(劉輔傳)』에 "君臣祗懼, 動色相戒(군신들은 공경하고 두려워하여 얼굴빛을 바꾸면서 서로 경계하였다)"라는 구절이 있다.

第八節

婚姻進化論

有天地然後有萬物, 有萬物然後有男女, 有男女然後有夫婦,[1] 夫婦之際, 人道之大經也.[2] 而人道何以久? 非婚姻, 婚姻其儀式也. 儀式之中有精神, 是名曰愛. 神聖哉此愛! 潔淨哉此愛!

愛力之於世界大矣! 一切諸天[3]·行星·地球·無機物·有機物所運行·所簸盪·所生滅而結集搆造, 而胚胎, 而孶乳, 而成立, 而悲歡離合, 而貪嗔痴愛, 而猜忌·爭奪·鬥殺·恐怖·畏懼, 誰使之? 皆愛之力使之也. "地球雖滅, 而愛之花尙開." 佛林瑪利安之言,[4] 眞愛之天使哉! 雖然, 愛矣, 有演繹, 有歸納, 歸納惟何? 曰婚姻.

婚姻者, 世界最神聖, 最潔淨的愛力之燒點也. 凡物理上異性有相吸相感之力, 而心理上同類有至懇至熱之情. 愛力之原質, 則一點煙士披里純,[5] 然爇摩擦而化. 語箋浩育, 佛說因緣, 雖精粗不同, 而皆釋愛之正義也. 範而鑄之, 規而則之, 而婚姻之名詞誕育於世界, 則文

---

1 이 구절은 『주역(周易)·서괘(序卦)』에서 인용하였는데, 원문은 다음과 같다. "有天地然後有萬物, 有萬物然後有男女, 有男女然後有夫婦, 有夫婦然後有父子, 有父子然後有君臣, 有君臣然後有上下, 有上下然後禮義有所錯(하늘과 땅이 생겨난 이후에 만물이 있게 되었고, 만물이 생겨난 이후에 남자와 여자가 있게 되었으며, 남자와 여자가 생겨난 이후에 부부가 있게 되었고, 부부가 생겨난 이후에 아비와 자식이 있게 되었으며, 아비와 자식이 생겨난 이후에 임금과 신하가 있게 되었고, 임금과 신하가 생겨난 이후에 위와 아래가 있게 되었으며, 위와 아래가 생겨난 이후에 예의가 두어질 곳이 있게 되었다)."

2 사마천(司馬遷)이 지은 『사기(史記)·외척세가(外戚世家)』에는 "夫婦之際, 人道之大倫也(부부의 관계는 사람의 도리에서 가장 중대한 인륜이다)"라는 구절이 있다.

3 제천(諸天)은 불교 용어로서 모든 하늘을 의미한다. 흔히 욕계(欲界)의 육욕천(六欲天), 색계(色界)의 십팔천(十八天), 무색계(無色界)의 사천(四川)을 통틀어 일컫는다.

4 佛林瑪利安은 프랑스의 천문학자이자 작가인 플라마리옹(Nicolas Camille Flammarion)의 음역이다.

5 煙士披里純은 inspiration의 음역이다.

明之初點也. 吾旣言婚姻之原理矣, 請言婚姻之歷史.

婚姻者, 文明時代之發現物也. 若野蠻原人有不可以槪論者. 吾述婚姻以前之歷史, 大要可分爲三時代:

第一, 掠奪時代. 初民其愚乎! 一切智識未發現, 而肉慾之感乃隨飮食以俱起. 是時雖一區之隔, 亦各自爲部落, 兩相鬥則兩相劫, 身爲女子, 直與牲畜·輜重同爲貴重之掠奪品. 得之, 則酋長擇其尤而壟斷之, 餘乃支配於其部落; 失之, 則復掠奪他部落之妻女以爲償. 今世俗有劫婚之風, 乃其遺傳之一部分. 是爲第一期.

第二, 督制時代, 女子之材勇在初民時代未必遜於男子, 旣經掠奪之後, 或不肯含垢茹辱, 不免起而抗戰, 於是不得不用强權之手段以壓制之. 前代所謂樂籍, 滿洲律所謂'發披甲人爲奴', 蓋一經摧蹂踐踏而永永不復能振拔矣. 是爲第二期.

第三, 供給時代. 督制主義爲治人治法, 供給主義爲役人役法, 蓋至是而女子稍降服, 男子亦稍寬待, 乃有分功之事, 如其夫戰獵於外, 則其婦炊紉於內是也. 惟一切勞力仍無所不至, 餱糧甲冑皆責之於其身,[6] 今其殘餘軀殼猶有遺帨於社會者.[7] 阿非利加人初見力作之牛,[8] 而以爲白人之妻, 更無論矣. 是爲第三期.

6　후량(餱糧)은 전쟁에 나가거나 먼 길을 가는 사람이 가지고 다니는 마른 양식을 가리킨다.

7　유세(遺帨)는 흔히 여자가 남겨놓은 옷가지나 장식물을 가리킨다. 『진서(晉書)·열녀전(列女傳)』의 기록에 따르면, 남편을 여읜 아내가 정절을 지키기 위해 자살을 택할 때 흔히 옷가지나 장식물을 남겨서 자신의 결심이나 고결함을 나타냈다.

8　阿非利加는 Africa의 음역이다.

以上三時代, 皆初民之階級也. 以區區一男女之名分遞嬗遞變, 至此而僅端倪一夫婦之名詞,[9] 歷史若是其蹟也. 其於婚姻之進化, 去之猶甚遠也. 吾且復分以後之歷史爲兩大時代:

第一, 混合統系時代. 婚姻者, 合二姓之好以傳一祖之血胤者也. 而血胤有時而攙雜, 此其原因不一端. 總之皆野蠻之質性自作自受, 然其氣運直至於今, 未嘗衰也, 吾不得不先述之.

甲, 鬻妻. 野蠻之人本視其妻與金銀皮幣等, 故金銀皮幣窮, 則以妻爲代價, 此與夫今日輪博進而覆孤注者同也.[10] 然種姓之傳或由甲而轉於乙, 所不免也.

乙, 外婦. 日本之俗有外婦焉, 吾聞而駭之. 經商在外, 游學他邦, 羈旅寂寞, 則有貢外婦之說者, 聞之令人嘔. 夫趙璧不完, 而荊州可惜,[11]

---

9   단예(端倪)는 일의 시초와 끝, 혹은 맨 끝, 일의 실마리나 윤곽을 의미하거나 사물의 시말을 추측하는 것을 의미하기도 한다. 『장자(莊子)·대종사(大宗師)』에 "反覆終始, 不知端倪(끝과 처음이 되풀이되고 있지만, 그 시작과 끝을 알 수가 없다)"라는 구절이 있다.

10   고주(孤注)는 지니고 있는 돈을 모두 걸고 노름의 승패를 겨루는 것, 혹은 노름에 진 자가 저당 잡히는 여러 가지 물건 따위를 가리킨다.

11   조벽(趙璧)은 조왕벽(趙王璧), 또는 화씨벽(和氏璧), 연성지벽(連城之璧)이라고도 한다. 춘추시대에 초(楚)나라 사람 변화(卞和)가 산중에서 보옥을 주웠는데, 이 보옥을 전국시대에 조(趙)나라 혜문왕(惠文王)이 갖게 되어 조벽이라 일컬어졌다. 『사기(史記)·염파인상여열전(廉頗藺相如列傳)』에 따르면, 진(秦)나라 소왕(昭王)이 강대함을 믿고 조나라 왕에게 편지를 보내 15개의 성과 보옥을 맞바꾸자고 제안했다. 인상여는 조나라 왕의 명을 받들어 보옥을 가지고 진나라에 사신으로 가서 보옥을 소왕에게 바쳤으나 소왕은 약속을 지킬 생각이 전혀 없었다. 보옥을 빼앗길 위기에 놓인 인상여는 보옥에 있는 흠결을 알려주겠다고 소왕을 속여 보옥을 돌려받은 뒤, 진나라가 약속을 지키지 않으면 보옥을 깨부수고 자신도 기둥에 머리를 박아 죽겠노라고 으름장을 놓았다. 결국 인상여는 보옥을 빼앗기지 않은 채 조나라로 돌려보내고 자신 역시 무사히 되돌아왔다. '趙璧不完, 而荊州可惜(조나라의 보옥이나 형주와 같은 요충지도 완벽하지 않고 아쉬운 점이 있다)'는 흠결이나 결점이 없는 사람이나 사물은 존재하지 않음을 가리킨다.

笑一身其如寄,[12] 時改絃而更張.[13] 以數十金之微利, 至自亂其血統而不恤, 同於藝妓之爲, 是果何値哉!

丙, 再醮婦. 一夫一妻之制未行, 古聖王不以再醮爲厲禁, 理之至平者也. 歐洲上等社會至今不以醮婦爲異, 然而中國於此等之人直唾棄而不列於方面, 此亦我完全高尙之點, 獨優於世界者矣.

丁, 一妻多夫. 一妻多夫之俗爲世界之最汚點乎! 然平心而論之, 則亦有原理也. 其原理分爲三: (壹) 游牧部落轉戰千里, 移徙輜重, 挈帶眷屬, 類多不便, 不得已而執共妻主義者, 殆亦通時達變之才也. (貳) 弱小之羣被人掠奪, 旣欲急於蕃殖, 而婦女已占少數, 互相約契而有共妻之風, 是亦補弊救偏之道也. (參) 女子亦有梟雄, 或憑藉其前夫之威力, 指揮大眾, 驕恣淫慾, 間擇數夫以供使令. 野蠻時代女子之反動, 亦所恒有也. 此皆一妻數夫之歷史. 大抵苗·猺·獞·猓及澳·非兩洲之土蠻,[14] 此風必猶有未沬者. 夫希臘大儒柏拉圖常持共妻之言, 此亦賢者好奇之過也.

12　남송(南宋)의 사인(詞人) 이미손(李彌遜, 1089-1153)의 「영우락(永遇樂)·초하독좌서산조대신정(初夏獨坐西山釣臺新亭)」에 "百年似夢, 一身如寄, 南北去留皆可(100년도 꿈인 양 이 한 몸에 잠시 깃들 뿐이니, 남북 어디든 떠나도 좋고 머물러도 좋네)"라는 구절이 있다. 일신여기(一身如寄)는 인생의 무상함 혹은 허무함을 가리킨다.

13　『한서(漢書)·동중서전(董仲舒傳)』에 "竊譬之琴瑟不調, 甚者必解而更張之, 乃可鼓也. 爲政而不行, 甚者必變而更化之, 乃可理也(비유컨대, 거문고 소리가 조화를 이루지 못함이 심하다면 반드시 줄을 풀어 다시 조여야만 할 수 있고, 정치가 제대로 행해지지 않음이 심하다면 반드시 바꾸어 다시 고쳐야만 다스릴 수 있다)"라는 구절이 있다. 개현갱장(改絃更張)은 '줄을 바꾸어 다시 조이다'는 뜻으로, 제도나 계획을 개혁하거나 변경함을 가리킨다.

14　猺(요)는 야오족(瑤族)의, 獞(동)은 좡족(壯族)의, 猓(과)는 이족(彛族)의 옛 한자 표기이다.

戊, 一夫數妻. 野蠻時代男子之威權無上哉! 『書』降二女, 『禮』言九嬪, 謬俗流傳, 至於今日, 彼直以女子爲玩好之具, 而以燦列爲榮. 豈知以一人男子而兼數女, 天下之鰥者必多矣, 夫一夫數妻, 一夫數妾, 此爲廣嗣續之計, 而於統系固無混也. 不知數妻而共一夫此爲不名譽之事, 則舍不名譽之女子其誰羶附之哉! 至於妾者, 本無良好之種, 謳者下婢, 品性卑汚, 偶學夫人, 終嫌不肖. 良由吾中國視婚姻一途, 不爲神聖潔淨, 而以爲神通游戲之事, 名爲崇祖先之敎, 其於血胤實未嘗留意, 艾豭婁豬之誚,[15] 寔於此類者爲多也.

如是原因, 故婚姻之於敎化寔進寸而退尺也.[16] 且此原因之中有非野蠻時代之出產物, 而造成於千年數百年之內也.

第二, 同姓結婚時代. 男女同姓, 其生不蕃, 春秋時代亦有之. 吾觀近世歐洲社會, 往往習見此俗, 若問我中國何時而改革, 則吾不敢斷言也. 惟觀加籐博士之『天則百詁』,[17] 有題曰'我輩九百九十年前之祖宗'.[18] 法以父母爲兩, 父之父母·母之父母爲四, 如是以級數遞推, 逐漸增加, 至不可思議. 試以三十年爲一代計之, 積三十三代,

---

15 애가(艾豭)는 잘생긴 수퇘지를 의미하며, 흔히 귀부인의 노리갯감으로서의 미남자 혹은 여색을 탐하는 자를 가리킨다. 루저(婁豬)는 암퇘지를 의미한다. 『좌전(左傳)·정공(定公) 14년』에 "旣定爾婁豬, 盍歸吾艾豭(이미 당신의 암퇘지 씨받이가 끝났는데, 어찌하여 우리의 아름다운 수퇘지를 돌려보내지 않는가?)"라는 구절이 있다.

16 『도덕경(道德經)·제69장』에 "用兵有言曰, 吾不敢爲主而爲客, 不敢進寸而退尺(군사를 부림에 이런 말이 있다. 나는 감히 주동적이지 않고 수동적이며, 감히 한 치를 나아가지 않고 한 자를 물러난다)"라는 구절이 있다. 진촌퇴척(進寸退尺)은 얻는 것이 적고 잃는 것이 많음을 가리킨다.

17 원문의 加籐은 加藤의 오기이고 『天則百詁』 역시 『天則百話』의 오기이다.

18 '我輩九百九十年前之祖宗'의 원제는 '吾人が九百九十年前の祖先'이다.

九百九十年, 列表如下:[19]

---

19 이 표에 나타난 수치는 광서(光緖) 30년 5월에 재판된 판본에 근거한 것이다. 광서 29년 8월에 발행된 초판본은 가토 히로유키의 원저인 『天則百話』에 기술된 수치를 그대로 사용하였는데, 이 원저의 수치는 제25대조부터 잘못 기입되어 있다. 『여계종』의 지은이는 재판본에서 이를 바로잡고자 하였으나, 여전히 약간의 착오를 보이고 있다. 이를테면 제27대조의 '一億三千零三十一萬七千七百二十八'은 '一億三千四百二十一萬七千七百二十八'의 오기이며, 제30대조의 十億七○千三百七十四萬千八百二十四는 十億七千三百七十四萬千八百二十四의 오기이다.

父母	二	祖父母	四
曾祖父母	八	高祖父母	十六
第五祖	三十二	第六祖	六十四
第七祖	百二十八	第八祖	二百五十六
第九祖	五百十二	第十祖	千零二十四

以上凡三百年應有千零二十四人			
第十一祖	二千零四十八	第十二祖	四千零九十六
第十三祖	八千百九十二	第十四祖	一萬六千三百八十四
第十五祖	三萬二千七百六十八	第十六祖	六萬五千五百三十六
第十七祖	十三萬千零七十二	第十八祖	二十六萬二千百四十四
第十九祖	五十二萬四千二百八十八	第二十祖	百零四萬八千五百七十六

以上凡六百年應有一百零四萬八千五百七十六人			
第二十一祖	二百零九萬七千百五十二	第二十二祖	四百十九萬四千三百〇四
第二十三祖	八百三十八萬八千六百零八	第二十四祖	千六百七十七萬七千二百十六
第二十五祖	三千三百五十五萬四千四百三十二	第二十六祖	六千七百十萬八千八百六十四
第二十七祖	一億三千零三十一萬七千七百二十八	第二十八祖	二億六千八百四十三萬五千四百五十六
第二十九祖	五億三千六百八十七萬〇九百十二	第三十祖	十億七〇千三百七十四萬千八百二十四

以上凡九百年應有十萬萬零七千三百七十四萬千八百二十四人[20]			
第三十一祖	二十一億四千七百四十八萬三千六百四十八	第三十二祖	四十二億九千四百九十六萬七千二百九十六
第三十三祖	八十五億八千九百九十三萬四千五百九十二		

以上凡九百九十年應有八十五萬萬八千九百九十三萬四千五百九十二			

20　十萬萬零七千三百七十四萬千八百二十四는 十萬萬七千三百七十四萬千八百二十四의 오식(誤植)으로 보인다.

以上法而觀, 使我中國皆異姓而結婚乎, 則吾以父母之姓爲一, 父之父母, 母之父母之姓爲二, 如上法以折半遞推, 亦積九百九十年, 則吾一人之外, 應有四十二萬萬九千四百九十六萬七千二百九十六姓. 而復以四百兆人如吾法推演之, 則取一百七十一垓七千九百八十六兆九千一百八十四億折半之數, 乃中國之史姓. 即交互重出, 或不盡如吾所言, 亦斷不止寥寥數百姓已也. 然則我中國民族膨脹至四百兆, 乃自破除同姓結婚之制而後始也. 今滿洲民族自入關以來二百六十餘年, 炙手可熱而涵淹孳息僅增五倍, 廻顧漢族, 則驟增至二十倍. 吾求其故而不得, 今乃知駐防寥落, 異姓不多, 血統接合, 遂成劣弱, 時時爲天演所淘汰, 不久其將漸以盡也. 夫同姓結婚之歷史, 其壽命若是孔長也.

觀以上婚姻過去之歷史, 而廻視今日之世界如何乎? 天晴日暖, 鳥語花香, 卺牢頌平等之詞,[21] 琴瑟享自由之樂, 人天幸福, 無以加此, 其進化哉! 雖然, 此歐洲之進化, 而非吾中國之進化也. 吾中國今日婚姻之時代何時代? 曰媒妁時代, 曰卜筮時代, 曰金權時代.

媒妁時代者何也? 媒妁者, 救時之良法也. 古者恫婚姻之流弊, 於是設爲媒妁以限制之, 所謂"伐柯如之何, 非斧不克; 取妻如之何, 非媒不得"也. 媒妁者, 即今之證人也. 通兩家之驛騎, 而較量其才智品德之高下, 使無有怨誹, 媒妁實具有支配人道之能, 而爲第二之造世主也. 然支配不得當, 較量者不在男女之才智品德, 而在一己之錙

21　근뢰(卺牢), 즉 합근동뢰(合卺同牢)는 혼례를 거행하여 부부가 되는 것을 가리킨다. 합근(合卺)이란 신혼의 부부가 두 개의 잔을 함께 마신다는 의미이고, 동뢰(同牢)란 신랑 신부가 돼지고기나 양고기를 함께 먹는다는 의미이다.

銖,²² 當抑而揚, 心毀而口譽, 則媒妁之毒流社會矣. 世嘗以婚姻不自由責父母之專制, 吾未嘗不極口而爲之呼冤, 夫誰使媒妁之至於婚姻具有貴族之專制? 所謂蒙蔽耳目, 上下其手者,²³ 非異人任也. 鴆鳥爲媒, 屈子所以浩歎也.²⁴

卜筮時代者何也? 媒妁之權操之人, 卜筮之權操於鬼神, 以鬼神而操婚姻之權, 鬼神之力亦大矣. 夫天作之合猶西人歸功救主之詞,²⁵ 此不足據爲典要, 使鬼神而能主婚姻, 則河伯加以娶婦, 丹朱亦能憑身, 不祥莫大焉. 夫年月日時乃吾誕降適然之會, 然則命宮磨蝎, 身世當永定鰥魚,²⁶ 何以龜筴有靈, 不我遬告? 問其言, 必曰吉祥福利; 覘其後, 動多摧折睽離. 此非無妄之災,²⁷ 而實卜筮之爲也. 嘉偶曰妃,

---

22 치수(錙銖)는 원래 화폐로 사용하는 은량(銀兩)의 중량 단위이다. 옛 문헌의 기록에 따르면, 6수(銖)는 1치(錙)이고 4치는 1량(兩), 즉 15.6그램인 바, 1수는 0.65그램에 해당한다. 이로 말미암아 치수는 매우 가벼운 무게를 가리키기도 한다.

23 상하기수(上下其手)는 『좌전(左傳)·양공(襄公) 26년』에 나오는 일화와 관련이 있다. 초(楚)나라 장수 천봉술(穿封戌)은 정(鄭)나라와 싸우다가 정나라의 장수 황힐(皇頡)을 포로로 잡았는데, 전쟁이 끝난 후 초나라 왕의 동생인 위(圍)가 왕에게 자기가 포로를 잡은 것이라고 보고했다. 두 사람의 주장이 엇갈리자 왕은 재상 백주리(伯州犁)에게 판결을 맡겼는데, 백주리는 직접 황힐에게 누구에게 잡혔냐고 물어보았다. 백주리는 위를 비호하고 있던 터라 황힐에게 손을 치켜들어 위를 가리키면서 왕의 동생이라 했고, 손을 아래로 낮추어 천봉술을 가리키며 현관(縣官)이라 말했다. 그리고 나서 황힐에게 두 사람 중 누구에게 잡혔는지를 물었다. 손짓의 뜻을 알아챈 황힐은 목숨을 구하기 위해 왕의 동생에게 잡혔다고 대답했다. 여기에서 상하기수(上下其手)는 '위, 아래로 손을 들어 신호한다'는 뜻으로, 못된 수단으로 남모르게 속임수를 쓰는 것을 비유한다.

24 짐새(鴆鳥)는 중국 광동성(廣東省)에 사는 독조(毒鳥)이다. 이 새의 깃을 담근 술을 마시면 죽게 된다고 한다. 굴원(屈原)의 『이소(離騷)』에 "吾令鴆爲媒兮, 鴆告余以不好. 雄鳩之鳴逝兮, 余猶惡其佻巧(나는 짐새를 매파로 삼았는데, 짐새는 나를 나쁘다고 하네. 수비둘기 울면서 날아가니 그의 경박함이 밉구나)"라는 구절이 있다.

25 천작지합(天作之合)은 하늘의 뜻으로 맺어진 아름답고 원만한 결혼을 가리킨다. 『시경(詩經)·대아(大雅)·대명(大明)』에 "天監在下, 有命旣集, 文王初載, 天作之合(하늘이 굽어 살피시어 천명이 모이매, 문왕이 젊어 하늘이 맺어주셨네)"라는 구절이 있다.

26 환어(鰥魚)는 전설상의 거대한 물고기인데, 눈을 감지 않기 때문에 시름과 걱정이 많아 잠을 이루지 못한 사람을 비유한다.

27 무망지재(無妄之災)는 역괘(易卦) 무망(無妄)의 효사(爻辭)로서, 뜻밖의 재난을 의미한다.

怨耦曰仇, 妃偶之間, 其無置鬼神於其側哉!

　金權時代者何也? 此今日婚姻之間一大問題也. 大抵世界貧弱之
國, 其國民人人有崇拜黃金之心. 己則襤縷, 而羨人之錦繡; 己則藜
藿, 而妒人之膏粱.[28] 既艷羨攫取而不得, 則以其子女之婚嫁爲之緣.
娶妻覬奩贈之豐,[29] 嫁女問製産之簿, 苟或不得, 則因而反目者有焉
矣, 因而離異者有焉矣. 而如或得之, 則雖老夫枯楊, 牙郞賣絹,[30] 屈
體以從, 亦所不顧. 其間非無志趣高尙之子女, 求人天之幸福, 不願草
草以終其身, 而爲父母者必痛加訶斥, 甚至聘金婪索,[31] 幾如炫玉求
售之爲,[32] 斯亦婚姻時代之劫數矣.[33] 夫個人競爭之弊害日增, 而家庭
日不治, 社會日退落, 敎育日衰替, 道德日分裂, 人種日不改良. 問以
效果之何以至於如此? 曰金權.

　"妾髮初覆額, 折花門前劇, 郞騎竹馬來, 繞牀弄靑梅. 同居長干里,
兩小無嫌猜."[34] 異哉! 我中國平權自由之風, 已胎孕於千年以前矣.
吾不知至今何以若是其墮落也! 吾以上所言, 皆婚姻不自由之原質也.

28　려곽(藜藿)은 명아주잎과 콩잎을 의미하며, 변변치 않은 반찬을 가리킨다. 고량(膏粱)은 기
　　름진 고기와 찰진 곡식을 의미하며, 맛 좋은 음식을 가리킨다.

29　렴(奩)은 시집갈 때 가져가는 혼수를 의미하며, 렴증(奩贈)은 지참금을 가리킨다.

30　아랑(牙郞)은 옛적에 매매인 사이에서 거래를 중재하여 구전을 받은 사람을 가리킨다.

31　빙금(聘金)은 약혼 성립의 증표로서 신랑 집에서 신붓집에 보내는 금품, 즉 납채 예물을 가
　　리킨다.

32　현옥구수(炫玉求售)는 '옥을 자랑하여 팔고자 하다'는 의미로서, 흔히 재주를 자랑하여 관
　　직에 오르려 하는 것을 가리킨다.

33　겁수(劫數)는 매우 기나긴 시간을 의미하며, 훗날 운명으로 정해진 액운을 가리킨다.

34　이 시는 고풍(古風) 악부(樂府)인 「장간행(長干行)」의 일부이다. 남조(南朝) 때 건업(建業),
　　즉 지금의 남경(南京) 근처에서 유행하던 민가로서 청상곡사(淸商曲辭) 중의 하나이다. 당
　　대(唐代)의 시선(詩仙)이라 일컬어지는 이백(李白)의 작품이라고도 한다.

夫二十世紀專制國之民, 無日不以奪自由爲目的, 曾是區區婚姻之自由而不能奪, 而乃對萬眾以言革命, 吾知其必無成! 大抵婚姻之不自由, 原於束縛壓制, 而勢力上之束縛壓制猶可脫, 惟理想上之束縛壓制乃如癬疥之暱附於身. 心非不知平權自由之樂, 欲求之而不敢說, 猶知其痛癢而不敢示人以求療也. 吾今敢昌言以告我女子曰: "婚姻自由!"

婚姻何也? 人道之發軔也. 倫理之上, 父子·兄弟·朋友莫不以素所熟習而生敬愛之情. 道德之相合, 品性之相符, 學問之相等, 才技之相敵, 臭味之相和, 而後感情生焉. 況於夫婦之交, 種幸福於帷房之內, 所謂'天然佳偶'者, 非金追玉琢, 乃其蘭蕙之芳. 水乳之味, 所因襲融洩而成者也. 今流俗之視婚姻, 亦以爲珍秘, 莊嚴之事, 豈知昨日陌路, 今日衾裯, 正使行路之人岸然立於所天之地位, 欲求尊貴其女子之品格, 而適使其爲卑賤之行矣. 夫雀屏倖中,[35] 或有巧合之時; 惟不幸而妍醜各殊, 蠢靈異稟, 魔鬼之生涯已送, 情天之缺憾難彌, 古來破鏡之占, 離婚之劇, 誰使之? 婚姻之不自由使之也. 詩曰: "美人已屬沙吒利, 義士今無古押衙."[36] 又曰: "無雙死適王仙客, 一妹去隨李藥師." 誰使之? 亦婚姻之不自由使之也. 夫燕婉靜好之美趣不贈於其友,[37] 而屬於其讐, 天下事之支離滅裂, 孰有過於此也? 異乎吾所聞!

---

35 『신당서(新唐書)·태목두황후전(太穆竇皇后傳)』에 따르면, 두의(竇毅)는 사윗감을 고르기 위해 병풍에 두 마리의 공작을 그려 넣은 후 구혼자들에게 화살 두 발을 쏘아 공작의 눈을 맞춘 자에게 딸을 주겠노라 마음먹었다. 이연(李淵)은 화살 두 발로 공작의 두 눈을 쏘아 맞추어 두황후를 얻게 되었다. 이후로 작병(雀屏)은 마음에 드는 사위를 고름을 가리키게 되었다.

36 북송(北宋)의 화가 왕선(王詵, 1048-1104?)의 「상왕진경(上王晉卿)」이라는 시에 "佳人已屬沙吒利, 義士今無古押衙(아름다운 여인은 이미 사타리의 손에 들어갔는데, 고압아와 같은 의로운 선비가 지금은 없구나)"라는 시구가 있다.

37 연완(燕婉)은 아름답고 부드러우며 얌전한 모양을 가리키며, 정호(靜好)는 평온하고 정다

中國人之言愛, 異乎歐洲人之言愛. 中國人之言愛也, 其意輕, 其義親而不尊, 是故防其愛之流於蕩, 入於褻, 設爲儀式以模範之. 然而儀式者, 實野蠻時代之習慣也. 凡屬鞠躬·拜跪·抱腰·接吻, 皆原人狀態之表著, 惟中國則以戰餘之威赫爲榮. 而歐人則以交情之戀著爲幸, 此其相異之點也. 中國婚姻一事, 吾百思而不得其解: 居恒渺不相涉之人, 猶可得而平視, 或加以品評嘲笑, 恬不爲怪; 及至紅絲一繫, 隱然藁砧,[38] 一旦迎面而來則狂奔絶叫, 如逢怪魔. 至於男子親迎之夕, 東堦三揖, 西堦三讓, 拜跪起立, 如環無端, 賓相喃喃, 疑誦番咒, 一人呆立, 萬夫揶揄. 而爲女子者, 紅巾被面, 無顏見人, 不病而扶, 當笑而哭, 閉目入定, 如是三日, 洗手入廚, 而羹湯之大事來矣. 凡此吾皆無說以處之.

至於歐洲結婚之事, 雖尊親如父母, 不能分毫干涉. 居恒選擇, 必於同學之生, 相交之友, 才智品德, 蠢靈姸醜較量適當, 熟習數年, 愛情翕合, 坦然約契, 交換指環. 結褵之夕,[39] 偕赴會堂, 長老作証, 親知歡悅, 同車幷轡, 握手歸家, 參姑嬪於堂前, 開舞蹈之大會, 夫如是其風流而快意也! 此連理之木, 共命之禽, 所以生於西方, 而不産於中國

운 처지나 마음을 가리킨다. 『시경(詩經)·패풍(邶風)·신대(新臺)』에는 "燕婉之求, 籧篨不鮮(순하고 얌전한 님 바랐건만 뻣뻣하고 사나운 이를 만났네)"라는 시구가 있으며, 『시경·정풍(鄭風)·여왈계명(女曰鷄鳴)』에는 "琴瑟在御, 莫不靜好(거문고와 비파가 함께 있으니 편안하고 즐겁지 않은 날이 없다네)"라는 시구가 있다.

38 고침(藁砧 또는 藥砧)은 '옛적에 사형이 집행될 때에 죄인이 명석을 깔고서 다듬잇돌 위에 엎드리다'라는 뜻을 지니고 있다. 이때 부(鈇), 즉 도끼나 작두로 베어 죽였는데, 부(鈇)와 부(夫)가 해음이기에 훗날에는 아내가 남편을 일컫는 은어로 사용되었다.

39 결리(結褵 혹은 結縭)는 옛적에 딸을 시집보낼 때의 의식으로서, 어머니가 딸을 위해 향주머니를 매주는 것을 가리키는데, 이로써 흔히 남녀가 결혼함을 의미한다. 『시경(詩經)·빈풍(豳風)·동산(東山)』에 "親結其縭, 九十其儀(장모가 향주머니를 매어주고 갖가지 의식을 많이 갖추었지)"라는 시구가 있다. 『의례(儀禮)·사혼례(士昏禮)』에 딸을 시집보낼 때 "母施衿結帨日, 勉之敬之, 夙夜毋違爾閨門之禮(어머니가 작은 띠를 매어주고 향주머니를 묶어주면서 '힘쓰고 공경하여 새벽부터 밤까지 집안일을 어그러뜨리지 말아라'라고 말하였다)"라는 구절이 있다.

也. 吾欲移此鳥·此木於亞洲之大陸, 使四千萬方里化爲樂土, 四百兆同胞齊亨幸福, 則必自婚姻自由始矣. "願天下有情人都成眷屬"[40], 吾願大矣! 抑我同胞亦好自爲之.

自由與平權爲孿生之兒, 自由特早一時而生者也. 是故自由起而後平權立, 平權立而後一夫一妻之制行, 則君子之道, 造端乎夫婦也. 從古禽獸無恥之行, 皆聖賢帝王本身而自造之, 所謂"「關雎」「螽斯」不忌之德, 周姥撰詩, 當無此矣"(謝太傅劉夫人事見『妒記』). 夫婚姻交合旣由兩人之契約而成, 則契約之中決不容有第三位者揷足之地, 猶之兩國密約, 不能受他國之離間也. 曾是夫妻之間, 而可以合縱連橫之術處之哉! 今行尸走肉類多蓄妾之風, 鬥寵爭憐, 交嘲互訌, 初則疲於奔命, 終必左右爲難. 八國要求, 競索公敵, 蜎縮鼠伏, 而爲妻妾者, 終亦將擴張其治外法權, 以立於均沾之地位, 吾見不鮮矣. 神聖潔淨之謂何? 我同胞欲實行其社會主義, 必以一夫一妻爲之基礎: 紅袖添香, 烏絲寫韻;[41] 朝倚公園之樹, 夕競自由之車;[42] 商量祖國之前途, 誕育佳兒. 其革命婚姻之好果, 孰有逾於此者哉? 我瞻西方, 吾眼將花, 吾心醉矣. 美人贈我靑琅玕, 何以報之?[43] 自由平權!

---

40 원나라 왕실보(王實甫)가 지은 희곡 『서상기(西廂記)』의 제5본 말미에 "永老無別離, 萬古常完聚, 願普天下有情人的都了眷屬(늙어 죽도록 헤어지는 일 없이 천년만년 늘 함께하리라. 원컨대 온 천하의 사랑하는 이들 모두 가족을 이루소서)"라는 구절이 있다.

41 홍수첨향(紅袖添香)은 '아름다운 여인이 곁에서 함께 책을 읽다'는 의미이다. 오사(烏絲)는 글을 쓰거나 그림을 그릴 때에 사용하는 종이와 비단에 테두리로 그어놓은 검은 실선의 경계선을 의미하며, 사운(寫韻)은 시운(詩韻)에 맞추어 글을 지음을 의미한다. 오사사운(烏絲寫韻)은 문인의 고상한 글쓰기를 가리킨다.

42 자유지차(自由之車)는 자전거를 가리킨다. 『얼해화(孽海花)』 제3회에 "樓下門口靑漆鐵門外, 復靠着數十輛自由車(건물 아래 문 어귀의 파랗게 칠한 철문 바깥에는 수십 대의 자전거가 기대어 있었다)"라는 글귀가 있다.

43 후한(後漢)의 장형(張衡, 78-139)이 지은 「사수시(四愁詩)」에 "美人贈我金琅玕, 何以報之雙玉盤(아름다운 여인이 내게 금낭간을 보내주었으니 무엇으로 보답할꼬? 쌍옥반을 드리세)"라는 시구가 있다.

嗟乎! 江天如夢, 月明疑是珠生; 風雨不情, 春老先聞花落. 我同胞, 我女子, 其聽吾之言而猛省哉! 行則新國民, 不行則奴隸而死矣. 吾言盡此, 憂勞如何!

結論

金一曰: 吾言遼哉! 吾放眼觀中國女子之社會, 現狀旣如斯矣; 吾廻眼觀中國男子之社會, 其現狀又如斯矣. 嗚呼, 吾言之, 而誰與聽也! 吾唱之, 而誰與和也! 吾言遼哉! 下里巴人, 和者數千;[1] 折楊皇荂, 則嗑然而笑.[2] 吾其爲人所笑矣! 王嬙·西施, 天下之美者也, 魚見之而深藏, 鳥見之而高飛, 麋鹿見之而抵觸, 吾其爲人所抵觸哉! 女子行之, 尤爲人所抵觸哉! 雖然, 吾之身劫餘之身也,[3] 吾之言則歷劫不磨之言也. 今日中國革命之烈火, 星星其燎; 瓜分之禍水, 汪汪其溢. 政府千鈞壓制之石, 沈沈其重; 國民十萬橫磨之劍, 霍霍其揚. 登希瑪拉雅峯頭, 望法蘭西伊符之塔,[4] 亭亭其立; 航太平洋而渡彼岸, 聞美利堅自由之鐘, 喤喤其響. 東睨長白山巓, 鴨綠江畔, 妖魔奇怪, 朱鳥之翼, 跕跕其墮;[5] 西尋橋山弓劍, 鼎湖龍髯, 我神聖祖宗黃帝之靈, 嗚嗚其

---

1 하리파인(下里巴人)은 전국시대(戰國時代)에 초(楚)나라의 민간에 유행하던 통속적인 가곡이며, 훗날 흔히 통속적인 문학예술 작품을 가리키게 되었다. 하리는 향리(鄕里)를, 파인은 파촉(巴蜀)의 백성을 의미한다. 초나라의 송옥(宋玉)이 지은 「대초왕문(對楚王問)」에 "客有歌於郢中者, 其始曰下里巴人. 國中屬而和者數千人; 其爲陽春白雪, 國中屬而和者不過數十人(어떤 이가 수도인 영에서 노래를 불렀는데, 그가 처음에 「하리」와 「파인」을 부르자 온 도성에서 그의 노래를 이어 화답하는 자가 수천 명이었다. 그런데 그가 「양춘」과 「백설」을 부르자 온 도성에서 그의 노래를 이어 화답하는 자가 수십 명에 지나지 않았다)"라는 구절이 있다.

2 절양황과(折楊皇荂)는 고대의 통속적인 가곡 명칭이다. 『장자(莊子)·천지(天地)』에 "大聲不入於里耳, 折楊皇荂, 則嗑然而笑(큰 소리는 시골 사람의 귀에 들어가지 않지만, 「절양」이나 「황과」와 같은 통속적인 가곡은 환성을 지르며 웃음을 터뜨린다)"라는 구절이 있다.

3 겁여(劫餘)는 재난을 겪은 후를 의미한다. 흔히 재난을 겪은 후 잔존한 사람이나 사물을 가리킬 때 사용된다.

4 希瑪拉雅는 히말라야(Himalayas)의 음역이고, 伊符之塔는 에펠탑(Eiffel Tower)의 음역이다.

5 주조(朱鳥)는 주작(朱雀)을 가리키며, 사신(四神)의 나라로서 남방과 여름, 그리고 오행 중의 화(火)를 관장한다. 28개의 별자리 가운데 남쪽의 7개 별자리의 모습이 새와 흡사하

哭. 因而發明齊桓九世之仇, 洶洶其劇; 加以大書賓王討曌之檄, 昌昌其鳴. 嗚呼! 流此禍者女子, 則救此世界者亦女子; 賣此國者女子, 則愛此國者亦女子. 我女子而不急起乎!

霹靂一聲, 天翻地覆. 神號鬼哭, 拔山折木. 豹虎入邑, 龍蛇起陸. 伶仃弱細, 宛轉轂觫悲哉! 革命之劇慘劇也, 亡國之劇亦慘劇也, 奴隷之劇大慘劇也. 京津·旅順之劇慘劇也, 揚州十日, 嘉定三屠之劇尤慘劇也. 俘於韋毳,[6] 淫於湩酪,[7] 臣於異種, 妾於羶族, 悲哉! 吾觀文姬歸漢, 昭君出塞之事,[8] 女界汚點, 傾五大洋之水不能湔之矣. 嗚呼! "商女不知亡國恨, 隔江猶唱後庭花."[9] 奴有奴之榮, 婢有婢之樂, 其榮與樂非吾所知也, 悲哉! 而如其急起也, 愛自由, 尊平權, 男女共和, 以製造新國民爲起點, 以組織新政府爲終局.

善女子, 誓爲緹縈, 誓爲木蘭, 誓爲聶姊·龐娥, 誓爲海曲呂母, 誓爲馮嫽, 誓爲荀瓘·虞母·梁夫人·秦良玉, 誓爲越女·紅線·聶隱娘; 善女子, 誓爲批荼, 誓爲娜丁格爾, 誓爲傅蕚紗德夫人·蘇秦流夫人,[10] 誓爲馬尼他·瑪利儂·貞德·韋露·蘇菲亞, 此皆我女子之師也. 善女子, 汝之眼慧眼也, 汝之腕敏腕也, 汝之情熱情也, 汝之心腸悲憫之心腸

기에 남방을 상징하는 붉은 새인 주작을 배치하였다. 점점(跕跕)은 떨어지는 모양을 가리킨다.

6　위취(韋毳)는 짐승의 털가죽, 즉 가죽으로 만든 의복을 의미하며, 북방의 유목민족을 가리킨다.

7　동락(湩酪)은 우유로 만든 치즈를 가리킨다.

8　문희(文姬)는 후한 말의 여성 시인 채염(蔡琰, 177-239)의 자이고, 소군(昭君)은 한(漢)나라 궁녀인 왕장(王嬙)의 자이다.

9　이 시구는 두목(杜牧, 803-852?)이 지은 「박진회(泊秦淮)」라는 제명의 칠언절구의 제3, 4구이다. 후정화(後庭花), 즉 옥수후정화(玉樹後庭花)는 가곡의 명칭으로서, 남조(南朝) 진(陳)나라의 황제 진숙보(陳叔寶), 즉 진의 후주(後主)가 음악과 여색에 빠져 이 노래를 지어 후궁 및 미녀와 즐기다가 나라를 망하게 만들었다고 한다. 이 때문에 이 가곡은 흔히 '망국의 음악(亡國之音)'이라 일컬어진다.

10　蘇秦流夫人은 蘇泰流夫人의 오기이다.

也, 汝之舌粲花之舌也, 汝之身天賦人權, 完全高尙, 神聖不可侵犯之
身也. 汝之價値千金之價値也, 汝之地位國民之母之地位也, 吾國民
望之久矣!

　禽名精衛, 終塡海其有時; 虹號美人, 看沖天而一起. 則吾言或不虛
發也. 不普渡衆生, 誓不成佛, 普渡女子, 乃普渡中國也. 善女子, 我願
棄諸身若毛髮, 若肝腦, 若頭目, 而貢獻於女子之前. 我雖化身橫盡虛
空, 豎盡來刼, 秋風吹來, 飛爲塵沙, 一一沙中有一一身, 身中一一舌,
舌中一一音, 而以警醒我女子不能盡也. 復化諸身, 豎盡來刼, 橫盡虛
空, 春風吹來, 吐爲奇花, 一一花中有一一身, 身中一一舌, 舌中一一
音, 而以讚美我女子不能盡也.[11] 女權萬歲! 同胞萬歲!! 中國亦萬歲!!!

　少年擊劍更吹簫, 劍氣簫心一例銷.
　誰分蒼涼歸櫂後, 萬千哀怨屬明朝.[12]
　抛卻河山一笛秋, 人間無地署無愁.
　忽聞海水茫茫綠, 自拜南東小子侯.[13]

11　이 부분은 공자진(龔自珍, 1792-1841)이 만년에 불학을 연구하면서 지었던 「발대심문(發大
心文)」의 끄트머리 글귀를 모방한 것으로 보인다. 「발대심문」의 글귀는 아래와 같다. "我雖
化身, 橫盡虛空, 豎盡來刼, 作其塵沙, 一一沙中, 有一一舌, 一一舌中, 出一一音, 而以贊
佛, 不能盡也. 又以化身, 豎盡來刼, 橫盡虛空, 作其塵沙, 沙中一一舌, 舌中一一音, 而以
勸人贊佛, 不能盡也(내 몸이 비록 변하여 허공 끝까지 가로지르고 오랜 세월 다하여 티끌이 될지라
도, 티끌 하나하나에 나의 혀 마디마디 스며 있고 혀 속에 스민 나의 목소리 올올이 부처 찬미를 그치
지 않을 것이요, 다시 몸이 변하여 오랜 세월 다하고 허공 끝까지 가로질러 티끌이 될지라도 티끌 속 마
디마디의 혀, 혀 속의 목소리 올올이 부처 찬미 권함을 그치지 않을 것이로다)."

12　전반부의 4구는 공자진이 지은 「기해잡시(己亥雜詩)」 중의 제96수이다. 원작의 마지막 구
는 '萬千哀樂集今朝(온갖 슬픔과 기쁨이 오늘 아침 몰려들 줄을)'이다. 공자진은 청대의 사상가
이자 문학가로서 개량주의의 선구자이며, 자는 슬인(瑟人), 호는 정암(定盦, 定庵)이다. 그는
폐정(弊政)의 혁파를 주장하고 외세의 침탈에 항거하였으며, 시를 통하여 통치 계급의 부
패와 무능을 고발함으로써 애국의 열정을 적극적으로 드러냈다. 그의 시로는 「기해잡시」
315수가 널리 알려져 있다.

13　후반부의 4구는 공자진(龔自珍)이 지은 「몽중작사절구(夢中作四截句)」 가운데 첫 번째 시이
다. 원작의 첫 번째 구는 '抛卻湖山一簑秋'이다.

後敍

右女界鐘一卷, 都數萬言, 我同志金君所撰述者也. 金君自敎育會歸, 傷政黨之憔悴, 痛女界之淪胥, 侘傺無聊, 代舌以筆, 竭四星期之力, 旣卒業以稿, 屬爲跋, 且告之曰: 春眠潦倒, 妖夢惺忪, 我中國女界之現象也. 將以此爲欲覺之晨鐘, 其可行乎? 又曰:中國女子通文藝者猶尠, 此書內容實含有Revolution之思想, 欲使篤婉有味, 芳惻耐人, 自不能過爲平直, 以與女子充分直接. 尚望以間接之力助之! 受讀終篇, 掩卷四顧, 悵然而歎曰: 中國女權之萌芽, 其摧折踐蹈也久矣. 强權暴肆, 公理淪亡, 謬種流傳, 闇無天日. 而鯫生狗曲,[1] 復鼓吹種種不平等之學說, 以訓詁爲繩, 理想爲劍, 束縛禁制於靈魂之界, 使不得逞. 曰扶陽抑陰也, 曰夫爲妻綱也, 曰三從七出也, 曰無才是德也,

吾聞其言, 未嘗不怒髮衝冠至於千丈也. 恨吾身生於千載以後, 不能擧千載以前造言作俑之人, 執而殺之, 傳其首於五大洲, 以止文明公敵之罪也. 雖然, 吾女子之特質抑有於社會爲獨優者矣. 中國男子薄於種族觀念, 習於奴隸敎育, 自永曆以還, 胡塵馬足踠蹈中原, 漢官威儀掃地以盡, 獨我神明之女冑猶然保其高尙之服飾, 不與男子爲

---

1 추생(鯫生)은 천박하고 어리석은 사람을 가리키며, 때로 자신을 낮추어 부르는 말로 쓰이기도 한다. 『사기(史記)·항우본기(項羽本紀)』에 "鯫生說我曰:'距關, 毋內諸侯, 秦地可盡王也'(어느 변변찮은 자가 내게 말하기를 '함양관을 잘 막아 제후를 들이지 않으면 진나라 땅에서 왕 노릇 할 수 있다'고 하였다)."라는 구절이 있다. 구곡(狗曲)은 『곡례(曲禮)』를 멸시하는 것을 가리키며, 여기에서 나아가 특정한 저작물을 멸시하는 것을 가리킨다. 『한서(漢書)·유림전(儒林傳)·왕식(王式)』에 "江翁曰:'經何以言之?' 式曰:'在『曲禮』.' 江翁曰:'何狗曲也!'(강옹이 '무슨 책을 보고 그렇게 말하는가?'라고 묻자, 왕식이 『곡례』에 있습니다'라고 대답했다. 그러자 강옹이 '어찌하여 『곡례』를 멸시하는가!'라고 말했다)"라는 구절이 있다. 추생구곡(鯫生狗曲)은 천박하고 어리석은 자의 변변찮은 저술을 가리킨다.

伍, 所謂男降女不降之謠諺, 至今尙流轉於閭巷焉. 吾意當日必有英烈絶世之女丈夫, 施其慧劍敏腕, 揩拄無形之半壁殘壘, 使胡虜懾服, 永留記念於今日. 此亦皇漢民族之功臣, 惜乎其名泯滅而不彰也.

近者, 庚子之變, 聯軍八國, 翩然入京, 順民之旗, 戶戶高懸. 洎其退也, 德政之牌, 署衙千百, 演此醜劇, 爲世界笑. 獨女子之不甘屈辱, 拚蟬首,[2] 擲微軀, 力抗而死者尙不可勝數也. 此亦吾女界固有之粹, 以養成多少無名之女傑, 迴視鬚眉而猶多慙色矣. 夫浮雲蔽天, 終見白日, 平權大義, 道不終窮. 今者彌勒約翰, 斯賓塞爾之學說方渡太平洋而東來, 西方空氣不自覺而將滲入於珠簾繡閣之中, 掬甘露以灑自由之苗, 捧樂土以培文明之樹, 女界桎梏亦稍脫矣. 銅山西崩, 洛鐘東應, 金君此鐘乃應時而響, 不十年後吾知若安・瑪利儂・蘇菲亞・韋拉之徒必接踵於中國, 無可疑也.

金君之書, 其女界黑暗獄之光線乎? 其女界革命軍之前驅乎? 其女界爆裂丸之引電乎? 嗟嗟! 吾讀女界鐘, 彩絲之繡豈必平原? 團扇之畫豈必放翁?[3] 願書萬本, 誦萬遍, 豈必昌黎之平淮西碑? 我二萬萬同胞其有投袂而興起者乎? 請三薰三沐以祝之! 癸卯閏五月, 中國少年之少年柳人權.

---

2 진수(蟬首)는 매미의 네모지고 반듯한 이마를 의미하며, 비유적으로 미인의 이마를 가리킨다. 『시경(詩經)・국풍(國風)・석인(碩人)』에 "蟬首蛾眉, 巧笑倩兮(매미 이마에 나방의 눈썹, 생긋 웃는 미소)"라는 시구가 있다.

3 단선(團扇)은 비단이나 종이 따위로 둥글게 만든 부채를 가리킨다.

여계종:
중국 여성해방운동의
혁명적 지침서

　　　　　　　　　김천핵의 생애는 대체로 동리(同里)에서 소주(蘇州)로 이주했던 신해혁명 전후를 분기점으로 삼아 혁명적 활동가로서의 치열한 삶에서 국학 연구자로서의 소박한 삶으로 변모했다고 볼 수 있다. 민주공화정의 수립을 목표로 하는 그의 혁명적 활동가로서의 삶은 크게 두 방면, 즉 교육운동과 저술·번역 활동에서 두드러진 성과를 드러내고 있다. 그의 전반적인 생애에서 바라볼 때, 『여계종』은 그의 혁명적 활동이 정점으로 나아가던 시기에 저술되었다고 할 수 있다. 여기에서는 『여계종』의 주요 내용을 간략하게 살펴본 다음, 『여계종』에 내재된 인적 네트워크와 『여계종』의 저술에 영향을 미친 동 시기의 저역서를 분석하고자 한다. 이를 통해 『여계종』이 지니고 있는 여성해방운동사적 지위와 가치는 물론, 『여계종』의 지역적 및 정파적 특성을 엿볼 수 있을 것이다.

『여계종』의 구성과 주요 내용

『여계종』에는 첫머리에 세 여성의 서문이 놓여 있고 끄트머리에 유아자(柳亞子)의 「후서(後敍)」가 실려 있다. 이를 제외한 김천핵의 글은 머리말에 해당하는 짤막한 「소인(小引)」이 앞장서고, 이를 뒤이어 모두 9개의 절이 차례대로 배치되어 있다. 『여계종』의 주요 내용을 담고 있는 9개 절의 제목은 다음과 같은 바, 제1절 「서론」, 제2절 「여자의 도덕」, 제3절 「여자의 품성」, 제4절 「여자의 능력」, 제5절 「여자교육의 방법」, 제6절 「여자의 권리」, 제7절 「여자의 정치참여」, 제8절 「결혼의 진화에 관하여」, 제9절 「결론」이다.

제1절 「서론」에서 김천핵은 "민권(民權)과 여권(女權)은 마치 꽃받침과 씨방이 달라붙어 생겨나는 것처럼 밀접하여 억누를 수 없"으며, "나라란 하늘과 땅 사이에 반드시 더불어 세우는 것이 있어야 하는데, 이 더불어 세우는 것을 국민이라 일컫는다. 그리고 여자는 국민의 어머니(國民之母)이다"라고 주장한다. 이는 "개인의 품성이란 …… 수십 대에 걸쳐 유전되어온 내면세계의 근성에 의해 빚어지고 만들어지는 것인데, 근성의 유전은 반드시 어머니로부터 아이에게 덧붙여지는 것"이며 "그러므로 국민에게는 스승이 없는 듯하지만, 그들이 스승으로 본받는 이는 여자"이기 때문이다. 이에 덧붙여 그는 "고염무(顧炎武)는 '천하의 흥망은 평범한 남자에게도 책임이 있다'고 하였는데, 어찌 평범한 남자만 그러하겠는가? 비록 평범한 여자일지라도 더불어 책임을 져야 하리라"라고 밝히고 있다. 김천핵은 「서론」에서 민권과 여권의 밀접한 관계, 그리고 이른바 '국민모(國民母)'라는 개념과 함께 '천하흥망, 필부역유책론(天下興亡, 匹婦亦有責論)'을 제기하였는 바, 『여계종』의 주요 요지 및

개념은 여기에 모두 제시되었다고 보아도 좋을 것이다.

제2절 「여자의 도덕」에서는 지금까지 윤리와 연관되어온 중국 여성의 도덕을 논하면서 오늘날 여성이 실천해야 할 새로운 덕목을 제시하고 있다. 김천핵은 여성의 도덕을 크게 세 가지, 즉 일개인에 대한 도덕, 남편에 대한 도덕, 가정에 대한 도덕으로 나눈다. 일개인에 대한 도덕은 흔히 가리키는 바의 여훈(女訓)을 가리키며, 남편에 대한 도덕은 남편을 돕는 것을 가리킨다. 가정에 대한 도덕은 교육 부문과 가정관리 부문으로 나뉘는데, 전자는 태교(胎敎)와 본보기로서의 어머니(母儀)를 포함하고, 후자는 육아와 위생, 경제, 법률, 인사, 고용, 행정 등의 주요 요점을 포함한다. 김천핵은 이러한 여성의 개인적 덕목의 가치를 부정하거나 거부하지는 않지만, "3000년 동안 중국의 여자는 늘 개인의 도덕에 주의를 기울였을 뿐 공공의 도덕에 대해서는 들어본 적이 없다"라고 지적한다. 그리하여 그는 "여자의 도덕이란 무엇인가? 효성스러운 행실과 뛰어난 절조, 현명한 재능, 민첩한 솜씨를 든다. 이 모두는 공공의 덕 아래에 부속되어 있으며, 공공의 덕은 모든 것에 우선한다. 공공의 덕이란 나라 사랑(愛國)과 세상 구원(救世)이다"라고 주장하면서 "나라 사랑과 세상 구원이 여자의 본분"임을 강조한다.

제3절 「여자의 품성」에서는 오늘날 중국 여성이 갖추어야 할 품성에 대해 논하고 있다. 김천핵은 오늘날의 여성이 갖추어야 할 고귀한 품성의 "첫째는 활기차고 기민하며 영준하고 진취적이며 미신을 타파하고 압제를 떨쳐버리는 것이며, 둘째는 학문"이라고 본다. 그에 따르면, 이는 품성의 내면에 관한 것이고, "품성의 외면에 있어서 중국 여자들은 몇 가지 절대적 장애물에 직면하고 있는" 바, 그것은 전족(纏足)의 해악, 장식의 폐해, 미신의 폐해, 구속(拘束)의 폐해 등이다. 이러한

장애물을 극복하여 "낡은 기풍에서 뛰쳐나와 새로운 기풍으로 개조하려면 유럽과 미국으로 유학하는 것보다 더 좋은 방법은 없다. 학업을 마치고 귀국하면 정당과 국회, 의료계, 변호사, 신문기자 등, 우리 동포들은 무엇이든 선택할 수 있을 것"이라고 주장한다.

제4절 「여자의 능력」에서는 우생학 및 인체계측학 등에 근거하여 여자의 능력이 남자에 비해 결코 뒤지지 않음을 강조한다. 즉 "오늘날 어린 남자아이와 여자아이는 품성이 혹 다를 수 있지만, 능력의 정도는 거의 차이가 없다"라고 하면서 "여자의 능력은 교육을 받았는가의 여부로 판단하지 않으면 안 되며", "오늘날 여자 신체의 크기는 남자에 미치지 못하지만, 두뇌 역량의 수준은 전혀 차이가 없을뿐더러 여자가 더 우월한 경우도 있다"라고 주장한다. 아울러 여자의 능력이 이상적으로 발휘될 수 있는 분야로 교육과 대중 연설을 제시하고, 여자의 능력을 제고하기 위해 스포츠와 운동을 통해 신체와 정신의 발달을 도모해야 한다고 밝힌다.

제5절 「여자교육의 방법」에서는 여성교육의 당위성과 구체적 방법에 대해 밝히고 있다. 김천핵은 중국의 교육을 노예 교육이라 정의하면서, 중국인을 재물의 노예, 의식주의 노예, 각종 풍습의 노예, 과거급제와 고관대작의 노예, 군왕과 성인의 노예로 간주한다. 그에 따르면, 노예에서 벗어날 수 있는 것은 오직 교육, 특히 자존과 자립을 가르치는 교육을 통해서만 가능하다. 그에게 있어서 "교육이란 국민을 만들어내는 기계"이며, "여자와 남자는 각각 국민의 절반씩을 차지하고 있으니, 교육은 남녀 모두에게 골고루 행해져야 마땅하다". 그는 여성교육에 있어서 "오늘날 여자사범학교를 설립하는 것이 참으로 가장 중요하다"라고 여기는 한편, 여성교육의 장애물로서 남녀 교제와 남녀공학

의 문제에 대해 견해를 피력하고 있다. 그는 여성교육의 방법이자 목표로서 '고상·순결하고 타고난 재능을 온전히 발휘하는 사람', '억압에서 벗어나 자기의 뜻대로 할 수 있는 사람', '사상이 발달하고 남성성을 지닌 사람', '기풍을 개조하고 여성계의 선각자가 되는 사람', '건강한 몸으로 튼튼한 아이를 낳아 기르는 사람', '도덕의식이 순수하고 국민의 본보기가 되는 사람', '공중도덕에 열성적이고 중생을 동정하는 사람', '굳세고 진보적이며 혁명을 제창하는 사람'을 제시하고 있다.

제6절 「여자의 권리」에서 김천핵은 "18세기와 19세기의 세계가 군주제에 맞선 (민권) 혁명의 시대였다면, 20세기의 세계는 여권 혁명의 시대"라고 밝힌다. 그는 민권 혁명과 여권 혁명의 두 가지 혁명이 한꺼번에 중국에 들어오고 있음을 강조하면서 "여성 권리의 침해와 유린은 절반은 야만 시대로부터 전해져온 성현의 가르침에서 비롯되고, 절반은 세상의 전제군주가 제정한 법률에 의한 것이지만, 성현과 군주에게 간청하여 얻어지는 것이 아니"며 "잃어버린 권리를 되찾기 위해 스스로 수완을 발휘함과 아울러 죽을힘을 다해 싸워야 하고, 그래도 되찾지 못한다면 차라리 평화를 희생하여 폭력으로 나아가야 할 것"이라고 주장한다. 이러한 인식 아래 그는 중국의 여성이 마땅히 회복해야 할 권리로서 교육을 받을 권리, 벗을 사귈 권리, 사업할 권리, 재산 소유의 권리, 출입 자유의 권리, 혼인 자유의 권리 등을 제시한다. 이러한 권리 외에 그는 대의제 선거를 위한 투표의 권리 또한 제창하고 있는데, 이를 향유하기 위한 전제로서 대의정치의 자격을 갖출 것을 제안하고 있다.

제7절 「여자의 정치참여」에서 김천핵은 "정치참여란 정부의 감독과 조직이라는 두 가지 임무를 수행하는 것"이라 보는데, 이러한 점에

서 "오늘날 우리 중국의 여자들은 교육의 문제에는 힘을 쏟고 있으나, 정치참여에 대해서는 언급하지 않는다"라고 진단한다. 그는 여성의 정치참여에 반대하는 견해의 논리적 근거로 크게 세 가지, 즉 '남자는 가정 바깥의 일을 다스리고 여자는 가정 안의 일을 다스린다'는 사고, '국가란 자신의 일을 독립적이고 자주적으로 행하는 존재로서 남성적인 정신을 지니고 있다'는 점, '여자는 감정에 압도되는 경향이 있어서 행정과 입법상의 이해조차 고려하지 않은 채 감정에 따라 행동할 것'이라는 선입견을 제시한다. 그는 이러한 근거에 대한 반박으로서 '여자의 몸이라고 영원히 전제의 굴레에서 벗어나지 못한대서야 문명국이라 일컬을 수 없다'는 것, '정치에 참여할 수 없는 여자에게 세금 납부의 책임을 강요하는 것은 몰수이자 도둑질이라는 것', '남자에 못지않게 재주가 뛰어난 여자가 적지 않다는 것', '정치참여의 사안은 권리의 문제이지 심리의 문제가 아니라는 것', '세계적으로도 위대한 여성 통치자가 존재한다는 것'을 제기한다. 나아가 그는 여성의 정치참여를 준비하기 위해 의정회를 구성해야 하는데, 혁명을 실행하고 공화를 목적으로 하는 의정회는 남녀 모두가 회원이 될 수 있을 뿐만 아니라 회장을 맡을 수 있어야 한다고 본다.

제8절 「결혼의 진화에 관하여」에서 김천핵은 '부부 관계는 사람으로서 지켜야 할 도리의 으뜸으로서 신성하고도 순결한 사랑을 통해 존속'되며, 이러한 '사랑의 힘이 작동되는 초점이 바로 결혼'이라고 설명한다. 이러한 결혼의 원리에 대한 인식을 바탕으로 그는 인류의 결혼의 역사를 크게 결혼 제도 이전의 역사로서의 원시시대와 결혼의 진화가 일어나는 문명시대로 나눈다. 원시시대는 약탈의 시대, 감독·통제의 시대, 공급의 시대로 나뉘고, 문명시대는 혈통의 혼합 시대와 동

성 결혼의 시대로 나누어진다. 혈통의 혼합을 초래하는 요인으로는 아내의 매매, 다른 여자를 두는 것, 재가한 여자, 일처다부제, 일부다처제 등을 들 수 있다. 그는 오늘날 중국의 결혼의 시대적 특성을 중매의 시대, 점술의 시대, 돈과 권력의 시대로 개괄하고, 이러한 부조리하고 타락한 현상의 본질을 결혼의 부자유라고 진단한다. 그에 따르면, 파경과 이혼, 서양과는 다른 사랑의 의미와 결혼 의식 등은 모두 결혼의 부자유로 말미암은 것이며, 부부 사이에 일어나는 "금수만도 못한 염치없는 행위는 모두 성현과 제왕들 자신이 만들어낸 것"이라고 주장한다.

제9절 「결론」에서 김천핵은 "재앙을 초래한 자가 여자라면 이 세계를 구할 자 역시 여자이며, 이 나라를 팔아먹는 자가 여자라면 이 나라를 사랑하는 자 역시 여자"라고 여성의 역할을 강조하면서 "어서 속히 일어나 자유를 사랑하고 평등한 권리를 존중하며 남녀가 함께 협력함으로써, 신국민(新國民)의 창조를 출발점으로 삼고 신정부(新政府)의 조직을 결말로 삼을" 것을 촉구한다. 이처럼 신국민을 창조하고 신정부를 조직하는 막중한 역할을 부여받은 여성에 대해 그는 "그대의 몸은 천부인권과 고상함과 신성불가침의 몸이요, 그대의 가치는 천금의 가치요, 그대의 지위는 국민의 어머니의 지위"라고 여기며, "여자를 두루 구하는 것이 곧 중국을 구하는 것"이라고 주장한다.

『여계종』의 주요 내용을 간략히 개괄해보자면, 김천핵은 민권 혁명과 여권 혁명의 동시 진행을 통해 이룩된 '신중국', '신정부', '신국민'을 꿈꾼다. 이 세 가지를 달성하기 위해서는 '여자 역시 천하의 흥망에 책임을 지지 않으면 안 된다'는 각성된 여성의 역할이 매우 중요하다. 따라서 부자유와 불평등의 억압과 질곡 속에 갇혀 있고 갖가지 악습과 폐단에 물들어 있는 '여자를 구하는 것이 곧 중국을 구하는 것'이 된다. 이렇게 여성의 역할을 국가 존망에 투사함으로써 그는 여성을 '국민의 어머니'라는 지위로 격상시킨다. 이상적 여성상으로서의 '국민의 어머니'가 되기 위해서는 그 전제로서 여성의 능력을 제고하고 여성의 각종 권리를 보장해야 한다. '국민의 어머니'로서 거듭나 새로운 중국의 새로운 국민의 일원이 된 여성은 기본적으로 '건강한 몸으로 튼튼한 아이를 낳아 기르'고 '진보적이고 혁명을 제창하는 사람'이며, 공공의 덕으로서 '나라 사랑'과 '세상 구원'을 자신의 본분으로 여기는 품성을 갖춘 '여성계의 혁명군'이 되어야 한다.

『여계종』과 인적 네트워크

『여계종』 초판은 광서(光緒) 29년 8월(양력 1903년 9-10월)에 애국여학교(愛國女學校)의 발행에 의해 상해의 대동서국(大同書局)에서 출간되었으며, 재판은 광서 30년 5월(양력 1904년 6-7월)에 대동서국에서 출간되었으리라 추측된다. 초판과 재판의 겉표지에는 우측에 '애자유자 김일저(愛自由者金一著)'라 적혀 있고, 중앙에 '여계종'이라는 제명이, 그리고 좌측에는 '양천리제(楊千里題)'라고 적혀 있다. 이로 보아 『여계종』의 '여계종'이라는 제명은 양천리가 쓴 것임을 알 수 있다. 아울러 서문으로는 세 사람, 즉 양석륜(楊錫綸)과 임종소(林宗素), 황균(黃鈞)의 서문이 수록되어 있으며, 유아자의 「후서」가 맨 끝에 실려 있다. 여기에서는 먼저 『여계종』의 저술 배경을 중심으로 이들 서지 사항이 저자 김천핵과 어떤 관계를 지니고 있는지 자세히 살펴보기로 하자.

『여계종』을 저술·출간하였던 1903년, 김천핵은 동리에 오강현(吳江縣) 최초의 신식 공립학교인 동천자치학사(同川自治學社)를 창설하는 한편, 채원배(蔡元培)의 요청을 받아 상해(上海)로 가서 애국학사(愛國學社)의 운영을 도맡았다. 그가 애국학사의 운영을 떠맡은 지 얼마 지나지 않아 이른바 '소보안(蘇報案)'이 발생하였으며, 이로 인해 고향으로 돌아온 후에 『여계종』의 저술을 마무리하여 출간하였다. 『여계종』의 발행처인 애국여학교는 채원배가 중심이 되어 발기하였으며, 애국학사와 함께 중국교육회 산하에 속해 있으면서 애국학사와 교류가 활발하였다. 이러한 점에서 김천핵이 여성해방을 다룬 『여계종』을 출판할 때 애국여학교를 발행처로 선택한 것은 당연한 일이었을 것이다.

다음으로 『여계종』의 서문을 쓴 여성들에 대해 살펴보도록 하자. 임종소(1877-1944)는 복건성 민현(閩縣) 청포(靑圃) 출신으로 원명은 역(易)이다. 청말민초 시기에 여성교육운동과 참정운동에 적극적으로 참여하고 이끌었던 언론인이자 여성운동가이다. 1905년에 일본에 건너가 동경여자고등사범학교에 입학한 후 중국동맹회에 가입하였으며, 신해혁명 이후 중국사회당의 주요 성원이자 여자참정동지회(女子參政同志會)의 회장으로 활동하였다. 그녀는 중국교육회 및 애국학사와 애국여학교의 발기인이자 창립자로 활동했던 임백수(林白水, 1874-1926. 자는 소천少泉)의 여동생이다. 채원배의 글에 따르면, "내가 남양공학(南洋公學)에서 교원으로 지낼 때 …… 임소천(林少泉) 선생이 아내 임××와 여동생 임종소 여사와 함께 복주(福州)에서 왔는데, 모두들 여학(女學)을 제창하였다"라고 적혀 있다. 이러한 상황으로 미루어볼 때 김천핵은 애국학사를 운영할 때 임백수는 물론 그의 여동생인 임종소와 알게 되었을 것이며, 이러한 인연으로 서문의 작성을 부탁하였을 것이다.

서문을 작성한 또 한 명의 여성인 양석륜(1880-1928, 자는 인란紉蘭)은 강소성 소주부(蘇州府) 오강현 동리진 출신으로, 김천핵과는 동향인이라 할 수 있다. 어려서는 그녀의 부친 양돈이(楊敦頤, 1859-1928)가 설립한 군아여숙(群雅女塾)에 들어가 공부하였으며, 결혼 후 1902년에 상해의 무본여숙(務本女塾) 전수과(專修科)에 입학하였다가 그해 말에 고향으로 돌아온 후 군아여숙에서 교편을 잡았다. 이후 어려운 가정 형편에도 불구하고 1911년에 오강현 최초의 유치원이라 할 수 있는 몽양원(蒙養院)을 설립하여 운영하였는데, 나이 마흔 살 이후 병마로 시달리다가 1928년 초에 마흔여덟 해의 삶을 끝마쳤다. 김천핵은『여계종』을 탈고한 후 군아여숙에서 교원으로서 여성교육에 앞장서고 있던 동향의 양석륜에게 서문을 부탁하였을 것이다.

이어서『여계종』의 제명을 쓴 양천리에 대해 살펴보자. 그는 양석륜의 남동생인 양천기(楊天驥, 1882-1958, 자는 천리千里)이며, 1899년에 상해의 남양공학(南洋公學)에 입학하고 졸업 후에는 상해의 징충당(澄衷堂)에서 국어 교원을 지냈다. 그는 1903년에 추용(鄒容)의『혁명군』의 출판을 위해 김천핵과 함께 자금을 마련하였으며, '소보안'으로 장태염(章太炎)과 추용이 체포·수감되자 김천핵과 함께 이들의 구명 활동을 펼쳤다. 이후 교육계와 언론계에서 진보적이고 혁명적인 활동을 전개하여 신해혁명 후에는『신보(申報)』의 주필을 역임하였으며, 동맹 회원의 신분으로 국민당에 가입하여 호법국회 참의원을 지내고 1920년에는 북경정부 국무원의 비서를 맡은 이후 정치활동에 적극 참여하였다. 그 역시 김천핵과는 동향인임과 동시에 중국교육회와 애국학사에서 김천핵을 도와 함께 활동하였던 인연으로 제명을 썼으리라고 추측할 수 있다.

「후서」를 쓴 유아자(1887-1958, 자는 안여安如)는 강소성 소주부 오강현 여리진(黎里鎭)에서 출생하였으며, 루소의 천부인권설을 신봉한 후 이름을 유인권(柳人權)으로 개명하고 자를 '아시아의 루소'라는 의미에서 아로(亞盧)라 하였다. 진거병(陳去病)과 더불어 혁명적 문학 단체인 남사(南社)를 창립하였으며, 손중산 총통부의 비서를 지냈다. 중국 국민당의 중앙감찰위원 등을 역임하였으나, 4·12 정변 이후에는 장개석(蔣介石)에 반대하는 활동을 전개하였다. 그는 1903년에 김천핵이 채원배의 요청을 받아 애국학사를 운영하였을 때 그를 따라 함께 상해로 가서 애국학사에 입학하였다. 그가 이러한 인연으로 『여계종』을 위해 「후서」를 썼을 때 그의 나이는 16세에 지나지 않았다.

이렇게 본다면 『여계종』의 서지 사항과 연관된 인물은 모두 저자인 김천핵과 이모저모 관련되어 있다. 즉 제명을 쓴 양천리와 서문 작성자인 양석륜은 김천핵과 같은 동리진 출신의 남매이며, 1903년 당시 모두 교육운동에 종사하고 있었다. 유아자는 동리진과 인접한 여리진 출신인 데다 애국학사에서 수학하는 제자였으며, 임종소는 중국교육회와 애국학사의 발기인 혹은 설립자인 임백수의 누이동생이었다. 이러한 점에서 서문을 작성한 또 한 명의 여성, 즉 경력이 알려져 있지 않은 황균 역시 이들과 유사한 경력을 지니고 있으리라고 추정된다. 이렇게 본다면 『여계종』은 김천핵의 고향인 동리, 그리고 상해의 중국교육회를 두 축으로 하는 강소성의 젊은 혁명적 지식인들이 모색해온 여성운동의 이론과 실천의 성과를 담아낸 산물이라고 해도 좋을 것이다. 다시 말해 『여계종』은 넓게는 일군의 강소성 혁명가들의 여성 담론을 폭넓게 담아내면서 여성해방운동의 새로운 실천적 지향점을 제시한 저작이라고 볼 수 있을 것이다.

『여계종』과 동시대의 여성 담론

그렇다면 김천핵의 『여계종』은 당시의 여성 담론에 비추어 어떠한 맥락 위에 서 있을까? 주지하다시피 1900년을 전후한 여성 담론은 주로 변법유신파 남성 지식인 그룹, 이를테면 강유위(康有爲)와 양계초(梁啓超) 등에 의해 제기되고 있었다. 특히 양계초는 『시무보(時務報)』나 『신민총보(新民叢報)』 등을 통해 「변법통의(變法通議)·여학을 논함(論女學)」, 「여학당 창설 공고(倡設女學堂啓)」, 「계전족회서(戒纏足會叙)」, 「부전족회 실험 실시의 간명 장정(試辦不纏足會簡明章程)」 등을 발표하여 여성 담론을 주도하였다. 양계초가 제기한 여성 담론의 의제는 전족 반대와 여성교육에 초점을 두고 있었으며, 그의 주장은 기본적으로 중국의 자강보종(自强保種)과 연관되어 있었다. 이처럼 여성을 부국강병을 위한 전제 혹은 수단으로 간주하는 문제의식은 강유위의 부전족회(不纏足會) 조직 활동이나 정관응(鄭觀應)의 『성세위언(盛世危言)·여교(女敎)』에서도 유사하게 엿볼 수 있다.

김천핵의 『여계종』이 보여주는 문제의식은, 중국의 전도를 둘러싼 방책과 구상이 서로 달랐기에 이들과 전적으로 동일하다고 볼 수는 없지만, 기본적으로 이와 같은 남성 지식인 그룹의 연장선상에 서 있다고 보아도 좋을 것이다. 그러나 변법유신파, 특히 양계초의 여성교육이 태교와 유아교육의 중요성에 기반한 당위론적 성격에 머물러 있다면, 김천핵의 여성교육론은 남녀 능력의 차이 없음을 근거로 여성교육의 당위성은 물론 구체적 방법과 목표를 명확하게 제시하고 있으며, 이를 바탕으로 남녀 교제와 남녀공학의 문제까지 폭넓게 논의하고 있다. 이러한 점에서 『여계종』은 이전 여성 담론의 의제를 확장하고 논의를 심화하였다고 볼 수 있다. 이러한 여성 담론의 확산과 심화에 결정적 영향을 미친 것은 서구로부터 수용한 각종 근대사상이었다. 김천핵은 『여계종』의 머리말에 해당하는 「소인(小引)」에서 유럽인이 누리는 자유와 평등은 "루소, 볼테르, 헤겔, 존 스튜어트 밀, 헉슬리, 스펜서와 같은 사람들이 가져다준 것"이라 밝히면서, 이러한 "여러 학자의 학설이 기선에 가득 실려 태평양을 스쳐 지나 동쪽으로 중국에 이르렀다"라고 기술하고 있다.

실제로 『여계종』은 유럽의 계몽사상가, 특히 루소의 천부인권설(天賦人權說)이 저술의 폭넓은 바탕을 이루고 있으며, 루소를 "프랑스의 루이 14세가 왕권신수설을 주창했지만, 하늘에서 내려온 듯 개 쫓는 지팡이로 단번에 그를 물리쳐버린" 인물로 묘사하고 있다. 1900년을 전후하여 중국에 루소의 사상을 체계적으로 소개한 이는 양계초였다. 그는 1901년 11월부터 12월까지 세 차례에 걸쳐 『청의보(淸議報)』(98-100기)에 「루소학안(盧梭學案)」을 연재하였으며, 1902년 7월 『신민총보』(11-12호)에 「민약론의 거두 루소의 학설(民約論巨子盧梭之學說)」을 게재하였다. 또한 양정동(楊廷棟)은 1902년 루소의 『사회계약론(Du Contract Social)』을 번역하여 『루소민약론(路索民約論)』이란 제명으로 상해문명서국(上海文明書局)에서 출간하였다. 이러한 번역과 저술을 통해 루소의 사상, 특히 천부인권설이 전제군주제에 맞설 수 있는 유력한 무기가 됨에 따라 루소는 반청운동의 상징적 기호가 되었던 것이다.

루소를 비롯한 계몽사상가들은 천부인권설을 통해 인간은 태어나면서부터 신과 자연으로부터 부여받아 누구에게도 양도할 수 없는 인간의 존엄성, 자유와 평등 등의 불가침의 권리를 지니고 있다고 주장하였는데, 이러한 주장은 여성해방담론의 유력한 이론적 근거를 제공해주었다. 1900년을 전후하여 여성해방담론의 이론적 근거를 제공하였던 서구 사상가로는 루소 외에도 대표적으로 스펜서(H. Spencer)와 존 스튜어트 밀(John Stuart Mill)을 들 수 있으며, 권리를 위한 개인의 투쟁을 강조한 독일의 법학자 예링(Rudolf von Jhering) 또한 이들 가운데에 포함된다고 할 수 있다. 여기에서는 『여계종』 출간 이전에 간행되었던 이들의 역문 혹은 역서를 중심으로 『여계종』의 저술에 영향을 미친 양상과 그 의미를 살펴보자.

1) 장조동(張肇桐)의 『권리경쟁론(權利競爭論)』

먼저 예링의 『Der Kampf ums Recht』를 번역한 『권리경쟁론』을 살펴보자. 이 저서는 예링이 1868년 비엔나대학에서 행한 강연을 정리한 것으로, 1872년에 책자로 출판되었다. 중국에서는 일본 유학 중이던 장종상(章宗祥)이 전반부의 두 장을 번역하여 『역서휘편(譯書彙編)』 제1기(1900.12)와 제4기(1901.3)에 소개하였으며, 장조동이 나머지 네 장을 완역하여 1902년에 『권리경쟁론』이란 이름으로 상해의 문명편역인서관(文明編譯印書館)에서 출판하였다. 또한 『신민총보』 제6호(광서 28년 3월 15일)에는 양계초의 「신민설(新民說)·권리 사상을 논함(論權利思想)」이 실려 있는데, 그는 '이 글의 요지는 대체로 예링의 글에서 취하였다(本論要領, 大率取材伊氏之作)'라고 밝히고 있다. 예링 저서의 번역본은 당시 지식인들에 의해 폭넓게 읽혀졌으며, 이들 번역에 의해 '권리'라는 용어가 중국의 여러 담론에서 공식적으로 널리 사용되기에 이르렀다.

장조동의 『권리경쟁론』은 크게 여섯 개의 장으로 이루어져 있다. 즉 '1. 권리의 기원', '2. 권리는 곧 투쟁', '3. 권리를 위한 투쟁은 자신에 대한 의무', '4. 자신의 권리를 지키는 것은 사회에 대한 의무', '5. 권리를 위한 투쟁은 국민 생존의 요체', '6. 오늘의 로마법, 그 권리를 위한 투쟁' 등이 그것인데, 이들 표제를 통해 저자의 주요한 문제의식과 견해를 충분히 엿볼 수 있다. 예링은 저서의 첫머리에서 "권리의 목적은 평화이며, 이 목적에 이르는 방법은 투쟁"이라고 밝히면서 '개인이 권리의 침해에 대해 투쟁으로 맞서 싸워 지키는 것이 자신과 사회에 대한 의무'임을 강조한다. 그에 따르면, 이러한 권리를 위한 투쟁의 결과가 바로 법이며, 이러한 점에서 '이 세상의 모든 법은 쟁취된 것이며, 모든 중요한 법규는 이에 대항했던 사람들로부터 싸워서 빼앗은 것'이다.

『여계종』에서는 이러한 예링의 논지를 여성의 권리에 적용하여 "(여성의 침해당한 권리는) 성현과 군주에게 간청하여 얻어지는 것이 아니다. 잃어버린 권리를 되찾기 위해 스스로 수완을 발휘함과 아울러 죽을힘을 다해 싸워야 하며, 그래도 되찾지 못한다면 차라리 평화를 희생하여 폭력으로 나아가야 한다"라고 주장한다. 이러한 주장을 뒷받침하기 위해 『여계종』의 제6절 「여자의 권리」에서는 곳곳에서 『권리경쟁론』을 인용하고 있다. 이를테면 "사람으로서 자신의 모든 권리를 빼앗길 수 있다면, 노예 및 짐승과 다를 바가 없다. 그래서 로마법에서 노예를 짐승과 똑같이 간주했던 것은 결코 지나친 일이 아니다"라고 기술함과 아울러, "평화롭게 권리를 추구하는 것은 귀여운 아이를 낳으면서 분만과 출산의 고통을 피하겠다는 것인데, 이게 가능하겠는가?"라고 반문한다.

이와 함께 『여계종』에서는 권리와 법의 관계에 대해 『권리경쟁론』

을 인용하여 다음과 같이 설명한다. "고대 그리스에는 정의의 신이 있는데, 한 손에 저울을 들어 권리의 무겁고 가벼움을 따지는 의미를 보여주고, 다른 한 손에는 검을 들어 그 권리를 실천하는 의지를 보여준다. 그래서 저울이 없는 칼은 잔악무도한 무력이 되고, 저울만 있고 칼이 없다면 권리는 끝내 아무 효력이 없을 것이다. 칼과 저울은 서로 의지하는지라 어느 한쪽의 소홀함이 없어야만 법률의 참모습이 완전해질 수 있다." 이 밖에 "권리와 법률은 서로 의지하고 보호하며 서로를 안전케 하는 것"이며, "권리란 자유와 더불어 생겨나는 것" 등의 기술 역시 『여계종』에서 논지 전개를 위하여 『권리경쟁론』을 인용한 예라고 볼 수 있다.

2) 마군무(馬君武)의 「여권 편(女權篇)」

이어서 『여계종』의 문제의식에 커다란 영향을 미쳤던 역서로 마군무의 『스펜서의 여권 편 및 다윈의 생존경쟁 편 합간(斯賓塞女權篇達爾文物競篇合刻)』을 살펴보자. 이 역서는 스펜서(H. Spencer)가 1851년에 출판한 『Social Statics』의 제16장 'The Rights of women'에 대한 번역과 다윈의 진화론에 대한 번역을 한데 묶어 소년중국학회(少年中國學會)에서 '소년중국신총서(少年中國新叢書)'의 하나로 1902년 10월에 발행한 것이다. 우리가 주목하는 것은 스펜서의 'The Rights of women'에 대한 마군무의 역문(이하 「여권 편」이라 약칭)이다. 여권(女權)이란 용어는 이미 1900년에 『청의보』에 번역·게재된 일본의 후쿠자와 유키치(福澤諭吉)의 「남녀교제론(男女交際論)」의 역문에 나타난 적이 있지만, 마군무의 역문 「여권 편」 이후 여성해방의 구호로서 중국의 사회 담론에 널리 사용되게 되었다

「여권 편」은 모두 10개의 절로 이루어져 있는데, 제1절에서는 남녀 권리의 평등을, 제2·3절에서는 여성의 능력이 남성에 비해 결코 열등하지 않음을, 제4절에서는 영국 여성의 열악한 사회적 대우와 처지를, 제5절에서는 여성이 남성에 복종해야 한다는 야만적 관습을, 제6·7·8절에서는 부부 사이의 불평등한 권리를 바로잡아야 함을, 제9절에서는 여성에게도 정치에 참여할 수 있는 권리를 허용해야 함을 기술하고, 제10절에서는 각각 절의 요지를 정리함으로써 결론을 대신한다.

「여권 편」에 기술된 이러한 내용은 『여계종』의 제4절 「여자의 능력」과 제7절 「여자의 정치참여」의 논지에 반영되어 있다. 김천핵은 「여자의 능력」에서 유럽에서 뛰어난 역량을 발휘한 여성들로서 서머빌(Mary Somerville), 허셜(Caroline Herschel), 존린(Rosina Maria Zornlin)의 학문과 재능, 베일리(Joanna Baillie)의 희곡, 오스틴(Jane Austen)과 브레메르(Fredrika Bremer), 고어(Catherine Gore), 뒤드방 여사(Madame Dudevant)의 소설, 헤먼스(Felicia Hemans)와 랜던(Letitia Landon), 타이(Mary Tighe), 브라우닝(Elizabeth Barrett Browning)의 시가, 스탈 부인(Madame de Staël)의 철학, 마티노 양(Miss Martineau)의 경제학, 롤랑 부인의 정치 등을 언급하고 있다. 이러한 언급은 「여권 편」의 제2절에서 스펜서가 '여성의 능력이 남성에게 뒤지지 않는다'는 일례로서 언급했던 내용을 그대로 인용한 것이다.

이처럼 유능한 여성을 언급한 뒤 김천핵은 "당시 여자는 고등교육을 받아서는 안 된다고 여겨져 학문이 발달하지 않았기에 사상과 재능이 모두 발달하지 않았음에도 불구하고 출중하게 뛰어난 자가 이처럼 많았으니, 오늘날 여성교육의 바람이 거세게 불어온다면 뜨락 가득 무르익은 아름다움이 아마 헤아릴 수 없을 것"이라고 기대를 드러내는데, 이 부분은 스펜서의 기술에 약간의 변형을 가하였을 뿐 거의 유사한 것이라 볼 수 있다. 아울러 「여성의 정치참여」에서 여성의 참정권에 반대하는 견해의 논리 가운데의 하나로 "여자는 천성적으로 다정다감하여 늘 감정에 압도되는 경향이 있다. 만약 그들이 정치적인 일에 간여하면 ⋯ 극도로 격동된 나머지 틀림없이 행정과 입법상의 이해조차 고려하지 않은 채 감정에 따라 행동할 것"이라는 점을 들고 있는데, 이 부분은 「여권 편」에서의 관련된 언급에 대한 상세한 해설이라 보아도 좋을 것이다. 또한 김천핵은 여성의 참정권에 반대하는 견해를 반박하면서 "남녀 각각의 권리는 반드시 하나하나 재능과 지식을 기준으로 헤아려야 하는데, 비록 재주를 측량하는 잣대가 있을지라도 그것이 정확하지 않을 수 있음을 나는 우려한다"라고 밝히고 있는데, 이 부분은 스펜서가 남녀 권리의 평등에 대해 반대하는 견해를 반박하면서 지적했던 내용과 거의 동일하다.

3) 마군무의 「여권설(女權說)」

「여권 편」에 못지않게 『여계종』의 기술에 영향을 미친 것은 마군무가 번역·소개한 「J. S. 밀의 학설(彌勒約翰之學說)」의 두 번째 편인 「여권설」이다. 이 역문은 밀(J. S. Mill)이 1869년에 발표한 『The Subjection of women』의 요지를 소개한 글로서, 1903년 3월 『신민총보』 제30호에 발표되었다. 마군무는 밀의 『On Liberty』를 번역하여 『자유원리(自由原理)』라는 제명으로 1903년에 발표한 바가 있을 만큼 밀의 사상에 지대한 관심을 지니고 있었는데, 「여권설」은 특히 여성의 참정권에 중점을 두어 설명하고 있다. 그는 특이하게도 「여권설」에 독일 사회민주당의 여권 선언서를 덧붙였는데, 1891년 8월 브뤼셀(Bruxelles)에서 열린 국제사회주의노동자대회의 결의안의 대강, 1891년 10월에 에르프르트

(Erfurt)에서 사회민주당이 선언한 강령 선언의 한 조항, 그리고 사회주의당원이 주장하는 다섯 가지 여성의 권리문제를 소개하고 있다. 이 가운데 브뤼셀에서의 결의안의 대강이 『여계종』에 인용되어 있다.

「여권설」에서는 『*The Subjection of women*』의 요지를 다섯 가지로 제시하고 있다. 즉 첫째, 여성과 어린아이는 정부의 훌륭한 통치(Good Government)를 받을 권리를 갖는다는 점에서는 동일하지만, 여성은 정부를 감독하고 조직할 권리를 가진다는 점에서 어린아이와 다르다. 둘째, 여성의 권리를 인정하는 사권(私權)과 달리 그렇지 않은 공권(公權)의 제도는 개량하지 않으면 안 된다. 셋째, 여성에게 정치권을 인정하지 않는 일이야말로 가장 기이한 일이다. 넷째, 남편과 아버지가 피선거권을 갖듯이 아내이자 딸인 여성 역시 선거권을 갖는 게 당연하다. 다섯째, 여성이 정치권을 갖는 것은 피할 수 없는 일이다.

『여계종』은 위의 다섯 가지 요지 가운데 첫째부터 셋째까지의 요지를 인용하여 여성의 참정권에 반대하는 견해를 반박한다. 아울러 『여계종』에서는 '여자에게는 정치에 참여할 재능이 없으며, 있더라도 남자보다 뛰어나지 못하다'는 견해에 대해 정치계에서 탁월한 능력을 발휘한 여성을 언급하여 반박하고, '여자가 감정으로 남자에게 영향을 미칠 것(以感情易男性)'이라는 견해에 대해 '정치참여의 사안은 권리의 문제이지 심리의 문제가 아니다'라고 반박한다. 이어 『여계종』에서는 "결론적으로 여자의 정치참여 문제는 오늘날 세계에서 이미 피할 수 없게 되었"으며 '프랑스의 루이 14세는 왕권신수설을 주장했지만 루소가 단번에 그를 물리쳤다'고 밝힌 후, 여성의 권리를 적극적으로 제기하였던 이들로 밀, 스펜서, 라블레(Édouard de Laboulaye), 베벨(Ferdinand A. Bebel), 세크레탄(Charles Secretan) 등을 언급한다.

『여계종』에서의 이러한 기술은 「여권설」의 기술과 거의 일치한 바, 「여권설」을 인용하거나 약간 변형하여 자신의 논지를 전개함으로써 여성의 참정권의 당위성과 필요성을 역설한다. 다만 밀의 대척적인 견해로서 『여계종』에서는 루이 14세의 왕권신수설을 거론하는 반면, 「여권설」에서는 블룬칠리(Johann Kasper Bluntschli)의 『The Theory of the State』의 제2편 제20절 「The Position of Women」을 언급하면서 밀의 견해에 동조하는 인물로 라블레와 베벨, 세크레탄을 들고 있다는 점에서 약간의 차이를 보이고 있을 뿐이다. 『여계종』에서도 여성의 참정권을 반대하는 대표적인 학자로 블룬칠리를 언급하는 한편, 그가 시민권을 갖지 못하는 부류의 하나로 여성을 포함하고 있음을 비판하고 있다.

이처럼 『여계종』의 제7절 「여자의 정치참여」에는 「여권설」의 기술이 자주 인용되고 있다. 그러나 무엇보다도 『여계종』에서 최근 세계적인 혁명의 동향을 '군권 혁명의 시대'와 '여권 혁명의 시대'로 규정하였던 것은 「여권설」에서 '오늘날 유럽의 문명은 군민 간의 혁명과 남녀 간의 혁명에서 비롯되었다'는 문제의식을 따르고 있다고 볼 수 있다. 아울러 '정부의 감독과 정부의 조직'을 정치참여의 임무로 간주하는 『여계종』의 관점 역시 「여권설」에 기대는 바가 크다고 볼 수 있다. 즉 앞에서 이미 언급했듯이 「여권설」에서는 '정부를 감독하고 조직하는 권리'에 근거하여 여성과 어린아이의 권리가 다르다고 설명하였는데, 『여계종』에서는 여러 차례에 걸쳐 '정부를 감독하고 조직하는 권리'를 정치참여의 실질적인 내용이자 임무로 강조하고 있다.

지금까지 『권리경쟁론』, 「여권 편」과 「여권설」을 중심으로 서구 사상이 여성 담론, 특히 『여계종』의 논지 전개에 어떠한 영향을 미치고 있는지 구체적인 양상을 살펴보았다. 대체로 이들 역서 및 역문은 여성문제를 도덕과 윤리의 차원을 뛰어넘어 법과 제도의 관점에서 바라볼 수 있도록 이끌어주고 있다. 이들 역서 및 역문은 『여계종』 가운데 「여자의 능력」, 「여자의 권리」, 「여자의 정치참여」 등의 절에서 저술의 주요 문제의식 혹은 쟁점을 제공해주거나 논지 전개의 주요한 논거나 예증으로 인용되고 있다. 이러한 점에서 『여계종』은 여성문제에 대해 당시의 남성 지식인들이 지닌 문제의식을 집대성한 저술이라고 보아도 좋을 것이다. 다만 『권리경쟁론』의 인용에서 엿볼 수 있듯이 김천핵은 자신의 논지 전개를 위해 필요한 사항만을 극히 선택적으로 받아들이고 있다. 즉 『권리경쟁론』에서의 '권리를 위한 투쟁'을 '여성의 권리를 위한 투쟁'으로 전환하여 강조하였을 뿐, 이 투쟁이 자신과 사회를 위한 의무라는 인식으로 확장되지는 않으며, 나아가 법 감정과 권리의식의 관계에 대한 인식으로 심화되지도 않는다. 서구의 (여성) 담론으로부터 자신의 논리를 보강해줄 수 있는 사항까지만 자신의 문제의식 안에 받아들여 소화해냈던 것이다.

이상적 여성상으로서의 국민모(國民母)

이미 언급하였는 바 『여계종』에서는 새로운 이상적인 여성상으로서 '국민모'라는 용어를 제기하였다. '국민을 낳아 기르는' 여성의 생물학적 특성을 강국보종(强國保種)의 정치적 의도와 결합한 '국민모'라는 용어는 『여계종』 출간 이후, 특히 『여자세계(女子世界)』를 통해 널리 유행하기 시작하였다. 즉 『여자세계』 창간호에 실린 「『여자세계』 발간사」

에서 김천핵(서명은 김일金一)은 국가의 운명에 관한 여성의 역할을 강조하여 "여자는 국민의 어머니"라고 하면서 '중국을 널리 구하려면 반드시 우리 여자를 널리 구해야 한다'고 주장하였으며, 정조음(鄭祖蔭, 서명은 초아初我)은 『여자세계』 「축사(女子世界頌詞)」에서 "국민은 국가의 분자요, 여자는 국민의 어머니"라고 강조하였다. 또한 유아자(서명은 아특亞特) 역시 『여자세계』 제7기에 실린 「국민모 주조론(論鑄造國民母)」에서 "나라에 국민모가 없다면 국민이 어찌 생겨나리오? 나라에 국민모가 만들어낸 국민이 없다면 나라는 장차 나라답지 못하리니, 그러므로 국민을 빚어내고자 한다면 국민모를 빚어내는 데에서 먼저 시작하지 않으면 안 된다"라고 주장하였다.

그런데 1903년 무렵에 이상적인 여성상으로서 사용되었던 용어로는 '국민모' 외에도 '여국민(女國民)', '여중화(女中華)' 등을 들 수 있다. '여국민'의 경우, 일본에 유학중인 여학생의 애국단체인 공애회(共愛會)의 장정에서 "2억 여자를 구하고 그 고유의 특권을 회복하여 각자 국가 사상을 갖추게 함으로써 여국민의 천직을 다할 수 있게 함을 종지로 삼는다"라고 밝히고 있다. '여중화'는 군채진복(裙釵眞僕)이라는 필명의 지사가 저술한 『여중화』에서 비롯된 용어인데, 1902년 『선보(選報)』 제31기의 '문학소사(文學小史)'라는 칼럼에 실린 「여중화를 기억하며(志女中華)」를 통해 이 책의 자서 일부가 소개된 이후 대중에게 알려지기 시작하였다. 이후 김천핵이 『여계종』에서 이 자서를 다시 소개함으로써 '여중화'의 담론을 더욱 널리 확산시켰다.

이처럼 20세기 초에는 이상적인 여성상에 대한 남성 지식인의 상상이 다양한 용어로 표출되고 있었으며, 논자에 따라 폭넓은 의미로 사용되고 있었다. 그런데 우리가 특히 주목하여 보아야 할 것은 '국민모'

라는 용어를 처음으로 제기하였던 김천핵조차도 '여국민'과 '여중화'라는 용어를 거의 동시에 사용하고 있었다는 점이다. 즉 그는 『여자세계』 창간호의 「『여자세계』 발간사」에서 "20세기 중국에는 문명의 꽃 있으니, 그 자태는 아리땁고 그 향기는 싱그러우며 그 바탕은 뛰어나고 그 마음은 아름답다.……이에 나는 향을 태우고 붓을 놀려 꽃의 신에게 묻고 꽃의 혼에게 빌며 꽃이 늘 잘 지내기를 바라나니, 20세기 여국민이 그것이다"이라고 밝혔을 뿐만 아니라, 「여학생입학가(女學生入學歌)」에서는 "여자의 꽃 피어나고 문명 다채로우니, 신세계의 여중화로다"와 같이 노래하였던 것이다.

김천핵뿐만 아니라 '국민모'를 앞장서서 유행시켰던 『여자세계』 역시 같은 시기에 '국민모'와 함께 '여국민'과 '여중화'를 제창하였다. 정조음은 창간호에 게재한 『여자세계』 「축사」의 끝부분에서 "여세계 만세, 여국민 만세, 여중국 만세"라고 부르짖었으며, 제2권 4, 5기 합간호는 대웅(大雄)의 「여국민 고무가(女國民勵志歌)」를, 그리고 제2권 제6기에는 불재(佛哉)의 「여국민가(女國民歌)」를 싣고 있다. 아울러 『여자세계』 창간호에서는 '여중화'를 주제로 글을 현상공모하였는데, 당선작으로 제5기에 '갑등의 1'에 대웅(大雄)의 「여중화전기(女中華傳奇)」를, '갑등의 2'에 송강 여사(松江女士) 막호비(莫虎飛)의 「여중화」를, 그리고 제6기에 '을등의 2'에 광동여학당(廣東女學堂) 학생 장견임(張肩任)의 「갑진년 여자를 급구하는 방법(急救甲辰年女子之方法)」을 선정하여 게재하였다. 이 밖에도 제4기에 취만(吹萬)의 「여중화가(女中華歌)」를 게재하는 등, 『여자세계』는 '여중화'라는 구호의 대중적 확산에 앞장섰다.

이로써 1900년대 초기에는 중국의 변혁을 꿈꾸는 남성 지식인에 의해 상상된 이상적 여성상이 다양한 명칭으로 일컬어지고 있었음을 알 수 있다. 다만 김천핵은 '국민모'의 역할을 수행하기 위한 여성교육을 강조하면서 여성교육의 목표로서 여러 가지 가운데 '굳세고 진보적이며 혁명을 제창하는 사람'을 제시하고 있다. '혁명을 제창'하는 '국민모'는 김천핵이 꿈꾸는 '신중국'의 '신국민'과 연관되어 있는데, 그는 「『여자세계』 발간사」에서 "떨쳐 일어나 몸소 힘써야 할 터이니 이를 신국민이라 여긴다"라고 밝히고 있다. 이러한 점에서 '신국민'은 김천핵의 동료인 추용이 「혁명군」에서 주장하였던 바 "혁명이란 국민의 천직"이며 "국민이란 자치 능력을 지니고 독립성을 지니며 참정권을 지니고 자유의 행복을 누린다"라는 국민 개념과 매우 유사하다고 볼 수 있다.

그렇다면 김천핵과 추용이 사용하는 '신국민' 혹은 국민은 '국가의 구성 요소로서의 국민'이라는 기존의 국민관을 뛰어넘어 혁명을 실천하는 존재라고 할 수 있다. 이러한 맥락에서 김천핵은 「여학생입학가」에서 "20세기 여학생은 신국민이 되기를 원하노라!"라고 노래하였던 것이며, 김천핵이 사용하는 '여중화' 역시 『여중화』의 자서에서 밝힌 바 '중화를 새로이 만들어낼 자격을 갖춘 여자(新造中華資格之巾幗)'의 의미를 담고 있었던 것이다. 이로써 김천핵이 사용하였던 다양한 호칭들은 기본적으로 모두 혁명을 적극적으로 실천하는 여성, 즉 '여성계의 혁명군'이라는 의미를 전제하고 있음을 알 수 있다.

지금까지 살펴보았듯이 김천핵은 서구의 계몽사상, 특히 천부인권설과 남녀평등설을 바탕으로 여성의 권리와 여성 참정권이라는 새로운 의제를 여성 담론에 추가하였으며, 이 밖에도 남녀의 교제, 결혼의 자유 등의 문제를 폭넓게 논의하였다. 이리하여 『여계종』은, 비록 남성 중심주의적 사고를 드러내는 면이 없지 않지만, 여성교육과 전족 반대를 중심으로 전개되었던 기존의 여성 담론의 시야와 문제의식을 확장하고 심화하였으며, 이후 신해혁명과 5·4 신문화운동을 거치는 동안 여성 담론을 이끄는 실질적 선구자 역할을 담당하였다. 바로 이러한 점에서 "천두슈(陳獨秀)와 후스(胡適), 루쉰(魯迅), 선앤빙(沈雁冰), 우위(吳虞) 등의 글을 꼼꼼히 읽어보면 그 의론의 의제와 사상 수준은 개별 문제에 있어서 신해혁명 이전에 비해 확장되고 심화된 것 외에 그 나머지는 기본적으로 『여계종』을 뛰어넘지 못했다"라는 슝웨즈(熊月之) 교수의 평가는 매우 타당하다고 볼 수 있다.

　　(이 글은 2025년 12월 『중국현대문학』 제112호에 발표된 「金天翮과 그의 『女界鐘』에 관한 小考」를 일부 축약하고 수정한 것이다.)

부록

잡지 기고문: 『여자세계』 발간사

20세기 중국에는 문명의 꽃 있으니, 그 자태는 아리땁고 그 향기는 싱그러우며 그 바탕은 뛰어나고 그 마음은 아름답다. 유럽의 바람이 불어와도 지지 않고 아메리카의 비가 휘몰아쳐도 시들지 않는다. 태평양의 물결은 넘쳐흘러 알맞게 적셔서 꽃이 잘 자라도록 도와준다. 화산(華山) 옥정(玉井)의 연꽃은 이 꽃을 바라보고 진심으로 경탄하고, 나부산(羅浮山)의 매화는 이 꽃을 마주하여 빛깔이 바래며, 후지산(富士山)의 벚꽃은 이 꽃을 보고 몹시 부끄러워할 것이다. 그러나 이 꽃은 자신의 아름다움을 알지 못한 채 고운 빛깔을 닫고 향기를 가두며 꽃봉오리를 꺾어버렸다. 이에 나는 향을 태우고 붓을 놀려 꽃의 신에게 묻고 꽃의 혼에게 빌며 꽃이 늘 잘 지내기를 바라나니, 이 꽃을 20세기 여국민이라 여긴다.

그렇지만 20세기의 중국은 쇠망하고 허약하다. 절반을 차지하고 있는 남자는 잠든 듯, 취한 듯하고 또 죽은 듯하다. 그러니 내가 여자에게 무엇을 바라랴? 이는 그렇지 않다. 여자는 국민의 어머니이다. 중국을 새롭게 하려면 여자를 새롭게 해야 하고 중국을 강하게 하려면 여자를 새롭게 해야 하며, 중국을 문명화하려면 먼저 여자를 문명화해야 하고 중국을 두루 구하려면 우리 여자를 먼저 두루 구하지 않으면 안된다. 이는 의심할 여지가 없다. 여러분 역시 중국이 지난날 강력했던 까닭을 아는가? 손가락을 꼽아 헤아려보고 전적을 살펴 따져보니, 저 성현과 제왕, 영웅과 의협에게는 모두 곁에서 보살펴주는 현명한 어머니와 아내가 있었다. 특히 시류에 휩쓸리지 않고 신념을 좇았던 인물로서, 문장으로 빼어난 이로는 반소(班昭), 복녀(伏女), 좌분(左芬)과 사온(謝韞)이 있고, 재주가 뛰어난 이로는 위삭(韋鑠), 약란(若蘭), 설원(薛媛)과 채염(蔡琰)이 있으며, 의협으로는 제영(緹縈), 섭앵(聶嫈), 방아(龐娥)와 홍선(紅線)이 있고, 능수능란한 이로는 풍료(馮嫽), 목란(木蘭), 순관(荀灌), 양부인(梁夫人)과 진량옥(秦良玉) 등이 있다. 이들은 옛 전적에서 뛰어난 향기를 드러내고 궁중의 역사에서 명예를 떨치기에 족하니, 사내대장부가 뒷걸음을 치고 관리가 머리를 숙인다. 그런데도 이들을 떠받들지 않은 채 도리어 날마다 롤랑 부인, 잔 다르크, 소피아, 나이팅게일 등을 입에 담으면서 '어림없다, 어림없어'라고 생각한다. 이는 이른바 '나라 안에 안연(顔淵)이 있어도 있는 줄을 알지 못한다'거나 '눈은 천리를 보아도 속눈썹을 직접 보지 못한다'는 격이다. 여성의 권리가 제창되지 않은 이후로 민권이 추락하고 국권이 상실되어, 4000만 평방리의 4억의 동포가 오늘날 시작과 달리 좋지 않은 결말을 맞게 되었음을 조사하여 살펴볼 수 있다. 그러한 즉 내가 오늘날 중국을 위해 헤아린다면, 여성의 교육을 진흥하고 여성의 권리를 제창하는 것 외에 무슨 방법이 있겠는가? 20세기 중국의 세계가 여자의 세계라고 말하여도 안 될 게 뭐가 있겠는가!

나는 오늘 옷깃을 바로하고 단정히 앉아 우리 남자에게 고하나니, 앞으로 여자를 경시하지 말라. 여자는 문명의 어머니이다. 다시 옷섶을 여미고 숨죽여 엄숙하게 우리 여자에게 고하나니, 앞으로 스스로를 경시하지 말라. 발을 동여매 전족하지 말고 노예처럼 비굴하지 말고 옹졸한 마음을 먹지 말고 자신을 비하하지 말고 천명에 내맡기지 말라. 너무 고상하지 않게 수준을 낮추어 말하자면, 마땅히 떨쳐 일어나 몸소 힘써야 하리니 이를 신국민(新國民)이라 여긴다. 저 멀리 고야산에 살고 있는 신인(神人)은 먼지와 때, 음식 찌꺼기를 가지고도 요(堯)나 순(舜) 같은 성인을 빚어낸다고 하는데, 여자들은 이러한 사실을 알고 있는가? 아황(娥皇)과 여영(女英)의 눈물이 순임금의 혼을 깨울 수 있었고, 여와(女媧)가 돌을 녹여 공공(共工)이 깨트린 하늘 구멍을 메웠는데, 여자들은 이러한 사실을 알고 있는가? 이를 알고 있다면 틀림없이 떨치고 일어날 것이다! 언사가 순결하고 고아한 여자가 있고 신선처럼 능력 있는 여자가 있으니, 『여자세계』가 20세기 최초의 해에 나타나 우리 중국을 치료하여 낫기를 바라노라!

『女子世界』發刊詞[1]

二十世紀之中國, 有文明之花也, 嬋媛其姿, 芬芳其味, 瑰瑋其質, 美妙其心. 歐風吹之而不落, 美雨襲之而不零, 太平洋之潮流, 漫淫灌溉而適以涵濡滋潤助其發達也. 玉井之蓮,[2] 望之而心折; 羅浮之梅,[3] 對之而色變; 富士山之櫻,[4] 見之而將羞死也. 然而花不自知其美, 乃閉其彩, 幽其芬, 摧折其蓓蕾. 而吾乃焚香縹筆, 問花之神, 祝花之魂, 愿花常好, 以爲二十世紀之女國民.

雖然, 二十世紀之中國, 亡矣弱矣. 半部分之男子, 如眠如醉又如死矣, 吾何望女子哉? 是不然. 女子者, 國民之母也. 欲新中國, 必新女子, 欲强中國, 必强女子, 欲文明中國, 必先文明我女子, 欲普救中國,

---

1 이 글은 계묘년 12월 1일(양력 1904년 1월 17일)에 발간된 『여자세계』 창간호에 김일(金一)이란 필명으로 발표되었다. 『여자세계』는 정조음(丁祖蔭, 1871-1930)이 상숙(常熟)에서 창간한 월간지로서, 신해혁명 이전에 간행되었던 수많은 여성 전문지들 가운데 가장 오랫동안 발행된 권위지라고 할 수 있다. 이 잡지는 정치혁명과 가정혁명을 동시에 진행할 것을 주장하였으며, 주요 기고자들은 유아자(柳亞子), 서념자(徐念慈), 장유교(蔣維喬) 등이다. 정조음은 강소성(江蘇省) 상숙현(常熟縣) 출신의 학자이자 문학가, 출판운동가로, 자는 지손(芝孫)이고 호는 초아(初我)이다. 『여자세계』를 창간하고 이 잡지의 주편을 담당하였으며, 1904년에는 상해에서 서념자, 황마서(黃摩西) 등과 함께 소설림사(小說林社)를 창설하였다.

2 옥정(玉井)은 화산(華山)의 서쪽 봉우리 아래 진악궁(鎭岳宮) 안에 위치해 있다. 이 우물은 깊이가 30여 미터에 달하고 우물물이 매우 달고 맑다. 전설에 따르면, 이 우물 안에는 1000개의 잎이 달린 백련(白蓮)이 자란다고 한다. 당대(唐代)의 시인 한유(韓愈)의 「고의(古意)」라는 시에 "태화산 봉우리의 옥정의 연꽃(太華峰頭玉井蓮)"이란 시구가 있다. 옥정의 연꽃은 흔히 절개가 굳고 순결한 여성을 비유한다.

3 나부산(羅浮山)은 광동성(廣東省) 혜주시(惠州市) 박라현(博羅縣) 서북부에 위치해 있는 산으로, 중국의 도교 명산의 하나이자 매화 문화의 중요한 발상지의 하나로 널리 알려져 있다. 나부산은 매화를 재배한 역사가 유구하며, 매화 선녀를 만난 전설이 전해오기도 한다. 북송(北宋)의 문인 소식(蘇軾)은 이곳에서 "나부산 아래 매화 마을, 새하얀 눈이 뼈가 되고 얼음이 넋이 되었네(羅浮山下梅花村, 玉雪爲骨冰爲魂)"라고 매화의 모습과 향기를 상징적으로 노래하였다.

4 후지산(富士山)은 일본의 혼슈(本州) 중남부에 위치해 있으며, 일본의 최고봉으로서 일본을 대표하는 산이다. 이른 봄에 후지산 산자락에 피어난 벚꽃은 산봉우리에 쌓인 흰 눈과 어울려 장관을 이룬다.

必先普救我女子, 無可疑也. 聞者亦知中國前者之所以强乎? 屈指而數, 案籍而稽, 彼聖賢帝王, 英雄俠義, 皆有賢母賢妻以爲左右也. 其尤特立獨行, 則班昭, 伏女, 左芬, 謝韞之文章, 衛恒,[5] 若蘭, 薛媛, 蔡琰之靈秀, 緹縈, 聶姊, 龐娥, 紅線之義俠, 馮嫽, 木蘭, 荀瓘(灌),[6] 梁夫人, 秦良玉之幹濟. 此足表馨逸於陳編, 播榮譽於彤史;[7] 鬚眉却步, 冠劍低頭. 不此之崇拜, 而顧曰言羅蘭, 若安, 蘇菲亞, 娜玎格爾, 以爲不可及, 不可及, 所謂‘國有顔子而不知’,[8] ‘目見千里而不自見其睫’[9]也. 自女權不昌, 而後民權墮落, 國權淪喪, 四千萬方里, 四百兆同胞, 乃有今日絮果蘭因,[10] 可按而迹也. 則吾今日爲中國計, 舍振興女學,

---

5 위항(韋恒, ?-291)은 서진(西晉)의 서예가로서 자는 거산(巨山)이다. 부친 위기(衛覬), 형 위관(衛瓘) 등이 모두 유명한 서예가이다. 전체적인 문맥에서 볼 때 여기에서는 남성인 위항이 아니라 그의 딸인 위삭(衛鑠)을 언급하는 것이 타당하다.

6 荀瓘은 荀灌의 오기이다.

7 동사(彤史)는 고대 중국 궁정의 여자 관직명으로, 궁궐 생활에 대한 기록을 담당하였다. 이로부터 궁궐 생활을 기록한 궁사(宮史)를 가리키기도 한다.

8 『후한서(後漢書)·주황서강신도열전(周黃徐姜申屠列傳)』에 “子國有顔子, 寧識之乎?(그대의 나라에 안자라는 분이 계시는데, 그를 아시오?)”라는 구절이 있다.

9 『한비자(韓非子)·유로(喩老)』에 “눈은 가까이 있는 속눈썹을 보지 못한다(目不見睫)”라는 문구가 있다.

10 서과란인(絮果蘭因)은 향기로운 난초의 근본과 흩날리는 솜털, 즉 아름다운 시작(因)과 흩어지는 결말(果)의 결합처럼, 처음에는 아름답고 멋지게 시작하였으나 끝내는 좋지 않게 헤어짐을 가리킨다. 『좌전(左傳)·선공(宣公) 3년』의 기록에 따르면, 정(鄭)나라의 문공(文公)은 미색을 좋아하여 진(陳)나라의 미녀 진규(陳嬀)를 아내로 맞아들였는데, 진규는 세월이 흐름에 따라 젊었을 적의 아름다움을 잃고 말았다. 그러자 문공은 새로이 두 명의 부인을 맞아들이고 수많은 시첩을 불러들였는데, 시첩 가운데 남연국(南燕國)의 길(姞) 씨라는 의미에서 연길(燕姞)이라 불리는 여인이 있었다. 어느 날 연길이 꿈을 꾸었는데, 꿈속에서 남연국의 선조인 백조(伯鯈)를 만났다. 백조는 황제(黃帝)의 후손이며, 남연국 역시 그가 세운 것이라 들었던 터였다. 꿈속에서 백조는 연길에게 남연국에서 가장 향기로운 풀인 난초(蘭草)를 주었으며, 이 난초가 연길의 아들이 될 것이라고 말했다. 연길은 문공에게 꿈 이야기를 해주었으며, 문공은 이 이야기를 천신의 뜻이라고 여겨 연길과 잠자리를 함께하였다. 얼마 후 연길은 아들을 낳았으며, 문공은 천신이 아들을 보내준 상서로운 징조로 여겨 그의 이름을 ‘난(蘭)’이라 지었다. 이것은 연길과 문공이 아름다운 인연을 통해 씨앗을 뿌린 ‘난인(蘭因)’이라 할 수 있다. 그런데 시첩과 부인들에 대한 문공의 총애가 지나치자 진규가 낳은 두 아들은 불안을 느낀 나머지 당시의 패자인 제(齊)나라 환공(桓公)을 찾아가 그의 힘을 빌려 문공을 제거하고 정나라의 권력을 차지하고자 하였다. 그러나 환공은 아비를 모해하려는 두 아들의 행위를 문공에게 알려주었으며, 크게 노한 문공은 두 아들을 죽여버리고 공자 난(蘭)을 포함한 다른 아들들을 모두 도성 밖으로 축출하였다. 공자 난이 晉

提倡女權之外, 其何以哉? 謂二十世紀中國之世界, 女子之世界, 亦何不可!

吾今乃正襟危坐, 以告我男子曰: 自今以後, 無輕視女子. 女子者, 文明之母也. 復斂袵屛氣, 以告我女子曰: 從今以後, 其無自輕視. 無纖其足, 奴其顏, 蓬其心, 輕其軀, 委身任化,[11] 卑之無高論; 而當奮起淬厲, 以爲新國民. 藐姑射之山有神人, 塵垢秕糠, 陶鑄堯舜,[12] 女子其知之乎? 湘妃之淚, 足蘇虞帝之魂;[13] 女媧之爐, 乃補共工之缺,[14] 女子其知之乎? 知之其必興起矣! 有舌如蓮,[15] 有女如仙, 女子世界出現於二十世紀最初之年, 醫吾中國, 庶有瘳焉!

겨난 지 얼마 후 연길은 총애를 잃고 죽었다. 공자 난은 진(晉)나라로 도망하여 진나라의 문공(文公)을 도와 정나라를 토벌한 끝에 정나라의 군주가 되어 목공(穆公)이 되었다. 목공은 어머니인 연길이 세상을 떠났다는 것을 알고서 어머니를 기념하여 친히 궁전 앞에 난꽃을 심어 정성껏 보살폈다. 훗날 목공이 중병이 들자 난꽃 역시 시들었으며, 난꽃이 시든 것을 본 목공 역시 자신의 운명이 다하였음을 알았다. 그는 친히 난꽃을 칼로 잘랐으며, 그 자신도 얼마 후 세상을 떠났다. 연길이 한을 품은 채 죽고 부자간인 문공과 목공이 반목한 것은 버들솜처럼 산산이 흩어지는 결과라고 할 수 있다. 이리하여 훗날 난인서과(蘭因絮果)라는 용어로써 처음의 아름다움과 결말의 헤어짐을 나타냈다.

11 위신임화(委身任化)는 일정 정도 도가의 철학 사상과 연관이 있는 용어이며, 자연을 좇아 천명에 따름을 의미한다. 이 글에서는 스스로 노력하지 않고 천명에 내맡기는 태도를 가리키는 부정적인 의미로 사용하고 있다.

12 '藐姑射之山有神人, 塵垢秕糠, 陶鑄堯舜'은 『장자(莊子)·소요유(逍遙遊)』에서 비롯되었다.

13 전설에 따르면, 순(舜) 임금이 남쪽 지방을 순행하다가 병들어 창오(蒼梧)에서 죽었다. 그의 두 아내 아황(娥皇)과 여영(女英)은 남편을 찾으러 상강(湘江)을 헤매며 슬피 울었는데, 이 때 흘린 눈물이 대나무의 얼룩이 되어 반죽(斑竹)이 생겨났다고 한다. 두 여인은 끝내 상강에 몸을 던져 신이 되었다고 하며, 후세에 이 두 사람을 아울러 상비(湘妃) 혹은 상군(湘君)이라 일컫는다.

14 신화에 따르면, 공공(共工)이 전욱(顓頊)과 권력을 다투다가 부주산(不周山)을 들이받는 바람에 하늘을 지탱하던 기둥이 끊어지고 하늘이 기울어지고 말았다. 그러자 여와(女媧)가 오색의 돌을 녹여 하늘 구멍을 깁고 자라의 다리를 잘라 하늘을 받쳤다고 한다. 이를 흔히 '여와가 하늘을 깁다'라는 의미로 '여와보천(女媧補天)'이라 일컫는다.

15 舌如蓮은 불교와 관련된 것으로 『유마힐경(維摩詰經)』의 기록에 따르면, 고승이 설법할 때 '혀 위에서 연이 피어난다(舌上生蓮)'고 하며, 설법의 말씀이 연꽃처럼 맑고 순수하며 아름다운 것을 의미한다. 여기에서 '설약련화(舌若蓮花)'라는 성어가 생겨났으며, 흔히 말재주나 입담이 뛰어남을 가리킨다.

◆

『여계종』과
관련된 시

『여계종』을 읽고

깊은 어둠에 빠져 있는 여성계에
빛 한 줄기 비추니 그대 알려주오.
혼돈을 뚫어 중생의 해탈을 바라고
부처의 위력 끝없으니 대동세상이라.
찬란하고 장엄한 세상 구원의 문장,
펜 한 자루로 불길한 기운 쓸어버리고,
종소리 부딪쳐 맑게 울리는 곳에
결혼의 혁명군을 뒤흔들어 일으키네.
남존여비는 높고 낮음을 나누는데,
남녀평등의 권리 제창하는 이 몇 명이리오?
바라건대 2억 동포를 대신하여
실을 사서 자유의 신을 수놓아주오.

『여계종』을 읽고 공자진의 시구를 모으다

여자의 혼백은 완전하고 흠이 없는데,

남자의 글 깨치기 어려움을 굳게 믿네.

변방에 기이한 여인의 기운이 솟구치는 듯,

거울 속엔 반 너머 여전히 홍안이로다.

향기로운 난은 전생의 일 틀렸음을 스스로 알고,

정담을 이어가며 예절 따윈 따지지 않네.

훗날의 역사에 기록하느라 번거로울까 걱정스러우나,

내게는 여인의 둥그런 눈썹을 그릴 만한 필력이 없다네.

『여계종』을 읽고서 느끼다

우렁찬 소리 깊은 규방의 꿈을 깨뜨리고,

어두운 안개 찢겨져 빛나는 햇살 비치네.

여성 동포가 굴종에 길들어졌다 말하지 말라,

하늘 높이 일제히 웅비하는 것 보게 되리라.

讀女界鐘[1]

女界沉沉黑暗中, 光明一線請君通.

鑿開混沌慈悲願, 佛力無邊是大同.

燦爛莊嚴救世文, 一枝鐵筆掃妖氣;

鐘聲撞到鏗然處, 震起婚姻革命軍.

重男輕女判尊卑, 提倡平權有幾人;

願代同胞二萬萬, 買絲繡出自由神.

---

1   이 시는 광서(光緒) 30년(1904) 9월 4일자 『국민일일보(國民日日報)』에 게재되었으며, 작자
    는 밝혀져 있지 않다. 또한 1904년 『여자세계(女子世界)』 제3기에도 게재되었는데, 작자는
    교단(郻旦)이라고 밝혀져 있다. 『국민일일보』는 광서 29년(1903) 8월 7일 상해에서 출판된
    신문으로서, 군국민교육회(軍國民教育會) 경리인 사효석(謝曉石)이 출자하여 창간되었다.
    장사쇠(章士釗)가 주편을 맡고, 진거병(陳去病), 소만수(蘇曼殊), 김천핵(金天翮), 유아자(柳
    亞子), 고욱(高旭) 등이 주요 기고자로 활동하였다. 『소보(蘇報)』의 혁명 종지를 계승하여
    '국민의 사업을 도모'하고 '국민의 여론을 형성함'을 창간 목적으로 내세웠으며, 부르주아
    민주주의와 무신론 사상을 선전하고 제국주의 침략을 폭로하는 한편 반청(反淸) 혁명을
    고취하였다. 청정부는 '妄肆蜚語, 昌言無忌(제멋대로 유언비어를 거리낌 없이 퍼뜨린다)'는 혐
    의로 이 신문의 출간과 판매를 금지하였으며, 후에 사내의 의견 차이 및 경비 조달의 곤란
    등으로 인해 10월에 117호를 끝으로 정간되었다. 1904년 10월에 상해 동대륙도서역인국
    (東大陸圖書譯印局)에서 내용에 따라 분류하여 『국민일일보회편(國民日日報滙編)』 총 4책
    을 출간하였다.

閱女界鐘集龔定庵句[2]

女兒魂魄完復完,

篤信男兒識字難.

塞上似騰奇女氣,

鏡中强半尙紅顏.

香蘭自判前因誤,

情話纏綿禮數刪.

靑史他年煩點染,

我無拙筆到眉彎.

讀女界鐘感言[3]

大聲撞破深閨夢,

盲霧衝開映日輝.

漫說同胞雌伏慣,

會看空際一雄飛.

---

2 이 시는 공자진(龔自珍)이 지은 시의 일부를 인용하여 만든 시로서, 작자는 조아협(曺亞俠)
이다. 첫 번째 구는 「기해잡시(己亥雜詩)」의 제194수, 두 번째 구는 「기해잡시」의 제79수, 세
번째 구는 「야좌이수(夜坐二首)」 중의 제1수, 네 번째 구는 「기해잡시」의 제4수, 다섯 번째
구는 「기해잡시」의 제120수, 여섯 번째 구는 「기해잡시」의 제153수, 일곱 번째 구는 「기해
잡시」의 제97수, 마지막 구는 「기해잡시」의 제200구에서 인용하였다. 이 시는 『국민일일보
회편(國民日日報滙編)』 제3집 '문원(文苑)'란에 실려 있다.
3 이 시는 1905년 『여자세계』 제2권 제4-5기에 실려 있으며, 작자는 밝혀져 있지 않다.

중국인 및 서양인
인명 주석

중국인 인명 주석

고염무(顧炎武, 1613-1682)는 명말 청초의 사상가이자 학자로서, 황종희
(黃宗羲), 왕부지(王夫之)와 함께 청초 삼대유(三大儒)로 일컬어진
다. 본명은 강(絳)이고 자는 충청(忠淸)이며, 명나라가 멸망한 뒤에
이름을 염무로 바꾸고 자도 녕인(寧人)으로 고쳤다. 정림진(亭林鎭)
에 거주하였기에 정림선생(亭林先生)이라 높여 부른다.

관도승(管道昇, 1262-1319)은 원대(元代)의 서예가이자 화가, 시인이다. 원
대의 유명한 화가인 조맹부(趙孟頫, 1254-1322)의 아내이며, 『수죽도
(水竹圖)』, 『죽석도(竹石圖)』 등의 작품이 전해진다.

관부인(管夫人) ➡ 관도승(管道昇)

노녀(盧女)는 삼국시대 위(魏) 무제(武帝)를 모시던 궁녀로서 거문고 연

주에 뛰어났다.

노희(盧姬) ➡ 노녀(盧女)

동팔나(童八娜)는 통원향(通遠鄕) 건오(建岙, 지금의 절강성浙江省 녕파시寧
波市 해서구海曙區) 출신이다. 『송사(宋史)·열녀전(列女傳)』에 따르면,
그녀는 어머니가 호랑이에게 물려가자 호랑이의 꼬리를 끌어당기
고서 자기를 대신 끌고 가라고 빌었다. 그러자 호랑이가 그녀의 어
머니를 놓아주는 대신 그녀를 입에 물고 갔다고 한다.

목란(木蘭)은 아버지를 대신하여 남장 차림으로 종군하였던 효녀로서,
흔히 화목란(花木蘭)이라 일컬어진다. 고악부(古樂府)에 그녀가 겪
은 일을 노래한 「목란시(木蘭詩)」가 있다.

반소(班昭, 49?-120)는 부풍현(扶風縣) 안릉(安陵, 지금의 섬서성陝西省 함양
시咸陽市) 출신으로 후한(後漢)의 저명한 사학자이자 정치가로서,
자는 혜반(惠班)이고 중국 4대 재녀 가운데의 한 사람으로 손꼽힌
다. 후한(後漢)의 사학자이자 문학가인 반표(班彪, 3-54)의 딸로서,
오빠인 반고(班固)가 세상을 뜬 후 화제(和帝)의 명을 받아 『한서
(漢書)』를 이어 저술하였다.

반첩여(班婕妤, B.C. 48?-6?)는 전한(前漢)의 시인이다. 성제(成帝) 때에 입
궁하여 첩여에 책봉되고 성제의 총애를 받았으나, 훗날 조비연(趙
飛燕)의 참소를 당해 장신궁(長信宮)으로 물러나 황태후를 시중들

었다. 그녀가 지은 작품으로 「자도부(自悼賦)」, 「도소부(搗素賦)」와 「원가행(怨歌行)」 등이 전해진다.

방아(龐娥, 생졸년 불상)는 후한(後漢) 시기 여성으로 주천군(酒泉郡) 녹복현(祿福縣) 출신이다. 원명은 조아(趙娥)이며, 남편인 방자하(龐子夏)의 성을 따서 방아 혹은 방아친(龐娥親)으로 알려져 있다. 그녀는 아버지의 원수를 죽여 복수한 후 관아에 자수하였으나, 지역의 관원들이 조정에 그녀의 의행(義行)을 상주하고 기념비를 세웠다.

복녀(伏女)는 전한(前漢)의 경학가인 복승(伏勝)의 딸 희아(羲娥)를 가리킨다. 그녀는 아버지의 명을 받들어 조착(晁錯)에게 『상서(尚書)』를 전하였다.

복 씨(伏氏)의 딸 ➡ 복녀(伏女)

사도온(謝道韞) ➡ 사온(謝韞)

사리질(沙里質, 생졸년 불상), 즉 완안사리질(完顔沙里質)은 금나라 종실로서, 완안아린(完顔阿隣)의 아내이자 완안은술가(完顔銀術可)의 누이이다. 금(金)나라 태조(太祖) 천보(天輔) 6년(1122년)에 황룡부(黃龍府)에서 반란이 일어나 마을을 공격하였는데, 당시 사리질의 남편은 전쟁에 출정한지라 현지에 없었다. 사리질은 주민 500명을 모아 방어용 울타리를 세우는 한편, 두꺼운 융단으로 갑옷을 만들고 치마로 깃발을 만들었다. 그녀는 남자에게는 갑옷을 입혀 싸우도록 하고 여자들에게 북을 쳐서 기세를 올리게 하였으며, 자신은 직접 칼을 들고 싸워 전투를 지휘하였다. 그리하여 사흘을 버틴 끝에 반란병을 물리쳤다.

사온(謝韞, 339?-409?)은 동진 시대의 뛰어난 여시인인 사도온(謝道韞 혹은 謝道蘊)을 가리킨다. 진군(陳郡) 양하현(陽夏縣, 지금의 하남성河南省 태강현太康縣) 출신이며, 자는 영강(令薑)이다. 재상 사안(謝安)의 질녀이고, 왕희지(王羲之) 아들인 왕응지(王凝之)의 아내이다.

서시(西施)는 춘추시대 말기 월(越)나라의 미인이다. 월나라가 오(吳)나라와의 전쟁에서 패한 뒤 나라의 미인을 구해 오나라 왕 부차(夫差)에게 바쳤는데, 이때 범려(范蠡)의 계략에 따라 미인으로 선발되어 부차에게 바쳐졌다. 부차는 서시를 총애한 나머지 국정에 소홀한 탓에 와신상담(臥薪嘗膽)하여 국력을 키운 월나라에게 끝내 패망하였다.

설령운(薛靈芸)은 삼국시대 위(魏)나라 문제(文帝) 조비(曹丕)가 총애하였던 미인이다. 용모의 아름다움이 대단히 뛰어나 입궁하게 되었는데, 수레에 올라 길을 가는 동안 흘린 눈물을 옥 호리병에 모았는데, 수도에 도착해서 살펴보니 호리병 안의 눈물이 모두 피처럼 굳어 있었다고 한다. 조비의 후궁으로 들어온 후 야래(夜來)라는 이름으로 고쳤다. 그녀는 바느질에 능하여 한밤중에도 등불 없이 바느질을 잘했기에 침신(針神)으로 일컬어졌다.

설원(薛媛)은 당대(唐代)의 화가이며, 남초재(南楚材)의 아내이다. 남초재가 유람길에 나섰다가 어느 고을의 태수의 눈에 띄어 그의 사위가 되어달라는 제안을 받았다. 그는 태수의 제안을 받아들이고서 시동을 고향집으로 보내 자신의 책과 거문고를 가져오게 하였다. 남편의 변심을 눈치챈 설원은 거울에 비친 자신의 모습을 그린 그림과 함께 「사진기부(寫眞寄夫)」라는 시를 적어 보낸다. 시의 3, 4연은 다음과 같다. "淚眼描將易, 愁腸寫出難, 恐君渾忘却, 時展畵圖看(흐르는 눈물 그리는 거야 쉬워도 시름 깊은 마음은 드러내기 어려워라. 행여 님께서 아예 잊으셨다면 이따금 이 그림을 펼쳐 보세요)."

섭앵(聶嫈)은 전국시대의 자객인 섭정(聶政)의 누나이며, 『사기(史記)』에는 섭영(聶榮)이라 기록되어 있다. 섭정은 자신을 알아준 엄중자(嚴仲子)를 위해 그의 원수인 한(韓)나라의 재상 협루(俠累)를 죽인 후 자신의 신분을 확인하지 못하도록 자신의 얼굴 가죽을 벗기고 눈을 도려내고 배를 갈라 죽었다. 한나라에서는 자객의 신원을 확인하기 위해 현상금을 내걸었지만 아무 소득이 없었는데, 섭영이 소문을 듣고 찾아와 자신의 동생이 한 일임을 밝힌 다음 스스로 목숨을 끊었다.

섭은낭(聶隱娘)에 관한 이야기는 당대(唐代)의 배형(裴鉶)이 지은 『전기(傳奇)』에 실려 있으며, 후에 『태평광기(太平廣記)』 194권에 수록되어 있다. 이들 기록에 따르면, 섭은낭은 정원(貞元) 연간(785-805년)에 위박(魏博)의 대장군인 섭봉(聶鋒)의 딸로 태어났으며, 열 살이 되었을 때에 어느 비구니에게 끌려갔다. 5년이 지나 집으로 돌아온 섭은낭은 무예가 뛰어난 여협(女俠)의 자객이 되어 있었다고 한다.

소약란(蘇若蘭) ➡ 소혜(蘇蕙)

소혜(蘇蕙, 357-?)는 위진남북조시기 전진(前秦)의 시인이자 문학가이며, 자는 약란(若蘭)이다. 진류현(陳留縣)의 현령을 지낸 소도질(蘇道質)의 셋째 딸로 태어났는데, 자질이 총명하여 3세에 글자를 익히고 5세에 시를 지었으며, 7세에 그림을 그리고 9세에 수를 놓았으며 12세에 비단을 짰다고 한다. 16세에 진주(秦州)자사를 지내던 두도(竇滔)에게 시집을 갔는데, 두도는 안남장군(安南將軍)에 임명되어 양양(襄陽)에 근무하면서 첩을 들였다. 이 소식을 들은 소혜는 남편에 대한 그리움을 비단에 수를 짜넣어 회문선도시(回文旋圖詩)인 「선기도(璿璣圖)」를 지었다고 한다.

순관(荀灌, 303?-?)은 서진(西晉)의 인물로서, 평남장군(平南將軍) 순숭(荀崧)의 딸이자 후한(後漢) 말년의 정치가이자 전략가인 순욱(荀彧)의 5대 손녀이다. 건흥(建興) 3년(315년)에 진에 반기를 든 두증(杜曾)의 군대가 완성(宛城, 지금의 하남성河南省 남양시南陽市)에 주둔한 손숭의 군대를 포위하였다. 성내의 식량이 고갈되자 순숭은 누군가를 양양(襄陽)으로 파견하여 구원을 청하고자 하였는데, 이때 순관이 나서서 자신을 파견해달라고 요청했다. 순숭은 처음에는 반대하였으나 딸의 간청을 받아들여 수십 명의 병사와 함께 그녀

를 파견하였다. 순관은 두증 군대의 여러 겹의 포위망을 뚫고 양
양에 도착하여 구원병을 청함으로써 손숭의 군대를 구하였다.

순우제영(淳于緹縈, B.C. 174-?)은 전한(前漢) 시기 임치(臨淄) 출신으로,
저명한 의학가인 순우의(淳于意)의 딸이다. 순우의는 의술에 전념
하여 관직을 마다하였을 뿐만 아니라, 부자나 권세가보다도 민간
에 주로 의술을 베풀었다. 이로 인해 그는 권력자들의 미움을 산
나머지 장안(長安)으로 이송되어 체형을 받게 되었다. 이때 그의
어린 딸 제영이 아버지를 따라 장안에 올라와 한 문제(文帝)에게
글을 올려 아버지의 무죄를 호소하는 한편 아버지를 대신하여 자
신이 관비가 되겠노라고 청원하였다. 이에 문제가 감동하여 순우
의의 죄를 면하여 체형을 받지 않도록 해주었다.

약란(若蘭) ➡ 소혜(蘇蕙)

양부인(梁夫人) ➡ 양홍옥(梁紅玉)

양홍옥(梁紅玉, 생졸년 불상)은 금나라에 맞서 싸운 여성 영웅이다. 역사
서에는 이름이 밝혀져 있지 않은 채 양 씨(梁氏)라고 되어 있으나,
후세의 각종 야사와 화본에서는 홍옥이라는 이름을 취하였다. 금
에 맞서 싸운 장수 한세충(韓世忠)과 결혼한 그녀는 남편을 도와
금나라 군사를 쳐부수는 데 큰 공을 세웠다.

여모(呂母, ?-18)는 낭야군(琅琊郡) 해곡현(海曲縣, 지금의 산동성山東省 일조

시日照市) 출신으로, 왕망(王莽)의 통치에 반항하여 최초로 농민기의를 일으킨 지도자이다. 그녀의 외아들 여육(呂肓)은 순찰과 체포 업무를 담당하는 현의 말단 관리였는데, 현령의 지시를 따르지 않았다는 죄목으로 처형을 당하였다. 그녀는 복수를 위해 가산을 털어 주점을 차린 후 무기를 구입하고 빈궁한 백성을 구제하였으며, 수년 후 마침내 수백 명의 기의군을 조직한 후 해곡성을 공격하여 현령을 사로잡아 처단하였다. 기의군의 기세가 높아지자 낭야군의 태수는 진압군을 파견하였으나, 기의군은 바다의 섬으로 물러나 저항하였다. 왕망이 사자를 보내 투항을 권고하여 기의군이 와해되기를 기도하였으나 이 역시 수포로 돌아갔다. 여모는 끝내 천봉(天鳳) 5년(18년)에 병사하였으나, 그녀가 이끌던 기의군의 상당수는 번숭(樊崇)이 이끌던 적미군(赤眉軍)에 합류하였다. 여모는 중국 역사상 최초의 여성 기의 지도자라고 할 수 있다.

영아(嬰兒) ➡ 영아자(嬰兒子)

영아자(嬰兒子)는 제(齊)나라의 효녀이다. 전한(前漢)의 유향(劉向)이 지은 『전국책(戰國策)·제책(齊策) 4』에는 영아자와 관련하여 다음과 같은 기록이 실려 있다. "北宮之女嬰兒子無恙耶? 徹其環瑱, 至老不嫁, 以養父母, 是皆率民而出於孝情者也, 胡為至今不朝也(북궁의 여인 영아자는 잘 지내시는가? 팔찌나 귀고리 등의 장식은 하지 않은 채 늙도록 시집가지 아니하고서 부모를 봉양하고 있으니, 이는 백성들을 이끌어 효성에서 우러나오게 하는 자인데, 어찌하여 지금까지 입조하지 않는가?)."

오채란(吳彩鸞, 생졸년 불상)은 당대(唐代)의 서예가이다. 집안 형편이 넉
넉하지 않아 글 베끼기를 생업으로 삼았다. 『절운(切韻)』과 『옥
편(玉篇)』 등 그녀의 이름으로 엮어진 초본(初本) 운서(韻書) 등이
많다.

왕소군(王昭君, B.C.54?-19?)은 본래 전한(前漢)의 원제(元帝)의 궁녀였다.
흉노의 선우(單于) 가운데 호한야(呼韓邪)는 한나라와 우호 맹약
을 맺었는데, 기원전 33년 원제(元帝)가 즉위하자 장안(長安)을 방
문하여 한나라의 사위가 되어 우호 관계를 더욱 굳건히 하겠다는
뜻을 밝혔다. 원제는 나라의 안정과 평화를 위해 궁녀들 가운데에
서 적합한 인물을 골라 선우에게 시집보내기로 하였는데, 왕소군
이 선우에게 시집가겠노라고 자원하였다. 그리하여 왕소군은 흉
노로 시집와 아들 하나와 딸 둘을 낳았으며, 호한야가 사망한 뒤
다시 호한야의 장자와 혼인하여 딸 두 명을 낳았다. 흉노와 한나
라 사이의 우호 관계가 지속되도록 크게 이바지하였다.

왕장(王嬙) ➡ 왕소군(王昭君)

월녀(越女)는 춘추시대 월(越)나라의 검술가이며 성명은 밝혀져 있지
않다. 월나라 왕 구천(句踐)이 오(吳)나라를 토벌할 때 대부 범려(范
蠡)가 그녀를 추천하였다. 그녀는 월나라 궁중에 와서 검술 이론
과 공수의 전략 등을 설명하고, 구천의 부탁을 받아들여 병사들
의 검법을 훈련하였다.

우모(虞母)는 동진(東晉)의 장수 우담(虞潭)의 어머니인 손 씨(孫氏)를 가리킨다. 우담이 남강(南康) 태수를 지낼 적에 조정의 명을 받들어 소준(蘇峻)을 토벌하러 집을 나설 때, 손 씨는 아들에게 "충신은 반드시 효자의 문을 나선다고 들었는데, 네가 효도를 안다면 반드시 죽음을 맞더라도 의를 행하여야 하며 나를 걱정하지 말아라"라고 당부하였으며, 손자 역시 아버지를 따라 종군하게 하였다. 우담은 어머니의 가르침을 따라 더욱 채찍질하여 큰 공을 세웠다. 손 씨가 95세에 세상을 떠나자 정부인(定夫人)이라는 시호가 내려졌다.

위부인(衛夫人) ➡ 위삭(衛鑠)

위삭(衛鑠, 272-349)은 하동(河東) 안읍(安邑, 지금의 산서성山西省 하현夏縣 북쪽) 출신이다. 그녀는 진(晉)나라의 저명한 서예 가문에서 태어났는데, 증조부인 위기(衛覬), 조부인 위관(衛瓘), 백부인 위항(衛恒), 사촌 오빠인 위환(衛桓) 등이 모두 당대의 유명한 서예가이다. 집안의 가풍에 따라 서예를 연마하던 그녀는 훗날 해서(楷書)의 창시자인 종요(鍾繇)를 스승으로 모시면서 일세의 명가를 이루었으며, 왕희지(王羲之)를 제자로 받아들여 서예를 전수하였다. 그녀의 서체는 『명희첩(名姬帖)』, 『위씨화남첩(衛氏和南帖)』, 『필진도(筆陣圖)』 등에 전해지고 있다.

이파매(李波妹), 즉 이파의 여동생이며, 자는 옹용(雍容)이다. 북위(北魏)의 시 「이파소매가(李波小妹歌)」에 따르면, 그녀는 치마를 걷어올리

고 질풍처럼 말을 달리는데, 왼쪽 오른쪽 가릴 것 없이 활을 쏘면
백발백중하여 어느 남자든 대적하지 못하였다고 한다.

제영(緹縈) ➡ 순우제영(淳于緹縈)

조아(曹娥. 130-143)는 회계현(會稽縣) 상우(上虞, 지금의 소흥시紹興市 상우구
  上虞區) 출신으로, 후한(後漢)의 유명한 효녀이다. 조아의 부친 조
  우(曹盱)는 5월 5일 오자서(伍子胥)를 받드는 제사를 지내던 중에
  순강(舜江, 지금의 조아강曹娥江)에 빠져 죽었는데, 여러 날이 되도록
  시신을 찾지 못하였다. 당시 열네 살이던 조아는 아버지의 시신을
  찾기 위해 밤낮으로 울면서 강을 따라 찾아다니다가 열이레가 지
  나 스스로 강에 몸을 던졌다. 그리고서 닷새 후에 그녀의 시신은
  아버지의 시신을 안고서 떠올랐다. 이 일이 관아에 알려져 비를
  세우고 한단순(邯鄲淳)을 시켜 추도사를 지어 칭송케 하였다.

좌분(左芬, ?-300)은 서진(西晉)의 관료이자 문학가인 좌사(左思, 250?-
  305?)의 여동생이다. 문장이 뛰어나 명성이 좌사에 버금갔으며, 무
  제(武帝) 사마염(司馬炎)의 후궁으로 들어가 귀빈에 책봉되었다. 주
  요 작품으로는 「탁목시(啄木詩)」, 「이사부(離思賦)」, 「감리시(感離
  詩)」 등이 전해진다.

좌빈(左嬪) ➡ 좌분(左芬)

진량옥(秦良玉, 1574-1648)은 명말(明末)에 활약한 묘족(苗族) 출신의 여

314

장수이다. 세습 토사(土司)인 남편 마천승(馬千乘)과 함께 물푸레
나무로 만든 백간창을 사용하는 백간병(白杆兵)을 이끌어 도적을
소탕하였다. 남편이 억울한 옥살이를 한 후 화병으로 죽은 뒤 진
량옥이 어린 아들을 대신하여 남편의 직위를 세습하였으며, 명말
의 여러 민란을 진압하여 혁혁한 전공을 세웠다. 명이 망한 후에
는 남명(南明) 정권에 망명하여 청군에 맞서 싸우기도 하였다.

채염(蔡琰, 생졸년 불상)은 후한(後漢) 말년의 문학가로서 흔히 채문희(蔡
文姬)로 널리 알려져 있으며, 문학가인 채옹(蔡邕)의 딸이다. 그녀
는 문학은 물론 음악과 서예에도 능하였으며, 위중도(衛仲道)와 결
혼하였다. 남편이 세상을 뜬 후 친정으로 돌아와 지내던 중, 중원
이 크게 어지러워진 틈에 반란을 일으킨 흉노(南匈奴)의 좌현왕(左
賢王)에게 포로로 붙잡혀 그와의 사이에 두 명을 자식을 낳았다.
훗날 조조(曹操)가 북방을 통일한 후 채옹의 후사가 없음을 안타
깝게 여겨 거금의 몸값을 주고 그녀를 귀국시켰다. 귀국한 후 동사
(董祀)에게 시집갔다.

포령휘(鮑令暉, 생졸년 불상)는 남조(南朝) 송(宋)의 문학가인 포조(鮑照,
414-466)의 여동생으로, 시와 문장에 매우 능하였다. 대표작으로
「의청청하반초(擬靑靑河畔草)」, 「객종원방래(客從遠方來)」와 「고의증
금인(古意贈今人)」 등의 작품이 전해진다.

풍료(馮嫽) ➡ 풍부인 참조

풍부인(馮夫人)은 서한(西漢) 시기의 풍료(馮嫽, 생졸년 불명)라는 여인에 대한 존칭이며, 중국 역사상 최초의 걸출한 여성 외교관이라 일컬어진다. 한나라는 흉노를 물리치기 위해 서역의 오손국(烏孫局)과 화친 동맹을 맺고자 한나라 종실인 해우공주(解憂公主)를 오손국의 왕에게 시집보냈는데, 이때 해우공주는 시녀인 풍료를 데리고 갔다. 오손국에 따라간 풍료는 해우공주를 도와 한나라와 오손국의 동맹을 굳건히 유지하는 데 크게 기여하였을 뿐 아니라, 한나라의 사신으로서 서역의 여러 나라를 방문하여 한나라와 우호 관계를 맺도록 활약하였다.

한아(韓娥)는 선진시기 한(韓)나라의 가수이다. 그녀의 노래는 매우 듣기 좋았는데, 그녀가 떠나간 후 사흘이 지나도 노랫소리의 여음이 대들보를 감싼 채 흩어지지 않았다고 하여 '여음요량, 삼일부절(餘音繞梁, 三日不絶)'이란 전고가 전해지고 있다.

한진아(韓秦娥) ➡ 한아(韓娥)

홍선(紅線)은 당대(唐代) 원교(袁郊)가 펴낸 전기(傳奇)『감택요(甘澤謠)』에 수록된 「홍선전(紅善傳)」에 등장하는 여협객(女俠客)이다. 이 작품은 당시의 절도사 전승사(田承嗣)와 설숭(薛嵩)의 투쟁을 그리고 있다. 두 사람은 모두 안록산(安祿山)의 부장이지만, 전승사가 조정에 반역하는 무리의 우두머리라면, 설숭은 황실을 보위하는 인물이다. 홍선은 설숭을 모시는 하녀의 신분으로서 초인적인 힘을 발휘하여 전승사의 기세를 꺾어 반군을 물리치고 설숭을 떠나간다.

서양인 인명 주석

가리발디(Giuseppe Maria Garibaldi, 1807-1882)는 비토리오 에마누엘레 2세
(Vittorio Emanuele II, 1820-1878)를 도와 이탈리아의 통일에 기여한 영
웅이자 혁명가이다. 그는 주세페 마치니(Giuseppe Mazzini, 1805-1872)
및 카밀로 카보우르(Camillo Cavour, 1810-1861)와 더불어 이탈리아 통
일 삼걸로 일컬어진다.

개리슨(William Lloyd Garrison, 1805-1879)은 미국의 노예폐지론자이자 언
론인으로서, 노예제 반대를 표방한 신문 『The Liberator』를 발행하
였다. 아울러 그는 여성의 권리를 옹호하였으며, 1870년대에는 여
성참정권운동을 적극 지지하였다.

고어(Catherine Grace Frances Gore, 1798-1861)는 영국의 소설가이자 극작가
로서 영국 상류사회의 삶을 묘사한 작품을 다수 창작하였다. 대
표작으로는 『매너스 오브 더 데이(Manners of the Day)』, 『세실, 혹은
콕스콤의 모험(Cecil, or the Adventures of a Coxcomb)』, 『은행원의 아내
(The Banker's Wife)』 등을 들 수 있다.

나이팅게일(Florence Nightingale, 1820-1910)은 영국 출신의 간호사이며, 현
대 간호학의 창시자로 일컬어진다. 크림전쟁 당시 부상병들이 부
상 자체보다도 군부대의 보건위생의 열악함으로 인해 사망하는
경우가 많다는 것을 널리 알려 영국 정부의 지원을 이끌어냄으로
써 영국군의 사망률을 크게 감소시켰다. 이 당시 그녀는 '등불을

든 여인(The Lady with the Lamp)'이라는 칭호로 세계적으로 유명해졌으며, 그녀의 저서 『간호를 위하여(Notes on Nursing)』(1859)는 간호법과 간호사 양성의 기초 자료로 사용되었다.

뒤드방 여사(Madame Dudevant, 1804-1876)는 조르주 상드(George Sand)라는 필명으로 널리 알려진 프랑스의 소설가이자 저널리스트이다. 그녀는 낭만주의 시대 유럽 문단에서 빅토르 위고(Victor Hugo) 및 발자크(Honoré de Balzac)와 어깨를 나란히 하였던 작가로 인정받고 있다. 그녀는 여성의 권리를 옹호하고 결혼 제도를 비판하면서 남성중심주의의 사회적 편견에 맞서 싸웠다. 그녀의 대표작으로는 『인디애나(Indiana)』, 『악마의 바다(La Mare au Diable)』, 『마요르카의 겨울(A Winter in Majorca)』 등을 들 수 있다. 그녀는 18세의 나이에 카지미르 뒤드방(Casimir Dudevant)과 결혼하였기에 뒤드방 여사라고 일컬어지기도 한다.

랜던(Letitia Elizabeth Landon, 1802-1838)은 영국의 시인이자 소설가로서 그녀의 이니셜인 L.E.L.로 더 잘 알려져 있다. 그녀의 시에 나타나는 문체적 특성, 특히 리듬은 그녀의 독특한 시 세계를 형성하는 주요인으로 평가받고 있다. 그녀의 주요 시집으로는 『아델레이드의 운명(The Fate of Adelaide)』, 『즉흥시인과 기타 시들(The Improvisatrice; and Other Poems)』, 『황금 제비꽃과 그 이야기들, 그리고 기타 시들(The Golden Violet with its Tales of Romance and Chivalry and Other Poems)』 등을 들 수 있다.

롤랑 부인(Manon Roland), 즉 마리장 마농 롤랑 드 라 플라티에르(Marie-Jeanne 'Manon' Roland de la Platière, 1754-1793)는 프랑스의 작가이자 프랑스혁명의 지도자이다. 지롱드파의 배후 역할을 하였기에 '지롱드파의 여왕'이라 일컬어졌다. 그녀의 남편으로서 지롱파의 지도자였던 롤랑 드 플라티에르(Jean-Marie Roland de la Platière, 1734-1793)는 정치활동에 있어서 아내의 도움과 영향을 크게 받았다.

루소(Jean-Jacques Rousseau, 1712-1778)는 스위스 태생의 프랑스 계몽주의 사상가이다. 그는 1755년에 출판한 『인간 불평등 기원론(Discours sur l'origine et les fondements de l'inégalité parmi les hommes)』에서 인간 불평등의 기원을 사유재산의 소유라고 지적하였다. 이를 발전시켜 그는 1762년에 출간한 『사회계약론(Du Contract Social ou Principes du droit politique)』에서 각 개인은 자유와 평등을 최대한 확보하면서 공동 이익을 지키기 위해 하나의 약속을 하고 국가를 형성하며, 이 약속이 곧 사회계약이라고 주장하였다.

루이 14세(Louis XIV, 1638-1715)는 1643년에 왕위에 올라 1715년까지 다스리면서 프랑스의 절대왕정을 이루었던 절대군주로서, 태양왕(Roi Soleil)이라는 별칭으로 일컬어졌다.

링컨(Abraham Lincoln, 1809-1865)은 미국의 16대 대통령을 역임하였으며, 남북전쟁에서 북군을 이끌고 승리를 거두어 노예제 폐지를 이룩해냈다.

마티노 양(Miss Martineau), 즉 해리엇 마티노(Harriet Martineau, 1802-1876)
는 영국의 사회이론가이다. 그녀는 사회학과 종교, 여성의 관점에
서 많은 글을 썼으며, 특히 평생에 걸쳐 노예제폐지운동에 헌신하
였다.

메테르니히(Klemens von Metternich, 1773-1859)는 오스트리아 제국을 위해
복무한 독일인 정치가이자 외교관이다. 보수주의자인 메테르니
히는 1809년부터 오스트리아 외무장관을 역임하고, 1821년부터
1848년까지 오스트리아의 재상을 지내면서 빈 체제(Vienna System)
의 구축을 통해 19세기 유럽의 국제질서를 정립한 주축으로 활동
하였다. 그는 프랑스혁명이나 자유주의운동에 반대하고 독일 및
이탈리아의 통일운동에 무력적 간섭을 행하여 방해하였다.

밀(John Stuart Mill, 1806-1873)은 영국의 철학자이자 경제학자로서, 계몽
주의 사상을 바탕으로 자유주의 이론의 형성과 자유주의 담론의
확산에 크게 기여하였다. 그는 하원의원으로서 여성참정권, 비례
대표제, 노동자계급의 선거권 등을 주장하였다.

베라 자술리치(Vera Ivanovna Zasulich, 1849–1919)는 러시아의 여성 혁명가
로서, 1883년에 러시아 최초의 마르크스주의자 단체인 노동해방
단(Освобождение труда)을 창립하고 1900년에 러시아 사회민주
당의 기관지 『이스크라(Искра)』의 편집에 참가하였다. 혁명 활동
을 전개하는 중에 레닌(Vladimir I. Lenin)에게 반대하는 입장을 취하
였으며, 1917년 2월 혁명 이후에는 멘셰비키그룹에서 활동하였다.

베일리(Joanna Baillie, 1762-1851)는 스코틀랜드의 시인이자 극작가이다. 그녀의 대표작은 3편으로 구성된 『열정에 관한 희곡들(Plays on the Passions)』을 들 수 있는데, 세 편의 희곡은 서로 상반된 관점에서 사랑을 그려낸 「백작 바질: 비극(Count Basil: A Tragedy)」과 「시련: 희극 (The Tryal: A Comedy)」, 「드 몽포르: 비극(De Monfort: A Tragedy)」이다.

브라우닝(Elizabeth Barrett Browning, 1806-1861)은 영국의 시인으로서 생존 해 있는 동안 영국의 가장 유명한 여성 시인이었다. 그녀의 주요 시집으로는 『시(Poems)』가 있고, 대중적으로 널리 알려진 시로는 「내가 그대를 얼마나 사랑할까?(How Do I Love Thee?)」와 장편 서사 시 『오로라 리(Aurora Leigh)』를 들 수 있다.

브레메르(Fredrika Bremer, 1801-1865)는 핀란드 태생의 스웨덴 작가이자 여 성 권익 개혁운동가로서, 여성의 일상적인 삶을 스케치하듯이 그 려냄으로써 스웨덴의 제인 오스틴으로 일컬어졌다. 작품을 통해 여성 권익에 관한 사회운동을 촉진하였으며, 스웨덴 최초의 여성 권리 단체인 프레드리카브레메르협회는 그녀의 공헌을 기념하여 그녀의 이름을 따서 명명되었다. 그녀의 대표작으로는 『이웃들(The Neighbors)』, 『집(The Home)』 등을 들 수 있다.

서머빌(Mary Somerville, 1780-1872)은 스코틀랜드의 과학자이자 작가로서 수학과 천문학 분야에서 업적을 남겼으며, 허셜(Caroline Herschel)과 함께 왕립천문학회(Royal Astronomical Society) 최초의 여성 명예 회원으로 선출되었다.

소피아 페롭스카야(Sophia Perovskaia, 1853-1881)는 러시아의 여성 혁명가
이다. 인민의의지당(Narodnaya Volya)의 당원으로 알렉산드르 2세
(Alexander Ⅱ)의 암살 사건에 참여하여 체포된 끝에 교수형을 당하
였다.

스탈 부인(Madame de Staël), 즉 제르멩 드 스탈(Germaine de Staël, 1766-1817)
은 프랑스의 철학자이자 문필가, 정치가이다. 프랑스혁명과 나폴
레옹시대의 격동기에 온건한 입장을 견지하였으며, 이로 인해 공
포정치 시기와 나폴레옹 집권기에 장기간 망명 생활을 하였다. 그
녀는 평등과 개인의 자유, 헌법에 따른 국가권력의 제한 등의 자
유주의적 가치에 대한 옹호를 정치적 유산으로 남겼다.

스토 부인 ➡ 해리엇 비처 스토(Harriet Beecher Stowe)

스펜서(Herbert Spencer, 1820-1903)는 영국 출신의 사회학자이자 철학자,
심리학자이다. 콩트(I. M. Auguste François Xavier Comte, 1798-1857)의 체
계에 필적할 만한 종합사회학 체계를 구축하여 영국 사회학의 토
대를 마련하였다.

아니타(Anita Garibaldi, 1821-1849)는 브라질 출신의 공화주의 혁명가이
며, 이탈리아의 통일과 독립을 이끌었던 혁명가 주세페 가리발디
(Giuseppe Garibaldi)의 아내이자 동지이다. 혁명을 위한 두 사람의 협

력관계는 19세기 낭만주의와 혁명적 자유주의 시대의 정신을 잘 보여주는 대표적인 사례로 간주되고 있다.

오스틴(Jane Austen, 1775-1817)은 영국의 소설가로서 주로 18, 19세기 영국 여성들의 삶, 특히 결혼을 둘러싼 그들의 가치관을 묘사해내고 있다. 그녀의 대표작으로는 『이성과 감성(Sense and Sensibility)』, 『오만과 편견(Pride and Prejudice)』 등을 들 수 있다.

워싱턴(George Washington, 1732-1799)은 미국의 초대 대통령으로서 1789년부터 1797년까지 재임하였다. 1775년부터 1783년까지의 미국독립전쟁에서 독립혁명군 총사령관으로 활약하였으며, 미국의 독립과 건국 과정에서 주요한 역할을 수행하여 '건국의 아버지'라 일컬어진다.

잔 다르크(Sainte Jeanne D'Arc, 1412-1431)는 영국과 프랑스 사이에 벌어진 백년전쟁에서 프랑스를 구해낸 수호성인으로, 흔히 오를레앙의 처녀(la Pucelle d'Orléans)라고 불리웠다. 농부의 딸로 태어난 그녀는 1425년 프랑스를 구하라는 신의 계시를 받았다고 하여 샤를 7세(Charles Ⅶ)를 찾아가 그의 허락을 받아 오를레앙 포위전을 비롯한 여러 전투에서 용감하게 앞장서서 프랑스군을 승리로 이끌었다. 1430년 5월 부르고뉴 군대에 사로잡혀 영국에 넘겨진 후, 영국은 종교재판을 통해 그녀에게 반역과 이단 혐의를 씌워 화형에 처하였다. 그녀는 사후 프랑스 역사상 가장 위대한 구국 영웅이자 성웅으로 추앙받고 있다.

존린(Rosina Maria Zornlin, 1795-1859)은 영국의 작가로서, 과학의 대중화와 종교에 관한 저술을 남겼다. 그녀가 남긴 천문학과 관련된 글들, 이를테면 1835년에 발표된 『아빠, 혜성이 뭐예요?(What Is a Comet, Papa?)』와 1836년에 발표된 『일식(The Solar Eclipse)』은 어린이 독자의 이해를 돕기 위해 저술되었다.

타이(Mary Blackford Tighe, 1772-1810)는 아일랜드의 시인으로서, 주로 섬세한 심리묘사와 생생한 자연묘사를 통해 여성 정체성의 형성을 다루는 시를 창작하였다. 그녀의 대표작으로는 『프시케; 혹은 사랑의 전설(Psyche; the Legend of Love)』을 들 수 있다.

포셋(Millicent Garrett Fawcett, 1847-1929)은 영국의 정치운동가이자 작가로서, 법률 개정을 통하여 여성참정권의 획득을 위해 활동하였으며, 1897년부터 1919년까지 영국의 여성참정권 단체인 전국여성참정권협회(NUWSS)를 이끌었다. 그녀는 런던의 베드퍼드칼리지(Bedford College)의 총장을 역임하고 1871년에 케임브리지의 뉴넘칼리지(Newnham College)의 설립에 참여함으로써 여성의 고등교육의 기회를 확대하고자 노력했다.

해리엇 비처 스토(Harriet Beecher Stowe, 1811-1896)는 미국의 노예해방론
　　자이자 작가이다. 노예제도에 반대하는 소설『톰 아저씨의 오두막
　　(Uncle Tom's Cabin)』으로 널리 알려져 있다.

허셜(Caroline Herschel, 1750-1848)은 독일의 천문학자로서 그녀의 이름을
　　딴 주기혜성을 포함한 여러 혜성을 발견하였다. 영국의 왕립천문
　　학회의 명예 회원, 왕립 아일랜드아카데미(Royal Irish Academy) 명예
　　회원으로 임명되었다.

헤먼스(Felicia Dorothea Hemans, 1793-1835)는 영국의 시인으로서 당시 유명
　　했던 낭만주의 시인 바이런(George Gordon Byron, 1788-1824)과 비견될
　　만한 여성 시인으로 높이 평가받았다. 그녀의 주요 작품집으로는
　　『숲의 성소(The Forest Sanctuary)』,『여성의 기록(Records of Woman)』,『애
　　정의 노래(Songs of the Affections)』 등을 들 수 있다.

김천핵의 생애

(교육운동과 저술 활동을 중심으로)[1]

김천핵은 동치(同治) 12년 5월 21일(양력 1873년 6월 15일)에 강소성(江蘇省) 오강현(吳江縣) 동리진(同里鎭, 지금의 소주시蘇州市 오강구吳江區 동리진同里鎭)에서 아버지 김광조(金光照)와 어머니 고 씨(顧氏) 사이에서 태어났다(그의 출생 연도에 있어서 동치 13년 5월 21일, 즉 양력 1874년 7월 4일에 태어났다는 견해도 있다). 그는 아내 엄수방(嚴秀芳)과의 사이에 맹원(孟遠, 자는 수성樹聲)을 낳고, 후처 은패옥(殷佩玉)과의 사이에 계학(季鶴, 자는 방웅芳雄)을 낳았으며, 손자로는 유렴(有廉)과 동한(同翰) 등을, 손녀로는 보의(寶意)와 운소(韻霄) 등을 두었다. 그는 병술년(丙戌年) 12월 19일(양력 1947년 1월 10일)에 74세를 일기

---

1 일러두기

* 김천핵의 생평에 관해서는 진안(陳雁)이 엮고 교감한 『여계종』(상해: 상해고적출판사, 2003)에 실린 양우인(楊友仁)의 〈김송잠 선생의 나이와 저작 간보(金松岑先生行年與著作簡譜)〉, 그리고 리유닝(李又寧)이 독서의 길잡이를 한 『여계종』(대북: 문경서국, 2012)에 실린 리유닝의 〈이끄는 말(導言)〉, 서굉혜(徐宏慧)가 지은 비매품 『김송잠전(金松岑傳)』(蘇州: 2003) 등을 참조하였다.
* 중국교육회와 애국학사, 애국여학교의 설립 시기에 관한 사항은 쑹페이지(宋培基), 첸빈(錢斌)의 「愛國女學成立時間考辨」(『史林』 2006-3, 2006.6)을 참조하였다.

(좌) 진거병 (우) 유아자

로 소주시 염계방(濂溪坊)에서 노환으로 세상을 떠났다.

　그의 아명은 무기(懋基)이고, 원명은 천핵(天翮)이며 후에 천우(天羽)로 개명하였다. 자는 송잠(松岑)이고, 호는 학망(鶴望), 학망생(鶴望生), 학방(鶴舫), 장유(壯游)이며, 필명으로는 기린(麒麟), 애자유자(愛自由者), 김일(金一), K.A., 김성(金城), 천방루주인(天放樓主人) 등을 사용하였다. 그가 세상을 떠난 후 그의 문하생들이 정헌 선생(貞獻先生)이라는 시호를 지어올렸는데, ‘정은 바르면서 능력 있음을, 헌은 어질면서 총명함(貞者, 正有干也; 獻者, 賢而睿也)’을 의미한다. 그는 오강현 출신으로서 혁명 활동에 뛰어들었던 진거병(陳去病), 유아자(柳亞子)와 더불어 교류하고 활동하면서 흔히 ‘오강삼걸(吳江三傑)’ 혹은 ‘오강삼시인(吳江三詩人)’으로 널리 일컬어졌다.

　김천핵의 집안은 형편이 넉넉했던지라 집안에 ‘학음사(學吟社)’라는 시사(詩社)를 두고 있었다. 이런 배경 덕분에 그는 어려서부터 시를 즐겨 읊었으며 일찍이 문재를 드러낼 수 있었다. 그는 나이 열두 살 때에 오강 시단의 명류인 고언(顧言, 자는 순우詢愚)를 스승으로 모시고 시를 배우기 시작하였는데, 고언은 화려한 수사에 힘쓰지 말고 평이한 언어로 심오한 뜻을 표현할 것을 요구하였다. 그의 가르침은 훗날 김천핵을 강소성을 대표하는 시계(詩界) 혁명가로 성장하게 하였다. 또한 그의 나이 열아홉 살이던 1892년부터는 오강 출신의 전환(錢煥, 자는 사악詞鍔)을 스승으로 모시고 글을 배웠다. 전사악은 글쓰기에 있어서의 근엄(謹嚴)과 의리(義理)를 강조하였으며, 이로 인해 김천핵은 당시의 팔고문(八股文)을 거부하고 경세의 학문으로 나아갈 수 있었다.

시문에 대한 소양과 학습을 바탕으로, 그는 1891년에 「장강부(長江賦)」와 「서북여지도표(西北輿地圖表)」라는 두 편의 글을 작성하였다. 이 글들은 각각 중화민족의 독립과 자강을 주장하는 한편, 제정러시아의 중국 영토에 대한 강점을 비난하는 내용을 담고 있다. 이어 1895년 6월에는 일본어 원서를 저본으로 『마호멧전(摩哈麥德傳)』을 완역하였다. 이러한 저술 활동과 더불어, 1897년에 그는 청일전쟁의 패배가 안겨준 치욕을 씻기 위해 진거병 등과 함께 고향인 동리에 설치학회(雪恥學會)를 설립하였다. 이 학회를 통하여 사람들을 각성시키고 시폐를 공격하는 한편 진보적인 사상을 선전하여 유신의 길을 모색하고자 하였다. 이 학회는 김천핵 집안의 장서루에 설립되었는데, 이 장서루를 천방루(天放樓)라 일컬었다.

천방루라는 명칭에 대해서는 크게 두 가지 견해가 제시되고 있다. 하나는 김천핵이 번역한 『마호멧전』과 연관된 것으로서, 이슬람교 창설의 발원지인 메카 혹은 아라비아를 천방(天方)이라 일컬었던 데에서 비롯되었다. 문(文)을 더하여 방(放)이라 한 것은 문장으로써 세상 사람들을 일깨운다는 의미를 담고 있다는 것이다. 다른 하나는 『장자(莊

子)·마제(馬蹄)』에 "彼民有常性, 織而衣, 耕而食, 是謂同德. 一而不黨, 命曰天放(저 백성들은 한결같은 본성을 지니고 있으니, 길쌈하여 옷 해 입고 밭을 갈아 먹고산다. 이것을 일컬어 동덕이라 한다. 한결같고 치우치지 않으니, 타고난 대로 내버려둔다는 의미로 천방이라 일컫는다)"라는 문장에서 비롯되었다는 것이다. 그의 본명인 천핵이나 천우, 그리고 필명인 '애자유자(愛自由者)'에서도 엿볼 수 있듯이, 어느 것에도 얽매이지 않는 순전한 자유로움을 추구하는 성정이 반영되어 있다는 것이다.

김천핵은 설치학회에서 자신이 번역한 『마호멧전』, 그리고 『청삼대유학수(清三大儒學粹)』를 중심으로 담론을 이끌어나갔다. 『청삼대유학수』는 청대를 대표하는 학자로서 왕부지(王夫之), 고염무(顧炎武), 안원(顏元)의 대표적인 학술적 성과를 열두 권으로 편집한 서적이다. 이 서적의 「자서(自序)」에 따르면, "내가 정혁시기(鼎革時期, 즉 무술변법시기)에 세 군자를 얻었다. 그들의 책을 읽고 그 사람됨을 보고 싶었는데, 이제 10년이 되었다"라는 기술에 비추어볼 때, 이 서적은 무술정변(戊戌政變) 이전에 완성되었으리라 추측하고 있다.

1898년 2월, 강소 독학(督學)인 구홍기(瞿鴻禨)는 김천핵을 남청서원(南菁書院)으로 초빙하여 학장(반장에 해당)을 담당케 하였다. 구홍기는 일찍이 김천핵이 지은 「장강부」와 「서북여지도표」를 보고 그의 학문적 능력을 높이 평가하고 있었던 것이다. 남청서원은 광서 8년(1882년)에 강소 학정(學政)인 황체방(黃體芳)이 양강총독(兩江總督) 좌종당(左宗棠)에게 주청하여 강음현(江陰縣)에 창설한 교육기관으로서 강소성의 최고 학부라고 할 수 있다. 이해 5월 청 정부는 경제특과(經濟特科)를 열어 경제 관련 인재를 선발하려 하였는데, 김천핵은 구홍기의 추천을 받아 북경에 가서 과거에 응시하고자 하였다. 그러나 김천핵이 북경에

도착한 지 얼마 지나지 않아 변법파의 백일유신이 실패로 돌아간 데다가 과거 역시 팔고문(八股文)의 방식을 복원하기로 정해지자, 그는 9월 중순 조부의 병환을 핑계로 고향으로 돌아오고 말았다.

고향으로 돌아온 김천핵은 글방을 열어 후학을 가르치는 한편, 틈이 나는 대로 인근 글방의 교육 현황을 살펴보았다. 그리고 마침내 1902년 3월 18일(양력 4월 25일) 동리(同里)에 오강현 최초의 신식 공립학교인 동천자치학사(同川自治學社)를 창설하였다. 김천핵은 자치학사의 교육 방침으로 도덕교육, 군국민(軍國民)교육과 실리주의를 강조하였으며, 이에 따라 교육목표 역시 문화 지식과 실용 지식의 습득을 표방하였다. 이리하여 교과과정은 국어, 역사, 지리, 산술, 영어, 이과(理科), 수신(修身), 경학, 도화(圖畫), 수공, 원예, 생리 위생, 체조, 향토(鄉土) 등을 개설하였으며, 이 밖에도 이화전습반(理化傳習班)과 음악전습반(音樂傳習班)을 별도로 운영하였는데, 자연과학의 물리·화학과 더불어 음악을 주요 교과과정으로 포함시켰던 것이다.

이러한 교과과정에서 엿볼 수 있듯이, 자치학사는 기본적으로 전통적인 구학문, 특히 유가의 경전을 중심으로 과거 응시를 위한 암기 위주의 주입식 교육에서 완전히 벗어나 서양의 근대적인 실용 중심의 신학문의 습득을 도모하였다. 아울러 교과목에 따라 전문 지식을 갖춘 교사를 배치하여 전문성을 확보함으로써 교육의 질을 제고하였다. 자치학사는 동천서원(同川書院)의 옛터에 세워졌기에 동천학당(同川學堂)이라고도 일컬어졌으며, 1907년에 동천양등공학(同川兩等公學)으로 바뀌었다. 동천자치학사의 설립을 주도하였던 김천핵은 이 학교의 교정(校政)을 맡아 학교의 행정과 교무를 처리하는 한편, 국문과 사지(史地), 음악 과목을 담당하였다. 동천자치학사가 설립된 후 근대교육에

채원배와 애국학사 개학식

대한 관심이 높아짐에 따라 신해혁명 전야에 이르기까지 오강현 내에 신식학교가 55개소나 설립되기에 이르렀다.

동천자치학사가 창설되었던 즈음 1902년 3월 20일(양력 4월 27일) 상해에서는 중국교육회(中國敎育會)가 성립되었다. '중국교육회장정(中國敎育會章程)'의 총칙에 따르면, 중국교육회는 "중국의 남녀 청년을 교육하여 그의 지식을 개발하고 그의 국가 관념을 증진함으로써 훗날 국권을 회복하는 기초로 삼는 것을 목적(本會以敎育中國男女靑年, 開發其知識, 而增進其國家觀念, 以爲他日恢復國權之基礎目的)"으로 하였으며, 채원배(蔡元培)가 회장을 맡았다. 채원배는 중국교육회를 조직하기 직전인 1902년 3월 6일에 장관운(蔣觀雲), 황종앙(黃宗仰), 임백수(林白水), 진몽파(陳夢坡) 등과 함께 애국여학교(愛國女學校)의 설립을 발기하였으며, 애국여학교는 그해 9월 23일에 설립대회를 개최하였다. 애국여학교는 "여자를 교육하여 보편 지식을 증진하고 자신의 권리와 의무의 관념을 제고함을 종지(以敎育女子增進其普遍知識, 激發其權利義務之觀念爲宗旨)"로 삼았으며, 장관운이 초대 교장을 맡았다. 이와 더불어 중국교육회는 부속

기관으로서 애국학사(愛國學社)를 1902년 10월 21일에 설립하여 10월 27일에 개학하였다. 애국학사는 '정신교육과 군사교육의 중시(重精神敎育, 重軍事敎育)'를 종지로 삼았으며, 채원배가 총리, 오치휘(吳稚暉)가 총감(總監)을 맡고 장태염과 장유교(蔣維喬)가 교원으로 활동하였다.

중국교육회가 성립대회를 개최하였을 때 김천핵은 진거병과 함께 참석하였으며, 얼마 지나지 않아 자치학사 내에 중국교육회 동리지부를 설립하였다. 이로써 자치학사는 중국교육회의 실험학교의 성격을 지니게 되었다. 김천핵은 동리지부의 지회장을 맡았으며, 동리지부에는 진거병, 설봉창(薛鳳昌) 등 수십 명의 회원이 등록되어 있었다. 1903년 3월 채원배는 김천핵에게 상해로 와서 애국학사를 운영해줄 것을 요청하였다. 김천핵은 채원배의 요청을 받아들여 상해로 왔으며, 이때 유아자, 채인(蔡寅)과 도아혼(陶亞魂) 등의 제자 역시 그를 따라와 청강생의 자격으로 애국학사에 입학하였다. 애국학사를 운영할 당시 김천핵은 장태염과 사무실을 함께 사용하고 추용(鄒容)과 숙소를 함께 사용하였다.

김천핵이 애국학사의 운영을 떠맡은 지 얼마 지나지 않은 4월 무렵, 중국교육회 회원과 애국학사의 사원 사이에 애국학사의 지위를 둘러싸고 심각한 내홍이 일어났다. 원래 하나의 지체라고 여겨왔던 두 조직 사이에 균열이 발생했던 것이다. 중국교육회 회원들은 애국학사를 교육회의 소속기관으로 간주하였으나, 애국학사 사원들은 교육회와 분리된 독립기구임을 주장하였던 것이다. 그리하여 애국학사 사원들은 애국학사에서 발행하던 『동자세계(童子世界)』 제32기에 「애국학사의 주인공(愛國學社之主人公)」이란 글을 실어 '애국학사는 애국학사의 애국

장태염, 추용과 『혁명군(革命軍)』

학사'라고 천명하였으며, 마침내 5월 18일 학사에서 열린 평의회에서
양측의 의견이 맞선 끝에 사원들의 의견을 받아들여 애국학사를 독립
시키기로 결정하였다. 그동안 애국학사의 총리를 맡았던 채원배는 애
국학사 사원들의 태도에 크게 실망하여 며칠 후 청도(靑島)로 떠나고
말았다. 5월 24일 황종앙은 교육회를 대표하여 『소보(蘇報)』에 「애국학
사의 독립을 축하하며(賀愛國學社之獨立)」라는 글을 발표하였으며, 이
로써 애국학사는 중국교육회와 공식적으로 결별하게 되었다. 중국교육
회와 애국학사가 분리되자, 중국교육회의 회원으로서 채원배의 요청
에 따라 애국학사의 운영을 맡았던 김천핵은 채원배마저 애국학사에
서 손을 뗀 터라 굳이 애국학사에 남을 이유가 없었을 것이다. 그리하
여 김천핵은 5월 하순에 동리로 돌아와 실의에 잠겨 지냈으며, 바로 이
즈음에 『여계종(女界鐘)』을 저술하기 시작하였다.

중국교육회와 애국학사의 분리가 논의되던 5월, 장사소(章士釗)는
『소보(蘇報)』의 주편을 맡아 개혁에 착수하였다. 그리하여 추용의 『혁
명군(革命軍)』이 상해의 대동서국(大同書局)에서 출간됨과 동시에 『소

보』에 추용의 「『혁명군』자서」가 실렸다. 이어 5월 15일(양력 6월 10일)에 장태염의 「『혁명군』서」가, 그리고 윤5월 5일(양력 6월 29일)에는 장태염의 「강유위의 혁명론에 반박하는 글(駁康有爲論革命書)」이 『소보』에 게재되었다. 이들의 글은 청 정부의 부패와 무능이 제국주의의 침략을 초래하고, 이를 타개하기 위해서는 혁명만이 유일한 대안임을 주장하였다. 이들을 체포하기 위해 윤5월 5일 조계의 경찰과 중국 경찰이 소보사(蘇報社)를 찾아와 회계담당자를 체포하였으며, 윤5월 6일 다시 장태염을 체포하고 이튿날 추용은 경찰에 자진 출두하였다. 이른바 '소보안(蘇報案)'이 발생한 후 윤5월 13일(양력 7월 7일) 소보사는 애국학사와 함께 폐쇄되었다.

이처럼 주변 상황이 급박하게 전개되는 중에 김천핵은 동리에서 『소보』를 통해 소식을 전해 들었다. 그는 추용의 『혁명군』을 출판할 수 있도록 자금을 지원하였으며, 장태염과 추용이 체포되자 동리와 상해를 오가면서 경비를 마련하고 변호사를 구하는 등 백방으로 이들의 석방을 위해 노력을 기울였다. 그러나 중국교육회의 기관지라 할 수 있는 소보사가 폐쇄되고 두 사람의 석방 또한 어려움에 봉착하였으며, 두 사람이 운영에 관여하였던 애국학사 역시 '소보안'에 연루되어 해산을 당하고 말았다. 게다가 중국교육회와 애국학사에 참여했던 상당수 인사는 상해를 떠나거나 일본으로 도피하였다. 김천핵은 상해에서 머물 곳도, 해야 할 업무도 없어진지라 고향인 동리로 다시 돌아올 수밖에 없었다.

김천핵이 동리에 돌아와 했던 일은 『여계종』을 저술하는 것이었으며, 『여계종』은 '애자유자(愛自由者)'라는 필명으로 1903년 8월에 상해의 대동서국에서 애국여학교의 발행에 의해 출간되었다. 이 서적은 자

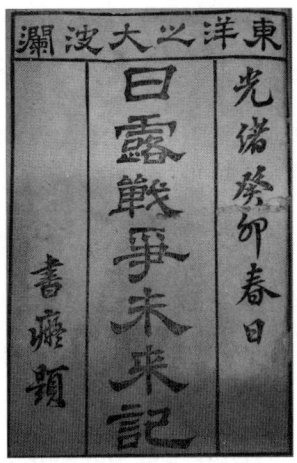

『여자세계』 창간호와 『러일전쟁미래기』 겉표지(소주대학 도서관 소장)

유주의사상을 바탕으로 여권(女權)의 문제를 제기하였으며, '여자는 국민의 어머니(女子者, 國民之母)', '국가의 흥망성쇠는 보잘것없는 남자뿐만 아니라 보잘것없는 여자에게도 책임이 있다(天下興亡, 匹夫有責, 匹婦亦有責)'라는 문제의식을 중심으로 여성해방담론을 이끌었다. 또한 그는 10월 1일(양력 11월 19일)에 발행된 『강소(江蘇)』 제8기에 루쉰(魯迅)이 일컬은 바 견책소설(譴責小說)의 대표작 중의 하나로 손꼽았던 『얼해화(孽海花)』의 제1회와 제2회를 기린(麒麟)이란 필명으로 발표하였다. 아울러 그는 7월 1일(양력 8월 23일)에 발행된 『강소』 제5기에 「국민신영혼(國民新靈魂)」(필명은 壯游)을 발표하였다. 또한 1903년 12월 1일 발행된 『여자세계(女子世界)』 창간호에 『여자세계』 「발간사(女子世界發刊詞)」(필명은 金一)를, 그리고 1905년 8월에는 동잡지의 제2권 제2기에 「애정소설의 신사회와의 관계를 논함(論寫情小說於新社會之關系)」(필명은 松岑)을, 이어 12월에는 동 잡지의 제2권 제3기에 「중국부녀회의 앞날을 축하하며(祝中國婦女會之前途)」(필명은 金一)를 잇달아 발표하였다.

　이러한 저술 활동 외에, 김천핵은 번역 역시 활발하게 진행하였다. 그는 오마치 게이게쓰(大町桂月)가 1898년에 박문관(博文館)에서 출판한 『동양의 대파란 러일전쟁미래기(東洋之大波瀾 日露戰爭未來記)』를 설봉창과 공역하여 김개화(金開華)라는 필명으로 동일한 제명의 역서를 광서 29년 5월 1일(양력 1903년 5월 27일)에 인쇄하였다. 오마치 게이게쓰의 『동양의 대파란 러일전쟁미래기』는 영국의 작가 모리스(J. Morris)의 『*What will Japan do? A forecast of a Russo-Japanese conflict*』를 번역한 것이었다. 오마치 게이게쓰는 원래 1898년 5월 20일부터 8월 5일까지 당시의 유명한 종합성 잡지인 『태양(太陽)』에 모리스의 책을 '동양 대파동의 러일전쟁미래기(東洋大波動之日俄戰爭未來記事)'라는 제명으로 번역하여 연재했는데, 같은 해 9월 25일에 한 책으로 묶어 출판했던 것이다. 이 책은 일본과 러시아 사이에 전쟁이 불가피해질 경우 일본이 참패를 면치 못할 것이라는 인식을 바탕으로 전쟁을 대비해야 한다고 주장하고 있다.

　또한 그는 설봉창의 구역(口譯)을 도움받아 미야자키 도텐(宮崎寅藏)의 『삼십삼 년의 꿈(三十三年之夢)』을 번역하여 K.A.라는 필명으로 1903년 11월 25일(양력 1904년 1월 12일)에 『삼십삼년낙화몽(三十三年落花夢)』을 출간하였다. 이 역서는 일본의 급진자유주의자로서 중국동맹회의 '일본 전권위원'이었던 미야자키 도텐의 33년간의 혁명적인 인생역정을 그리고 있는 자전적 소설인데, 이 가운데에 중국근대혁명사에서 중요한 인물들, 이를테면 손문을 비롯하여 황흥(黃興), 강유위, 이홍장(李鴻章) 등의 역사적 인물과 사건을 상세히 다루고 있어서 신해혁명 전야의 혁명 상황을 잘 보여주고 있다. 뒤이어 그는 1904년 2월 15일(양

미야자키 도텐과 『삼십삼 년의 꿈』 겉표지

력 3월 31일)에 일본의 게무야마 센타로(煙山專太郎)가 저술한『근세무정
부주의(近世無政府主義)』를 편역하여 김일(金一)이란 필명으로『자유혈
(自由血)』을 상해의 경금서국(鏡今書局)에서 출간하였다. 이 역서는 무
정부주의의 기원과 역사를 운동사적 차원에서 다루고 있으며, 헤르첸
(Alexander Herzen) 등의 대표적인 무정부주의자를 소개하고 있다.

　이러한 저술과 번역 활동 외에, 1902년의 동천자치학사의 설립에
이어 김천핵은 1904년 3월에 동리에 오강현 내의 최초의 여자 학교인
명화여교(明華女校)를 설립하였다. 이 여학교의 설립은 자치학사를 설
립하고 운영하였던 경험뿐만 아니라 중국교육회 산하의 애국여학교
의 설립과 운영에서도 많은 계시와 도움을 받았을 것이다. 명화여교
는 "덕행은 입신의 근본이요, 지식은 처세의 으뜸이다(德行立身之本, 才
識處世之先)"라는 교육 종지를 표방하였다. 자치학사에서 남쪽으로 약
100미터에 위치한 명화학교는 초급반과 고급반으로 나뉘었는데, 교사

들은 대부분 자치학사의 교사들이 겸하였다. 김천핵은 국어와 음악을 가르쳤으며, 교과서는 자치학사의 교과서를 참조하였다. 이처럼 여자 교육을 중시한 김천핵의 창학 의지는 그의 제자인 임전신(任傳薪)에게 계승되었는 바, 당시 19세의 임전신은 1906년 2월에 자신의 소유인 퇴사원(退思園) 안에 오강현 두 번째 여자 학교인 여칙여교(麗則女校)를 설립하였던 것이다.

저술 활동과 교육운동에 전념하던 김천핵은 1911년 가을에 뜻밖의 재난을 만나 동리에서 소주(蘇州)로 이주할 수밖에 없었다. 그의 저서인『고근집 자서(孤根集自序)』에 따르면, 가을에 홍수의 재난으로 인해 이재민이 동리로 몰려들었는데, 폭도화한 난민들이 그의 집을 약탈하는 바람에 노모를 모시고 간신히 몸만 빠져나왔던 것이다. 소주로 옮겨온 이후 그는 제자와 지인들의 도움으로 몇 군데를 전전하다가 1932년에야 염계방(濂溪坊)에 집을 신축하여 이주하였다. 그는 소주로 이주한 이후에도 여전히 학생들을 가르쳤다.

신해혁명이 성공을 거둔 이듬해인 1912년에 그는 강소성 성의회의 성의원(省議員)에 선임되었으며, 1923년에는 오강현 교육국의 교육국장을 2년간 지내고 1927년에는 강남수리국(江南水利局) 국장을 1년간 지냈다. 그는 신해혁명을 전후하여 장서가이자 교감학자인 장옥(章鈺)을 스승으로 모시고 사학을 전수받는 한편, 예학(禮學)의 대가인 조원필(曹元弼)로부터 순우(荀虞)의『역(易)』과 정현(鄭玄)의『예(禮)·상복(喪服)』을 사사받았다. 아울러 1913년에 산동의 곡부(曲阜)를 유람하고 태산(泰山)에 오른 이래, 이듬해에는 산동의 제남(濟南)과 대명호(大明湖)를 유람하고, 1917년에는 북경을 유람하고 장성에 올랐으며, 1933년에는 홍콩과 월남의 하이퐁 등지를 유람하는 등 중국의 각지를 다니면서 명사들과 교유하였다.

이렇듯 신해혁명을 전후하여 김천핵은 중국의 고전 문화와 국학에 관심을 기울이기 시작하였다. 민주공화정의 수립에 적극적으로 앞장섰던 그가 정치투쟁에서 한 걸음 벗어나 국학에 대한 학술 연구로 전향하였던 것은 당시의 정치 상황 및 사상계의 혼란과 밀접한 연관이 있었을 것이다. 즉 원세개(袁世凱)의 배신과 보수파의 복벽에 의한 공화정의 좌절, 원세개 사후의 군벌의 난립과 전횡, 서구 사상과 문물의 수용을 둘러싼 논쟁 등을 거치면서, 그는 정치적 혼란과 퇴행에 대해 크게 실망하는 한편 '국학을 부흥시켜 중화를 진흥한다'는 신념을 갖게 되었던 것이다. 1930년대 초 중국학술계에서는 '국수를 보존하고 국학을 부흥한다(保存國粹, 復興國學)'는 것을 종지로 하여 전국적으로 국학회(國學會) 설립의 붐이 일기 시작하였다.

이러한 분위기에 힘입어 1932년 여름 김천핵은 장일린(張一麐), 이근원(李根源), 진석유(陳石遺) 등과 더불어 소주국학회(蘇州國學會)의 성립을 발기하였다. 장일린이 국학회의 회장을 맡고 이근원과 진석유가 부회장을 맡았으며, 김천핵은 강학을 담당하였다. 같은 해 가을에 김천핵은 장태염을 초빙하여 함께 국학회의 강학을 담당하였으며, 장태염은 1934년 하반기까지 여러 차례에 걸쳐 강연하였다. 국학회 활동에 전념하던 1933년에 김천핵은 『소주오기인전(蘇州五奇人傳)』(필명 金天羽)을 출간하였다. 이 서적은 청말 민초의 소주 문단의 기인들의 삶을 소개하고 있는데, 이사신(李思愼), 황마서(黃摩西), 심수(沈修), 주석량(朱錫梁), 관상충(管尙忠)의 기행(奇行)과 기사(奇事)를 기술함과 아울러 부조준(傅朝俊)에 대한 소개를 덧붙이고 있다. 또한 김천핵은 1934년부터 1935년에 소주국학회에서 발행되는 『문예군화(文藝捃華)』의 편집을 맡아 소주의 고전문학 연구와 창작의 부흥을 이끌었다. 이러한 활동에 힘입어 그는 1937년 4월에 중국국학회가 성립하였을 때 상무이사로 선임되었다.

중일전쟁이 발발한 후 1939년 봄에 김천핵은 손자 동한(東翰)의 병 치료를 겸하여 상해로 피난을 떠났다. 그는 다행히 상해의 광화대학(光華大學)에서 문학교수로 재직하였으나, 1941년 12월 태평양전쟁이 발발하여 일본군이 상해 조계를 점령한 후 광화대학 역시 폐교되고 말았다. 그는 다시 소주로 돌아와 염계방에 거주하였는데, 이즈음 그의 생활은 몹시 곤궁하여 가까운 제자들의 도움으로 간신히 생계를 유지하였다. 중일전쟁 발발 이후 그는 강소성의 일본 괴뢰정부로부터 끊임없는 회유에 시달렸는데, 강소성 재정청장이나 교육청장, 또는 성 사지(省史志) 사무원 등의 직위를 제시받았으나 병을 핑계로 모두 거절하였다. 중일전쟁 기간에 그는 모두 62수의 신악부(新樂府)를 창작하였는데, 대부분 민중의 질고와 현실의 고난을 그려내고 있다. 가난 가운데에서도 지조를 잃지 않았던 그는 마침내 병술년 12월 19일(양력 1947년 1월 10일) 향년 74세를 일기로 염계방의 거처에서 세상을 떠났다.

일찍이 김천핵의 집안 아우인 김립헌(金立憲)은 「맏형 정헌 선생 행장(伯兄貞獻先生行狀)」이란 글에서 김천핵의 삶의 행적을 크게 세 단계로 나누어 기술한 바가 있다. 즉 "(선생은) 어려서 종횡술(縱橫術)을 가까이하고 칼 쓰기와 말 달리기를 좋아하며 군사전략을 크게 의론하고 음률과 그림을 두루 익혔으니, 재기가 넘치고 세상사에 얽매이지 않고자 힘썼다. 후에 차츰 역사 서적과 과거의 사건을 섭렵하며 도지(圖志)를 꼼꼼히 조사하고 수로를 사용하여 높은 직위를 지냈다. (직위에서)

물러나 경전을 연구하고 …… 아울러 불가와 도가의 서적을 궁구하여 수신과 치국에 힘썼으니 내성(內聖)과 외왕(外王)의 쓰임을 겸하였는 바, 무릇 세 번의 변화를 겪으면서 더욱 순박해졌다."

김립헌은 아마도 혁명적 열정을 기반으로 교육운동과 저술 활동에 적극적이었던 30대 시절, 소주의 대학자들에게 사사를 받으면서 교육국장과 수리국장을 지내던 40~50대 시절, 그리고 국학회 활동을 중심으로 학술 활동을 지속했던 60대 이후의 시절을 김천핵이 겪었던 세 차례의 변화로 보고 있는 듯하다. 김천핵의 제자로서 일찍이 그의 「학행기략(學行紀略)과 「나이와 저작 간보(行年與著作簡譜)」를 저술하였던 양우인(楊友仁)은 그의 생애를 크게 세 시기, 즉 남청서원 시기, 신해혁명 시기, 항일 전쟁 시기로 나누면서 각각 시기의 성격을 '혁명 사상의 온양기', '서구의 급진 무정부주의자 시기', '동양의 유가로 변모한 시기'로 규정하고 있다.

위 두 사람의 시기 구분에서 엿볼 수 있듯이, 김천핵의 생애는 크게 본다면 동리에서 소주로 이주했던 신해혁명 전후를 분기점으로 삼아 혁명적 활동가로서의 치열한 삶에서 국학 연구자로서의 소박한 삶으로 변모했다고 볼 수 있다. 민주공화정의 수립을 목표로 하는 그의 혁명적 활동가로서의 삶은 크게 두 방면, 즉 교육운동과 저술·번역 활동에서 두드러진 성과를 드러내고 있다. 교육운동에서의 성과로는 동천자치학사와 명화여교의 설립, 중국교육학회 동리 지부의 창립과 운영 및 애국학사의 운영 등을 들 수 있다. 저술 활동의 주요 성과로는 『청삼대유학수』, 『고근집(孤根集)』, 『여계종』, 『얼해화(孽海花)』(1-6회), 『소주오기인전』, 『천방루문집(天放樓文集)』, 『천방루시집(天放樓詩集)』 등을 들 수 있다. 번역 활동의 주요 성과로는 『마호멧전(摩哈麥德傳)』, 『삼십삼 년낙화몽(三十三年落花夢)』, 『자유혈(自由血)』, 『러일전쟁미래기(日露戰爭未來記)』 등을 들 수 있다. 그의 전반적인 생애에서 바라본다면, 『여계종』은 그의 혁명적 활동이 정점으로 나아가던 시기에 저술되었다고 할 수 있다.

위에서 언급한 김천핵의 저·역서 외에, 김천핵 사후에 그의 제자인 왕대륭(王大隆) 등이 집록하여 간행한 서적은 아래와 같다.

『천방루문언유집(天放樓文言遺集)』, 1947, 활판본
『천방루시계집(天放樓詩季集)』, 1947, 활판본
『학방중년정론(鶴舫中年政論)』, 1947, 활판본

이처럼 김천핵의 생전 혹은 사후에 출간되었던 저·역서 외에, 번역·저술하였으나 출간되지 못한 채 일실된 예로는 대표적으로 『원사기사본말보(元史紀事本末補)』를 들 수 있다. 『원사기사본말』은 원나라 역사에 관한 기사본말체 역사서로서, 명대의 진방첨(陳邦瞻)에 의해 편찬되었다. 김천핵은 이 역사서의 미비점을 보완한 원고를 탈고하여 당시 군기처(軍機處)에 재직 중이던 구홍기에게 보냈는데, 전혀 예상하지 못한 일이 벌어졌다. 즉 자희태후(慈禧太后)가 구홍기에게 경친왕(慶親王) 혁광(奕劻)에 대한 불만을 토로한 적이 있는데, 이것이 구홍기를 통해 신문사에 알려져 영국의 『더 타임스』에 게재되고 말았다. 이 일로 크게 노한 자희태후는 구홍기를 면직시켰으며, 이 파란을 겪는 와중에 구홍기는 김천핵의 원고를 분실하고 말았던 것이다. 이처럼 이런저런 사유로 원고가 일실된 경우로는 『사림힐준(詞林擷雋)』, 『신중국창가집(新中國唱歌集)』 등을 들 수 있다.

김천핵 연보

동치(同治) 12년 계유년(1873)

- 5월 21일(양력 6월 15일), 강소성(江蘇省) 오강현(吳江縣) 동리진(同里鎭, 지금의 소주시蘇州市 오강구吳江區 동리진同里鎭)에서 아버지 김광조(金光照)와 어머니 고 씨(顧氏) 사이에서 출생. 조부는 김봉표(金鳳標). 동치 13년 갑술년 5월 21일(양력 1874년 7월 4일)에 태어났다는 견해도 있음.

광서(光緖) 11년 을유년(1885)

- 오강 시단의 명류인 고언(顧言, 자는 순우詢愚)를 스승으로 모시고 시를 배움
- 청소년기에 집안에 결성된 학음사(學吟社)에서 시를 즐겨 읽음

광서 17년 신묘년(1891)

- 「장강부(長江賦)」와 「서북여지도표(西北輿地圖表)」를 지음
- 10월, 스승 고언 사망

광서 18년 임진년(1892)

- 3월, 오강 출신의 전환(錢煥, 자는 사악詞鍔)을 스승으로 모시고 문장을 배움. 전환은 오강현 출신으로 1876년에 과거에 급제함

광서 19년 계사년(1893)

- 2월, 부친 김광조 사망

광서 21년 을미년(1895)

- 6월, 일본어 원서를 저본으로 『마호멧전(摩哈麥德傳)』을 완역

광서 23년 정유년(1897)

- 청일전쟁의 패배가 안겨준 치욕을 씻기 위해 진거병(陳去病), 채인(蔡寅) 등과 함께 고향인 동리에 설치학회(雪恥學會)를 설립하고 모임 장소를 천방루(天放樓)라고 명명
- 무술변법 이전에 『청삼대유학수(淸三大儒學粹)』를 편찬

광서 24년 무술년(1898)

- 2월, 강소 독학(督學) 구홍기(瞿鴻禨)의 초빙을 받아 남청서원(南菁書院)에 입학하여 반장에 해당하는 학장(學長)을 담당
- 3월, 스승 전환 사망
- 5월, 청 정부가 경제특과(經濟特科)를 열어 경제 관련 인재를 선발하고자 하자, 구홍기의 추천을 받아 북경에 가서 과거를 준비. 그러나 북경에 도착했을 즈음에 전개되었던 변법파의 백일유신이 실패로 돌아가고 과거 역시 팔고문의 방식을 복원하기로 정

해지자 9월 중순 조부의 병환을 핑계로 귀향

광서 25년 기해년(1899)

- 3월, 동리의 서장문(西牆門) 신수당(愼修堂) 내에 사숙(私塾)을 개설
- 가을, 병약한 조부의 강권에 따라 강소성에서 실시한 과거에 응
  시하였으나 낙방
- 조부 김봉표 사망
- 동리의 동천서원(同川書院) 옛터에 자리 잡은 권학소(勸學所) 내
  에 이화전습소(理化傳習所)를 운영

광서 28년 임인년(1902)

- 3월 18일(양력 4월 25일), 동리에 오강현 최초의 신식 공립학교인
  동천자치학사(同川自治學社)를 창립
- 3월 20일(양력 4월 27일), 채원배(蔡元培)를 중심으로 상해에서 중
  국교육회(中國敎育會)가 창설됨. 성립대회에 진거병과 함께 참석.
  얼마 후에 동천자치학사 내에 중국교육회 동리 지부를 설립하고
  회장을 맡음
- 9월, 채원배를 중심으로 애국여학교(愛國女學校)의 설립대회를
  개최
- 10월, 중국교육회 부속기관으로서 애국학사(愛國學社)가 설립되
  어 개학

광서 29년 계묘년(1903)

- 3월, 채원배의 요청으로 상해에 가서 애국학사를 운영

- 5월, 애국학사가 중국교육회로부터 독립된 후 동리로 돌아옴
- 5월, 오마치 게이게쓰(大町桂月)가 1898년에 박문관(博文館)에서 출판한 『동양의 대파란 러일전쟁미래기(東洋之大波瀾 日露戰爭未來記)』를 설봉창과 공역하여 김개화(金開華)라는 필명으로 동일한 제명의 역서를 상기서장(祥記書莊)에서 인쇄·발행. 이 역서의 원저는 모리스(J. Morris)의 『*What will Japan do? A forecast of a Russo-Japanese conflict*』.
- 5월, 출판 자금을 지원하여 추용(鄒容)의 『혁명군(革命軍)』이 상해의 대동서국(大同書局)에서 출간
- 5월 15일(양력 6월 10일), 장태염(章太炎)의 「『혁명군』서」가 『소보』에 게재됨
- 윤5월 5일(양력 6월 29일), 장태염의 「강유위의 혁명론에 반박하는 글(駁康有爲論革命書)」이 『소보』에 게재됨
- 윤5월 6일(양력 6월 30일), 장태염이 조계 경찰과 중국 경찰에 체포되고 이튿날 추용이 경찰에 자진 출두하여, 이른바 '소보안(蘇報案)'이 발생
- '소보안' 발생 후 상해와 동리를 오가면서 경비를 마련하고 변호사를 구하는 등 석방을 위해 백방으로 노력함
- 7월 1일(양력 8월 23일), 『강소(江蘇)』 제5기에 「국민신영혼(國民新靈魂)」을 발표
- 8월(양력 9-10월), 『여계종(女界鐘)』을 상해의 대동서국에서 애국여학교의 발행에 의해 출간(필명은 애자유자愛自由者)
- 10월 1일(양력 11월 19일), 『강소』 제8기에 『얼해화(孽海花)』의 제1회와 제2회를 발표(필명은 기린麒麟)

- 11월 25일(양력 1904년 1월 12일), 미야자키 도텐(宮崎寅藏)의 『삼십삼 년의 꿈(三十三年之夢)』을 번역하여 『삼십삼 년낙화몽(三十三年落花夢)』을 상해 국학사(國學社)에서 출간(필명은 K.A.)
- 12월 1일(양력 1904년 1월 17일), 『여자세계(女子世界)』 창간호에 김일(金一)의 필명으로 『여자세계』 「발간사(女子世界發刊詞)」와 「여학생 입학가(女學生入學歌)」를 발표

광서 30년 갑진년(1904)

- 2월 15일(양력 3월 31일), 일본의 게무야마 센타로(煙山專太郎)가 저술한 『근세무정부주의(近世無政府主義)』를 편역하여 『자유혈(自由血)』이란 제명으로 상해의 경금서국(鏡今書局)에서 출간(필명은 김일)
- 3월, 오강현 내 최초의 여자 학교인 명화여교(明華女校)를 설립

광서 31년 을사년(1905)

- 2월 29일(양력 4월 3일), 추용 옥중 병사
- 8월, 『여자세계』 제2권 제2기에 「애정소설의 신사회와의 관계를 논함(論寫情小說於新社會之關系)」을 발표(필명은 송잠松岑)
- 12월, 『여자세계』 제2권 제3기에 「중국부녀회의 앞날을 축하하며(祝中國婦女會之前途)」를 발표(필명은 김일)

광서 32년 병오년(1906)

- 2월, 제자인 임전신(任傳薪)이 퇴사원(退思園) 안에 오강현 두 번째 여자 학교인 여칙여교(麗則女校)를 설립

- 5월 8일(양력 6월 29일), 장태염 만기 출옥

선통(宣統) 3년 신해년(1911)

- 가을, 소주로 이주하여 몇 군데를 전전하다가 훗날 염계방(濂溪坊)에 거주
- 신해혁명을 전후하여 소주의 장서가이자 교감학자인 장옥(章鈺)에게 사학을 사사받음
- 신해혁명을 전후하여 소주의 예학(禮學)의 대가인 조원필(曹元弼)로부터 순우(荀虞)의 『역(易)』과 정현(鄭玄)의 『예(禮)·상복(喪服)』을 사사받음

중화민국 원년 임자년(1912)

- 강소성 성의회의 성의원(省議員)에 선임됨
- 『고근집(孤根集)』을 상해 시중서국(時中書局)에서 발간

중화민국 2년 계축년(1913)

- 산동의 곡부(曲阜)를 유람하고 태산(泰山)에 오름

중화민국 3년 갑인년(1914)

- 산동의 제남(濟南)과 대명호(大明湖)를 유람

중화민국 6년 정사년(1917)

- 북경을 유람하고 장성에 오름

중화민국 10년 신유년(1921)

- 태호수리위원회(太湖水利委員會)가 설립되자 의흥(宜興) 출신의 저남강(儲南强)을 대표로, 그리고 숭명(崇明) 출신의 왕청목(王淸穆)을 회장으로 추천하고 자신은 이 위원회를 보좌키로 함

중화민국 11년 임술년(1922)

- 『천방루시집(天放樓詩集)』을 상해 유정서국(有正書局)에서 발간

중화민국 12년 계해년(1923)

- 오강현 교육국의 국장을 맡아 2년간 근무함

중화민국 16년 정묘년(1927)

- 강남수리국(江南水利局)의 국장을 맡아 1년간 근무함
- 『천방루문언(天放樓文言)』을 소주 문신(文新)인쇄공사에서 발간

중화민국 21년 임신년(1932)

- 1932년 여름, 장일린(張一麘), 이근원(李根源), 진석유(陳石遺) 등과 더불어 소주국학회(蘇州國學會)의 성립을 발기
- 가을, 장태염을 초빙하여 함께 국학회의 강학을 담당
- 『천방루시속집(天放樓詩續集)』을 소주국학회에서 발간
- 『천방루속문언(天放樓續文言)』을 소주국학회에서 발간
- 『중국학술의 성쇠 및 금후의 추세(中國學術之升降及今後之趨向)』를 소주국학회에서 발간

중화민국 22년 계유년(1933)

- 『소주오기인전(蘇州五奇人傳)』을 소주국학회에서 활판본으로 발간
- 홍콩과 월남의 하이퐁 등지를 유람
- 9월 2일(양력 10월 4일), 진거병 병사

중화민국 23년 갑술년(1934)

- 가을, 장태염이 소주로 이주하고 국학강습회(國學講習會)를 설립
  하여 강학
- 이해부터 이듬해까지 소주국학회에서 발행하는 『문예군화(文藝
  捃華)』의 편집을 담당

중화민국 25년 병자년(1936)

- 4월 25일(양력 6월 14일), 장태염 사망
- 『환지열전고(皖志列傳稿)』를 소주국학회에서 발간. 8책으로 이루
  어져 있으며 명·청대로부터 선통 말년까지의 인물에 대한 전기
  를 수록

중화민국 26년 정축년(1937)

- 4월, 중국국학회(中國國學會)가 성립되고 상무이사로 선임됨
- 7월, 중일전쟁 발발

중화민국 28년 기묘년(1939)

- 봄, 손자 동한(同翰)의 병 치료를 겸하여 상해로 피난. 광화대학
  (光華大學)의 초빙을 받아 문학과 교수로 재직

중화민국 30년 신사년(1941)

- 12월 8일, 일본의 진주만 기습 공격에 의해 태평양전쟁 발발
- 광화대학이 해산함에 따라 소주로 돌아와 염계방에 거주. 생활이 매우 곤궁해짐

중화민국 34년 을유년(1945)

- 봄, 손자 동한 뇌종양으로 사망

중화민국 35년 병술년(1946)

- 11월(양력 12월 초), 둘째 아들 김계학 사망
- 12월 9일(양력 1947년 1월 10일), 노환으로 염계방에서 사망

KI신서 16103
여계종: 여성을 깨우는 종소리

1판 1쇄 인쇄 2026년 2월 13일
1판 1쇄 발행 2026년 2월 25일

지은이 김천핵
옮긴이 김은희
펴낸이 김영곤
펴낸곳 ㈜북이십일 21세기북스

출판부문 출판1본부장 장미희
카이로스팀 이정미 최현지
교정교열 박지석 **표지·본문 디자인** 푸른나무디자인
출판1본부 마케팅팀 남정한 김윤
마케팅영업부문 본부장 정지은
영업팀 장철용 강경남 황성진 김도연
제작팀 이영민 권경민
출판등록 2000년 5월 6일 제406-2003-061호
주소 (10881) 경기도 파주시 회동길 201(문발동)
대표전화 031-955-2100 **팩스** 031-955-2151 **이메일** book21@book21.co.kr

ⓒ 김천핵, 2026
ISBN 979-11-7357-803-8 03300

(주)북이십일 경계를 허무는 콘텐츠 리더

21세기북스 채널에서 도서 정보와 다양한 영상자료, 이벤트를 만나세요!

페이스북 facebook.com/jiinpill21 **블로그** blog.naver.com/21c_editors
인스타그램 instagram.com/jiinpill21 **홈페이지** www.book21.com
유튜브 youtube.com/book21pub